"十四五"职业教育国家规划教材

汽车底盘电控技术

第 5 版

主　编　李春明
副主编　李明清　孙雪梅
参　编　王翼飞　邱　洁　路兵兵　马建新
　　　　李文娜　汪月英　孟祥文　齐嵩宇

机械工业出版社

本书为"十四五"职业教育国家规划教材，也是全国机械行业职业教育精品教材、吉林省职业教育优质教材。

本书内容围绕汽车电子技术、汽车检测与维修技术等专业教学标准，结合汽车运用与维修职业技能标准，引入空气悬架、驾驶辅助和线控底盘等新技术、新工艺、新规范，构建电控液力自动变速器、双离合器变速器、无级变速器、电控动力转向系统、制动防滑系统、电控悬架系统、线控底盘技术、驾驶辅助技术 8 个模块。本书遵循教师"以学生为中心"，学生"以客户为中心"的职业服务理念，按照"介绍—使用—检修"能力级别引入 26 个任务，适应工作岗位需求。

本书可作为高等职业教育本科汽车服务工程技术、汽车工程技术，高等职业教育专科汽车电子技术、汽车检测与维修技术、汽车技术服务与营销等相关专业的教材，也可以作为成人高等教育、汽车技术培训的教材。

本书配有电子课件、试卷及答案、二维码微课资源，凡使用本书作为教材的教师可登录机械工业出版社教育服务网（www.cmpedu.com）注册后免费下载。咨询电话：010-88379375。

图书在版编目（CIP）数据

汽车底盘电控技术 / 李春明主编．-- 5 版．-- 北京：机械工业出版社，2025.6．--（"十四五"职业教育国家规划教材）．-- ISBN 978-7-111-78855-3

Ⅰ．U463.6

中国国家版本馆 CIP 数据核字第 202550LG35 号

机械工业出版社（北京市百万庄大街 22 号　邮政编码 100037）
策划编辑：葛晓慧　　　　　　责任编辑：葛晓慧
责任校对：贾海霞　李　婷　　封面设计：王　旭
责任印制：单爱军
北京瑞禾彩色印刷有限公司印刷
2025 年 9 月第 5 版第 1 次印刷
210mm×285mm・13.25 印张・395 千字
标准书号：ISBN 978-7-111-78855-3
定价：57.00 元

电话服务　　　　　　　　　网络服务
客服电话：010-88361066　　机　工　官　网：www.cmpbook.com
　　　　　010-88379833　　机　工　官　博：weibo.com/cmp1952
　　　　　010-68326294　　金　书　网：www.golden-book.com
封底无防伪标均为盗版　　机工教育服务网：www.cmpedu.com

前 言

在现代职业教育体系建设中,教材不仅是传授专业知识的载体,更是培养学生实践能力、创新精神和社会责任感的重要工具。"汽车底盘电控技术"作为高等职业教育汽车类专业的核心课程之一,其教材建设的质量至关重要。

本书于2004年首次发行,连续入选"十一五""十二五""十三五""十四五"国家规划教材,并被评为全国机械行业职业教育精品教材。此次是本书的第4次修订,对标教育部最新发布的高等职业教育相关专业教学标准和汽车产业新质生产力发展需求,组织专家团队联合修订,致力于打造适应新时代技术技能人才发展要求的"金教材"。编写过程中,编者科学创新教材内容、努力提升教材品质,主要遵循以下原则:

一是突出"任务导向"。遵循教师"以学生为中心",学生"以客户为中心"的职业服务理念,通过真实生产项目、典型工作任务,引导学生在任务中提高服务意识、学习专业知识、增强岗位技能。

二是强化"铸魂育人"。将社会主义核心价值观、职业道德、工匠精神等内容有机融入各知识点和技能训练中。同时,增加红旗、长安、吉利、比亚迪等国产车品牌内容,通过案例分析、技术对比等方式,增强学生对国产车品牌的认同感和自豪感。

三是深化"校企合作"。与多家知名汽车企业建立了紧密的合作关系,吸纳行业企业培训师、技术专家等,校企联合编写教材,及时将企业前沿技术和最新工艺引入教材,确保教材内容的时效性和前瞻性。

四是注重"资源延展"。以教材为核心,配套开发课程数字化资源,包含学习工单、教学课件、微课等,同步支持多个汽车专业教学资源库、在线精品课教学应用。

五是贯通"岗课赛证"。瞄准职业教育"三教"改革方向,增加"岗"课、"赛"课、"证"课指引,将"岗""赛""证"的要求有机融入教材内容体系,增强专业课程活力,支持"岗课赛证"教学改革的实施。

本书编写团队由校企联合组成,有长期面向中国第一汽车集团有限公司开展汽车技术培训教学的教授、高级技师以及企业专家等,实力雄厚。本书由长春汽车职业技术大学李春明任主编,李明清、孙雪梅任副主编,王翼飞、邱洁、路兵兵、马建新、李文娜、汪月英、孟祥文、齐嵩宇参与编写。

本书编写过程中,得到多位专家与同行的鼎力支持,编者参阅了许多文献,在此一并表示感谢。

由于编者水平有限,书中可能存在不妥或错漏之处,恳请广大读者批评指正。

我们期待本书能够成为广大师生的良师益友,可以推动汽车专业教育的发展,为我国汽车工业的繁荣做出积极贡献。

编 者

调查问卷

二维码索引

正文二维码

名称	图形	页码	名称	图形	页码
1-1 液力变矩器的结构与工作原理		5	2-1 双离合器变速器的组成和工作原理		43
1-2 更换自动变速器油		10	2-2 双离合器变速器概述		45
1-3 行星齿轮机构		12	2-3 双离合器变速器机械传动机构		47
1-4 分解01M齿轮变速器		19	2-4 双离合器变速器液压控制系统		49
1-5 组装01M齿轮变速器		19	2-5 使用诊断仪检测双离合器变速器		54
1-6 01M离合器K_1K_2间隙测量调整		19	2-6 拆卸OAM双离合器变速器		57
1-7 01M制动器B_1测量调整		19	2-7 安装OAM自动变速器		57
1-8 01M制动器B_2测量调整		19	2-8 确定OAM变速器垫片1		57
1-9 01M行星齿轮支架间隙测量调整		19	2-9 确定OAM变速器垫片2		57

二维码索引

（续）

名称	图形	页码	名称	图形	页码
2-10 湿式双离合器变速器 OCK-更换机电模块		57	5-3 ABS 的工作过程		111
3-1 01J 无级变速器的结构		62	5-4 ESP 的工作过程		111
3-2 01J 无级变速器电控液压系统简介		64	5-5 检测轮速传感器		114
3-3 拆卸无级变速器滑阀箱和控制单元		68	5-6 ABS 控制单元编码及执行元件诊断		114
3-4 安装无级变速器滑阀箱和控制单元		68	5-7 校准横向、纵向、横摆率传感器操作方法		114
4-1 电控动力转向系统概述		77	5-8 电子驻车的组成及工作原理		121
4-2 校准转角传感器		88	5-9 电子驻车的功能及操作		123
4-3 电控动力转向系统故障排除		90	5-10 电子驻车制动块更换		124
4-4 电控动力转向系统基本设定		90	6-1 电控悬架概述		128
5-1 制动系统的概述		94	6-2 车身高度调节操作方法		137
5-2 霍尔式轮速传感器的工作原理		105	6-3 启用或关闭举升模式		137

V

(续)

名称	图形	页码	名称	图形	页码
6-4 半主动悬架的工作原理		139	8-3 红旗高级自适应巡航的操作		174
6-5 主动悬架的工作原理		140	8-4 超级巡航辅助系统的操作		175
6-6 空气悬架的充放气原理		141	8-5 自适应巡航系统校准		178
6-7 执行元件诊断系统排气或充气		142	8-6 车道保持系统的作用		180
6-8 重新匹配默认位置		144	8-7 红旗车道保持辅助系统		180
6-9 最终控制诊断		144	8-8 车道保持辅助系统的限制条件		187
7-1 线控转向系统控制单元安装		159	8-9 车道保持辅助系统的整体介绍		187
8-1 定速巡航的操作		169	8-10 红旗自动泊车的工作原理		196
8-2 自适应巡航系统的设定和取消		173	8-11 红旗 E-HS5 自动泊车的使用方法		198

测试题二维码

名称	图形	页码	名称	图形	页码
模块一任务一		10	模块一任务三		27
模块一任务二		19	模块一任务四		32

二维码索引

（续）

名称	图形	页码	名称	图形	页码
模块一任务五		39	模块五任务三		119
模块二任务一		43	模块五任务四		125
模块二任务二		54	模块六任务一		137
模块二任务三		58	模块六任务二		145
模块三任务一		62	模块六任务三		148
模块三任务二		71	模块七任务一		155
模块三任务三		74	模块七任务二		158
模块四任务一		84	模块七任务三		164
模块四任务二		91	模块八任务一		175
模块五任务一		103	模块八任务二		188
模块五任务二		115	模块八任务三		200

目 录

前言
二维码索引

模块一 电控液力自动变速器 ………… 1
 任务一 自动变速器解析 ………………… 2
 任务二 检修自动变速器传动机构 ……… 11
 任务三 检修自动变速器电控系统 ……… 20
 任务四 检修自动变速器液压控制系统 … 28
 任务五 自动变速器典型故障分析 ……… 33
 拓展阅读 …………………………………… 40

模块二 双离合器变速器 ………………… 41
 任务一 双离合器变速器解析 …………… 41
 任务二 检修双离合器变速器 …………… 44
 任务三 双离合器变速器典型故障分析 … 55
 拓展阅读 …………………………………… 59

模块三 无级变速器 ……………………… 60
 任务一 无级变速器解析 ………………… 60
 任务二 检修无级变速器 ………………… 63
 任务三 无级变速器典型故障分析 ……… 72
 拓展阅读 …………………………………… 74

模块四 电控动力转向系统 ……………… 75
 任务一 电控动力转向系统解析 ………… 76
 任务二 检修电控动力转向系统 ………… 84
 拓展阅读 …………………………………… 92

模块五 制动防滑系统 …………………… 93
 任务一 制动防滑系统解析 ……………… 94
 任务二 检修制动防滑系统 ……………… 104
 任务三 制动防滑系统典型故障分析 …… 116
 任务四 检修电子驻车系统 ……………… 119
 拓展阅读 …………………………………… 126

模块六 电控悬架系统 …………………… 127
 任务一 电控悬架系统解析 ……………… 127
 任务二 检修电控悬架系统 ……………… 138
 任务三 电控悬架系统典型故障分析 …… 146
 拓展阅读 …………………………………… 149

模块七 线控底盘技术 …………………… 150
 任务一 线控换档技术解析 ……………… 151
 任务二 线控转向技术解析 ……………… 156
 任务三 线控制动技术解析 ……………… 160
 拓展阅读 …………………………………… 165

模块八 驾驶辅助技术 …………………… 166
 任务一 自适应巡航技术解析 …………… 166
 任务二 车道保持技术解析 ……………… 179
 任务三 自动泊车技术解析 ……………… 190
 拓展阅读 …………………………………… 202

参考文献 ………………………………… 203

模块一

电控液力自动变速器

模块一 电控液力自动变速器

- **任务一 自动变速器解析**
  - 说出电控液力自动变速器的特点
    - 自动变速器的分类
    - 电控液力自动变速器的优缺点
  - 介绍电控液力自动变速器的组成
    - 液力变矩器的组成及功用
    - 齿轮变速机构的组成及功用
    - 换档执行机构的组成及功用
    - 液压及电子控制系统的组成及功用
  - 阐述电控液力自动变速器的控制原理
    - 控制信号及信号传递过程
  - 使用电控液力自动变速器
    - 档位使用注意事项
  - 维护电控液力自动变速器
    - 自动变速器液位检查方法
    - 自动变速器油的更换方法

- **任务二 检修自动变速器传动机构**
  - 介绍平行轴式齿轮变速机构
    - 平行轴式齿轮变速机构的结构及原理
  - 区分行星齿轮变速机构
    - 单排行星齿轮机构
    - 双排行星齿轮机构
  - 区分换档执行机构
    - 离合器的作用、结构与原理
    - 片式制动器的作用、结构与原理
    - 带式制动器的作用、结构与原理
    - 单向离合器的作用、结构与原理
  - 分析典型行星齿轮系统结构
    - 辛普森式行星齿轮系统结构
    - 拉维娜式行星齿轮系统结构
    - 各档位动力传递路线
  - 检修行星齿轮机构
    - 行星齿轮机构检修方法

- **任务三 检修自动变速器电控系统**
  - 介绍电子控制系统组成
    - 传感器的作用与原理
    - 执行器的结构与原理
    - ECU的组成及换档控制原理
  - 检测及诊断电控系统元件
    - 传感器的检测与诊断
    - 电磁阀的检测与诊断
    - ECU的检测与诊断

- **任务四 检修自动变速器液压控制系统**
  - 介绍液压控制系统组成
    - 油泵的结构、位置及作用
    - 主油路调压阀的结构及原理
    - 手动阀的结构与作用
    - 换档阀的控制方式
    - 锁止离合器控制阀的工作原理
  - 检修液压控制系统
    - 油泵的检修方法
    - 阀体的检修方法
    - 冷却器的检查方法

- **任务五 自动变速器典型故障分析**
  - 分析诊断自动变速器故障
    - 汽车不能行驶的故障诊断方法
    - 自动变速器打滑的故障诊断方法
    - 档位故障的诊断方法
    - 无发动机制动的故障诊断方法
    - 变速器油易变质的故障诊断方法

任务一　自动变速器解析

【学习内容】

1. 自动变速器的分类
2. 电控液力自动变速器的特点
3. 电控液力自动变速器的组成及控制原理
4. 液力变矩器的功用、组成及工作原理
5. 电控液力自动变速器的使用、检查与维护
6. 液力变矩器的检修方法

【学习目标】

1. 能够准确判断自动变速器的种类
2. 能够说出电控液力自动变速器的组成部分
3. 能够介绍电控自动变速器的技术特点
4. 能够介绍自动变速器部件的功能、组成和工作原理
5. 能够进行自动变速器部件的功能检查与检修
6. 能够解答客户电控自动变速器使用方面的问题
7. 培养服务意识、环保意识

【任务描述】

客户计划购买自动档轿车，需要销售顾问介绍自动变速器的优势及使用维护相关的事项。销售顾问需介绍哪些内容？如何介绍？

【相关知识】

一、认识自动变速器

1. 自动变速器的分类

自动变速器按结构和控制方式的不同，可以分为电控液力自动变速器、机械式自动变速器、无级变速器和双离合器变速器。

（1）电控液力自动变速器　电控液力自动变速器（AT）是目前应用最广泛、技术最成熟的自动变速器。按照变速机构（机械变速器）的不同，电控液力自动变速器可以分为行星齿轮自动变速器和平行轴齿轮自动变速器，行星齿轮自动变速器应用广泛，平行轴齿轮自动变速器多在本田车系中应用。

（2）机械式自动变速器　机械式自动变速器（Automated Mechanical Transmission，AMT）在原有手动变速器的基础上增加了电控系统，来自动控制离合器的接合、分离和变速器档位的变换。

（3）无级变速器　无级变速器（Continuously Variable Transmission，CVT）采用传动带和工作直径可变的主、从动轮相配合来传递动力，可以实现传动比的连续改变。这是一种具有广阔发展前景的自动变速器。

（4）双离合器变速器　双离合器变速器（Dual Clutch Transmission，DCT）也称为直接换档变速器（Direct Shift Gearbox，DSG）或S-Tronic变速器。DCT在换档之前，已经预先将下一档齿轮啮合，因而在换档时只有双离合器的切换动作，动作迅速而平顺，动力不间断，比传统的自动变速器易于控制，也能传递更大功率，比手动变速器反应快。

2. 电控液力自动变速器的特点

现代汽车广泛应用的是电控液力自动变速器。它能够根据发动机的负荷和车速的变化情况自动地选定档位，并进行档位变换，即自动地改变传动比。驾驶人只需要操纵加速踏板即可控制车速。

（1）优点

1）整车具有更好的驾驶性能。自动变速器能够根据汽车行驶工况，自动控制升降档，以获得最佳

的燃油经济性和动力性，使驾驶性能与驾驶人的技术水平关系不大，因而特别适用于非职业驾驶。

2）良好的行驶性能。自动变速装置的档位变换不但快而且平稳，提高了汽车的乘坐舒适性。

3）较好的行车安全性。在车辆行驶过程中，驾驶人只须根据道路、交通条件的变化，对车辆的行驶方向和速度进行改变和调节，提高了行车安全性。

4）降低废气排放。发动机在怠速和高速运行时，排放的废气中CO（一氧化碳）或CH（碳氢化合物）的浓度较高，而自动变速器的应用，可使发动机经常处于经济转速区域内运转，也就是在较低污染排放的转速范围内工作，从而减少了排气污染。

（2）缺点

1）结构复杂。与手动变速器相比，自动变速器的结构较复杂，零件加工难度大，生产成本较高，修理较麻烦。

2）传动效率低。与手动变速器相比，自动变速器的效率不够高。当然，通过与发动机的匹配优化、液力变矩器锁止、增加档位数等措施，可使自动变速器的效率接近手动变速器的水平。

二、电控液力自动变速器的组成及控制原理

1. 电控液力自动变速器的组成

电控液力自动变速器主要由液力变矩器、齿轮变速机构、换档执行机构、液压控制系统和电控系统5大部分组成。

（1）液力变矩器 液力变矩器安装在发动机与变速器之间，将发动机的转矩传递给变速器输入轴。它相当于传统汽车上的离合器，但在传递力矩的方式上不同于传统离合器。传统汽车离合器是靠摩擦传递力矩的，而液力变矩器是靠液力来传递力矩的，而且液力变矩器可改变发动机转矩，并能实现无级变速，如图1-1所示。

1）功用。液力变矩器位于发动机和机械变速器之间，以自动变速器油（ATF）为工作介质，主要有以下功用：

① 传递转矩：发动机的转矩通过液力变矩器的主动元件，再通过自动变速器油传给液力变矩器的从动元件，最后传给变速器。

② 无级变速：根据工况的不同，液力变矩器可以在一定范围内实现转速和转矩的无级变化。

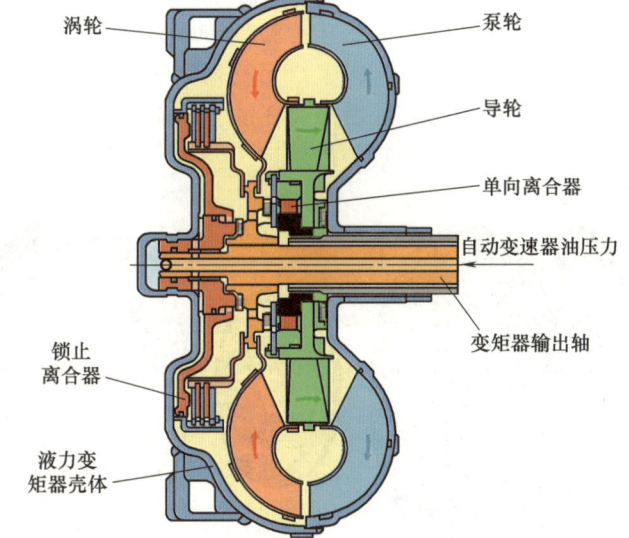

图1-1 液力变矩器的结构

③ 自动离合：液力变矩器由于采用自动变速器油传递动力，当踩下制动踏板时，发动机不会熄火，此时相当于离合器分离；当抬起制动踏板时，车辆可以起步，此时相当于离合器接合。

④ 驱动液压泵：自动变速器油在工作时需要液压泵提供一定的压力，而液压泵一般是由液力变矩器壳体驱动的。

⑤ 存储能量：起到飞轮的作用，使发动机运转平稳。

同时，由于采用自动变速器油传递动力，液力变矩器的动力传递柔和，且能防止传动系统过载。

2）组成。液力变矩器通常由泵轮、涡轮和导轮3个元件组成，称为三元件液力变矩器。采用两个导轮，则称为四元件液力变矩器。它们都是由铝合金精密铸造或用钢板冲压而成的，在它们的环状壳体中径向排列着许多叶片，如图1-2所示。

泵轮是液力变矩器的输入元件，位于液力变矩器的后端，与变矩器壳体刚性连接。变矩器壳体总

成用螺栓固定在发动机曲轴后端，随发动机曲轴一起旋转。泵轮将发动机输出的机械能转化为液体能量。导轮位于涡轮和泵轮之间，是液力变矩器的反应元件。导轮通过单向离合器单方向固定在导轮轴或导轮套管上，通过改变液流的方向而起变矩作用。涡轮是液力变矩器的输出元件，它通过花键孔与变速器的输入轴相连。涡轮位于泵轮前方，其叶片面向泵轮叶片。涡轮将液体能量转化为机械能。泵轮、涡轮和导轮装配好后，会形成断面为循环圆的环状体，在环形内腔中充满液压油。

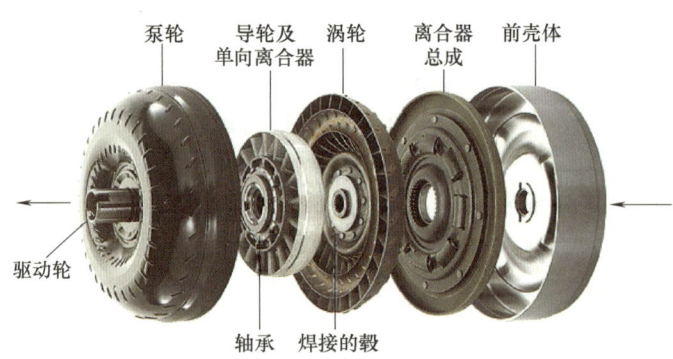

图1-2　液力变矩器的组成

3) 工作原理。液力变矩器壳体内充满液压油，工作时，发动机带动液力变矩器壳体旋转，壳体带动泵轮旋转，泵轮叶片间的液压油在离心力的作用下，从内缘流向外缘。当泵轮转速大于涡轮转速时，泵轮叶片外缘的液压大于涡轮外缘的液压，油液在绕着泵轮轴线做圆周运动的同时，在上述压差的作用下由泵轮流向涡轮。当油液流回泵轮后，泵轮对油液做功，使之在由泵轮叶片内缘流向外缘的过程中动能和圆周速度逐渐增大，再流向涡轮，如图1-3所示。

液力变矩器在不同的工况下有以下不同的特性：

① 转矩放大特性。液力变矩器展开工作原理示意图如图1-4所示。当发动机运转而汽车还未起步时，自动变速器油在泵轮叶片的带动下，以一定的绝对速度沿图1-5a中箭头1的方向冲向涡轮叶片，对涡轮有一个作用力，产生绕涡轮轴的转矩。液流则沿着箭头2所示方向流出涡轮并冲向导轮，然后从固定不动的导轮叶片沿箭头3的方向流回到泵轮中。从导轮流出的液流方向可使泵轮旋转，即液力变矩器起到了增大转矩的作用。

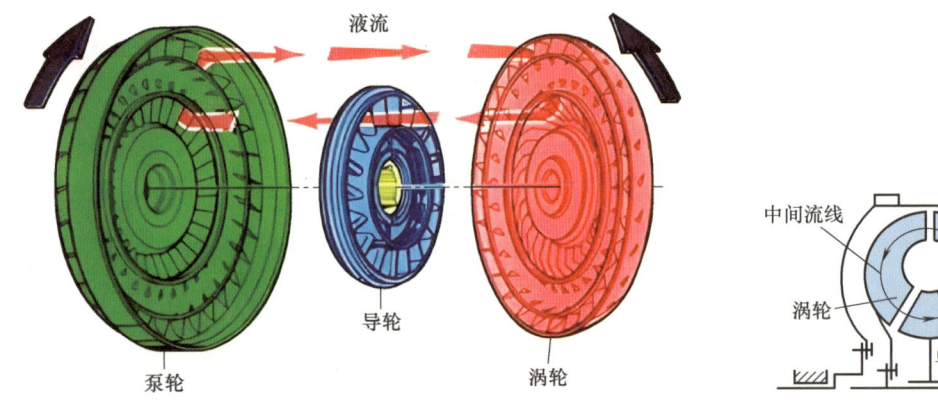

图1-3　自动变速器油在液力变矩器中的循环流动

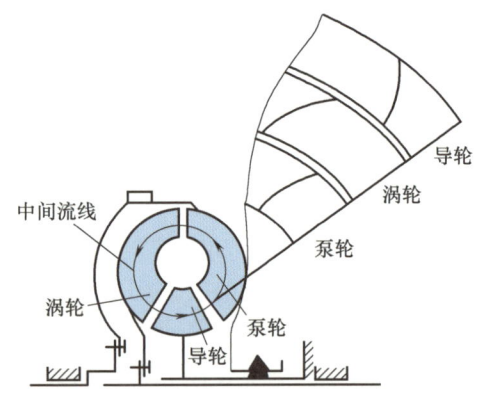

图1-4　液力变矩器展开工作原理示意图

当汽车起步并开始加速时，涡轮转速 n_W 逐渐增加。如图1-5b所示，冲向导轮叶片液流的绝对速度 v 将随牵连速度 u 的增大而逐渐向左倾斜，使导轮所受转矩逐渐减小，即液力变矩器的转矩放大作用随之减小。

② 偶合工作特性。当涡轮转速增大到泵轮转速的90%时，由涡轮流出的液流正好沿导轮出口方向冲向导轮，液体流经导轮时方向不变，处于偶合工作状态。

若涡轮转速继续增大，液流冲击导轮叶片的反面，导轮转矩方向与泵轮转矩方向相反；若导轮仍然固定不动，则液力变矩器输出转矩反而比输入转矩小。液力变矩器增设了单向离合器，也称为自由轮机构，其结构与工作原理将在本项目任务二介绍。当涡轮与泵轮转速差较大时，单向离合器处于锁止状态，导轮不能转动。涡轮转速升高到一定程度后，单向离合器导通，即导轮空转，液力变矩器不能改变输出转矩，进入偶合工作区。

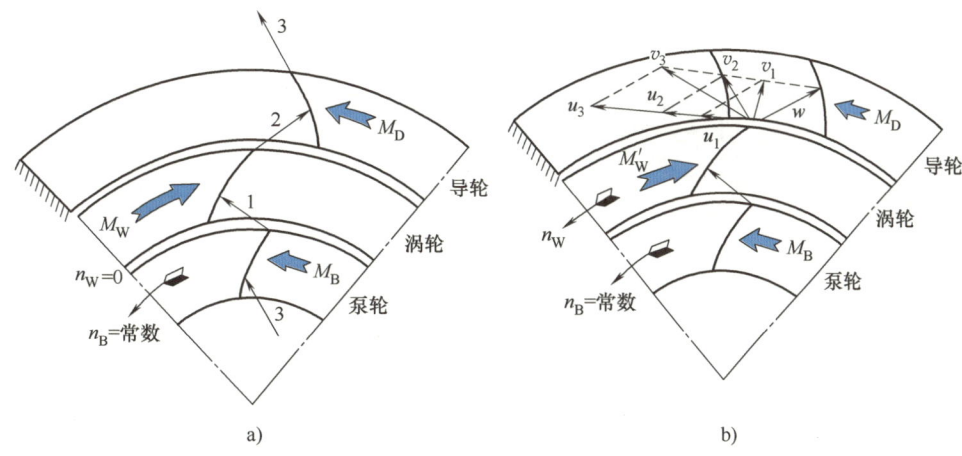

图 1-5 液力变矩器的工作原理图
a) $n_W = 0$ 时 b) $n_W \neq 0$ 时

可以把液力变矩器的工作过程概括为两个工况,一个是变矩,另一个是偶合。当泵轮与涡轮转速相差较大,或者说在低速区时,液力变矩器实现变矩(增矩);当涡轮转速达到泵轮转速的 85%~90%,或者说在高速区时,液力变矩器实现偶合传动,即输出(涡轮)转矩等于输入(泵轮)转矩。

③ 失速特性。液力变矩器失速状态是指涡轮因负荷过大而停止转动,但泵轮仍保持旋转的现象。此时液力变矩器只有动力输入而没有输出,全部输入能量都转化成热能,因此,液力变矩器中的油液温度急剧上升,会对液力变矩器造成严重危害。失速点转速是指涡轮停止转动时的液力变矩器输入转速,该转速的大小取决于发动机转矩、液力变矩器的尺寸和导轮、涡轮的叶片角度。

④ 锁止特性。带锁止离合器的液力变矩器可以提高传动效率,改善经济性。它可以实现液力变矩器传动和机械直接传动两种工况,把两者的优点结合于一体。

带锁止离合器的液力变矩器主要由泵轮、涡轮、导轮及带扭转减振器的锁止离合器组成,如图 1-6 所示。当锁止离合器接合时,泵轮和涡轮为直接机械传动,同速转动,但传动效率略低于 100%。

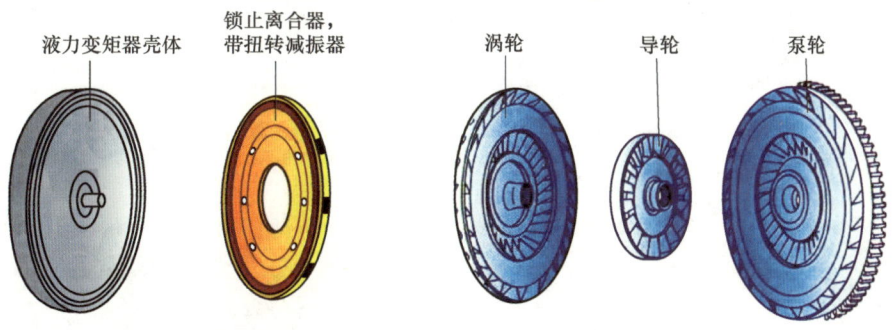

图 1-6 带锁止离合器的液力变矩器的组成

液力变矩器的结构与工作原理介绍见微课 1-1。

电控自动变速器必须同时满足以下 5 个条件,才能进入锁止工况:

① 发动机冷却液温度不低于某一温度,通常在 53~65℃ 范围内(具体因车型而异)。
② 档位开关指示变速器处于行驶档(N 位和 P 位不能锁止)。
③ 制动灯开关指示没有进行制动。
④ 车速高于某一车速,通常为 37~65km/h(具体因车型而异)。
⑤ 节气门处于开启状态,即节气门开度的传感器信号高于最低电压。

微课1-1
液力变矩器的结构与工作原理

(2) 齿轮变速机构 齿轮变速机构可形成不同的传动比,组合成电控液力自动变速器不同的档位。目前,绝大多数电控液力自动变速器采用行星齿轮机构进行变速,也有个别车型采用普通齿轮机构进行变速(如本田车系)。行星齿轮机构和普通齿轮机构如图 1-7 所示。

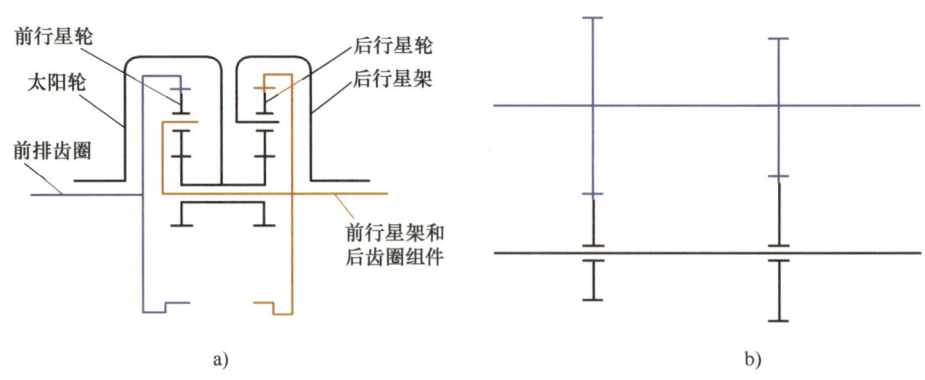

图 1-7 行星齿轮机构和普通齿轮机构
a)辛普森式行星齿轮机构啮合方式 b)普通齿轮机构啮合方式

（3）换档执行机构　电控液力自动变速器的换档执行机构，其功用与传统变速器的同步器有相似之处，但电控液力自动变速器的换档执行机构受电液系统控制，而传统变速器的同步器是由人工控制的。电控液力自动变速器的换档执行机构有离合器、制动器和单向离合器3种，如图1-8所示。

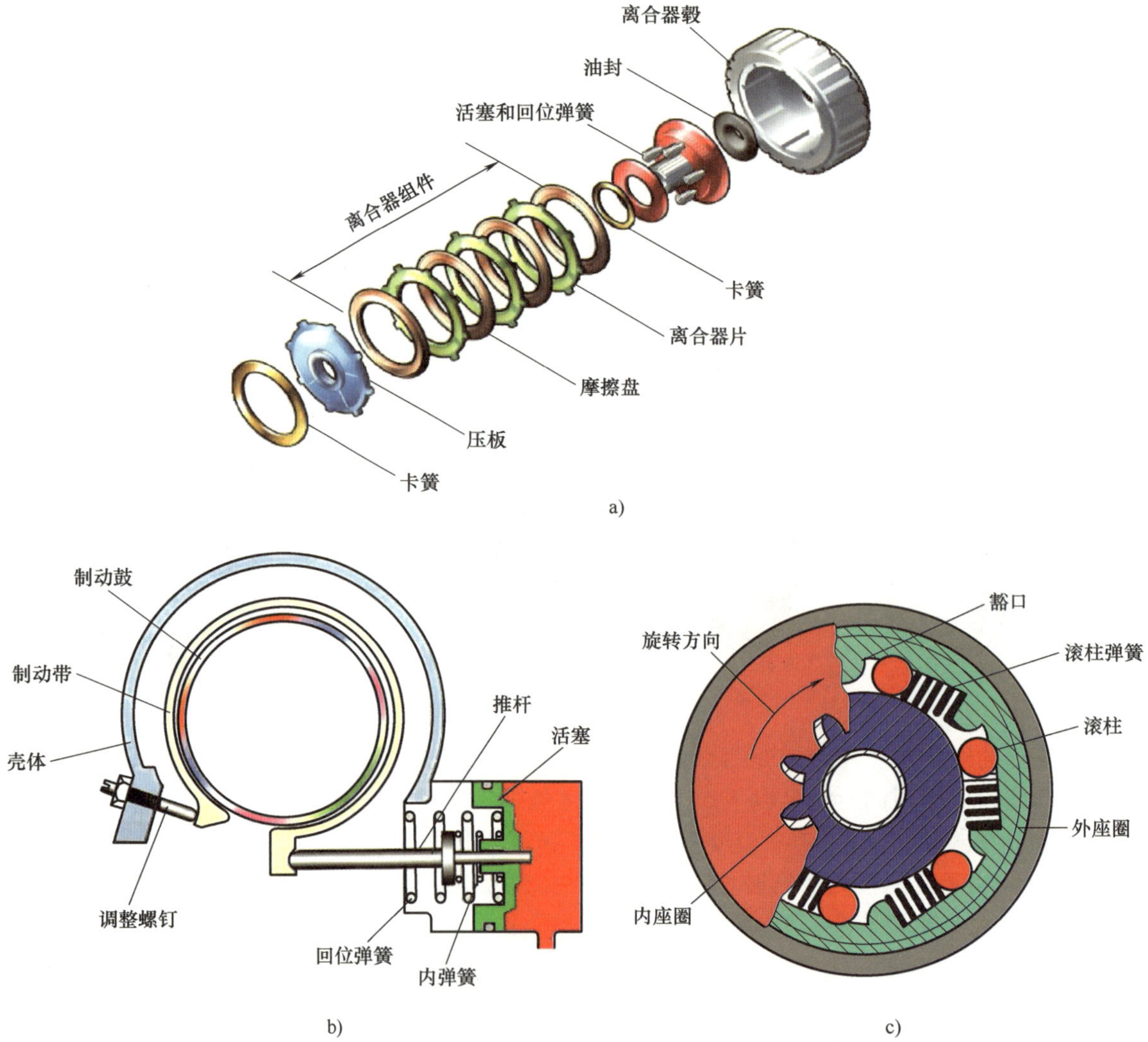

图 1-8 电控液力自动变速器的换档执行机构
a)离合器　b)制动器　c)单向离合器

（4）液压控制系统　电控液力自动变速器中的液压控制系统主要控制换档执行机构的工作，由液压泵及各种液压控制阀和液压管路等组成，如图 1-9 所示。

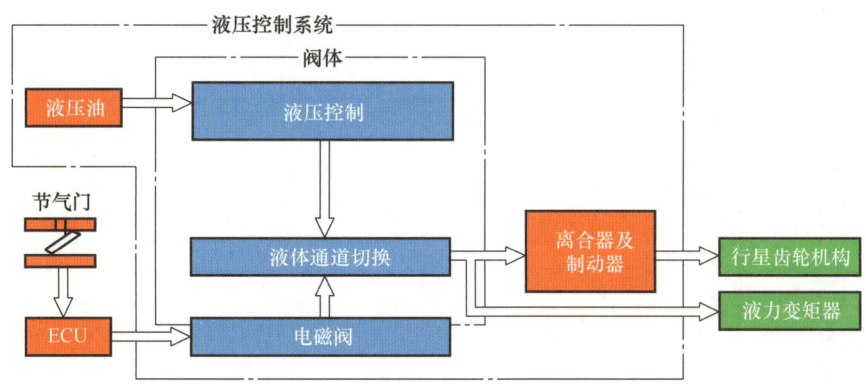

图 1-9　液压控制系统的组成

（5）电控系统　电控液力自动变速器的电控系统与液压控制系统配合使用，通常把它们合称为电液控制系统。电控系统主要包括电控单元（ECU）、各类传感器和执行器等。电控系统中的传感器及各种控制开关将发动机工况、车速等信号传递给 ECU，ECU 发出指令给执行器，执行器和液压系统按一定的规律控制换档执行机构工作，实现电控自动变速器自动换档，如图 1-10 所示。

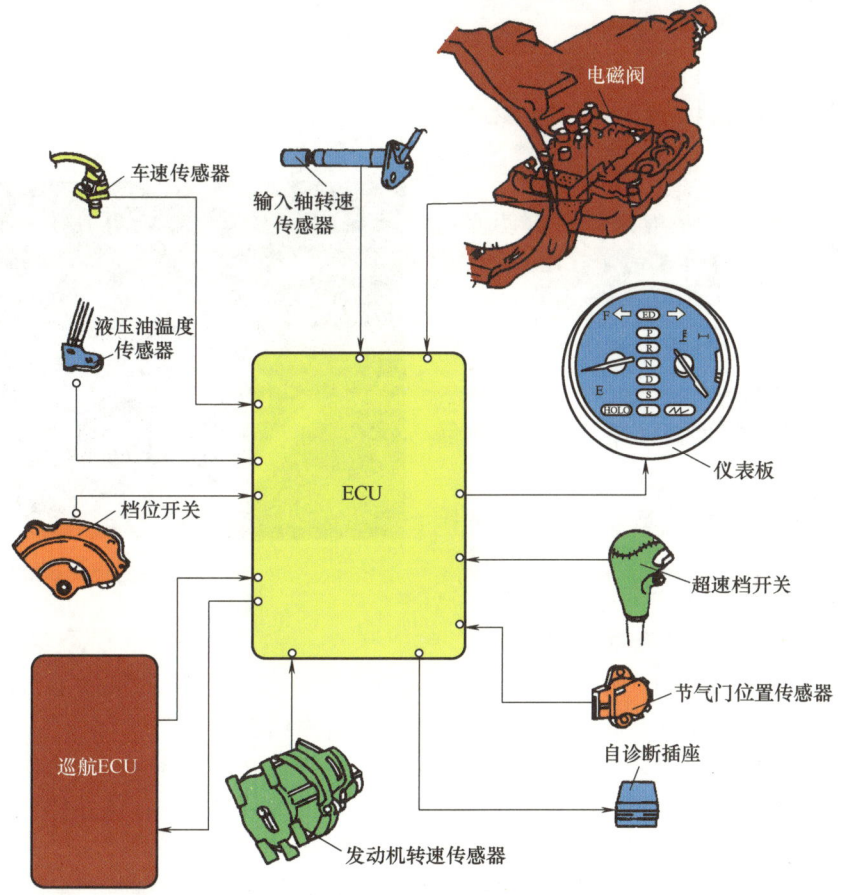

图 1-10　电控系统

2. 电控液力自动变速器的控制原理

电控液力自动变速器通过传感器和开关监测汽车和发动机的运行状态，接收驾驶人的指令，将发动机转速、节气门开度、车速、发动机冷却液温度、自动变速器液压油油温等参数转变为电信号，并输入 ECU；ECU 根据这些信号，按照设定的换档规律，向换档电磁阀、油压电磁阀等发出电子控制信号；换档电磁阀和油压电磁阀将 ECU 发出的控制信号转变为控制液压，阀板中的各控制阀按照控制液压控制换档执行机构的动作，从而实现自动换档，如图 1-11 所示。

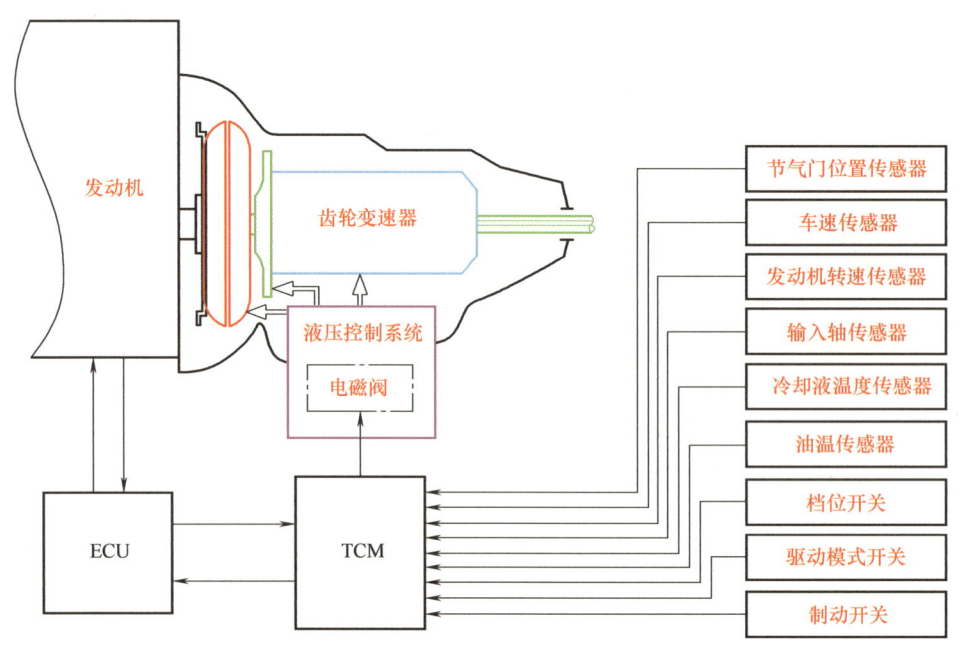

图 1-11　电控液力自动变速器的控制原理图

三、电控液力自动变速器的使用与维护

1. 档位的使用

（1）自动变速器档位　一般来说，自动变速器的档位分为 P、R、N、D、S 或 P、R、N、D、3、2、1（L），如图 1-12 所示。其功能如下：

P 位：驻车档。当变速杆置于该位置时，驻车锁止机构将变速器输出轴锁止。

R 位：倒档。液压系统倒档油路被接通，驱动轮反转，实现倒档行驶。

N 位：空档。此时行星齿轮系统空转，不能输出动力。

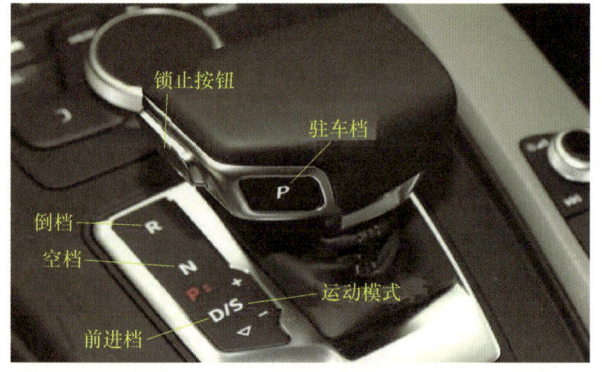

图 1-12　变速杆示意图

发动机只有在变速杆位于 P 位或 N 位时，汽车才能起动，此功能靠空档起动开关来实现。

D 位：前进档。当变速杆置于该位置时，行星齿轮系统在执行机构的控制下得到相应的传动比，随着行驶条件的变化，在前进档中自动升降档，实现自动变速功能。

+、-模式：手自一体变速器，即手动/自动变速器，是将汽车的手动换档和自动换档结合在一起的变速方式。在其档位上设有"+""-"选择档位，可自由变换降档（-）或加档（+），如同手动档。

S：运动模式。在此模式下，车辆相比前进档，能获得更好的动力性。

3（D3）档：高速发动机制动档（图 1-13）。液压控制系统只能接通前进档中的一、二、三档油路，自动变速器只能在这 3 个档位间自动换档，无法升入更高档位，从而使汽车获得发动机制动效果。

2（S）档：中速发动机制动档。液压控制系统只能接通前进档中的一、二档油路，自动变速器只能在这两个档位间自动换档，无法升入更高的档位，从而使汽车获得发动机制动效果。

L 位（也称为 1 档）：低速发动机制动档。此时发动机被锁定在前进档的一档，只能在该档位行驶而无法升档，发动机制动效果更强。此档位多用于山区行驶、上坡加速或下坡时有效地稳定车速等特

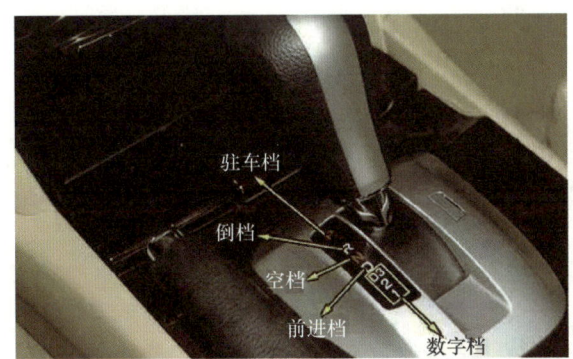

图 1-13 自动变速器变速杆位置示意图

殊行驶情况，可避免频繁换档，延长其使用寿命。

（2）档位使用注意事项

1）不要空档滑行。为了省油，手动变速器的汽车在下坡和高速行驶时可以使用空档滑行。自动变速器的汽车不许空档滑行，因为高速滑行时输出轴上所有的零件仍在高速运转，发动机却怠速运转，液压泵出油量减少，会因润滑油不足而烧坏。

2）低速档属于发动机强制制动档，通常只在泥泞道路和上长坡、下坡时使用，不宜长期使用。

2. 驾驶注意事项

（1）发动机起动　发动机起动时应注意以下事项：

1）变速杆必须放在 P 位或 N 位。

2）汽车在停放状态下起动，必须拉紧驻车制动器，踩下制动踏板，然后旋转点火开关起动发动机。在没有制动状态下起动发动机，有时会发生瞬间起步现象，容易发生意外。

（2）汽车起步　发动机起动后（从停放状态下起动）须停留几秒钟再挂档行车。换档时，必须查看变速杆的位置或仪表板上档位指示是否确实无误。选定档位后，放松驻车制动器手柄再缓慢放松制动踏板（过早放松制动踏板或放松过快会造成急速起步），利用蠕动现象使汽车缓慢起步。

起步时要注意以下问题：

1）不允许边踩加速踏板边挂档。

2）不允许先踩加速踏板后挂档。

3）不允许踩着制动踏板或者还未松开驻车制动器就狠踩加速踏板。

4）除特殊必要时，接通行驶档后不应立即一脚把加速踏板踩到底。

（3）拖车时注意事项　使用自动变速器的汽车，拖车时必须低于某一车速行驶，通常为 30～50km/h（具体因车型而异）。每次被牵引距离不得超过 50km。高速长距离牵引时，自动变速器内的旋转件会因缺乏润滑而烧蚀并发生卡滞。需要牵引时，后轮驱动的车型应拆去传动轴，前轮驱动的车型应支起驱动轮。

3. 自动变速器油的检查与更换

（1）自动变速器油液的渗漏检查　检查自动变速器油液是否渗漏，应首先确保壳体接触表面、轴和拉索伸出的区域、油封、放油螺塞和加油螺塞、管道和软管接头等没有液体渗漏。其次，检查油冷却软管是否有裂纹、隆起或者损坏，如图 1-14 所示。

（2）自动变速器油液面高度的检查　若自动变速器油液面高度过高，会导致主油压过高，从而导致换档冲击振动、换档提前等故障；自动变速器油液面高度过高还会导致空气进入自动变速器油。如果自动变

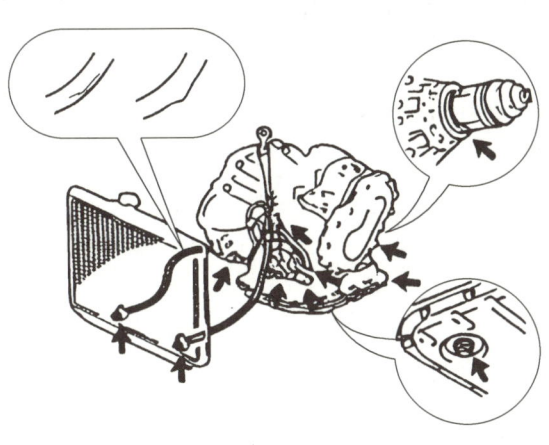

图 1-14 检查油液的渗漏情况

速器油液面高度过低，则会导致主油压过低，从而出现换档滞后、离合器和制动器打滑等故障。以 09G 自动变速器为例，说明其油面高度的检查方法。

1) 检查条件。

① 变速器控制单元不准进入应急状态。

② 自动变速器油温度不能超过 30℃。

③ 车辆水平放置于举升机上。

④ 发动机怠速运转，且变速杆置于 P 位。

2) 检查方法。

① 连接故障诊断仪，进入变速器电控系统，选择数据组，观察自动变速器油温度值。

② 发动机怠速运转。

③ 举升汽车，拆下自动变速器油底壳上用于检查油面的螺塞后，观察螺塞孔内的溢流管，如图 1-15 所示。

④ 当油温达到 35~45℃ 时，溢流管处应刚好有油滴出，说明油量正好；若无油滴出，则需补加自动变速器油直至溢流管处有油滴出为止。

⑤ 更换螺塞的密封圈，用 15N·m 的力矩拧紧螺塞。

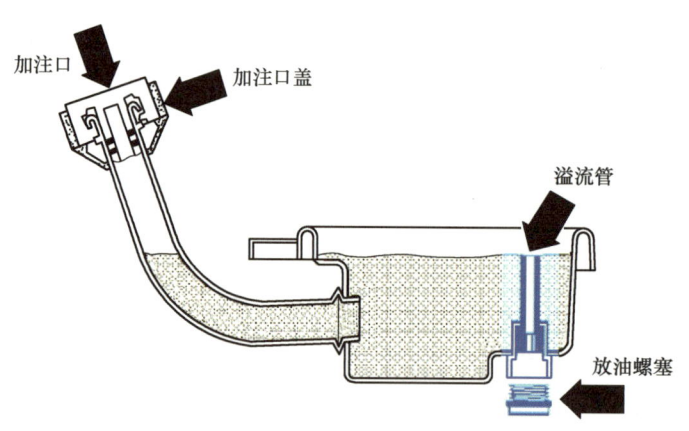

图 1-15 检查液位

微课1-2 更换自动变速器油

（3）自动变速器油的更换　更换方法见微课 1-2。

【在线测试】

请扫描二维码完成在线测试。

【任务实施】

任务工单

任务名称：自动变速器解析			
姓名：	班级：		学号：
【任务描述】	请结合车辆及台架，介绍自动变速器基本工作原理和档位使用方法、液力变矩器的基本工作原理和检修方法，并讲解演示		
【实施准备】	配置自动变速器的车辆、教学运行台架（或虚拟仿真系统）		
【实施过程】	1. 自主学习	学习相关知识，在车辆或教学运行台架上找到相关部件	
	2. 计划与决策	小组讨论，确定介绍内容与逻辑	
	3. 小组执行	小组工作，汇报小组成果，展示操作方法 规范做好 5S	

(续)

项目		评价点	自评
【评价反思】	介绍与使用自动变速器	自动变速器的组成	☐达成 ☐未达成
		自动变速器的工作原理	☐达成 ☐未达成
		自动变速器档位介绍	☐达成 ☐未达成
		发动机起动注意事项	☐达成 ☐未达成
		变速器各档位挂档操作	☐达成 ☐未达成
	自动变速器油的检查与更换	泄漏检查	☐达成 ☐未达成
		液位及油品检查	☐达成 ☐未达成
		更换自动变速器油	☐达成 ☐未达成
	安全与规范	车辆防护	☐达成 ☐未达成
		人员与安全	☐达成 ☐未达成
		现场 5S	☐达成 ☐未达成
	其他		

任务二 检修自动变速器传动机构

【学习内容】

1. 单排行星齿轮机构的结构特点
2. 双排行星齿轮机构的结构特点
3. 辛普森、拉维娜行星齿轮机构
4. 换档执行机构的结构与工作原理
5. 常见的行星齿轮变速器工作情况
6. 齿轮变速器机构的检修方法

【学习目标】

1. 能够准确判断行星齿轮机构的种类
2. 能够描述行星齿轮变速器的组成及工作原理
3. 能够描述换档执行机构的工作原理
4. 能够检修行星齿轮变速器
5. 培养民族自豪感

【任务描述】

客户配备 6 档 AT 变速器轿车，行驶里程 80000km，出现了三档到四档换档迟滞现象，技师已初步诊断为机械故障，需要你拆解变速器，进行相关的测量，确定故障点。

【相关知识】

一、齿轮变速机构

液力变矩器可以在一定范围内自动无级地改变转矩和传动比，以适应行驶阻力的变化，但变矩比小，不能完全满足汽车使用的要求，必须与齿轮变速器组合使用，扩大传动比的变化范围，才能满足汽车行驶的要求。自动变速器的齿轮变速系统主要分为行星齿轮和平行轴齿两种类型。目前，绝大多数自动变速器多采用行星齿轮系统与液力变矩器配合使用，行星齿轮系统由行星齿轮机构和执行机构组成，执行机构根据自动变速器控制系统的命令放松或固定行星齿轮机构的某个元件，通过改变动力传递路线得到不同的传动比。

1. 平行轴式齿轮变速机构

平行轴式齿轮变速机构应用于本田车系和部分福特车系。

（1）基本变速机构的组成　平行轴式齿轮变速机构由普通齿轮和平行轴组成，如图1-16所示。

（2）变速原理　平行轴式齿轮变速机构与手动变速器变速原理相同。

2. 行星齿轮变速机构

1）单行星排。单排行星齿轮机构由太阳轮、齿圈和装有行星齿轮的行星架三元件组成，如图1-17所示。齿圈又称为齿环，制有内齿，其余齿轮均为外齿轮。行星齿轮通过齿轮支撑在行星架上。整个行星齿轮机构装配好后，太阳轮位于中心，所有行星齿轮在与太阳轮外啮合的同时与齿圈内啮合。

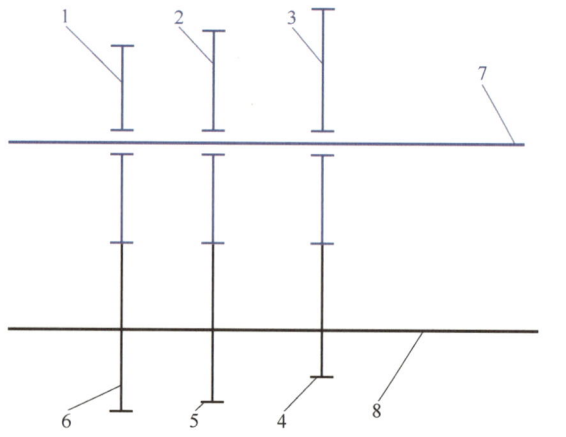

图1-16　平行轴式齿轮变速机构

1~6—档位齿轮　7、8—平行轴

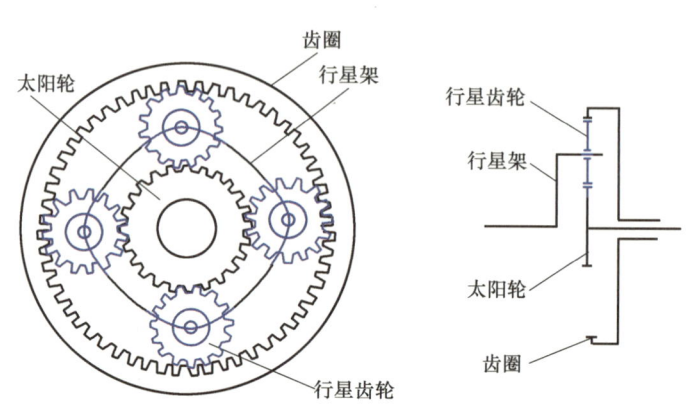

图1-17　单排行星齿轮机构的组成

为分析单排行星齿轮机构的运动规律，设太阳轮、齿圈和行星架的转速分别为 n_1、n_2 和 n_3，齿数分别为 z_1、z_2 和 z_3，齿圈与太阳轮的齿数比为 α。根据能量守恒定律，由作用在该机构各元件上的力矩和结构参数可导出表示单排行星齿轮机构一般运动规律的特性方程式为

$$n_1 + \alpha n_2 - (1+\alpha) n_3 = 0$$

单排行星齿轮机构具有2个自由度，在太阳轮、齿圈和行星架这3个基本构件中，任选两个分别作为主动件和从动件，而使另一元件固定不动（即使该元件转速为0），或使其运动受一定的约束，则机构只有1个自由度，整个轮系以一定的传动比传递动力。

若三元件中的2个元件被连接在一起转动，则第3个元件必然与这两者以相同的转速转动。若所有元件均不受约束，则行星齿轮机构失去传动作用。

行星齿轮机构与外啮合齿轮机构相比具有以下优点：

① 所有行星齿轮均参与工作，都承受载荷，行星齿轮工作更安静，强度更大。

② 行星齿轮工作时，齿轮间产生的作用力由齿轮系统内部承受，不传递到变速器壳体，变速器可以设计得更薄、更轻。

③ 行星齿轮机构采用内啮合与外啮合相结合的方式，与单一的外啮合相比，减小了变速器尺寸。

④ 行星齿轮系统的齿轮处于常啮合状态，不存在挂档时的齿轮冲击，工作平稳，使用寿命长。

2）双行星排。双排行星齿轮机构的组成如图1-18所示。设太阳轮、齿圈和行星架的转速分别为 n_1、n_2 和 n_3，齿数分别为 z_1、z_2 和 z_3，齿圈与

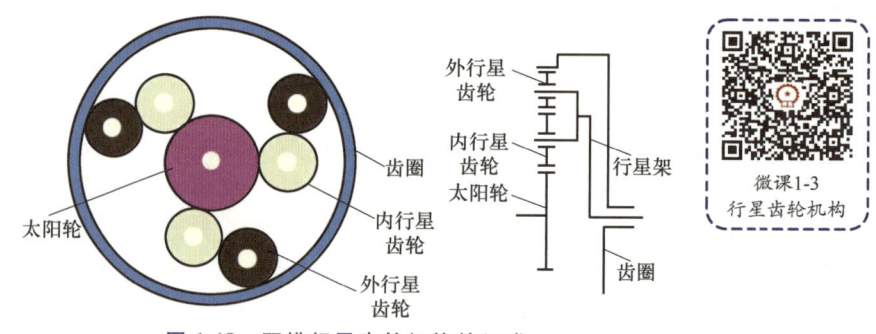

图1-18　双排行星齿轮机构的组成

太阳轮的齿数比为 α，其运动规律为

$$n_1 - \alpha n_2 + (\alpha - 1) n_3 = 0$$

二、换档执行机构

行星齿轮变速器中的所有齿轮都处于常啮合状态，档位变换必须通过以不同方式对行星齿轮机构的基本元件进行约束（即固定或连接某些基本元件）来实现。能对这些基本元件实施约束的机构，就是行星齿轮变速器的换档执行机构。

执行机构主要由多片离合器、制动器和单向离合器 3 种执行元件组成，离合器和制动器以液压方式控制行星齿轮机构元件的旋转，而单向离合器以机械方式对行星齿轮机构的元件进行锁止。

1. 多片离合器

离合器的作用是将变速器的输入轴和行星排的某个基本元件连接，或将行星排的某两个基本元件连接在一起，使之成为一个整体转动。自动变速器中所用的离合器为湿式多片离合器，通常由离合器鼓、离合器活塞、回位弹簧、钢片、摩擦片和花键毂等组成，如图 1-19 所示。

离合器鼓通过花键与主动元件相连或与其制成一体，钢片通过外缘键齿与离合器鼓的内花键槽配合，与主动元件同步旋转。离合器花键毂与行星齿轮机构的主动元件制成一体，摩擦片通过内缘键齿与花键毂相连，钢片和摩擦片均可以轴向移动，压盘固定于离合器鼓键槽中，用以限制钢片和摩擦片

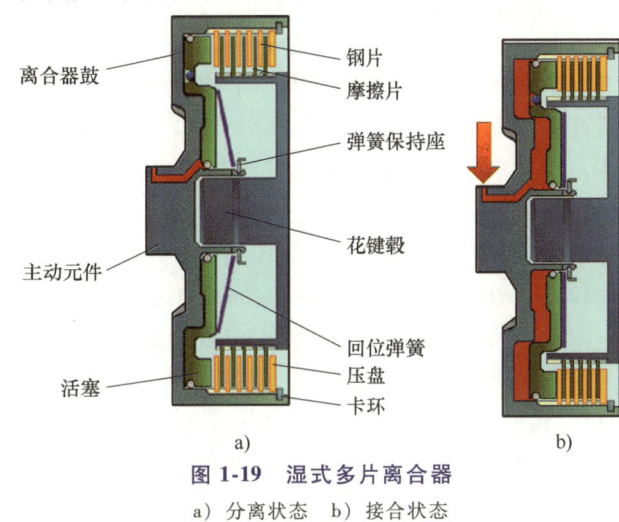

图 1-19 湿式多片离合器
a）分离状态 b）接合状态

的位移量，其外侧安装了限位卡环，活塞装于离合器鼓内，回位弹簧一端抵于活塞端面，另一端支撑在保持座上，回位弹簧有周置螺旋弹簧、中央布置螺旋弹簧和中央布置碟形弹簧 3 种不同形式。

当离合器处于分离状态时，活塞在回位弹簧的作用下处于左极限位置，钢片和摩擦片间存在一定间隙。当液压油经油道进入活塞左腔室后，液压力克服弹簧张力使活塞右移，将所有钢片和摩擦片依次压紧，离合器接合，该元件成为输入元件，动力经主动元件、离合器鼓、钢片、摩擦片和花键毂传至行星齿轮机构。油压撤出后，活塞在回位弹簧的作用下回位，离合器分离，动力传递路线被切断。

离合器处于分离状态时，活塞左端的离合器液压缸内不可避免地残留有少量变速器油，当离合器鼓随主动元件一起旋转时，残留的变速器油在离心力的作用下被甩向液压缸的外缘，并在该处产生一定的油压。若离合器鼓的转速较高，该油压将推动活塞压向离合器片，力图使离合器接合，从而导致钢片和摩擦片间出现不正常滑磨，影响离合器的使用寿命。为了防止出现这种现象，在离合器活塞或离合器鼓左端的壁面上设有一个由钢球组成的安全阀，如图 1-20 所示。当液压油进入液压缸内时，钢球在油压的作用下压紧在阀座上，安全阀处于关闭状态，保证了油压缸的密封。当液压缸内的液压油

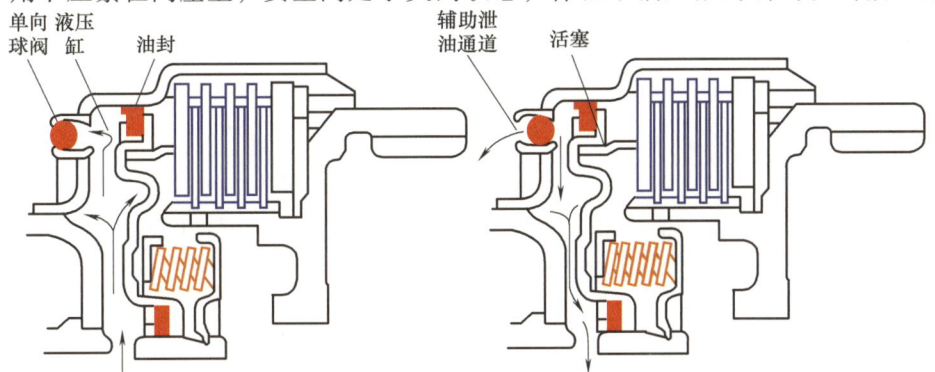

图 1-20 离合器安全阀的工作原理图

通过油路排出时，缸体内的液压力减小，安全阀的钢球在离心力的作用下离开阀座，阀处于开启状态，残留在缸内的液压油因离心力的作用从安全阀的阀孔排出，使离合器彻底分离。

2. 制动器

制动器的作用是固定行星齿轮机构中的基本元件，阻止其旋转。在自动变速器中常用的制动器有片式制动器和带式制动器两种。

片式制动器由制动器活塞、回位弹簧、钢片、摩擦片及制动器毂等组成，其结构和工作原理与湿式多片离合器相似。区别是其钢片通过外花键齿安装在变速器壳体的内花键齿圈上，摩擦片则通过内花键齿和制动器毂上的外花键槽相连，制动器毂与行星齿轮机构的元件相连。

3. 单向离合器

单向离合器的作用是使某元件只能按一定方向旋转，在另一个方向上锁止。在行星齿轮系统中有若干个单向离合器，其工作性能对变速器的换档品质有很大影响。执行机构的灵敏性直接影响换档的平顺性，单向离合器具有灵敏度高的优点，可瞬间锁止（或解除锁止），提高了换档时机的准确性。另外，单向离合器不需要附加的液压或机械操纵装置，结构简单，不易发生故障。单向离合器有滚子式和楔块式两种类型。

滚子式单向离合器如图1-21所示，它由滚子，弹簧，弹簧保持座和内、外座圈组成。外座圈的内表面制有若干偏心的弧形滚道，因此，由光滑的内座圈和外座圈构成的滚子滚道的宽度不均匀，滚子被弹簧压向小端。在外座圈固定的情况下，内座圈可沿顺时针方向旋转，带动滚子压缩弹簧，使其落入滚道大端。若内座圈沿逆时针方向旋转，滚子被带向滚道小端，内座圈卡住不能转动，单向离合器锁止。

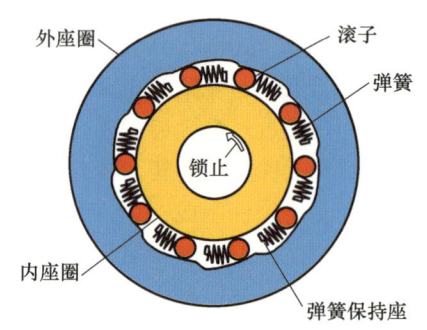

图1-21 滚子式单向离合器

楔块式单向离合器如图1-22所示，内、外座圈组成的滚道的宽度是均匀的，采用不均匀形状的楔块，楔块大端长度大于滚道宽度，在外座圈固定的情况下，内座圈可沿逆时针方向旋转，带动楔块顺时针方向转动。若楔块沿顺时针方向转动，楔块将被卡在内、外座圈之间，单向离合器内座圈锁止。

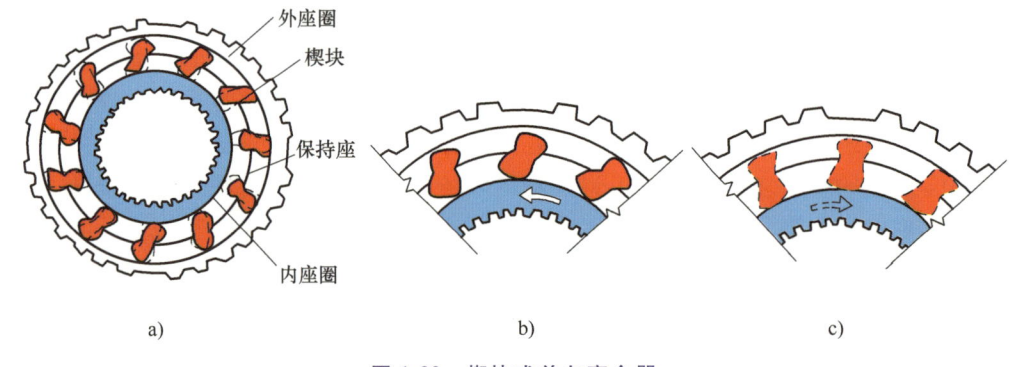

图1-22 楔块式单向离合器

a）楔块式单向离合器的结构 b）自由转动 c）锁止

三、组合式行星齿轮系统

两个以上的行星排进行组合，选取不同的基本元件作为输入或输出，以及采用执行元件不同的工作方式，可得到不同类型的行星齿轮变速器。目前，常用的自动变速器的行星齿轮装置有辛普森式和拉维娜式两种。

1. 辛普森行星齿轮系统

辛普森行星齿轮系统的结构特点是前、后两个单行星轮行星齿轮机构共用1个太阳轮。

典型的辛普森行星齿轮系统结构示意图如图 1-23 所示。其行星齿轮机构包括两个单行星轮行星排，它的执行机构由前进离合器（K_1），直接档离合器（K_2），二档制动器（B_1）和低、倒档制动器（B_2）组成。其结构如图 1-24 所示。

输入轴通过直接档离合器和前进档离合器分别与太阳轮和前排齿圈相连，二档制动器可用来固定太阳轮，低、倒档制动器可使后行星架成为固定元件，单向离合器保证后排行星架只能沿顺时针方向转动，前排行星架和后排齿圈与输出轴相连而成为输出元件。各档执行元件工作情况见表 1-1。

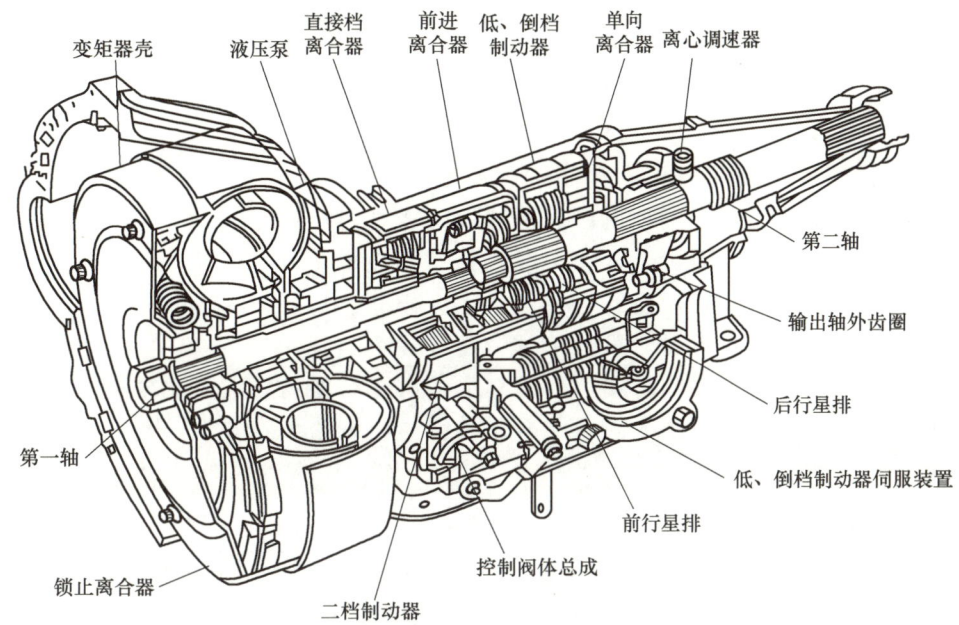

图 1-23 典型的辛普森行星齿轮系统的结构示意图

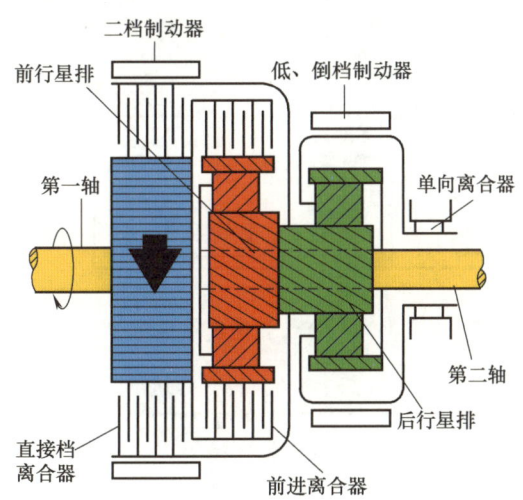

图 1-24 辛普森行星齿轮系统的结构简图

表 1-1 各档执行元件工作情况

档位		K_1	K_2	B_1	B_2	F
D	1	○				○
	2	○		○		
	3	○	○			
R			○		○	

该行星齿轮系统各档动力传递路线如下：

（1）D位1档　前进离合器接合，前排齿圈成为输入元件，单向离合器使后行星架无法逆时针旋转。动力传递路线是输入轴→前排齿圈→太阳轮→后排齿圈→输出轴。

（2）D位2档　前进离合器接合，使前排齿圈成为输入元件，二档制动器将太阳轮固定。动力经输入轴、前排齿圈和行星架输出给输出轴。

（3）D位3档　前进离合器和直接档离合器工作，此时，前排太阳轮和齿圈均与第一轴相连，因此，行星架与它们同速转动，形成直接档，将输入轴的动力直接传给输出轴。

（4）R位　直接档离合器接合，前排太阳轮成为输入元件，低、倒档制动器固定后排行星架。动力经输入轴、太阳轮、后排行星齿轮和后排齿圈传至输出轴。由于行星架是固定元件，使输出轴的旋转方向与输入轴相反，变速器得到倒档。

2. 拉维娜行星齿轮系统

拉维娜行星齿轮系统采用双行星排组合，其结构特点是两行星排共用行星架和齿圈，如图1-25所示。小太阳轮、短行星轮、长行星轮、行星架和齿圈组成一个双行星轮式行星排，大太阳轮、长行星轮、行星架和齿圈组成一个单行星轮式行星排。具有4个独立元件：小太阳轮、大太阳轮、行星架和齿圈。行星架上的两套行星齿轮相互啮合，其中，短行星齿轮与小太阳轮啮合，长行星齿轮与大太阳轮啮合的同时与齿圈啮合。

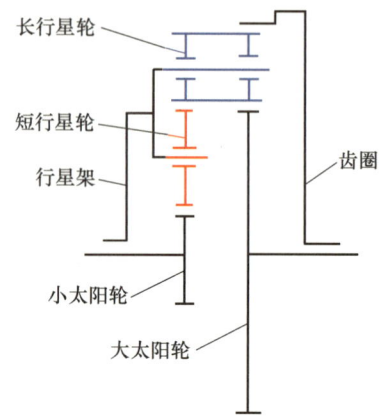

图1-25　拉维娜行星齿轮机构

四、典型行星齿轮变速器

1. 01M变速器

01M是四档电控液力自动变速器，其结构简图如图1-26所示。换档执行元件功能见表1-2。各档位换档执行元件的工作情况见表1-3。

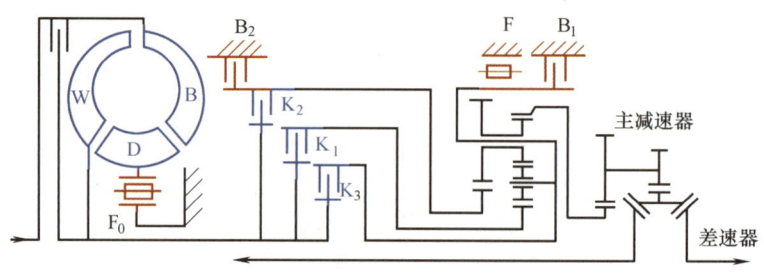

图1-26　01M变速器结构简图

表1-2　换档执行元件功能

元件	功能	元件	功能
K_1	将输入轴与小太阳轮连接	B_2	制动大太阳轮
K_2	将输入轴与大太阳轮连接	F	阻止前行星架逆时针转动
K_3	将输入轴与行星架连接	F_0	阻止导轮逆时针转动
B_1	制动行星架		

表1-3　各档位换档执行元件的工作情况

档位	K_1	K_2	K_3	B_1	B_2	F	F_0
1H	○					○	
1M	○					○	○
2H	○			○			

（续）

档位	K_1	K_2	K_3	B_1	B_2	F	F_0
2M	○				○		○
3H	○	○					
3M	○		○				○
4H			○		○		
4M			○		○		○
R		○		○			

注：○表示工作，H表示液力传动，M表示机械传动。

各档动力传递路线如下：

（1）一档 一档时，离合器 K_1 接合，单向离合器 F 工作。如图1-27所示，动力传递路线为泵轮→涡轮→涡轮轴→离合器 K_1 →小太阳轮→短行星轮→长行星轮驱动齿圈。

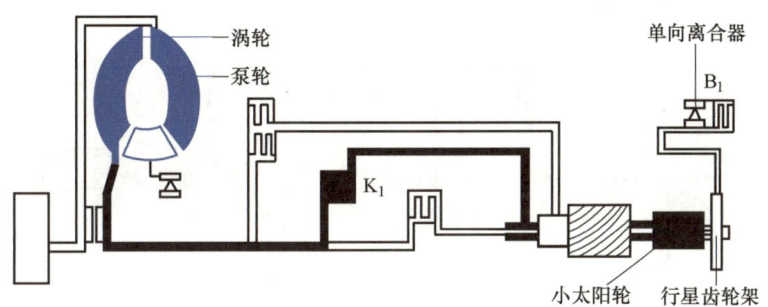

图1-27 一档动力传递路线

（2）二档 二档时，离合器 K_1 接合，制动器 B_2 制动大太阳轮。如图1-28所示，其动力传递路线为泵轮→涡轮→涡轮轴→离合器 K_1 →小太阳轮→短行星轮→长行星轮围绕固定的大太阳轮转动并驱动齿圈。

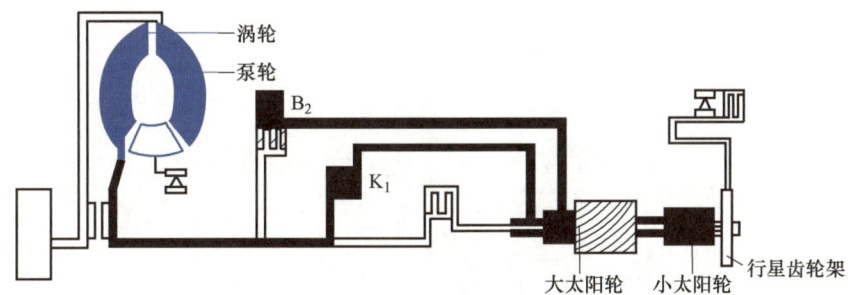

图1-28 二档动力传递路线

（3）三档 三档时，离合器 K_1 和 K_3 接合，驱动小太阳轮和行星齿轮架，因而使行星齿轮机构锁止并一同转动。如图1-29所示，其动力传递路线为泵轮→涡轮→涡轮轴→离合器 K_1 和 K_3 →整个行星

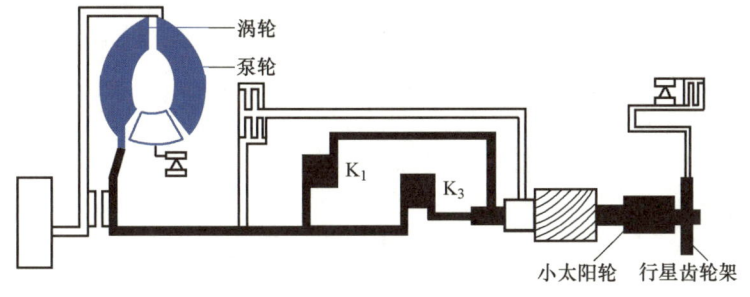

图1-29 三档动力传递路线

齿轮转动。

(4) 四档　四档时，离合器 K_3 接合，制动器 B_2 工作，使行星齿轮架工作并制动大太阳轮。如图 1-30 所示，其动力传递路线为泵轮→涡轮→涡轮轴→离合器 K_3 →行星齿轮架→长行星轮围绕大太阳轮转动并驱动齿圈。

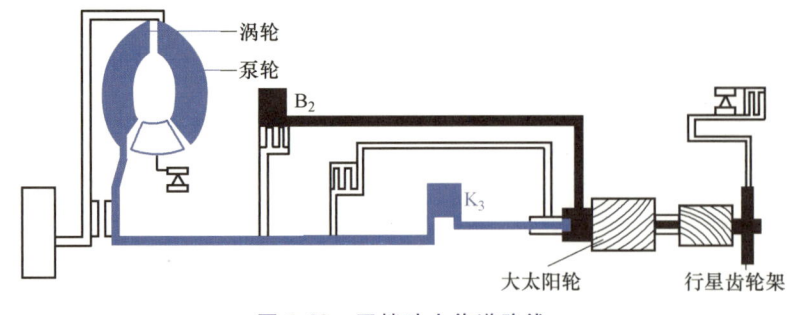

图 1-30　四档动力传递路线

(5) R 位（倒档）　变速杆在 R 位时，离合器 K_2 接合，驱动大太阳轮；制动器 B_1 工作，使行星齿轮架制动。如图 1-31 所示，其动力传递路线为泵轮→涡轮→涡轮轴→离合器 K_2 →大太阳轮→长行星轮反向驱动齿圈。

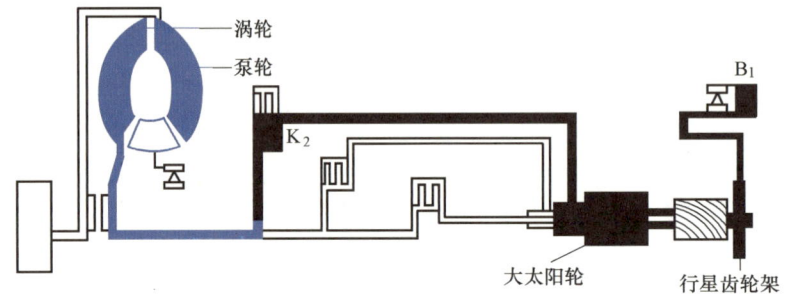

图 1-31　倒档动力传递路线

2. 09G 自动变速器

09G 自动变速器是 6 档 AT 自动变速器，在红旗 H5、H7 等车型上均有使用。该变速器的结构简图如图 1-32 所示。换档执行元件功能见表 1-4。各档位换档执行元件的工作情况见表 1-5。

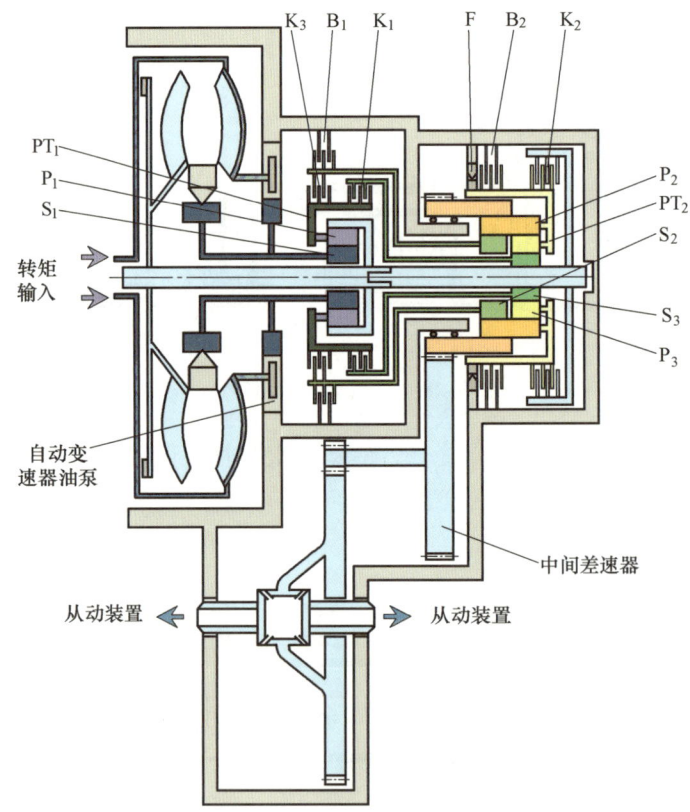

图 1-32　09G 自动变速器的结构简图

表1-4 换档执行元件功能

元件	功能	元件	功能
K_1	连接行星齿轮架 PT_1 与小太阳轮 S_3	B_1	固定大太阳轮 S_2
K_2	连接行星齿轮架 PT_2 与涡轮轴	B_2	固定行星齿轮架 PT_2
K_3	连接行星齿轮架 PT_1 与大太阳轮 S_2	F	阻止行星齿轮架 PT_2 逆时针转动

表1-5 各档位换档执行元件的工作情况

档位	换档执行元件					
	K_1	K_2	K_3	B_1	B_2	F
1	○				●	○
2	○			○		
3	○		○			
4	○	○				
5		○	○			
6		○		○		
R			○		○	

注：○表示工作，●表示发动机制动。

五、行星齿轮机构的检修

行星齿轮机构的检修包含行星排、单向离合器的检修，多片离合器的检修，制动器的检修，检修方法见微课1-6。

六、01M变速器的检修

微课1-4
分解01M齿轮变速器

微课1-5
组装01M齿轮变速器

微课1-6
01M离合器K_1K_2间隙测量调整

微课1-7
01M制动器B_1测量调整

微课1-8
01M制动器B_2测量调整

微课1-9
01M行星齿轮支架间隙测量调整

【在线测试】

请扫描二维码完成在线测试。

【任务实施】

任务工单

任务名称：检修自动变速器传动机构			
姓名：	班级：		学号：

【任务描述】	在台架上完成传动机构的分解和组装，能正确地完成换档执行机构的检查、测量及调整
【实施准备】	自动变速器教学运行台架（或虚拟仿真系统）

【实施过程】	1. 自主学习	学习相关知识，在台架上找到传动机构各部分组成
	2. 计划与决策	小组讨论，确定拆卸及检修内容与逻辑
	3. 小组执行	小组工作，汇报小组成果，展示操作方法 规范做好 5S

【评价反思】	项目	评价点	自评
	分解变速器传动机构	分解变速器传动机构	□达成　□未达成
		单排行星齿轮机构的组成	□达成　□未达成
		双排行星齿轮机构的组成	□达成　□未达成
		多片式离合器的工作原理	□达成　□未达成
		制动器的工作原理	□达成　□未达成
		单向离合器的工作原理	□达成　□未达成
		复合式行星齿轮机构结构分析	□达成　□未达成
	变速器传动机构的检修	离合器的检查与测量	□达成　□未达成
		制动器的检查与测量	□达成　□未达成
		行星齿轮支架的检查与测量	□达成　□未达成
		组装变速器传动机构	□达成　□未达成
	安全与规范	车辆防护	□达成　□未达成
		人员与安全	□达成　□未达成
		现场 5S	□达成　□未达成
	其他		

任务三　检修自动变速器电控系统

【学习内容】

1. 自动变速器电控系统的组成
2. 自动变速器信号输入装置的结构与工作原理
3. 自动变速器执行器的结构与工作原理
4. 自动变速器的换档控制逻辑与工作原理
5. 电控系统的故障诊断方法

【学习目标】

1. 能够描述信号输入装置的结构与工作原理
2. 能够描述执行器的结构与工作原理
3. 能够分析自动变速器的换档控制逻辑与工作原理
4. 培养 5S 管理及团体合作意识

【任务描述】

客户配备 6 档 AT 变速器汽车，行驶中仪表盘档位灯全红，只能低档行驶。客户致电咨询，作为服务顾问该如何指导客户安全行驶?

【相关知识】

一、电控系统的组成

电控系统由信号输入装置、执行器和ECU组成。

1. 信号输入装置

信号输入装置包括传感器和信号开关装置。其中，常用的传感器有节气门位置传感器、发动机转速传感器、车速传感器、输入轴转速传感器和变速器油温传感器，常用的开关装置有模式选择开关、多功能开关、空档起动开关等。

（1）节气门位置传感器 节气门位置传感器安装在发动机节气门体上并与节气门联动，其作用是测量发动机节气门的开度，向ECU提供发动机负荷信号，以控制自动变速器换档时刻及主油路油压。常见的节气门位置传感器为可变电阻式，如图1-33所示，其由1个线性电位计和1个急速开关组成，节气门轴带动线性电位计及急速开关的滑动触点。当节气门轴转动时，电位计所控制的线性电阻值发生变化，所对应的电位也发生变化，变化的电位信号输送给ECU。当节气门关闭时，急速开关闭合，将急速信号输送给ECU。

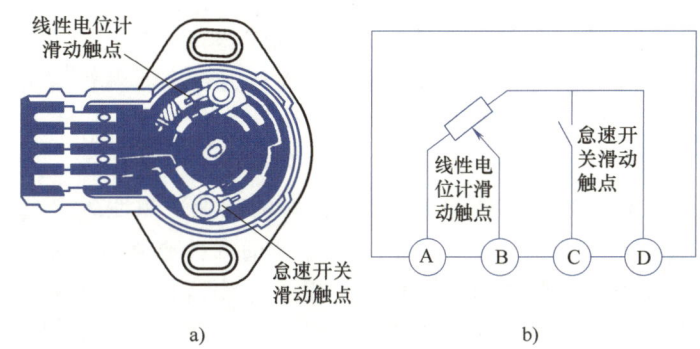

图1-33 节气门位置传感器的结构及电路
a）结构 b）电路图
A—基准电压 B—节气门开度信号 C—急速信号 D—搭铁

（2）发动机转速传感器 发动机转速传感器一般安装在分电器内或曲轴后端的靶轮附近。其通常为磁感应式，用于测取发动机的转速。

（3）车速传感器

1）电磁感应式车速传感器。其主要由永久磁铁和电磁感应线圈组成，如图1-34所示。该车速传感器一般安装在变速器输出轴附近，变速器输出轴上的停车锁止齿轮充当感应转子，当输出轴转动时，感应转子的凸齿不断靠近或离开车速传感器，使感应线圈内的磁通量发生变化，从而产生交流感应电压。车速越高，输出轴的转速越高，感应电压的脉冲频率就越大。ECU根据感应电压脉冲频率的大小计算车速，作为换档控制的另一主要依据。

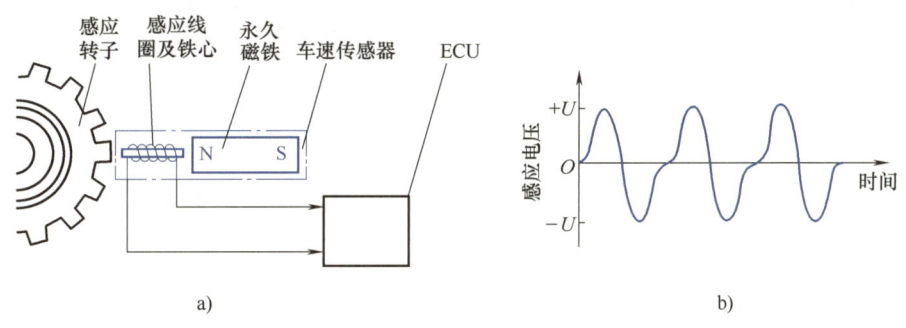

图1-34 车速传感器的结构及感应电压曲线图
a）结构 b）感应电压曲线图

2）光电式车速传感器 如图1-35所示，光电式车速传感器由发光二极管、光敏元件和速度表软轴驱动的遮光板组成。其工作电路如图1-36所示，ECU根据脉冲数计算出车速。

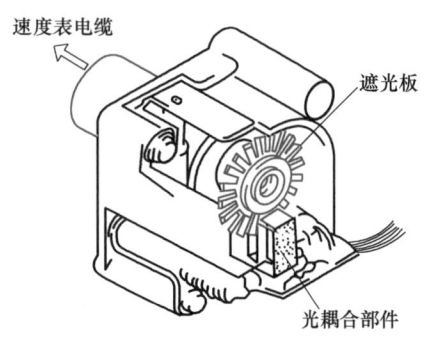

图 1-35 光电式车速传感器的结构

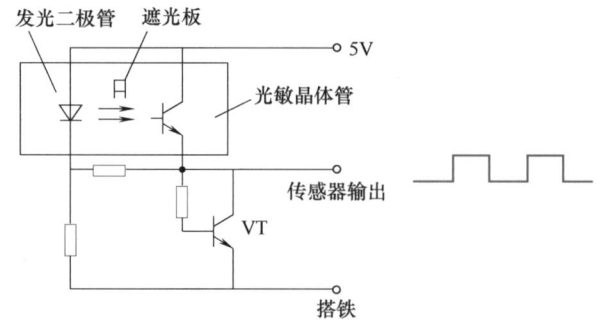

图 1-36 光电式车速传感器的工作电路

（4）输入轴转速传感器　输入轴转速传感器与车速传感器类似，是一种电磁感应式转速传感器。它安装在行星齿轮变速器的输入轴（液力变矩器涡轮输出轴）附近或与输入轴连接的离合器鼓附近的壳体上，用于检测输入轴转速并将信号送入 ECU，以更精确地控制换档过程。它还作为变矩器涡轮的转速信号，与发动机转速即变矩器泵轮转速进行比较，计算出变矩器的转速比，以优化锁止离合器的控制过程，减小换档冲击，改善汽车的行驶平顺性。

（5）变速器油温传感器　变速器油温传感器安装在自动变速器油底壳内的液压阀阀板上，用于连续监控自动变速器中变速器的油温，以作为 ECU 进行换档控制、油压控制、锁止离合器控制的依据。其内部结构为一负温度系数的热敏电阻。

（6）模式选择开关　模式选择开关又称为程序开关，用于选择自动变速器的控制模式，即选择自动变速器的换档规律，以满足不同的使用要求。图 1-37 所示为安装在变速杆旁的模式开关。常见的控制模式大致有以下几种：

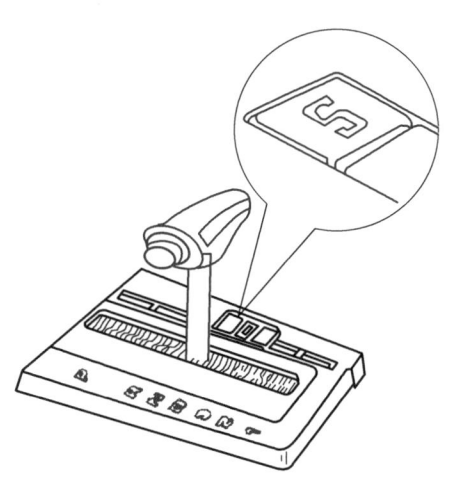

图 1-37 模式选择开关（运动型/经济型）

1) 经济模式（Economy）。经济模式以汽车获得最佳燃油经济性为目标设计换档规律。当自动变速器在经济模式下工作时，其换档规律使汽车在行驶过程中，发动机经常在经济转速范围内运转，降低了燃油消耗。发动机转速相对较低时就会换入高档，即提前升档，延迟降档。

2) 动力模式（Power）。动力模式以汽车获得最大动力性为目标设计换档规律。当自动变速器在动力模式下工作时，其换档规律使汽车在行驶过程中，发动机经常处在大转矩、大功率范围内运行，提高了汽车的动力性能和爬坡能力。只有发动机转速较高时，才能换高档，即延迟升档，提前降档。

3) 普通模式（Normal）。普通模式的换档规律介于经济模式与动力模式之间。它使汽车既保证了一定的动力性，又较好的燃油经济性。

4) 手动模式（Manual）。手动模式让驾驶人可在一档至四档之间以手动方式选择合适的档位，使汽车像装用了手动变速器一样行驶，而不必像手动变速器那样换档时必须踩离合器踏板。

（7）多功能开关　多功能开关装在变速器壳体的手动阀摇臂轴或操纵手柄上，由变速杆进行控制，如图 1-38 所示。其具有下列功能：

1) 指示变速杆位置。变速杆的位置是利用多功能开关传给变速器控制系统，电路如图 1-39 所示，触点 2、3、4 通过多种组合（开和关）将换档位置 P、R、N、D、3、2 和 1 传给变速器控制单元。

2) 倒档信号灯的开启。当变速杆置于 R 位时，接通倒车灯继电器，倒档信号灯开启。

3) 空档起动。发动机只有当变速杆在 P 位或 N 时才能起动。多功能开关将变速杆位置处于 P 位或 N 时的信号传给起动继电器，使点火开关能工作。同时，在挂前进档时中断起动机，即制止起动机在汽车进入行驶状态后啮合。

模块一　电控液力自动变速器

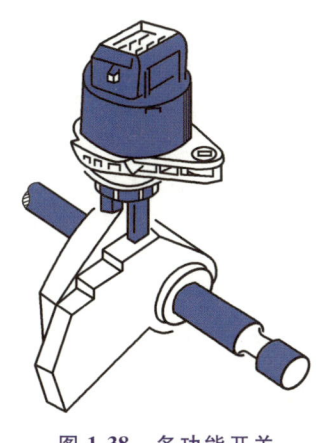

图 1-38　多功能开关

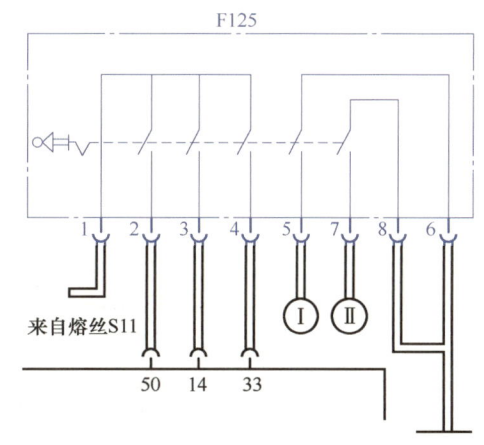

图 1-39　变速杆位置信号电路

（8）空档起动开关　空档起动开关及其电路如图 1-40 所示，其作用与多功能开关相同。

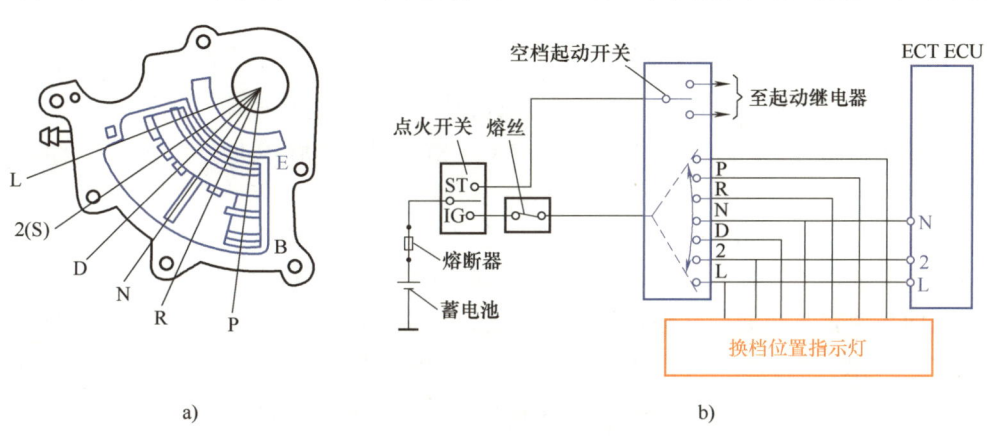

图 1-40　空档起动开关与电路
a）空档起动开关　b）空档起动开关电路

（9）制动灯开关　制动灯开关安装在制动踏板支架上，踩下制动踏板时开关接通，通知 ECU 已经制动，松开变矩器锁止离合器，同时使制动灯亮；还可以防止当驱动轮制动抱死时，发动机突然熄火。

2. 执行器

电磁阀是电控系统的执行元件，按其作用可分为换档电磁阀、锁止电磁阀和调压电磁阀；按其工作方式可分为开关式电磁阀和脉冲式电磁阀。

（1）开关式电磁阀　开关式电磁阀的作用是开启和关闭变速器油路，可用于控制换档阀和液力变矩器的闭锁离合器锁止阀。

开关式电磁阀由电磁线圈、磁铁、阀芯和回位弹簧等组成，如图 1-41 所示。线圈不通电时，阀芯被油压推开，打开泄油孔，油路压力为 0；线圈通电时，电磁力使阀芯左移，关闭泄油孔，油路压力上升。

（2）脉冲式电磁阀　脉冲式电磁阀的结构如图 1-42 所示。其作用是控制油路中油压的大小。控制信号是频率固定的脉冲电信号，电磁阀在脉冲电信号的作用下不断反复地开启和关闭泄油孔，ECU 通过改变每个脉冲周期内电流接通

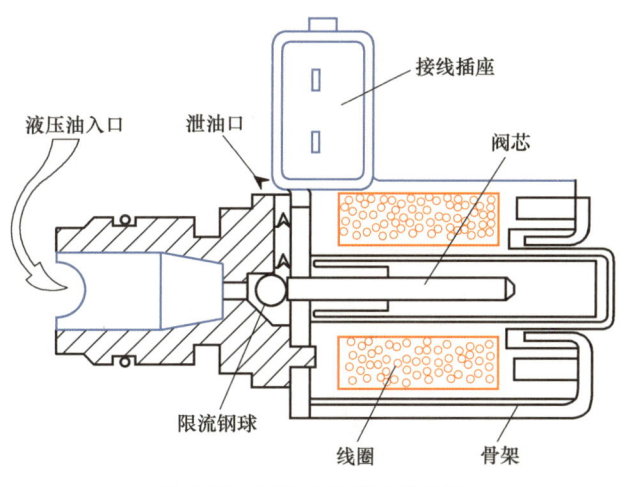

图 1-41　开关式电磁阀的结构

23

和断开的时间比例（即所谓占空比）来改变电磁阀开启和关闭的时间比例，达到控制油路油压的目的。占空比越大，油路压力越小；反之，占空比越小，油路压力就越大（图1-43）。

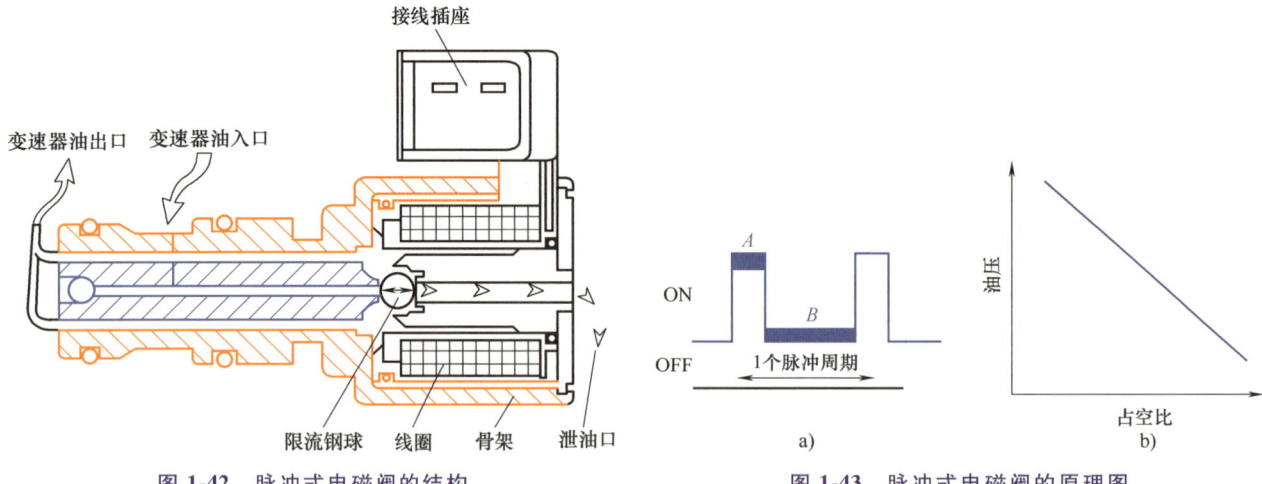

图1-42 脉冲式电磁阀的结构　　　　图1-43 脉冲式电磁阀的原理图

脉冲式电磁阀一般安装在主油路或减振器背压油路中，在变速器自动升档及降档瞬间或在锁止离合器锁止及解除锁止动作开始时使油压下降，以减少换档和锁止、解锁冲击，使车辆行驶更平稳。

3. ECU

ECU是电控系统的核心，由接收器、控制器和输出装置3部分组成。接收器接收各输入装置的输出信号，并对其放大或调制；控制器将这些信号与内存中的数据进行对比，根据对比结果做出是否换档等决定，再由输出装置将控制信号输送给电磁阀。ECU具有以下控制功能：

（1）控制换档时刻　换档时刻的控制是ECU最重要的控制内容之一。汽车在每一特定行驶工况，都有一个与之对应的最佳换档时刻，ECU可以让自动变速器在任何行驶条件下都按最佳换档时刻进行换档，从而使汽车的动力性和经济性等指标综合起来达到最佳。

通常，ECU将汽车在不同使用要求下的最佳换档规律以自动换档图的形式储存在存储器中，带有模式选择开关的电控式自动变速器在模式开关处于不同位置时，对汽车的使用要求不同，其换档规律也不同，一般有普通、经济、动力等几种形式的换档规律。图1-44所示为变速杆在D位时的换档规律。

汽车在行驶时，ECU根据模式选择开关和档位开关的信号从存储器中选出相应的自动换档图，再将车速传感器、节气门位置传感器测得的车速、节气门开度与所选的自动换档图进行比较。如在一定节气门开度下行驶的汽车达到设定的换档车速时，ECU便向换档电磁阀发出电信号，由电磁阀的动作决定液压油通往各操纵元件的流向，以实现档位的自动变换。其控制框图如图1-45所示。

（2）控制主油路油压　电液式控制系统中的主油路油压是由主油路调压电磁阀调节的。主油路油压应随发动机负荷增大而升高，以满足传递大功率时对离合器、制动器等执行元件液压缸工作压力的要求。

电控式自动变速器的电液式控制系统以一个油压电磁阀来产生节气门油压。油压电磁阀是脉冲式电磁阀，ECU根据节气门位置传感器测定的节气门开度，控制发往油压电磁阀脉冲信号的占空比，使主油路油压随节气门开度变化而变化。节气门开度越大，脉冲电信号的占空比越小，油压电磁阀排油孔开度越小，节气门油压就越大。节气门油压被作为控制油压反馈到主油路调压阀，使主油路调压阀随着节气门开度的变化调节主油路油压的高低，以获得不同发动机负荷下主油路压力的最佳值，并将驱动油泵的动力减小到最小。图1-46所示为主油路油压随节气门开度变化而变化的情况。由于倒档使用的时间较少，为减小自动变速器的体积，通常将倒档执行机构的尺寸缩得较小，同时传递转矩较大，因此油压较其他档位时高。

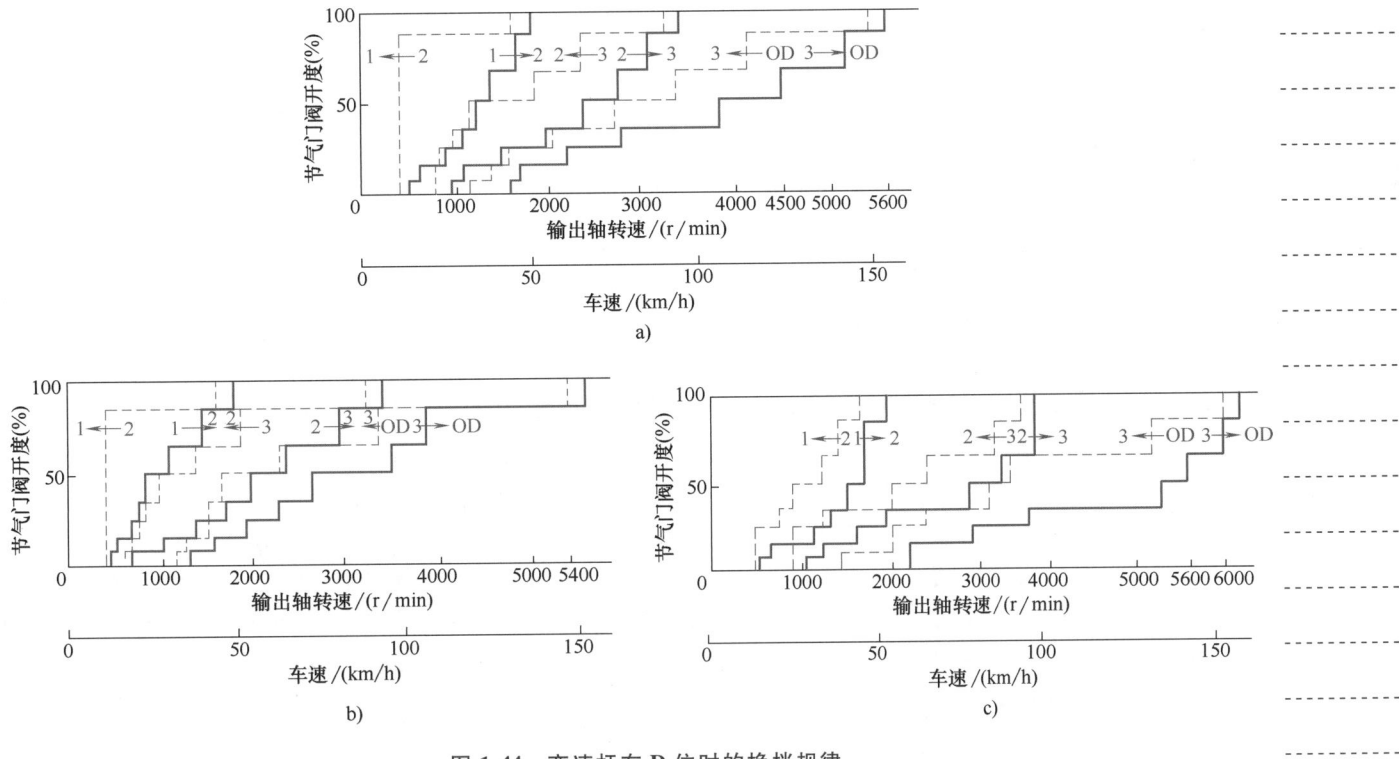

图 1-44 变速杆在 D 位时的换档规律

a)"N"普通型　b)"E"经济型　c)"P"动力型

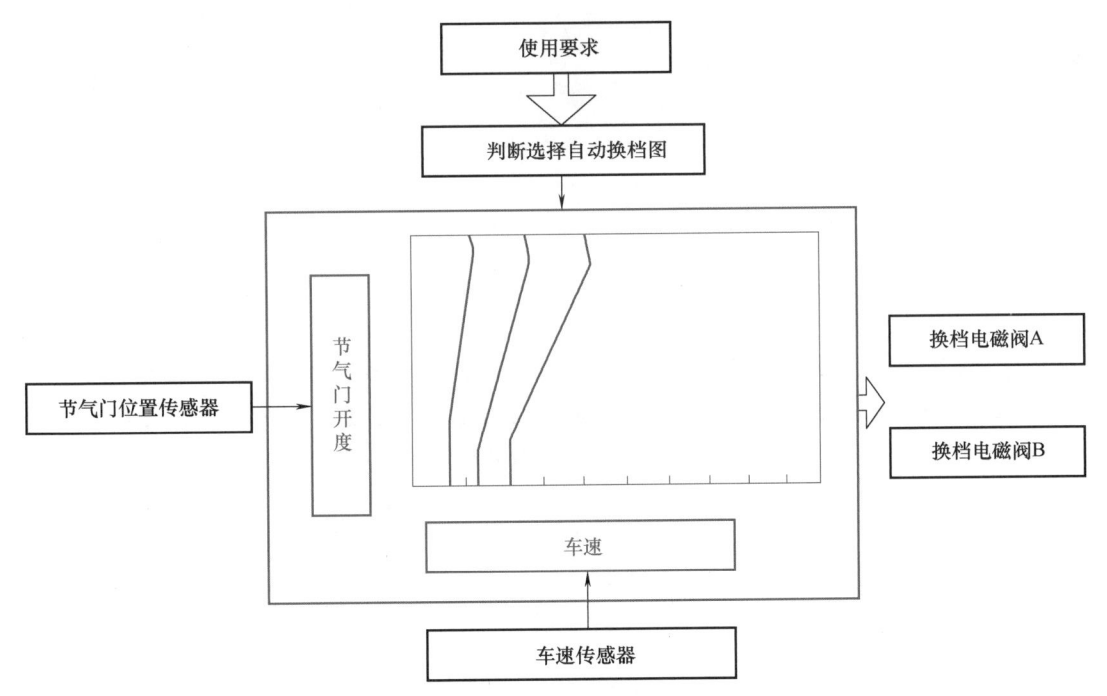

图 1-45 自动换档控制框图

除正常的主油路压力控制外，ECU 可以根据各传感器测得的自动变速器的工作条件，在一些特殊情况下，对主油路油压做适当的修正，使油路压力控制获得最佳效果。例如，在变速杆位于前进低档（S、L 或 2、1）位置时，汽车驱动力相应较大，ECU 自动使主油路油压高于前进档（D 位）时的油压，以满足动力传递的需要。为减小换档冲击，ECU 还在自动变速器换档过程中按照换档时节气门开度的大小，通过油压电磁阀适当减小主油路油压（图1-47a），以改善换档质量。ECU还可以根据液压油温度传感器的信号，在变速器油温度未达到正常工作温度（低于60℃）时，将主油路油压调至低于正常值（图1-47b），以防止因油温低黏度较大而产生换档冲击；当变速器油温过低（低于-30℃）时，ECU使主油路压力升至最大值，以加速离合器、制动器的接合，防止温度过低时因变速器油黏度过大而使换档过程过于平缓（图1-47c）。在海拔较高时，发动机输出功率降低，ECU将主油路油压调至低于正常值，以防止换档时出现冲击（图1-47d）。

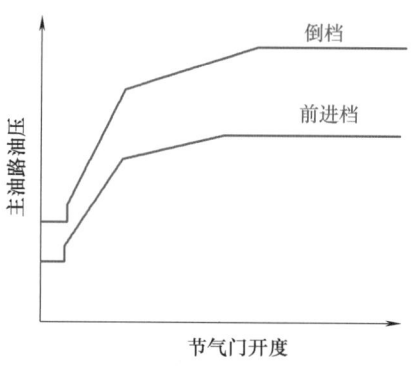

图1-46 主油路油压随节气门开度变化而变化的情况

（3）控制锁止离合器 电控自动变速器中液力变矩器的锁止离合器的工作是由ECU控制的，ECU按照设定的控制程序，通过锁止电磁阀来控制锁止离合器的接合或分离。ECU根据自动变速器的档位、选取的控制模式等工作条件，再将车速、节气门开度与锁止控制程序进行比较，当满足锁止条件时，ECU即向锁止电磁阀发出电信号，使锁止离合器接合。在以下几种情况下可强制解除锁止：当汽车采取制动或节气门全闭时，为防止发动机失速，ECU切断通向锁止电磁阀的电路强行解除锁止；在自动变速器升降档过程中，ECU暂时解除锁止，以减小换档冲击；如果发动机冷却液的温度低于60℃，锁止离合器应处于分离状态，加速预热，提高总体驾驶性能。目前多采用脉冲式电磁阀，使锁止离合器工作更柔和。

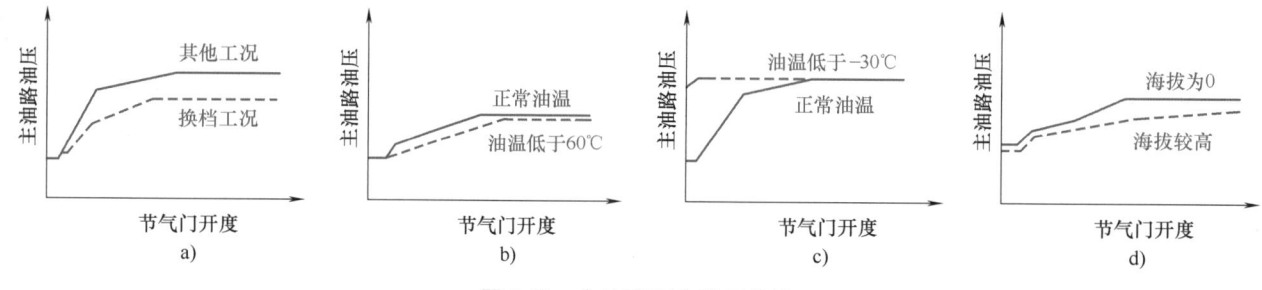

图1-47 主油路压力修正曲线
a）换档修正 b）油温低修正 c）油温过低修正 d）海拔修正

（4）控制换档品质 为改善换档质量，提高汽车的乘坐舒适性，目前常见的特殊控制功能有以下几种：

1）换档油压控制。在升档或降档的瞬间，ECU通过油压电磁阀适当降低主油路油压，以减小换档冲击，达到改善换档质量的目的。也有一些控制系统是在换档时通过电磁阀减小减振器活塞的背压，以降低离合器或制动器液压缸内油压的增长速度，达到减小换档冲击的目的。

2）减小转矩控制。在换档的瞬间，通过延迟发动机的点火时间或减少喷油量，暂时减小发动机的输出转矩，以减小换档冲击和汽车加速度出现的波动。

3）N~D换档控制。在变速杆由停车档或空档（P位或N位）位置换至前进档或倒档（D位或R位）位置，或相反地进行换档时，ECU通过调整发动机的喷油量，将发动机的转速变化减至最低程度，以改善换档质量。

（5）自动模式选择控制 ECU通过各传感器测得汽车行驶状况和驾驶人的操作方式，经过运算分析，自动选择采用经济模式、动力模式或普通模式进行换档控制，以满足不同的行驶要求。

ECU在进行自动模式选择控制时，主要参考变速杆的位置及加速踏板被踩下的速率高低，以判断驾驶人的操作目的，自动选择控制模式：

1）当变速杆位于前进低档（S、L或2、1）时，ECU只选择动力模式。

2）在前进档，当加速踏板被踩下的速率较低时，ECU选择经济模式；当加速踏板被踩下的速率超过控制程序中所设定的速率时，ECU 由经济模式转变为动力模式。

3）在前进档，ECU 选择动力模式时，一旦节气门开度低于 1/8，换档规律即由动力模式转换为经济模式。

（6）发动机制动作用控制　ECU 按照设定的控制程序，在变速杆位置、车速、节气门开度等满足一定条件（如变速杆位于前进低档位置，且车速大于 10km/h，节气门开度小于 1/8）时，向强制离合器电磁阀或强制制动器电磁阀发出电信号，打开强制离合器或强制制动器的控制油路，使之接合或制动，让自动变速器具有反向传递动力的能力，从而在汽车滑行时可以实现发动机制动。

（7）使用输入轴转速传感器的控制　ECU 在进行换档油压控制、减小转矩控制、锁止离合器控制时，利用输入轴转速进行计算，使控制的时间更加准确，从而获得最佳的换档感觉和乘坐舒适性。

（8）超速行驶控制　只有当变速杆位于 D 位且超速开关打开时，汽车才能升入超速档。当汽车以巡航方式在超速档行驶时，若实际车速低于 4km/h，巡航控制单元向 ECU 发出信号，要求自动退出超速档。ECU 还可以防止自动变速器在发动机冷却液温度低于 60℃ 时进入超速档工作。

（9）自诊断与失效保护功能　为了及时发现电控装置中的故障，并在出现故障时尽可能地使自动变速器保持最基本的工作能力，以维持汽车行驶，便于汽车进厂维修，ECU 具有故障自诊断和失效保护功能。在汽车行驶过程中不停地检测自动变速器电控装置中所有传感器和电动执行器的工作情况，一旦发现故障，ECU 具有以下几种保护功能：

1）在汽车行驶时，仪表盘上的自动变速器故障警告灯闪亮，以提醒驾驶人立即将汽车送至修理厂维修。

2）将检测到的故障内容以故障码的形式存储在 ECU 的存储器内，只要不切断与蓄电池的连接，被测到的故障码就会一直保存在 ECU 内。

3）ECU 按设定的失效保护程序控制自动变速器的工作，保持汽车的基本行驶能力。

① 当某些传感器出现故障后，ECU 会采取失效保护功能。例如，节气门位置传感器出现故障时，ECU 根据怠速开关的状态进行控制。车速传感器出现故障时，ECU 不能进行自动换档控制，此时自动变速器的档位可由变速杆的位置决定。输入轴转速传感器出现故障时，ECU 停止减小转矩控制，此时换档冲击会有所增大。液压油温度传感器出现故障时，ECU 按液压油温度为 80℃ 进行控制。

② 执行器出现故障后，采取的失效保护功能如：ECU 都将停止所有换档电磁阀的工作，此时自动变速器的档位完全由变速杆的位置决定，以保证自动变速器仍能自动升档或降档，此时会失去某些档位的功能，而且升档或降档规律有所变化，例如，可能直接由一档升至三档或超速档。

强制离合器或强制制动器电磁阀出现故障时，ECU 停止电磁阀的工作，让强制离合器或强制制动器始终处于接合状态，使汽车减速时总可以利用发动机的制动作用。

锁止电磁阀出现故障时，ECU 停止锁止离合器控制，使锁止离合器始终处于分离状态。

二、电控系统自诊断

电控自动变速器 ECU 内部有一个故障自诊断电路，它能在汽车行驶过程中不断监测自动变速器控制系统各部分的工作情况，并能将检测到的故障以代码的形式存储在 ECU 存储器中。维修人员可以通过读取故障码确定故障部位，以便进行维修。

【在线测试】

请扫描二维码完成在线测试。

【任务实施】

任务工单

任务名称：检修自动变速器电控系统			
姓名：	班级：		学号：

【任务描述】	请结合车辆，进行自动变速器故障码的读取、故障分析与排除
【实施准备】	配置自动变速器的车辆、教学运行台架（或虚拟仿真系统）
【实施过程】	1. 自主学习 —— 学习相关知识，在故障诊断仪上进行相关数据的读取
	2. 计划与决策 —— 小组讨论，确定介绍内容与逻辑
	3. 小组执行 —— 小组工作，汇报小组成果，展示操作方法；规范做好5S

【评价反思】

项目	评价点	自评
电控系统的组成	电控系统的组成与工作原理	□达成 □未达成
	输入装置的组成与工作原理	□达成 □未达成
	执行器的结构与工作原理	□达成 □未达成
	ECU的控制原理	□达成 □未达成
故障分析与排除	读取变速器测量值	□达成 □未达成
	查看变速器测量值	□达成 □未达成
	进行故障分析	□达成 □未达成
	故障排除操作	□达成 □未达成
安全与规范	车辆防护	□达成 □未达成
	人员与安全	□达成 □未达成
	现场5S	□达成 □未达成
其他		

任务四　检修自动变速器液压控制系统

【学习内容】
1. 液压控制系统的组成
2. 油泵的结构与工作原理
3. 液压控制阀的结构与工作原理
4. 液压控制系统的检修方法

【学习目标】
1. 能够准确说出液压控制系统的组成
2. 能够描述油泵的组成和工作原理
3. 能够介绍液压控制阀的结构与工作原理
4. 能够诊断并排除液压控制系统的故障
5. 能够树立严谨、认真、专注工作的职业精神

【任务描述】

客户来店报修，配备电控液力自动变速器的车辆，加速时出现发动机转速很快升高但车速升高很慢的问题，初步确定是液压系统故障，需要你对变速器液压系统进行检测。

【相关知识】

一、液压控制系统的组成

自动变速器的自动控制是靠液压控制系统来完成的。液压控制系统由动力源、执行机构和控制机构3部分组成。动力源是由液力变矩器泵轮驱动的油泵，它除了向控制机构、执行机构供给液压油以实现换档外，还给液力变矩器提供冷却补偿油，向行星齿轮变速器供应润滑油。执行机构包括各离合器、制动器的液压缸。控制机构包括主油路调压阀、手动阀、换档阀及锁止离合器控制阀等，集中安装在自动变速器的阀体上。

1. 油泵

油泵一般位于液力变矩器和行星齿轮系统之间，由液力变矩器泵轮驱动。其类型主要有齿轮泵、转子泵和叶片泵，如图1-48所示。3种泵的共同特点是内部元件（转子）由液力变矩器花键毂或驱动轴驱动，外部元件与内部元件之间有一定的偏心距。

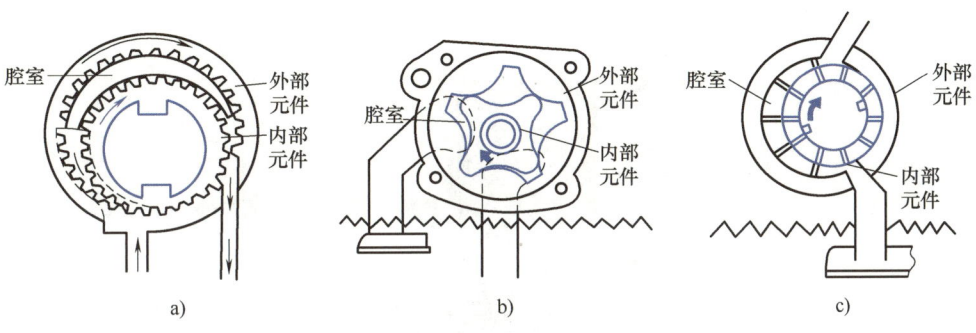

图1-48 油泵
a）齿轮泵　b）转子泵　c）叶片泵

图1-49所示为叶片泵的工作原理示意图。叶片泵由转子、定子、叶片和配油盘组成。相邻叶片间形成密封的工作腔室，通过油道与位于油底壳上方的滤清器相连。当转子按图示方向旋转时，叶片间工作腔室的容积发生变化。其中，右边叶片工作腔室容积增大，产生低压区，甚至形成局部真空。在变速器壳体内液压的作用下，油底壳内变速器油被压入滤清器，并通过油道进入低压腔室，所以该腔室是油泵的吸油腔。与此相反，容积减小的腔室是压油腔，变速器油从这里被压出油泵，进入压力调节机构的油路。

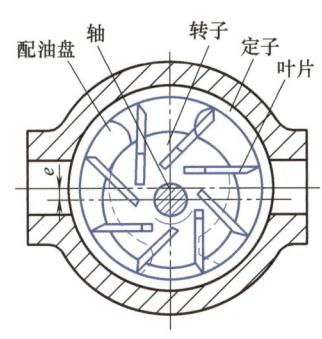

图1-49 叶片泵的工作原理示意图

随着转子的运转，油泵不停地吸油、排油。大多数自动变速器都采用定容积泵，即转子每转1圈，被油泵吸入变速器油的容积固定不变。半月型齿轮泵和转子泵都属于这种类型。叶片泵是泵量可变的容积泵，其吸油腔容积的大小取决于转子和定子之间的偏心距。偏心距越大，腔室容积的变化量越大。因此，可通过改变定子的位置调节偏心距，进而改变油泵的泵油量。这种容积可调的油泵更适应自动变速器的工作要求，在换档过程中提供较多的油量，在正常行驶时，油泵泵油量减少。

变速器油进入油泵前必须经过滤清器滤除杂质和异物，防止油泵油路和控制阀磨损或阻塞。常用的滤清器有表面滤清器和深滤程滤清器两种。表面滤清器通过金属滤网的表面孔隙过滤杂质，由于滤芯较薄，过滤杂质的能力较差。深滤程滤清器的滤芯比较厚，变速器油在流过滤芯的过程中被逐步过滤，过滤效果大大提高。

2. 主油路调压阀

液压油从油泵输出后即进入主油路系统。油泵是由发动机直接驱动的，输出流量和压力均受发动机运转状况的影响，变化很大。当主油路压力过高时，会引起换档冲击和增加功率消耗；主油路压力过低时，会使离合器、制动器等执行元件打滑，因此，在主油路系统中必须设置主油路调压阀。其作用是将油泵输出的压力精确调节到所需值后再输入主油路。应满足主油路系统在不同工况、不同档位时，具有不同油压的要求：

1）节气门开度较小时，自动变速器所传递的转矩较小，执行机构中的离合器、制动器不易打滑，主油路压力可以降低。当发动机节气门开度较大时，因传递的转矩增大，为防止离合器、制动器打滑，主油路压力要增大。

2）汽车在低速档行驶时，所传递的转矩较大，主油路压力要大。在高速档行驶时，自动变速器传递的转矩较小，可减小主油路油压，以减小油泵运转阻力。

3）倒档的使用时间较少，为减小自动变速器尺寸，倒档执行机构做得较小，为避免出现打滑，需提高操纵油压。

主油路调压阀通常采用阶梯形滑阀，如图 1-50 所示。它由上部的阀芯、下部的柱塞套筒和调压弹簧组成。在阀门的上部 A 处，受到来自油泵的液压力作用；下端则受到柱塞下部 C 处来自调压阀控制的压力作用以及调压弹簧的作用力。共同作用的平衡，决定阀体所处的位置。

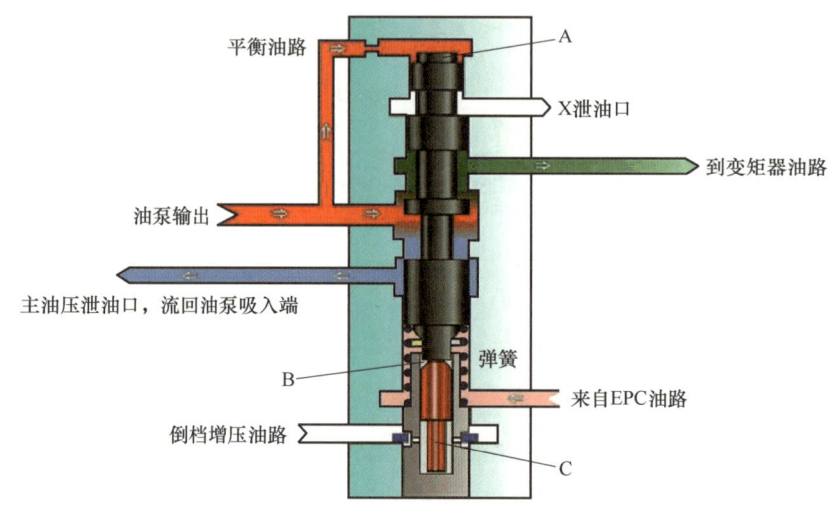

图 1-50 主油路调压阀的工作原理图

若油泵压力增大，作用在 A 处向下的液压力大，推动阀体下移，出油口打开，油泵输出的部分油液经出油口排回到油底壳，使工作油压力被调整到规定值。当加速踏板踩下时，发动机转速增加，油泵转速随之加快，由油泵产生的液压力也升高，向下的液压作用力增大，但此时，油压增大，使向上的作用力也增大，于是主调压阀继续保持平衡，满足了发动机功率增大时主油路油压增大的要求。

倒档时，手动阀打开另一条油路，将液压油引入主调压阀柱塞的 B 腔，使向上推动阀体的作用力增大，阀芯上移，出油口关小，主油路压力增大，从而获得了高于"D""2""L"等前进档位的管路压力。

3. 手动阀

手动阀通过连杆机构与驾驶室内的变速杆相连，驾驶人操纵变速杆可以带动手动阀移动。其作用是根据变速杆位置的不同依次将管路压力导入相应各档油路。图 1-51 所示为丰田自动变速器手动阀的结构。

4. 换档阀

电液式控制系统换档阀的工作完全由换档电磁阀控制，其控制方式有两种：一种是加压控制，即通过开启或关闭换档阀控制油路进油孔来控制换档阀的工作；另一种是泄压控制，即通过开启或关闭换档阀控制油路泄油孔来控制换档阀的工作。

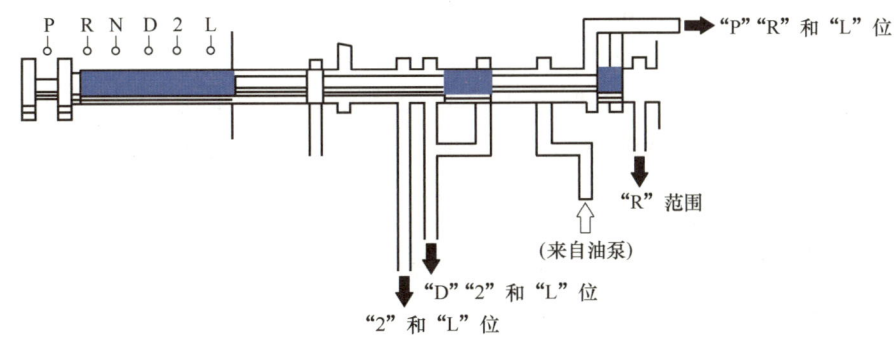

图 1-51　丰田自动变速器手动阀的结构

5. 锁止离合器控制阀

锁止电磁阀一般采用脉冲式,ECU可利用脉冲电信号占空比大小来调节锁止电磁阀的开度,以控制作用在锁止离合器控制阀右端的油压,由此调节锁止离合器控制阀左移时泄油孔的开度,从而控制锁止离合器活塞右侧油压的大小(图1-52)。

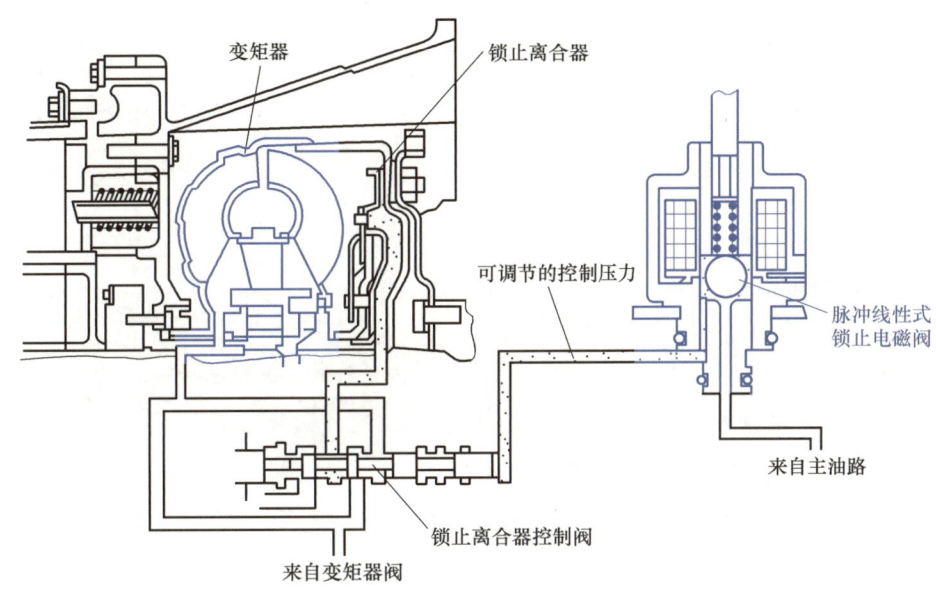

图 1-52　电控系统锁止离合器控制阀的工作原理图(脉冲式电子阀)

当作用在锁止电磁阀上的脉冲电信号的占空比为0时,电磁阀关闭,没有油压作用在锁止离合器控制阀的右端,此时锁止离合器活塞左、右两侧的油压相同,锁止离合器处于分离状态;当作用在锁止电磁阀上的脉冲电信号较小时,电磁阀的开度和作用在锁止离合器控制阀右端的油压以及锁止控制阀左移打开的泄油孔开度均较小,锁止离合器活塞左、右两侧油压差以及由此产生的锁止离合器接合力也较小,使锁止离合器处于半接合状态。脉冲信号的占空比越大,锁止离合器活塞左、右两侧油压差以及锁止离合器接合力越大。当脉冲信号的占空比达到一定数值时,锁止离合器即可完全接合。这样,ECU在控制锁止离合器接合时,可以通过电磁阀来调节其接合速度,让接合力逐渐增大,使接合过程更加柔和。有些车型的自动变速器ECU还具有滑动锁止控制程序,也就是在汽车的行驶条件已接近但尚未达到锁止控制程序所要求的条件时,先让锁止离合器处于磨滑状态(即半接合状态),变矩器处于半机械半液力传动工况。

二、检修液压控制系统

1. 油泵的检修

1)用塞尺检查外齿轮与泵体之间的间隙,如图1-53所示。大部分自动变速器液压泵外齿轮和泵体之间的正常工作间隙在 0.08~0.15mm 范围内。该处间隙如果超过 0.25mm，油泵的工作油压就会过低，主油路油压受其影响也过低，必须更换液压泵。

2）用塞尺检查油泵内齿和月牙形隔板之间的间隙，如图 1-54 所示。该处正常工作间隙在 0.08~0.15mm 范围内。该处间隙如果超过 0.25mm，同样会造成主油路油压过低。

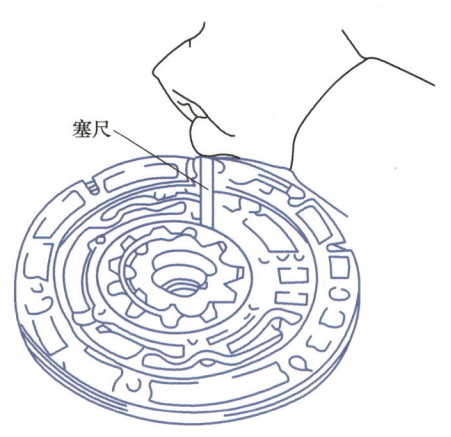

图 1-53 检查外齿轮和泵体之间的间隙

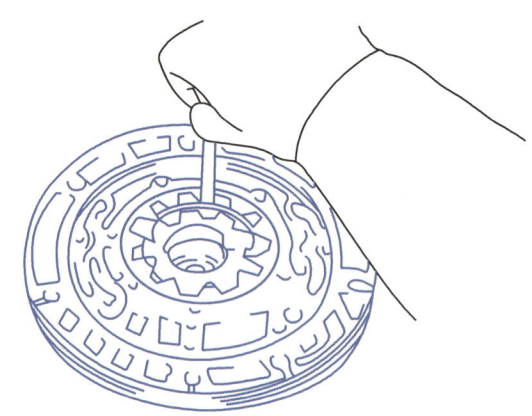

图 1-54 检测内齿和月牙形隔板之间的间隙

3）用钢直尺和塞尺检测齿轮和泵壳之间的间隙，如图 1-55 所示。该处的正常工作间隙为 0.02~0.04mm，如果超过 0.08mm，就会造成油泵工作油压过低，最终导致主油路油压过低。

2. 阀体的检修

阀体是自动变速器中最精密的部件之一，它的性能好坏直接影响自动变速器的换档规律是否正常。只有在自动变速器换档规律失常，或摩擦片严重烧毁、阀板内沾有大量摩擦粉末时，才对阀板进行拆检修理。目前，汽车生产厂家均严禁进行阀体维修。

图 1-55 检测齿轮和泵壳之间的间隙

3. 变速器油冷却器的检修

1）检查变速器油冷却器及油管各接头处有无漏油，若漏油，应更换相应接头处的 O 形密封圈。

2）如果检查出冷却器或油管破裂，应更换或拆下焊修后装回。

3）检查冷却器是否堵塞。冷却器堵塞后，自动变速器油无法进行大循环，使自动变速器油工作温度过高而发生氧化。如发现自动变速器油温度过高，应拆下自动变速器上的冷却管，以 200kPa 的压缩空气向冷却器的一侧加压（压力不能过大，过大会损坏冷却器），如果压缩空气能将冷却器中的碎屑清除，冷却器就不用清洗或更换。如果压缩空气不能将冷却器中的碎屑清除干净，冷却器就必须清洗或更换。

【在线测试】

请扫描二维码完成在线测试。

模块一　电控液力自动变速器

【任务实施】

任务工单

任务名称:检修自动变速器液压控制系统				
姓名：		班级：		学号：

	项目	内容		
【任务描述】	请结合车辆,进行自动变速器故障码的读取、故障分析与排除			
【实施准备】	配置自动变速器的车辆、教学运行台架（或虚拟仿真系统）			
【实施过程】	1. 自主学习	学习相关知识,在台架上查看液压系统的结构		
	2. 计划与决策	小组讨论,确定介绍内容与逻辑		
	3. 小组执行	小组工作,汇报小组成果,展示操作方法 规范做好5S		

【评价反思】	项目	评价点	自评	
	液压控制系统的组成	液压控制系统的组成与工作原理	□达成	□未达成
		油泵的结构与工作原理	□达成	□未达成
		主油路调压阀的工作过程分析	□达成	□未达成
		换档阀的工作过程分析	□达成	□未达成
		锁止离合器控制阀工作过程分析	□达成	□未达成
	故障分析与排除	油泵的检修	□达成	□未达成
		阀体的检修	□达成	□未达成
		冷却器的检修	□达成	□未达成
		液压系统故障排除	□达成	□未达成
	安全与规范	车辆防护	□达成	□未达成
		人员与安全	□达成	□未达成
		现场5S	□达成	□未达成
	其他			

任务五　自动变速器典型故障分析

【学习内容】	【学习目标】
1. 变速器不能行驶故障分析 2. 变速器打滑故障分析 3. 变速器档位故障分析 4. 变速器油易变质故障分析 5. 变速器故障检修	1. 能够判断自动变速器的故障现象 2. 能够分析自动变速器故障原因 3. 能够找到自动变速器故障点 4. 能够排除自动变速器故障 5. 培养技能报国的职业理想

【任务描述】

作为汽车售后服务中心技术经理，计划面向店内维修技师开展自动变速器故障主题培训，需要准备哪些内容？如何组织开展？

33

【相关知识】

汽车自动变速器在使用中,随着技术状况的下降会出现一系列故障,常见的故障会通过一定的现象特征表现出来,不同车型由于结构上有所不同,其故障原因会有所差异,但故障产生的常见原因和诊断排除方法是基本相同的。

一、汽车不能行驶故障

1. 故障现象

1)无论变速杆位于倒档、前进档或前进低档,汽车都不能行驶。
2)冷车起动后汽车能行驶一小段路程,但热车状态下汽车不能行驶。

2. 故障原因

1)自动变速器油渗漏,液压油全部漏光。
2)变速杆和手动阀摇臂之间的连杆或拉索松脱,手动阀保持在空档或驻车档位置。
3)油泵进油滤网堵塞。
4)主油路严重泄漏。
5)油泵损坏。

3. 故障诊断与排除

1)检查自动变速器内有无液压油。其方法是拔出自动变速器的油尺,观察油尺上有无液压油。若油尺上没有液压油,说明自动变速器内的液压油已漏光。对此,应检查油底壳、液压油散热器、油管等处有无破损。如有严重漏油处,应修复后重新加油。

2)检查变速杆与手动阀摇臂之间的连杆或拉索有无松脱。如有松脱,应予以装复,并重新调整好变速杆的位置。

3)拆下主油路测压孔上的螺塞,起动发动机,将变速杆拨至前进档或倒档位置,检查测压孔内有无液压油流出。

4)若主油路测压孔内无液压油流出,应打开油底壳,检查手动阀摇臂轴与摇臂间有无松脱,手动阀阀芯有无折断或脱钩。若手动阀工作正常,则说明油泵损坏。对此,应拆卸分解自动变速器,更换油泵。

5)若主油路测压孔内只有少量液压油流出,油压很低或基本上没有油压,应打开油底壳,检查油泵进油滤网有无堵塞。若无堵塞,说明油泵损坏或主油路严重泄漏。对此,应拆卸分解自动变速器,予以修理。

6)若冷车起动时主油路有一定的油压,但热车后油压明显下降,说明油泵磨损严重。对此,应更换油泵。

7)若测压孔内有大量液压油喷出,说明主油路油压正常,故障出在自动变速器中的输入轴、行星排或输出轴。对此,应拆检自动变速器。

二、自动变速器打滑故障

1. 故障现象

1)起步时踩下加速踏板,发动机转速很快升高,但车速升高很慢。
2)行驶中踩下加速踏板加速时,发动机转速升高,但车速没有很快提高。
3)平路行驶基本正常,但上坡无力,且发动机转速很高。

2. 故障原因

1)液压油油面太低。
2)液压油油面太高,运转中被行星排搅动后产生大量气泡。
3)离合器或制动器摩擦片、制动带磨损严重或烧焦。

4）油泵磨损严重或主油路泄漏，造成主油路油压过低。

5）单向超越离合器打滑。

6）离合器或制动器活塞密封圈损坏，导致漏油。

7）减振器活塞密封圈损坏，导致漏油。

3. 故障诊断与排除

打滑是自动变速器最常见的故障之一。虽然自动变速器打滑往往都伴有离合器或制动器摩擦片严重磨损甚至烧焦等现象，但如果只是简单地更换磨损的摩擦片而没有找出打滑的真正原因，则修复后的自动变速器使用一段时间后又会出现打滑现象。因此，对于出现打滑的自动变速器，不要急于拆卸分解，应先做各种检查测试，找出造成打滑的真正原因。

1）对于出现打滑现象的自动变速器，应先检查其液压油的油面高度和品质。若油面过高或过低，应先调整至正常后再做检查。若油面调整正常后自动变速器不再打滑，可不必拆修自动变速器。

2）检查液压油的品质。若液压油呈棕黑色或有烧焦味，说明离合器或制动器的摩擦片或制动带有烧焦，应拆修自动变速器。

3）做路试，以确定自动变速器是否打滑，并检查出现打滑的档位和打滑的程度。将变速杆拨至不同的位置，让汽车行驶。若自动变速器升至某一档位时发动机转速突然升高，但车速没有相应提高，即说明该档位有打滑。打滑时，发动机的转速越容易升高，说明打滑越严重。

根据出现打滑的规律，可以判断产生打滑的是哪一个换档执行元件：

① 若自动变速器在所有前进档都出现打滑现象，则为前进离合器打滑。

② 若自动变速器在变速杆位于 D 位时的 1 档打滑，而在变速杆位于 L 位或 1 位时的 1 档不打滑，则为前进单向超越离合器打滑。若不论变速杆位于 D 位或 L 位或 1 位时，1 档都有打滑现象，则为低档及倒档制动器打滑。

③ 若自动变速器只在变速杆位于 D 位时的 2 档打滑，而在变速杆位于 S 位或 2 位时的 2 档不打滑，则为 2 档单向超越离合器打滑。若不论变速杆位于 D 位或 S 位或 2 位时，2 档都有打滑现象，则为 2 档制动器打滑。

④ 若自动变速器只在 3 档有打滑现象，则为倒档及高档离合器打滑。

⑤ 若自动变速器只在超速档有打滑现象，则为超速制动器打滑。

⑥ 若自动变速器在高档和倒档时都有打滑现象，则为倒档及高档离合器打滑。

⑦ 若自动变速器在 1 档和倒档时都有打滑现象，则为倒档及低档制动器打滑。

4）对于有打滑故障的自动变速器，在拆卸分解之前，应先检查自动变速器的主油路油压，以找出造成自动变速器打滑的原因。自动变速器前进档或倒档均打滑，其原因往往是主油路油压过低。若主油路油压正常，则只要更换磨损或烧焦的摩擦元件即可。若主油路油压不正常，则在拆修自动变速器的过程中，应根据主油路油压相应地对油泵或阀板进行检修，并更换自动变速器的所有密封圈和密封环。

三、不能升档故障

1. 故障现象

1）汽车行驶中自动变速器始终保持在 1 档，不能升入 2 档或高速档。

2）行驶中自动变速器可以升入 2 档，但不能升入 3 档和高速档。

2. 故障原因

1）节气门位置传感器调整不当。

2）车速传感器有故障。

3）2 档制动器或高档离合器有故障。

4）换档阀卡滞。

5）档位开关有故障。

3. 故障诊断与排除

1）应先进行故障自诊断。影响换档控制的传感器有节气门位置传感器和车速传感器等。按所显示的故障码查找故障原因。

2）按标准重新调整节气门位置传感器。

3）检查车速传感器。如有损坏，应予以更换。

4）检查档位开关的信号。如有异常，应予以调整或更换。

5）拆卸阀板，检查各换档阀。换档阀如有卡滞，可将阀芯取出，用金相砂纸抛光，再清洗后装入。如不能修复，应更换阀板。

6）若控制系统无故障，应分解自动变速器，检查各换档执行元件有无打滑现象，用压缩空气检查各离合器、制动器油路或活塞有无泄漏。

四、无前进档故障

1. 故障现象

1）汽车倒档行驶正常，在前进档时不能行驶。

2）变速杆在 D 位时不能起步，在 S 位、L 位（或 2 位、1 位）时可以起步。

2. 故障原因

1）前进离合器严重打滑。

2）前进单向超越离合器打滑或装反。

3）前进离合器油路严重泄漏。

4）变速杆调整不当。

3. 故障诊断与排除

1）检查变速杆的调整情况。如有异常，应按规定程序重新调整。

2）测量前进档主油路油压。若油压过低，说明主油路严重泄漏，应拆检自动变速器，更换前进档油路上各处的密封圈和密封环。

3）若前进档的主油路油压正常，应拆检前进离合器。如摩擦片表面粉末冶金有烧焦或磨损严重，就更换摩擦片。

4）若主油路油压和前进离合器均正常，则应拆检前进单向超越离合器，检查前进单向超越离合器的安装方向是否正确以及有无打滑。如有装反，应重新安装；如有打滑，应更换新件。

五、无倒档故障

1. 故障现象

汽车在前进档能正常行驶，但在倒档时不能行驶。

2. 故障原因

1）变速杆调整不当。

2）倒档油路泄漏。

3）倒档及高档离合器或低档及倒档制动器打滑。

3. 故障诊断与排除

1）检查变速杆的位置。如有异常，应按规定程序重新调整。

2）检查倒档油路油压。若油压过低，则说明倒档油路泄漏。对此，应拆检自动变速器，予以修复。

3）若倒档油路油压正常，应拆检自动变速器，更换损坏的离合器片或制动器片（制动带）。

六、换档冲击故障

1. 故障现象

1）在起步时，由停车档或空档挂入倒档或前进档时，汽车振动较严重。

2）行驶中，在自动变速器升档的瞬间汽车有较明显的闯动。

2. 故障原因

导致自动变速器换档冲击大的故障原因很多，主要原因有调整不当、机械元件性能下降或损坏、电控系统有故障，具体原因如下：

1）发动机怠速过高。
2）节气门位置传感器调整不当，使主油路油压过高。
3）升档过迟。
4）主油路调压阀有故障，使主油路油压过高。
5）减振器活塞卡住，不能起减振作用。
6）单向阀钢球漏装，换档执行元件（离合器或制动器）接合过快。
7）换档执行元件打滑。
8）油压电磁阀不工作。
9）计算机有故障。

3. 故障诊断与排除

由于引起换档冲击的原因较多，因此，在诊断故障的过程中，必须循序渐进，对自动变速器的各部分做认真的检查。一定要在全面检测的基础上，有针对性地进行分解修理，切不可盲目地拆修。总体而言，若是由于调整不当造成的，只要稍作调整即可排除；若是自动变速器内部控制阀、减振器或换档执行元件有故障，应分解自动变速器，予以修理；若是电控系统有故障，应对电控系统进行检测，找出具体原因，加以排除。具体检查诊断与排除步骤如下：

1）检查发动机怠速。装用自动变速器汽车的发动机怠速一般为 750r/min 左右。若怠速过高，应按标准予以调整。
2）检查节气门位置传感器的调整情况。如果不符合标准，应重新予以调整。
3）做道路试验。如有升档过迟的现象，则说明换档冲击大的故障是升档过迟所致。如果在升档之前发动机转速异常升高，导致在升档的瞬间有较大的换档冲击，则说明离合器或制动器打滑，应分解自动变速器，予以修理。
4）检测主油路油压。如果怠速时主油路油压过高，则说明主油路调压阀或调压电磁阀有故障，可能是调压弹簧的预紧力过大或阀芯卡滞所致；如果怠速时主油路油压正常，但起步进档时有较大的冲击，则说明前进离合器或倒档及高档离合器的进油单向阀阀球损坏或漏装。对此，应拆卸阀板，予以修理。
5）检测换档时的主油路油压。在正常情况下，换档时的主油路油压会有瞬时的下降。如果换档时主油路油压没有下降，则说明减振器活塞卡滞。对此，应拆检阀板和减振器。
6）检查油压电磁阀的电路以及油压电磁阀工作是否正常、计算机是否在换档的瞬间向油压电磁阀发出控制信号。如果电路有故障，应予以修复；如果电磁阀损坏，应更换电磁阀；如果计算机在换档瞬间没有向油压电磁阀发出控制信号，说明计算机有故障，对此，应更换计算机。

七、跳档故障

1. 故障现象

汽车以前进档行驶时，即使加速踏板保持不动，自动变速器仍经常出现突然降档现象；降档后发动机转速异常升高，并出现换档冲击。

2. 故障原因

1）节气门位置传感器有故障。
2）车速传感器有故障。
3）控制系统电路搭铁不良。

4）换档电磁阀接触不良。

5）ECU 有故障。

3. 故障诊断与排除

1）先进行故障自诊断。如果有故障码，则按所显示的故障码查找故障原因。

2）测量节气门位置传感器。如果有异常，应更换。

3）测量车速传感器。如果有异常，应更换。

4）检查控制系统电路各条搭铁线的搭铁状态。如果有搭铁不良现象，应予以修复。

5）拆检自动变速器油底壳，检查各换档电磁阀线束插头的连接情况。如果有松动，应予以修复。

6）检查控制系统计算机各接线端子的工作电压。如果有异常，应予以修复或更换。

7）换一个新的阀板或计算机试一下，如果故障消失，说明原阀板或计算机损坏，应更换。

8）更换控制系统所有线束。

八、无发动机制动故障

1. 故障现象

1）在行驶中，当变速杆位于前进低档（S、L 或 2、1）位置时，松开加速踏板，发动机转速降至急速，但汽车没有明显减速。

2）下坡时，变速杆位于前进低档，但不能产生发动机制动作用。

2. 故障原因

1）档位开关调整不当。

2）变速杆调整不当。

3）2 档强制制动器打滑或低档及倒档制动器打滑。

4）控制发动机制动的电磁阀有故障。

5）阀板有故障。

6）自动变速器打滑。

7）计算机有故障。

3. 故障诊断与排除

1）先进行故障自诊断，按所显示的故障码查找故障原因。

2）做道路试验，检查加速时自动变速器有无打滑现象。如果打滑，应拆修自动变速器。

3）如果变速杆位于 S 位时没有发动机制动作用，但变速杆位于 L 位时有发动机制动作用，则说明 2 档强制制动器打滑，应拆修自动变速器。

4）如果变速杆位于 L 位时没有发动机制动作用，但变速杆位于 S 位时有发动机制动作用，则说明低档及倒档制动器打滑，应拆修自动变速器。

5）检查控制发动机制动作用的电磁阀电路有无短路或断路，电磁阀线圈电阻值是否正常，通电后有无工作声音。如果有异常，应修复或更换。

6）拆卸阀板总成，清洗所有控制阀。阀芯如果有卡滞可抛光后装复。如果抛光后仍有卡滞，应更换阀板。

7）检测计算机各接脚电压。要特别注意与节气门位置传感器、档位开关连接的各接脚的电压。如果有异常，应做进一步检查。

8）更换一个新的计算机试一下。如果故障消失，说明原计算机损坏，应更换。

九、不能强制降档故障

1. 故障现象

当汽车以 3 档或超速档行驶时，突然将加速踏板踩到底，自动变速器不能立即降低一个档位，致使汽车加速无力。

2. 故障原因

1）节气门位置传感器调整不当。

2）强制降档开关损坏或安装不当。

3）强制降档电磁阀损坏或电路短路、断路。

4）阀板中的强制降档控制阀卡滞。

3. 故障诊断与排除

1）检查节气门位置传感器的安装情况。如果有异常，应按标准重新调整。

2）检查强制降档开关。在加速踏板踩到底时，强制降档开关的触点应闭合；松开加速踏板时，强制降档开关的触点应断开。如果加速踏板踩到底时强制降档开关触点没有闭合，可用手直接按动强制降档开关。如果按下开关后触点闭合，说明开关安装不当，应重新调整；如果按下开关后触点仍不闭合，说明开关损坏，应予以更换。

3）对照电路图，在自动变速器线束插头处测量强制降档电磁阀。如果有异常，则故障原因是电路短路、断路或电磁阀损坏。对此，应检查电路或更换电磁阀。

4）打开自动变速器油底壳，拆下强制降档电磁阀，检查电磁阀的工作情况。如果有异常，应予以更换。

5）拆卸阀板总成，分解、清洗、检查强制降档控制阀。阀芯如果卡滞，可进行抛光，若无法修复，则应更换阀板总成。

十、变速器油易变质故障

1. 故障现象

1）更换后的变速器油使用不久即变质。

2）自动变速器温度太高，从加油口处向外冒烟。

2. 故障原因

1）汽车使用不当，经常超负荷行驶，例如经常用于拖车，或经常急速、超速行驶等。

2）变速器油散热器堵塞。

3）通往变速器油散热器的限压阀卡滞。

4）离合器或制动器自由间隙太小。

5）主油路油压太低，离合器或制动器在工作中打滑。

3. 故障诊断与排除

1）让汽车以中低速行驶 5~10min，待自动变速器达到正常工作温度后，在发动机运转过程中检查自动变速器油散热器的温度。在正常情况下，变速器油散热器的温度可达 60℃ 左右。若变速器油散热器的温度过低，说明油管堵塞，或通往变速器油散热器的限压阀卡滞。这样，变速器油得不到及时冷却，油温过高，导致变质。

2）若变速器油散热器的温度太高，说明离合器或制动器自由间隙太小。对此，应拆卸自动变速器，予以调整。

3）若变速器油温度正常，应测量主油路油压。若油压太低，应检查节气门位置传感器的调整情况。若节气门位置传感器安装正常，应拆卸自动变速器，检查油泵是否磨损严重、阀板内的主油路调压阀和油压电磁阀有无卡滞、主油路有无漏油处。

4）若上述检查均正常，则故障可能是汽车经常超负荷行驶所致，或未按规定使用合适牌号的变速器油所致。对此，可将变速器油全部放出，加入规定牌号和数量的变速器油。

【在线测试】

请扫描二维码完成在线测试。

【任务实施】

任务工单

任务名称:自动变速器典型故障分析			
姓名:	班级:		学号:
【任务描述】	请结合车辆,进行自动变速器故障码的读取、故障分析与排除		
【实施准备】	配置自动变速器的车辆、教学运行台架(或虚拟仿真系统)		
【实施过程】	1. 自主学习	学习相关知识,在车辆或教学运行台架上找到故障点及相关部件	
	2. 计划与决策	小组讨论,确定介绍内容与逻辑	
	3. 小组执行	小组工作,汇报小组成果,展示操作方法 规范做好 5S	
【评价反思】	项目	评价点	自评
	自动变速器常见故障分析	汽车不能行驶故障分析	□达成 □未达成
		自动变速器打滑故障分析	□达成 □未达成
		变速器跳档故障分析	□达成 □未达成
		车辆无前进档或倒档故障分析	□达成 □未达成
		无发动机制动故障分析	□达成 □未达成
		换档冲击大故障分析	□达成 □未达成
		变速器油易变质故障分析	□达成 □未达成
	自动变速器故障排除	能描述故障现象	□达成 □未达成
		分析故障原因	□达成 □未达成
		排除故障	□达成 □未达成
	安全与规范	车辆防护	□达成 □未达成
		人员与安全	□达成 □未达成
		现场 5S	□达成 □未达成
	其他		

【拓展阅读】

国车之光:"红旗"精神撑起民族汽车脊梁

红旗轿车是中国自主汽车品牌的代表,更是中华民族自强不息的记忆和符号,它开创了中国人自己制造汽车的伟大时代,也是中国人民站起来的标志。

建国初期,在资金和技术底子薄、外部国际环境不利的情况下,"一汽人"吃在一线、住在一线,开创性地用"赶庙会"的方法,180 多天造出红旗轿车。老一辈汽车制造研发人员,翻阅了无数外国技术资料和研究原理,发挥集体智慧,自绘图样,创造了 20 天造出液压自动变速器的奇迹,并成功应用在红旗第一代车型 CA770 上。原一汽轿车厂总工程师智百年是筹建一汽-大众的七人小组成员之一,他回忆说:"1966 年我负责自动变速器项目开发,1970 年就实现了从两档变三档。而美国三档自动变速器是从 1937 年直至 1982 年。作为基础薄弱的中国能够实现阶段性同步,是非常难得的。"

在代际传承的"红旗"精神指引下,如今的红旗汽车无论是技术攻关,还是研发制造都走在了行业前列。

模块二

双离合器变速器

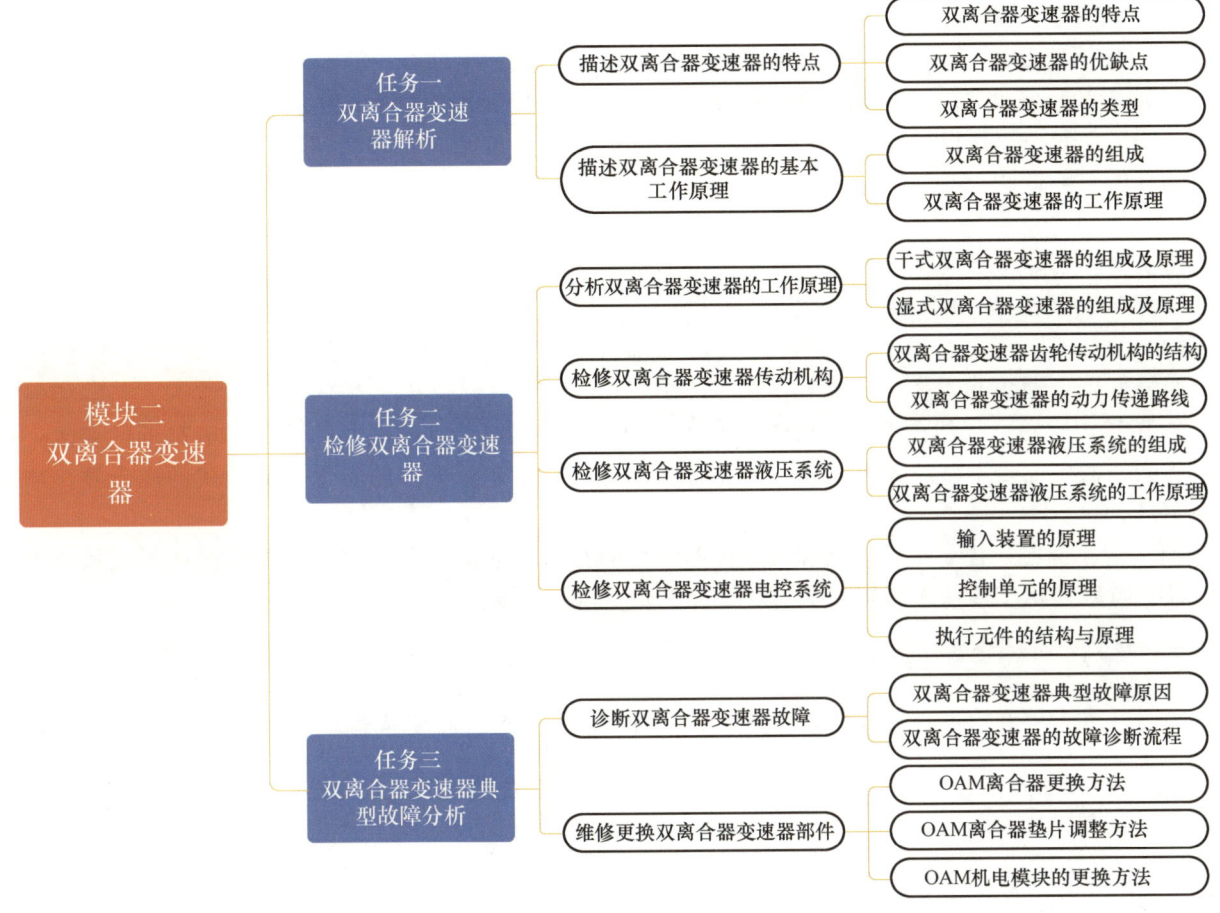

任务一　双离合器变速器解析

【学习内容】	【学习目标】
1. 双离合器变速器的概念、优缺点、分类 2. 双离合器变速器的基本结构及工作原理	1. 能够介绍双离合器变速器的特点 2. 能够描述双离合器变速器的基本结构及工作原理 3. 锻炼语言表达能力

【任务描述】

为了追求驾驶轻松，人们购买车辆时倾向于选购自动档车辆。那么，当客户在选购配备双离合器变速器的车辆时，你该如何解答相关问题呢？

41

【相关知识】

一、双离合器变速器的特点

双离合器自动变速器是基于手动变速器发展而来的,其工作原理是通过将变速器档位按奇、偶数分开布置,分别与两个离合器连接,通过切换两个离合器的工作状态完成换档动作。

二、双离合器变速器的优缺点

1. 双离合器变速器的优点

(1) 换档速度快 双离合器变速器的换档时间非常短,比手动变速器的速度快,不超过0.2s。

(2) 燃油经济性好 双离合器变速器几乎没有转矩中断,发动机的动力损失几乎为零,而且始终在最佳的工作状态,所以能够节省大量燃油。相比传统行星齿轮式自动变速器,更利于提升燃油经济性,油耗能够降低约15%。

(3) 行驶舒适性好 因为没有动力的中断,与重新接合过程以及换档速度快,所以双离合器变速器的每次换档都非常平顺,顿挫感很难察觉。

2. 双离合器变速器的缺点

(1) 成本高 双离合器变速器结构复杂,制造工艺要求也比较高,所以成本相对手动变速器高,但是明显低于自动变速器。

(2) 转矩问题 虽然在可以承受的转矩上,双离合器变速器已经绝对能满足一般车辆的要求,但是对于剧烈使用还是不够。因为如果是干式的离合器,则会产生太多的热量,而湿式的离合器,摩擦力会不足。

(3) 效率问题 由于电控系统和液压控制系统的存在,双离合器变速器的效率仍然不及传统手动变速器,特别是用于传递大转矩的湿式双离合器变速器更是如此。

三、双离合器变速器的类型

国内外汽车厂商均不同程度地为其旗下的车辆装备了双离合器变速器,不同品牌的名称见表2-1。

表2-1 不同厂家双离合器变速器的名称

品牌	双离合器变速器的名称
红旗	DCT(Dual Clutch Transmission)
比亚迪	DCT(Dual Clutch Transmission)
大众	DSG(Direct Shift Gearbox)
奥迪	S-Tronic
宝马	M DKG Doppel Kuppling Getriebe,M Double Clutch Gearbox
福特	Power Shift
沃尔沃	Power Shift
保时捷	PDK(Porsche Doppel Kupplung)
三菱	TC-SST(Twin Clutch-Super Sport Transmission)
日产	RG6(Rear Gearbox 6 Speed)

根据使用的离合器类型,双离合器变速器有干式双离合器变速器与湿式双离合器变速器两种。根据档位数不同,有6速和7速两种常见的类型。

四、双离合器变速器的基本结构与工作原理

1. 双离合器变速器的基本组成

双离合器变速器一般由离合器、齿轮传动机构、液压控制系统和电控系统等组成。齿轮传动机构

包括输入轴、输出轴、换档机构等部件。液压控制系统主要包括双离合器控制部分、换档机构控制部分和冷却部分。电控系统主要包括传感器、控制单元、执行器等。离合器分为干式和湿式两种，两者变速齿轮排列结构基本是相同的，最主要的区别是双离合器的安装环境。"湿式"是指双离合器安装于一个充满液压油的封闭油腔里，这种"湿式"结构具有更好的调节能力和优异的热容性，因此，能够传递比较大的转矩；"干式"的双离合器不会安装于密封油腔中，结构更加简单，传动效率也更好。

2. 双离合器变速器的基本工作原理

将排列各档的齿轮分为偶数档齿轮和奇数档齿轮两组。尽管双离合器变速器与常规的中间轴换档变速器的基本排列相似，但它们间的根本区别是双离合器变速器的主轴是分开的，即1根是实心轴，另1根是套在实心轴外面的空心轴。实心轴与空心轴靠齿轮组连接在一起。在变速器输入端的实心轴和空心轴都装有离合器。因为在换档时嵌入两个档位（即主动档和预选的相邻档位），所以能在两个档位间迅速换档，如同液力自动变速器那样而没有牵引力中断。图2-1所示为双离合器变速器在一档换二档时的动力传递路线图。图示为一档时的工作情况，此时汽车以一档起步开始加速，一档齿轮锁环压在一档输出齿轮侧，二档齿轮锁环被预压到二档输出齿轮侧，离合器1接合，离合器2分离，随着车速的升高，离合器1逐渐分离，离合器2逐渐接合，挂入二档。

微课2-1
双离合器变速器的组成和工作原理

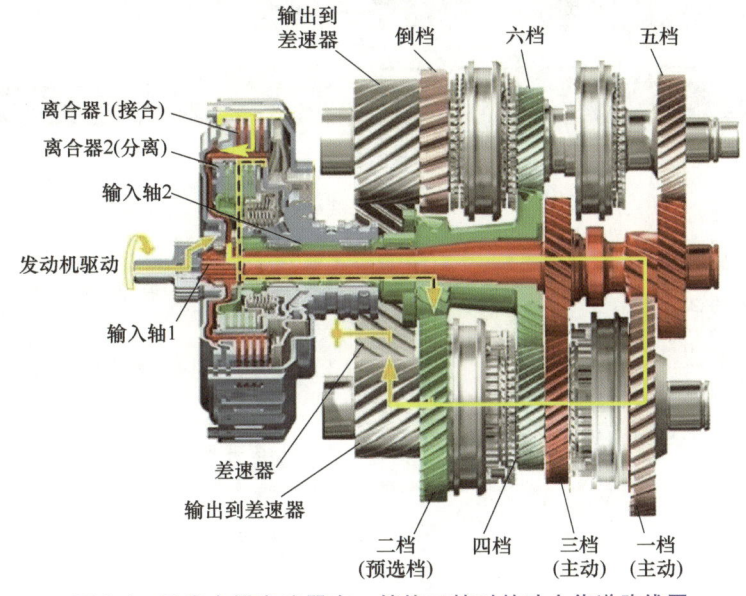

图 2-1 双离合器变速器在一档换二档时的动力传递路线图

【在线测试】

请扫描二维码完成在线测试。

【任务实施】

任务工单

任务名称：双离合器变速器解析			
姓名：		班级：	学号：
【任务描述】	请结合实训车辆，介绍该车型使用的双离合器变速器的特点		
【实施准备】	配置双离合器变速器的车辆或教学台架		
【实施过程】	1. 自主学习	学习相关知识，在车辆或教学台架上找到相关部件	
	2. 计划与决策	小组讨论，确定介绍内容与逻辑	
	3. 小组执行	小组工作，汇报小组成果	

(续)

项目	评价点	自评	
介绍双离合器变速器的特点	双离合器变速器的定义	□达成	□未达成
	双离合器变速器的优缺点	□达成	□未达成
	双离合器变速器的类型	□达成	□未达成
介绍双离合器变速器的基本结构及工作原理	双离合器变速器的基本组成	□达成	□未达成
	双离合器变速器的基本工作原理	□达成	□未达成
安全与规范	车辆防护	□达成	□未达成
	人员与安全	□达成	□未达成
	现场5S	□达成	□未达成
其他			

【评价反思】适用于左侧首列合并项。

任务二 检修双离合器变速器

【学习内容】

1. 双离合器变速器的组成
2. 双离合器变速器的工作原理
3. 双离合器变速器的齿轮传动机构
4. 双离合器变速器的液压控制系统
5. 双离合器变速器的电控系统

【学习目标】

1. 能够描述干式和湿式两种双离合器变速器的组成及工作原理
2. 能够描述双离合器变速器齿轮传动机构的工作原理
3. 能够描述双离合器变速器液压控制系统相关部件的作用及影响
4. 能够进行双离合器变速器相关部件的诊断
5. 了解国产汽车双离合器变速器的发展现状，提升民族自豪感

【任务描述】

客户配备7速湿式双离合器变速器的车辆，出现D档无法行驶的故障，被送到售后服务中心维修，维修技师初步判定为液压或电控系统故障。作为服务顾问，你需要与客户沟通维修方案。

【相关知识】

一、双离合器变速器的工作原理

1. 干式双离合器变速器的结构与工作原理

以一汽大众的7档干式双离合器变速器为例。

（1）结构及转矩传递 双离合器安装在变速器壳体内，由两个传统离合器接合在一起，构成一个双离合器。如图2-2所示，离合器K_1通过花键将转矩传递给输入轴1，输入轴1将一档和三档的转矩继续传递给输出轴1，将五档和七档的转矩传递给输出轴2。离合器K_2通过花键将转矩传递给输入轴

2。后者将二档和四档的转矩继续传递给输出轴 1;将六档和倒车档的转矩传递给输出轴 2。此后,转矩通过倒车档中间齿轮 R_1 继续传递给输出轴 3 的倒车档齿轮 R_2。所有 3 个输出轴都与差速器的主减速器齿轮连接。

发动机转矩通过曲轴、双质量飞轮、双离合器进行传递。如图 2-3 所示,双质量飞轮装配有内齿,与双离合器的外壳上装配的外齿相啮合。这样,转矩就被传递到双离合器内部。

微课2-2
双离合器变速器概述

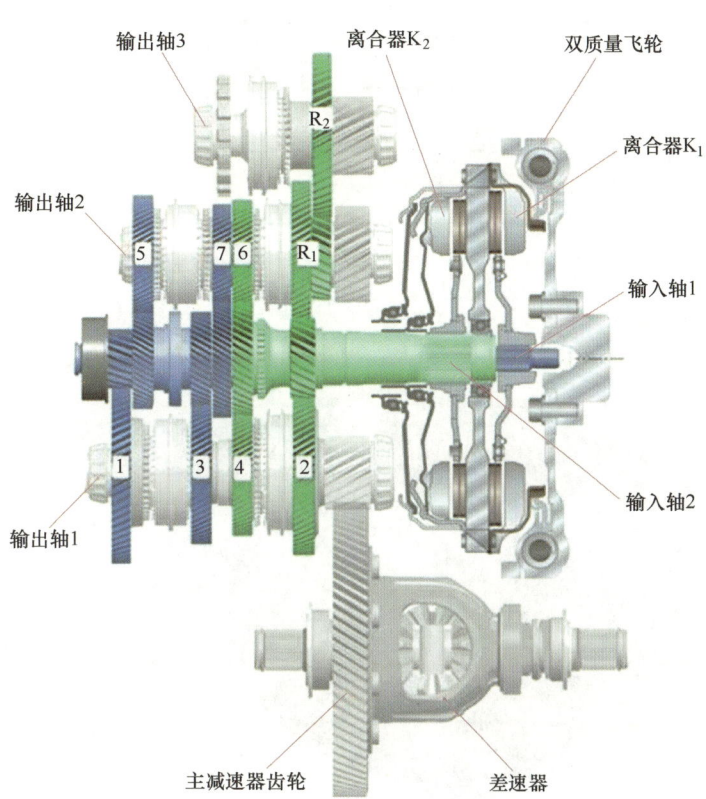

图 2-2 双离合器的内部结构

（2）基本工作原理　双离合器变速器主要由两个相互独立的子变速器组成。每个子变速器的功能结构都与手动变速器相同。如图 2-4 所示,每个子变速器都有一个干式离合器。离合器由机械电控单元根据待挂档位进行控制、接合和分离。通过离合器 K_1 以及子变速器 1 和输出轴 1 换到一档、三档、五档和七档。二档、四档、六档和倒车档由离合器 K_2 以及子变速器 2、输出轴 2 和输出轴 3 控制。原则上始终有一个子变速器传递动力,另一个子变速器已经能够换到下一档,因为该档的离合器仍处于分离状态。每个档位都有一个常规的手动变速器同步器和换档单元。

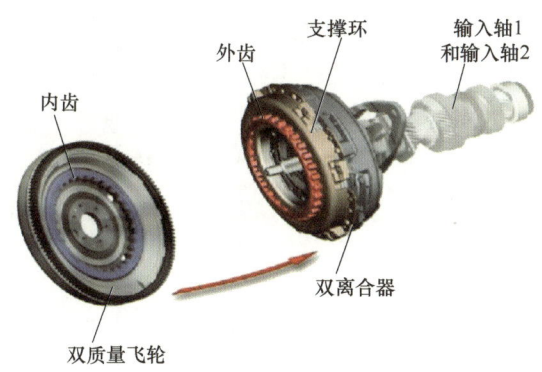

图 2-3 干式双离合器变速器转矩传递

2. 湿式双离合器变速器的结构与工作原理

以红旗 H9 7 速湿式双离合器变速器为例。

（1）结构　中国一汽红旗 H9 配备的是 7 速湿式双离合器变速器,其主要由两个离合器、输入轴、输出轴、控制单元等部分组成,如图 2-5a 所示。该变速器有 2 根输入轴、1 根输出轴。输入轴 1 与离合器 K_1 连接在一起,输入轴 2 为空心轴,套在输入轴 1 上,与离合器 K_2 相连。

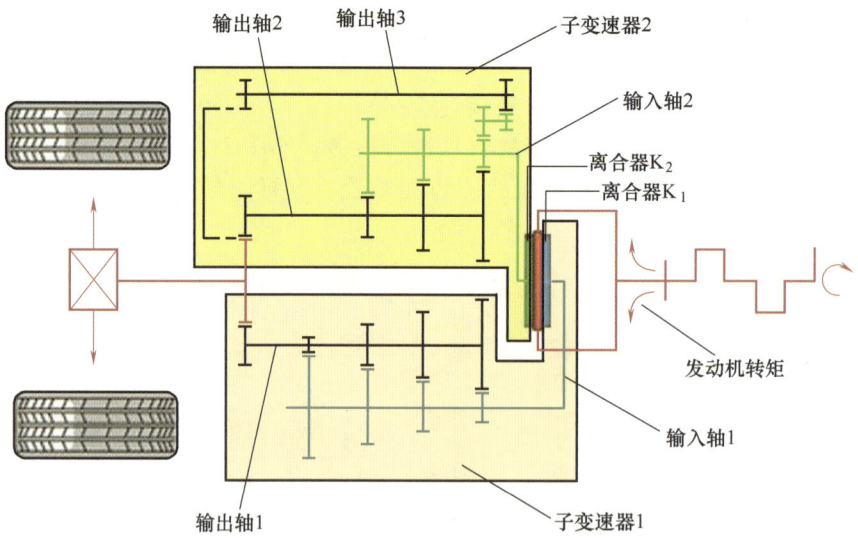

图 2-4 干式双离合器变速器工作示意图

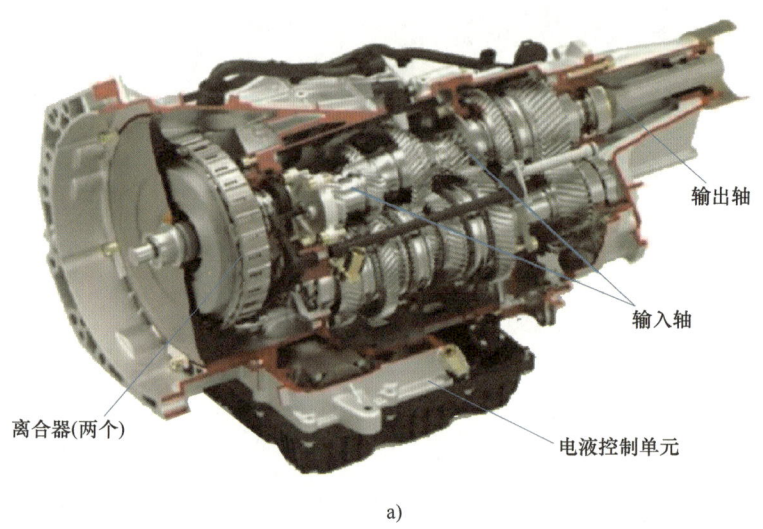

a)

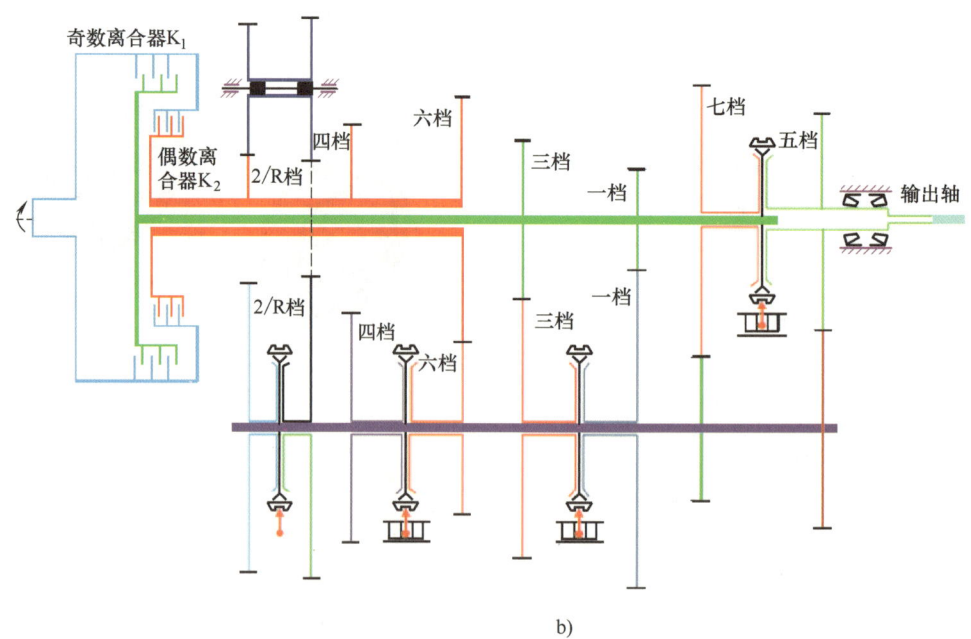

b)

图 2-5 红旗 H9 7 速湿式双离合器变速器的结构与工作原理图

（2）基本工作原理　红旗7速湿式双离合器变速器有7个前进档和1个倒档，离合器K_1负责将转矩传入输入轴1，用来完成一档、三档、五档、七档的换档，离合器K_2负责将转矩传入输入轴2，用来完成二档、四档、六档、倒档的换档，如图2-5b所示。

当车辆以某一个档位运行时，下一个即将进入运行的档位可以始终处于啮合状态；当达到下一个档位的换档点时，只需将正处于接合状态的离合器分离，将处分离状态的离合器接合，即切换两个离合器的工作状态，就可以完成换档动作。由于在两个离合器的切换过程中只会使发动机动力传递出现一个减弱的过程，而不需要完全切断动力传递，因此，双离合器变速器实现的是动力换档，其换档过程与AT的换档过程基本类似。

二、双离合器变速器齿轮传动机构

无论干式双离合器变速器还是湿式双离合器变速器的齿轮传动结构，都变化不大。图2-6所示为大众6档02E DSG的内部结构，其主要由两个离合器、油泵、滤清器、输入轴、输出轴、电液控制单元和分动器等组成。

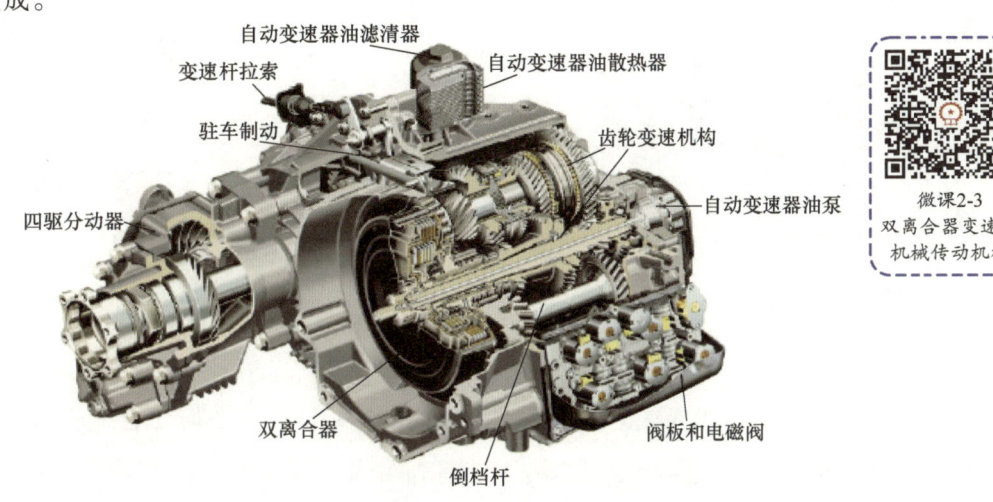

图2-6　大众6档02E DSG的内部结构

大众02E双离合器变速器内部传动机构如图2-7所示，包含两个输入轴、两个输出轴、双离合器和各档齿轮。其中，输入轴1和输入轴2均为空心轴，并且和油泵驱动轴三者空套在一起。双离合器中一个离合器将转矩传入给输入轴1，控制变速器的奇数档位和倒档，另一个离合器将转矩传入输入轴2，控制变速器的偶数档位。各档位的传递路线如下。

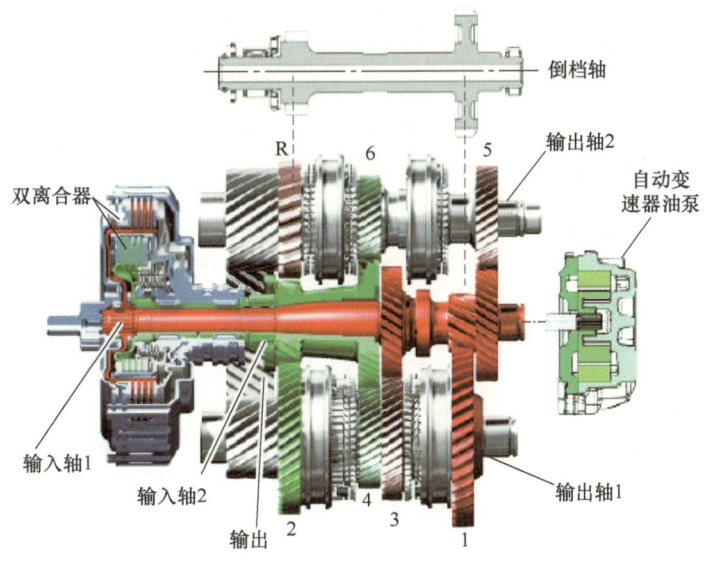

图2-7　大众02E双离合器变速器内部传动机构

一档：一档时离合器 K_1 接合，换档拨叉在控制油压的作用下控制一档/三档接合套向右移动，接合套将花键毂/输出轴与一档从动齿轮接合。其动力传递路线为发动机→双质量飞轮→离合器 K_1→输入轴1→一档主动齿轮→一档从动齿轮→一档/三档接合套→花键毂→输出轴1→输出轴1上的输出齿轮→主减速器→差速器→两半轴→车轮，如图2-8所示。

二档：二档时离合器 K_2 接合，换档拨叉在控制油压的作用下控制二档/四档接合套向左移动，接合套将花键毂/输出轴与二档从动齿轮接合。其动力传递路线为发动机→双质量飞轮→离合器 K_2→输入轴2→二档主动齿轮→二档从动齿轮→二档/四档接合套→花键毂→输出轴1→输出轴1上的输出齿轮→主减速器→差速器→两半轴→车轮，如图2-9所示。

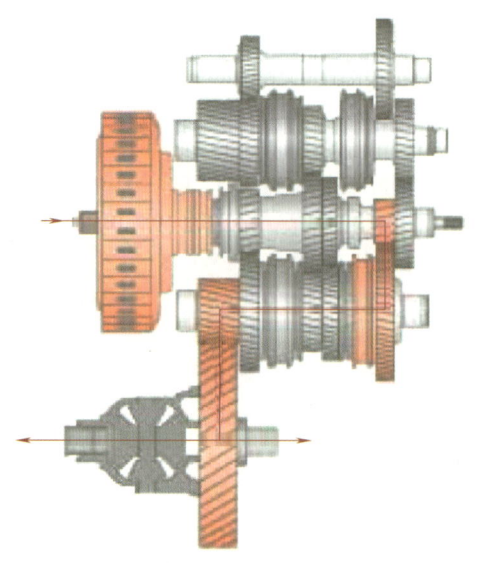

图2-8　一档动力传递路线

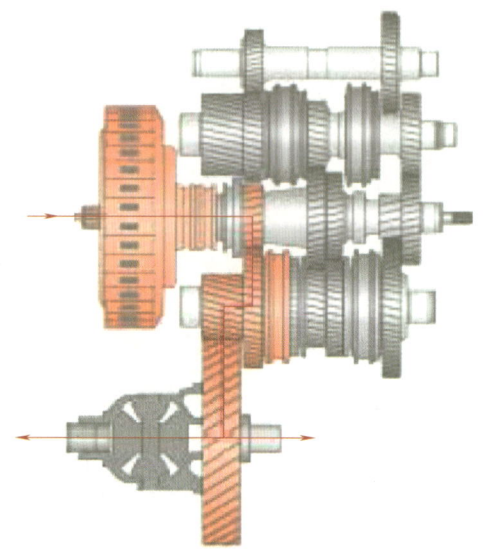

图2-9　二档动力传递路线

三档：三档时离合器 K_1 接合，换档拨叉在控制油压的作用下控制一档/三档接合套向左移动，接合套将花键毂/输出轴与三档从动齿轮接合。其动力传递路线为发动机→双质量飞轮→离合器 K_1→输入轴1→三档主动齿轮→三档从动齿轮→一档/三档接合套→花键毂→输出轴1→输出轴1上的输出齿轮→主减速器→差速器→两半轴→车轮，如图2-10所示。

四档：四档时离合器 K_2 接合，换档拨叉在控制油压的作用下控制二档/四档接合套向右移动，接合套将花键毂/输出轴与四档从动齿轮接合。其动力传递路线为发动机→双质量飞轮→离合器 K_2→输入轴2→四档主动齿轮→四档从动齿轮→二档/四档接合套→花键毂→输出轴1→输出轴1上的输出齿轮→主减速器→差速器→两半轴→车轮，如图2-11所示。

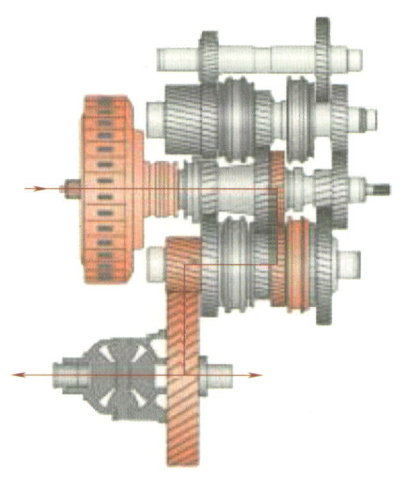

图2-10　三档动力传递路线

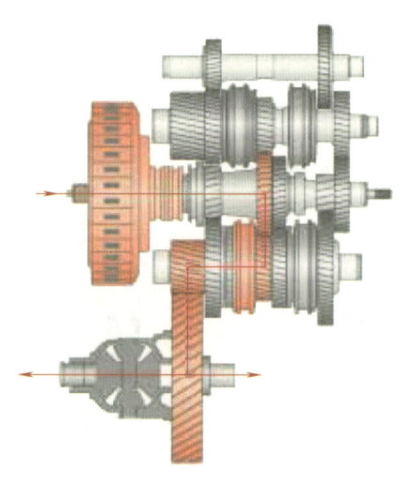

图2-11　四档动力传递路线

五档：五档时离合器 K_1 接合，换档拨叉在控制油压的作用下控制五档接合套向右移动，接合套将花键毂/输出轴与五档从动齿轮接合。其动力传递路线为发动机→双质量飞轮→离合器 K_1→输入轴 1→五档主动齿轮→五档从动齿轮→五档接合套→花键毂→输出轴 2→输出轴 2 上的输出齿轮→主减速器→差速器→两半轴→车轮，如图 2-12 所示。

六档：六档时离合器 K_2 接合，换档拨叉在控制油压的作用下控制六档/倒档接合套向右移动，接合套将花键毂/输出轴与六档从动齿轮接合。其动力传动路线为发动机→双质量飞轮→离合器 K_2→输入轴 2→六档主动齿轮→六档从动齿轮→六档/倒档接合套→花键毂→输出轴 2→输出轴 2 上的输出齿轮→主减速器→差速器→两半轴→车轮，如图 2-13 所示。

倒档：倒档时离合器 K_1 接合，换档拨叉在控制油压的作用下控制六档/倒档接合套向左移动，接合套将花键毂/输出轴与倒档从动齿轮接合。其动力传动路线为发动机→双质量飞轮→离合器 K_1→输入轴 1→倒档主动齿轮→倒档轴齿轮 1→倒档轴→倒档轴齿轮 2→倒档从动齿轮→六档/倒档接合套→花键毂→输出轴 2→输出轴 2 上的输出齿轮→主减速器→差速器→两半轴→车轮，如图 2-14 所示。

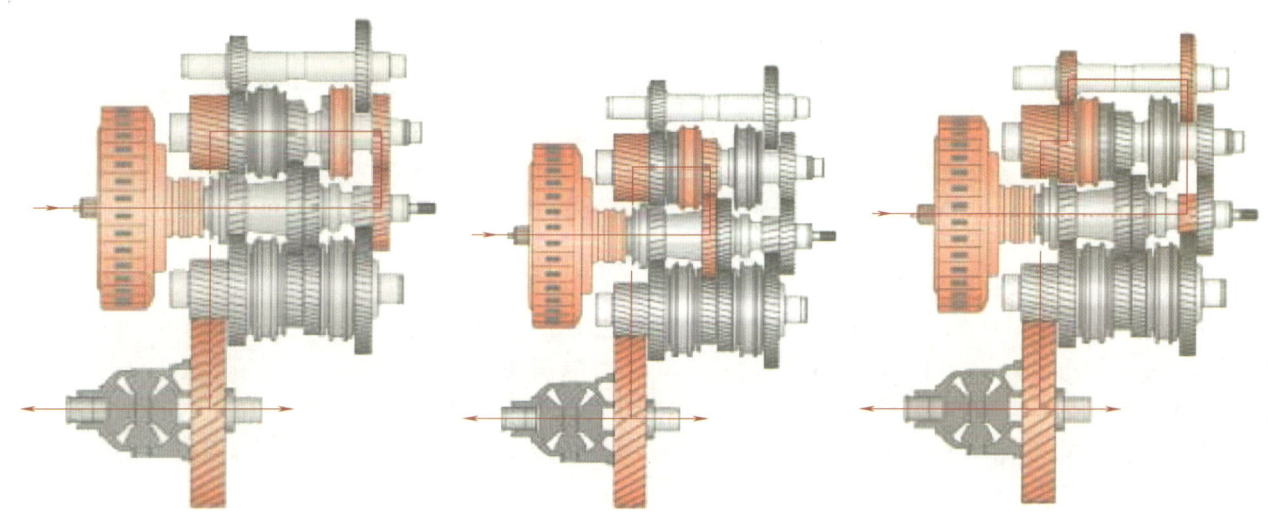

图 2-12　五档动力传递路线　　　图 2-13　六档动力传递路线　　　图 2-14　倒档动力传递路线

三、双离合器变速器液压控制系统

以大众 6 档双离合器变速器为例，其控制单元由电子-液压控制单元和 ECU 两部分构成，这两部分集成在一起，浸于双离合器自动器的变速器油内，如图 2-15 所示。

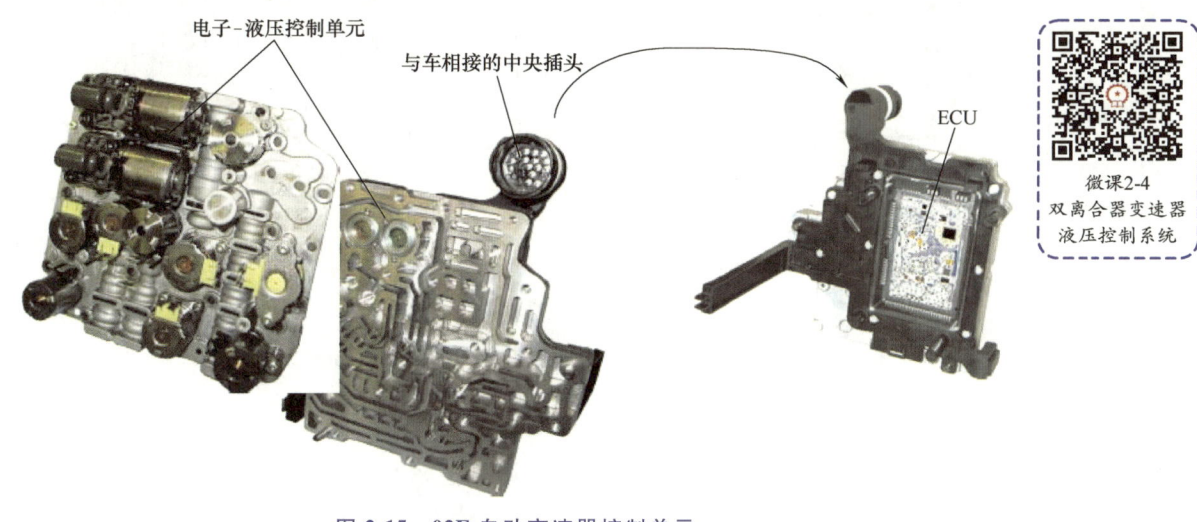

图 2-15　02E 自动变速器控制单元

电子-液压控制单元包括换档激励阀、多路控制阀、离合器压力控制阀、主油压控制阀、冷却油压控制阀、安全阀、压力调节阀等，如图2-16所示。

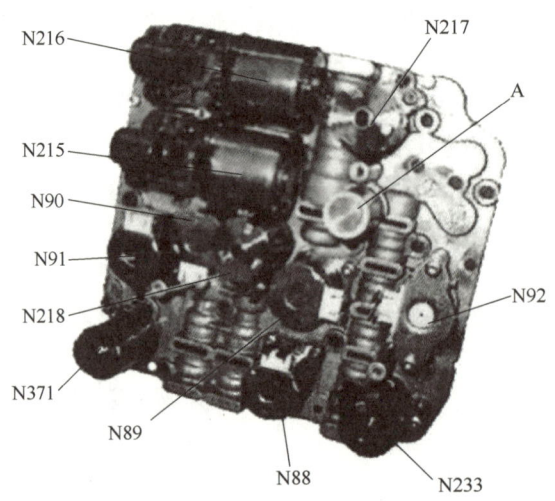

图2-16　02E型双离合器变速器电子-液压控制单元

N88、N89、N90、N91—换档激励阀（开关阀，换向）　N92—多路控制阀　N215、N216—离合器K_1和K_2的压力控制阀　N217—主油压控制阀　N218—冷却油压控制阀　N233、N371—油压控制阀（又称为安全阀，分别控制两个传输系统）　A—压力调节阀

湿式双离合器变速器和机电模块工作需要的自动变速器油由月牙形叶片式液压泵提供系统油压。液压控制系统工作原理图如图2-17所示，主压力由主油压控制阀N217和系统压力阀Sys.Dr.V控制，主压力在3～20bar（1bar＝101kPa）范围内变化，压力限制阀DBV在32bar时会打开进行泄压；系统油压经过两个安全阀SIV1和SIV2实现离合器和换档的控制，这两个安全阀用于对分变速器的液压切断，由安全阀N233和N371控制；离合器的压力由电动压力控制阀N215和N216实现控制，离合器的冷却油压控制阀N218控制；电磁阀N88/N89/N90/N91和多路控制阀N92协同工作，实现换档操作。

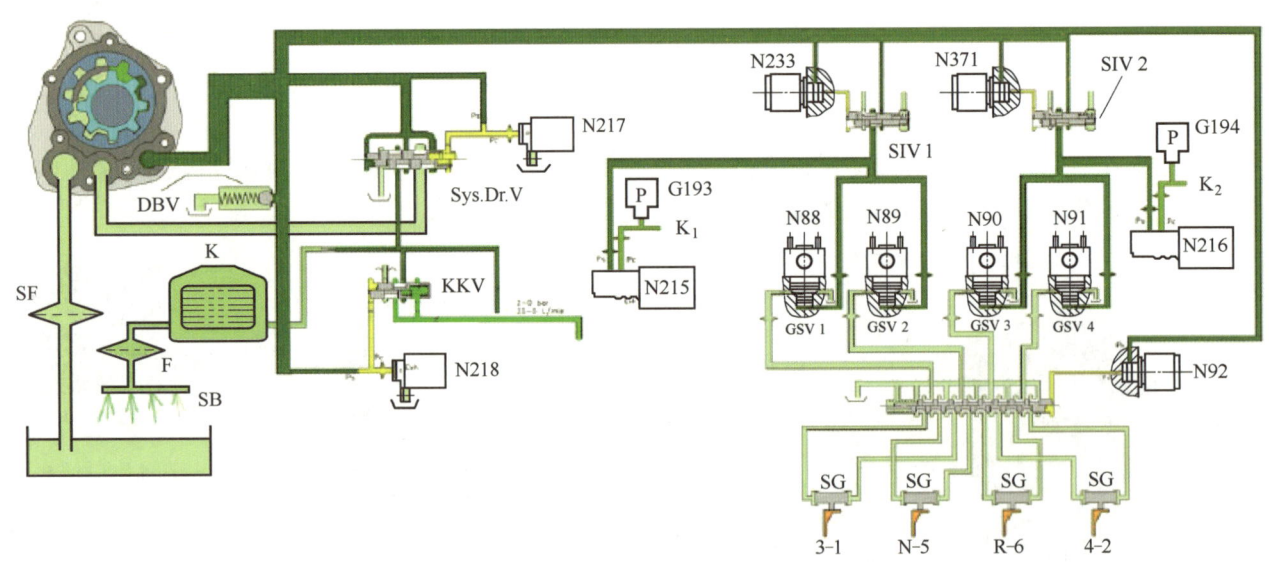

图2-17　02E湿式双离合器变速器液压控制系统工作原理图

变速器的4个换档轴由液压控制单元控制，通过为换档轴施加压力来控制拨叉动作，每个拨叉轴的两端通过一个有轴承的钢制圆筒支撑，圆筒的末端被压入活塞腔，换档油压通过油道传输到活塞腔内作用在圆筒后端，形成推力，完成换档。换档拨叉的结构如图2-18所示。

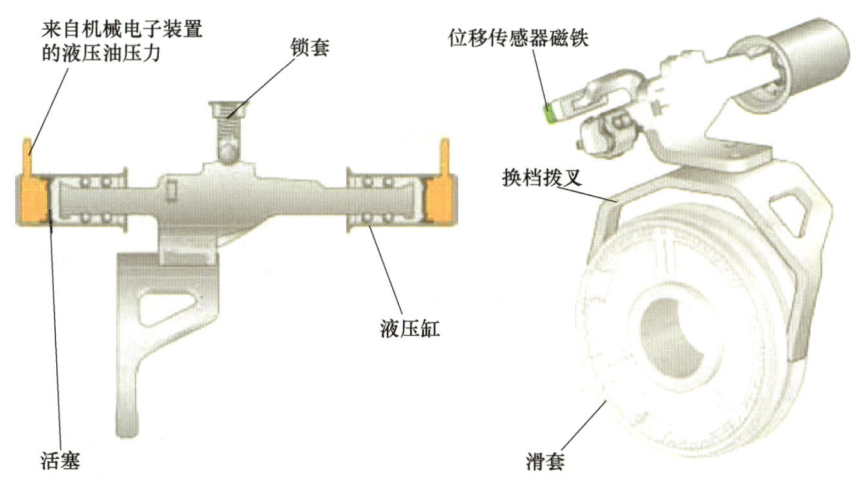

图 2-18　02E 变速器换档拨叉的结构

四、双离合器变速器电控系统

红旗 7 速双离合器变速器的电控系统由输入装置、控制单元（Transmission Control Unit，TCU）和执行器等部件组成，如图 2-19 所示。控制单元安装在变速器内部，接收来自发动机、ESP 以及内部的

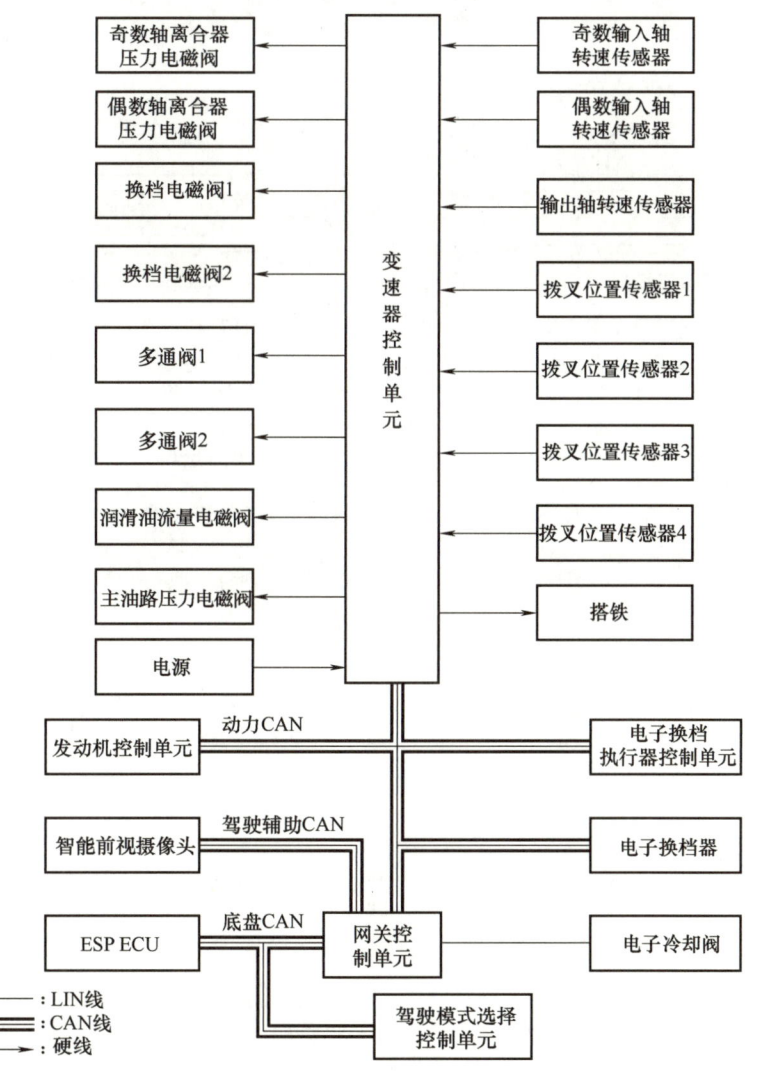

图 2-19　红旗 7 速双离合器变速器电控系统组成图

各传感器等传递来的信号，经过运算比较和分析，通过内部控制程序，向各执行机构发送指令，实现对双离合器变速器的各种控制。

1. 输入装置

（1）输入轴转速传感器　奇/偶数输入轴转速传感器测量奇/偶数轴的转速，并以 PWM（脉冲宽度调制）电流的形式发送到控制单元，控制单元经过处理、计算得到奇/偶数输入轴的转速。在档工况输入轴转速传感器信号中断时，控制单元临时采用输出轴转速信号作为代替信号。

（2）变速器输出轴转速传感器　输出轴转速传感器类型与输入轴转速传感器类型规格基本一致：同样是将 PWM 电流信号发送到控制单元，控制单元经过处理、运算得到输出轴的转速。通过输出轴转速信号，控制单元可以识别行驶速度和行驶方向。输出轴转速传感器信号中断时，控制单元临时采用输入轴转速信号（在档工况）或车速信号作为代替信号。

（3）拨叉位置传感器　信号作为换档机构位置信号，用以控制换档机构实现档位的变换。信号失效后影响档位变换。一个位置传感器失效，控制单元不能准确获知相应档位变换机构的位置，控制单元无法识别是否有档位在齿轮选择机构在拨叉的作用下接合，为了防止对变速器造成损坏，传感器所在变速器部分将被关闭。

2. 控制单元

变速器控制单元检测发动机和驾驶状态的电信号，并根据驾驶人习惯和路况来控制换档点，从而使燃油效率和传动桥性能得到改善。通过同时控制发动机和传动桥，可以降低换档冲击。此外，变速器控制单元还具有以下功能：

1）诊断功能。

2）出现故障时的失效保护功能。

双离合器变速器控制单元接口如图 2-20 所示，各端子定义见表 2-2。

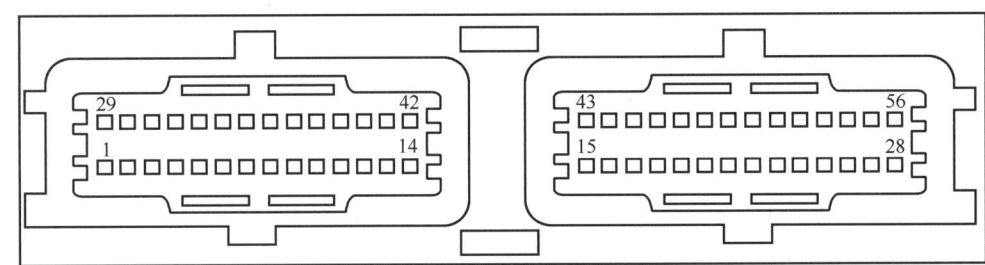

图 2-20　双离合器变速器控制单元接口

表 2-2　双离合器变速器控制单元端子信息

端子号码	定义	端子号码	定义
1	换档电磁阀 1 的低端	13	输出轴转速信号
2	换档电磁阀 2 的低端	14	拨叉位置传感器 2 信号
3	润滑油流量电磁阀的低端	15	—
4	奇数轴离合器压力电磁阀的低端	16	奇数轴离合器油压信号
5	多通阀 2 的驱动端	17	传感器搭铁 1
6	换档电磁阀 2 的驱动端	18	—
7	润滑油流量电磁阀的驱动端	19	—
8	奇数轴离合器压力电磁阀的驱动端	20	—
9	CAN-L	21	8V 传感器供电 2
10	传感器搭铁 2	22	8V 传感器供电 1
11	偶数输入轴转速信号	23	—
12	拨叉位置传感器 4 信号	24	P/N 位信号输入 1

（续）

端子号码	定义	端子号码	定义
25	5V 传感器供电 2	41	偶数轴离合器油压信号
26	—	42	
27	蓄电池负极 1	43	拨叉位置传感器 3 信号
28		44	变速器油温信号
29	多通阀 1 的低端	45	拨叉位置传感器 1 信号
30	多通阀 2 的低端	46	—
31	主油路压力电磁阀的低端	47	—
32	偶数轴离合器压力电磁阀的低端	48	
33	多通阀 1 的驱动端	49	
34	换档电磁阀 1 的驱动端	50	
35	主油路压力电磁阀的驱动端	51	—
36	偶数轴离合器压力电磁阀的驱动端	52	+B
37	CAN-H	53	+B
38	—	54	5V 传感器供电 1
39	奇数输入轴转速信号	55	蓄电池负极 2
40	—	56	点火开关 ON

3. 执行器

执行器包括离合器压力控制阀、系统压力控制阀、换档电磁阀、电子冷却阀等。

（1）奇/偶数轴离合器压力控制阀　奇/偶数轴离合器压力控制阀的作用是控制通往离合器的促动器液压油流量，失效影响是相应的变速器部分被关闭。离合器控制阀的结构如图 2-21 所示。

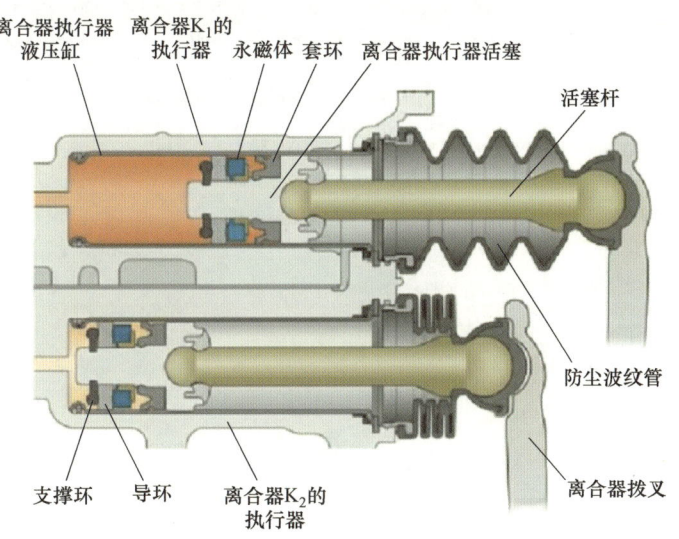

图 2-21　离合器控制阀的结构

（2）系统压力控制阀　主油路压力电磁阀是一个反比例阀，控制整个液压控制系统内的压力，其最重要的任务是根据发动机转矩来控制离合器油压，其调节参数为发动机转矩及发动机温度，控制单元根据当前的工作情况连续地调节主油路，如果失效，系统以最大油压工作，油耗上升，换档噪声增大。

（3）换档电磁阀　换档电磁阀的作用是控制档位选择器内油液的流量，每个控制阀可使档位选择器形成两个档位，如果没有齿轮啮合，控制阀控制油压使档位选择器保持空档位置，变速杆位于 P 位。

（4）电子冷却阀　离合器的电子冷却阀也是一个反比例阀，其作用是通过滑阀控制冷却油的流量。控制单元通过采集离合器油温传感器的信号来控制该阀，如失效，则系统以最大流量对多片离合器进行冷却，低温下会出现换档困难，油耗上升，组合仪表上也会有故障提示信息。

五、双离合器变速器电子元件诊断

以大众车系为例，配备有双离合器变速器0AM的车辆，连接故障诊断仪，运行模式"引导型故障查询"，在双离合器变速器的"引导型故障查询"中有一个检测计划，可以借此检测以下传感器、执行机构和机械电子单元的运行状态，如图2-22所示。

微课2-5
使用诊断仪检测双离合器变速器

```
                        引导型故障查询
        ┌───────────────────┼───────────────────┐
      传感器               执行机构            机械电子单元

  E438转向盘上的Tiptronic换高档开关   N433子变速器1内的阀门1    机械电子单元故障
  E439转向盘上的Tiptronic换低档开关   N434子变速器1内的阀门2    J743双离合器变速器机械电子单元
  G182变速器输入转速传感器           N435子变速器1内的阀门3
  G270变速器液压压力传感器           N436子变速器1内的阀门4
  G487档位调节器行程传感器1          N437子变速器2内的阀门1
  G488档位调节器行程传感器2          N438子变速器2内的阀门2
  G489档位调节器行程传感器3          N439子变速器2内的阀门3
  G490档位调节器行程传感器4          N440子变速器2内的阀门4
  G510控制单元内的温度传感器         V401液压泵电机
  G612变速器输入转速传感器2
  G617离合器行程传感器1
  G618离合器行程传感器2
  G632变速器输入转速传感器1
  J587变速杆传感器系统控制单元
```

图2-22　DSG引导型功能查询中可检测元件

【在线测试】

请扫描二维码完成在线测试。

模块二　双离合器变速器

【任务实施】

任务工单

任务名称:检修双离合器变速器				
姓名：		班级：		学号：

【任务描述】	请结合实训车辆,说明其配备的双离合器变速器的传感器、执行机构及 ECU 的组成、作用、工作原理,并检测其工作状况		
【实施准备】	配置双离合器变速器的车辆、与车辆匹配的故障诊断仪		
【实施过程】	1. 自主学习	学习相关知识,理解双离合器变速器的部件组成及工作原理,并掌握故障诊断仪的操作方法	
	2. 计划与决策	小组讨论,列出小组要检测的项目并设计执行计划	
	3. 小组执行	小组工作,汇报小组成果 规范做好 5S	
【评价反思】	项目	评价点	自评
	介绍双离合器变速器的结构和工作原理	干式双离合器变速器的结构与工作原理	□达成　□未达成
		湿式双离合器变速器的结构与工作原理	□达成　□未达成
		双离合器变速器的类型	□达成　□未达成
	双离合器变速器的检修	双离合器变速器齿轮传动机构的组成	□达成　□未达成
		双离合器变速器液压控制系统的组成	□达成　□未达成
		双离合器变速器液压控制系统的功能及工作原理	□达成　□未达成
		双离合器变速器电控系统的组成	□达成　□未达成
		双离合器变速器电控系统的功能及工作原理	□达成　□未达成
		故障的诊断操作	□达成　□未达成
	安全与规范	车辆防护	□达成　□未达成
		人员与安全	□达成　□未达成
		现场 5S	□达成　□未达成

任务三　双离合器变速器典型故障分析

【学习内容】	【学习目标】
1. 双离合器变速器故障的诊断方法 2. 双离合器变速器故障的排除案例	1. 能够分析双离合器变速器故障的原因 2. 能够制订双离合器变速器故障诊断的流程 3. 能够更换相关故障部件 4. 养成标准意识和精益求精的工匠精神

【任务描述】

作为汽车售后服务中心技术经理,计划面向店内维修技师开展双离合器变速器故障主题培训,需要准备哪些内容?如何组织开展?

55

【相关知识】

一、双离合器变速器故障诊断方法

双离合器变速器常见的故障类型有漏油、异响、报警、耸车、挂档不走车等。漏油和异响纯是机械故障，漏油可以利用撒滑石粉的方式确定漏油点，首先要使用清洗剂彻底清洁相关漏油部位，然后用压缩空气再次清洁，最后均匀地涂上滑石粉。进行约 10km 的长时间路试，重新举升车辆检查漏油部位，最终确定漏油的相关部件；异响类故障需要实车检测，把异响分析仪放到相关异响部位，最终确定异响部位，确定故障后按照维修故障手册进行维修；报警、耸车、挂档不走车属于电气类故障，一般由变速器控制单元识别，组合仪表显示报警符号。其故障诊断流程如图 2-23 所示。

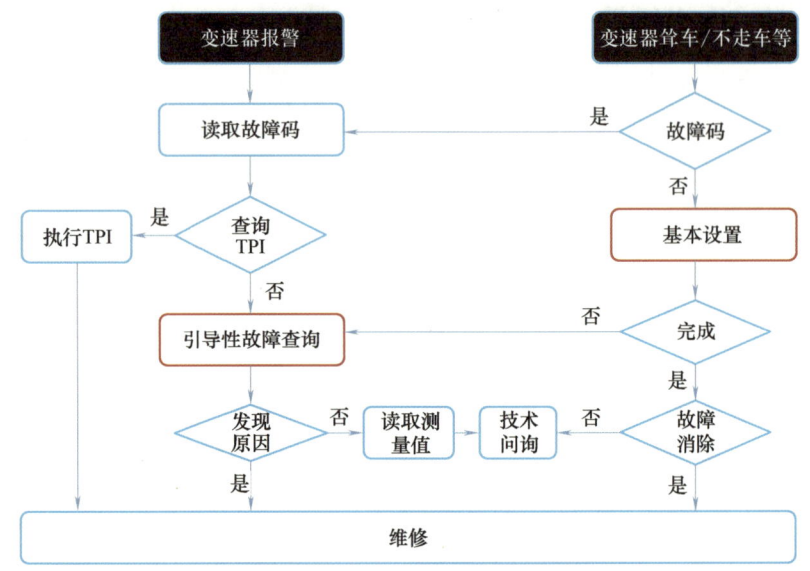

图 2-23 双离合器变速器故障诊断流程

技术问询一般是向主机厂的技术研发部门请求，进行现场看车，提供技术支持。主机厂技术问询一般有一定前提条件，例如，要求完成引导型故障查询/基本设置和同时诊断仪上传诊断报告等。

TPI 又称为 HST-技术指导手册。主机厂的售后支持部门根据市场车辆实际遇到的故障现象，经过与相关技术部门探讨、分析、实际测试后下发的最新的维修方案，方案包括升级、基本设置、匹配、自适应或者是暂缓维修等。这里暂缓维修是暂时没有维修方案，一旦有解决方案，第一时间进行 TPI 的升级更新。

表 2-3 是关于某主机厂给定的变速器的 TPI，内容包括 TPI 号和主题。单击进入某一个具体的 TPI 后显示相关技术背景、主机厂改进措施、售后服务部门解决方案、发布时间等相关信息。

表 2-3 双离合器变速器 TPI

TPI 号	主题
2049652	变速杆位于 D 位和 R 位时没有牵引力，变速器输入转速传感器 1 和 2 无信号
2051044	转弯时发出"嗡嗡"声-带 OAW 变速器的 C7
2045507	变速器后部区域发出轴承噪声
2028898	A3 或 TT 和 S-tronic DQ250 档位显示闪烁_P2711-对地短路
2046154	传动系统：在高效（Efficiency）模式下，偶尔可能无法关闭空转功能-02E 或 OD9 变速器
2039526	变速器功能限制和故障存储器记录 P271100-配备 02E 和 OD9 变速器的车辆
2050034	功能限制和故障存储器记录 P17D8P17D0 或 P17D8P17CF

(续)

TPI 号	主题
2044870	四档至七档同步时发出噪声
2027068	功能受限,并存有故障存储器记录 P179E,P179F-0B5
2050129	售后服务说明:在较窄的转弯中行驶时发出尖锐噪声或振动-OCL 变速器
2049840	转弯行驶时的嗡嗡声-C7 前轮驱动车型 OCK 变速器
2036201	换档质量故障(例如,轻微耸车、剧烈耸车)-配备 OBK、OBL 或 OBW 变速器的车辆
2017722	变速器和自动变速器油冷却器之间的自动变速器油管路泄漏-所有配备自动变速器的 Q7(09D.09L)
2043265	变速器警告灯亮起-变速器控制单元中存有故障存储器记录 P060A00(8693)-OBK 和 OBL 变速器
2043791	传动系统:很难挂入 R 位或 R 位挂入不佳-MQ200
2014604	离合器无法分离,无动力啮合离合器发出烧焦味,离合器踏板无法(完全)复位
2048885	暖起动期间加速或松开加速踏板的时候出现耸车现象(仅限挂入一档至三档时)-EA21levo 1.5 TFS
2048356	配备 DQ381 的 Q2 或 A3 车辆在发动机起动时发出尖锐的噪声
2047103	售后服务说明:在全负荷加速期间发生牵引力中断并伴随运动噪声-OGC 变速器
2047289	传动系统:变速器警告灯亮起-离合器 1 或 2 自行分离或接合-OGC 变速器
2049333	传动系统:变速器警告灯亮起-PO607-控制模块功能故障-S 阀-OGC 变速器
2049489	传动系统:变速器警告灯亮起-各种故障存储器记录-OGC 变速器
2050123	传动系统:变速器警告灯亮起-PO607-控制模块功能故障-BIOS-OGC 变速器
2050788	批发商 TPI:发动机起动时的"嘎吱"声,配备 DQ381 的 Q2 或 A3
2042971	运动型差速器系统故障 U111200 功能故障或 U042900 转向柱电子装置控制单元

二、双离合器变速器典型故障案例

1. 双离合器变速器异响故障排查及解决方案

(1) 故障现象　某车型配备双离合器变速器,行驶里程为 6000km。车辆在 D 位起步和二档/三档换档时发出类似羊叫的声音。

(2) 故障诊断与排除　无车辆故障指示灯亮,计算机检测无故障码,路试确认故障现象。查询主机厂发行的 TPI,解释故障可能原因为离合器表面经过磨损形成的纹路造成离合器产生径向运动,从而形成噪声。发动机和变速器装配不当容易产生此问题(双质量飞轮内的导向轴承压)。售后方案:更换双离合器。

微课2-6
拆卸OAM双离合器变速器

微课2-7
安装OAM自动变速器

微课2-8
确定OAM变速器垫片1

微课2-9
确定OAM变速器垫片2

微课2-10
湿式双离合器变速器OCK-更换机电模块

2. 倒档无力和偶发性无奇数档故障排查及解决方案

(1) 故障现象　一辆行驶里程超 260000km、搭载型号为 OB5 型 7 档湿式双离合器变速器的某轿车,该车首次维修时报修故障现象为倒档无力和偶发性无奇数档。维修后故障现象为起步怠速爬行轻微抖动、六档/五档和四档/三档响声、三档/二档冲击和二档/一档冲击等。

(2) 故障诊断与排除　首先连接故障诊断仪进行车辆电控系统故障检测,报故障码。删除故障码进行路试,结果是倒档无力,坡路阻力较大时,无力感与顿挫感加剧;另外,频繁切换倒档和前进档时仪表报警,此时故障码再次重现。

双离合器变速器机电控制模块通过电磁阀(流量阀)输出调节压力给该同步器,从而实现一/三档的切换,然后位置传感器确定是否挂入一档或三档,并把得到的位置信息传回给控制单元。因此,故障可能原因如下:

1)奇数档变速器主油压电磁阀调节压力不足。
2)电磁阀自身调节压力或流量问题。
3)阀体中一/三档促动器磨损或密封泄漏。
4)一/三档同步器机械阻力过大。
5)监测信号不准确或控制单元误判。
6)相关离合器问题影响油压分配。

根据经验,首先对相关离合器匹配值进行分析,结果显示其匹配点远高于另一个离合器,所以解体检查,发现离合器烧蚀严重,需要更换。引起烧蚀的原因有阀体故障和电磁阀故障,需进一步检测电磁阀,若发现性能不良,更换即可。若故障仍不能排除,则需更换变速器机电控制单元。

【在线测试】

请扫描二维码完成在线测试。

【任务实施】

任务工单

任务名称:双离合器变速器典型故障分析				
姓名:		班级:		学号:

【任务描述】	请结合实训车辆,进行故障诊断与排除			
【实施准备】	配置双离合器的车辆或双离合变速台架,与车辆匹配的专用诊断仪			
【实施过程】	1. 自主学习	学习相关知识,在车辆或教学运行台架上找到相关部件		
	2. 计划与决策	小组讨论,确定故障诊断的流程步骤,制订并实施双离合器变速器的维修计划		
	3. 小组执行	小组工作,汇报小组成果,展示操作方法 规范做好 5S		
【评价反思】	项目	评价点	自评	
	介绍双离合器变速器的故障诊断方法	双离合器变速器常见故障诊断方法	□达成	□未达成
		双离合器变速器故障诊断流程	□达成	□未达成
	双离合器变速器的诊断与检修	诊断仪的连接	□达成	□未达成
		主机厂 TPI 查询	□达成	□未达成
		典型故障原因分析	□达成	□未达成
		双离合器变速器的拆装	□达成	□未达成
		双离合器变速器的垫片调整	□达成	□未达成
		双离合器变速器部件更换	□达成	□未达成
	安全与规范	车辆防护	□达成	□未达成
		人员与安全	□达成	□未达成
		现场 5S	□达成	□未达成

【拓展阅读】

自强不息：国产DCT从突破到繁荣

2007年，DCT以其换档迅速、省油、动力输出更强等优点得到国人高度关注，DCT很快被列为中国汽车产业的先进开发项目之一。为了推动DCT技术的发展，我国成立了"中发联"等组织开展联合研发。这些组织汇集了我国众多汽车厂商和零部件供应商的力量，共同攻克DCT技术难关。2009年，吉利公司在上海车展上展出了我国首款自主研发的DCT，标志着我国在DCT技术领域取得了重要突破，也为后续DCT技术的普及和应用奠定了基础。

目前，我国主流在售乘用车自主品牌普遍搭载DCT，例如吉利、长城、荣威名爵、比亚迪、奇瑞、广汽传祺等。虽然都是双离合，但每个品牌的双离合都有一定的技术差异，如，吉利、奇瑞、东风的双离合器变速器特点是质量小、体积小、能耗少；东风6DCT150变速器是同级最紧凑的变速器，只有57kg；红旗研发的湿式双离合，双离合模块使用寿命很长，是干式双离合的5倍以上。

我国DCT发展呈现出良好发展态势，目前国产的双离合器变速器已经可以与外资企业技术水平并驾齐驱，在乘用车市场形成了双离合器变速器国际竞争新格局。

模块三

无级变速器

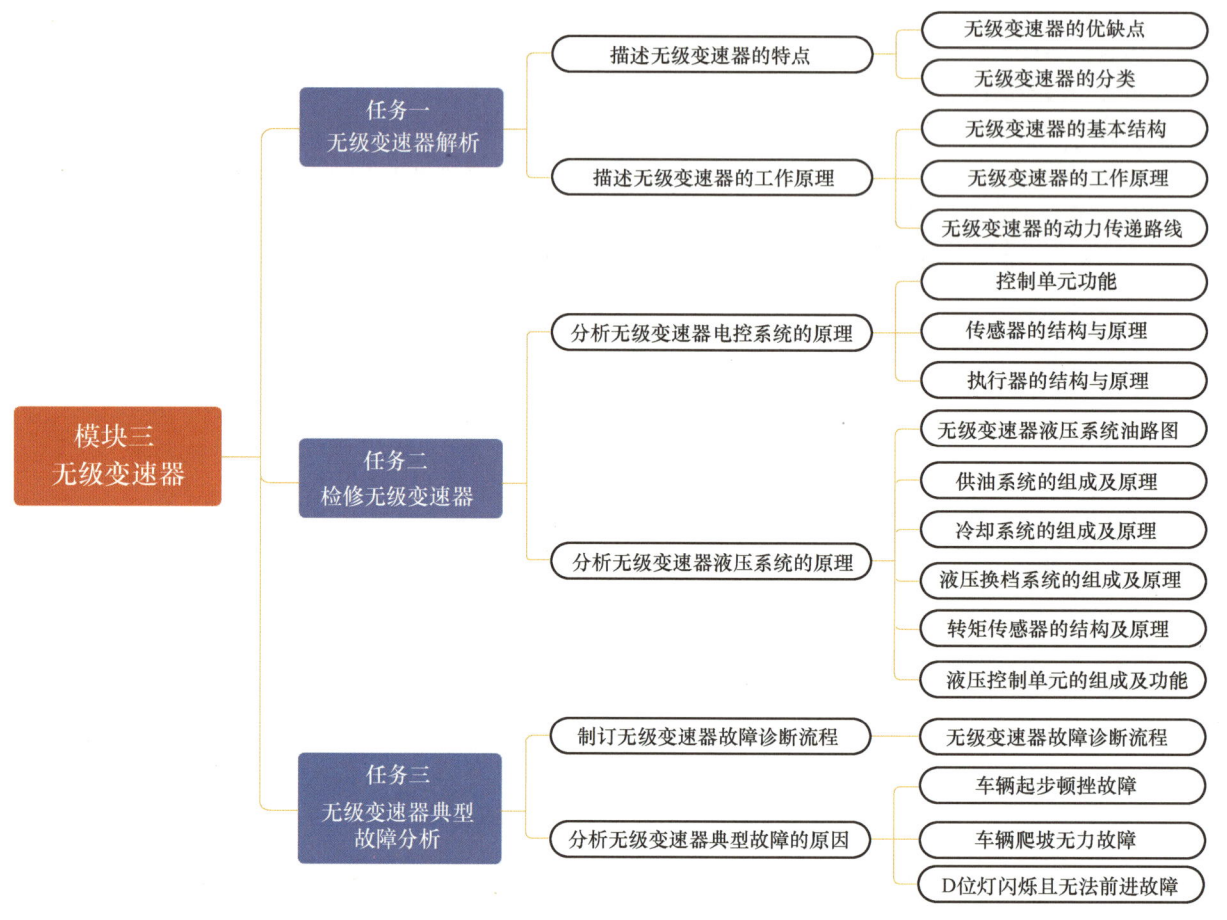

任务一　无级变速器解析

【学习内容】	【学习目标】
1. 无级变速器的特点、结构和基本工作原理 2. 无级变速器的动力传递路线	1. 能够描述无级变速器的特点、结构和基本工作原理 2. 能够描述无级变速器的动力传递路线 3. 锻炼语言表达能力

【任务描述】

王先生打算购买新车，他考虑的车型中有自动变速器和无级变速器两种配置。他想咨询一下无级变速器的相关问题，以便作为选车的依据。作为专业人员，该如何介绍无级变速器呢？

【相关知识】

一、无级变速器的特点

CVT 采用传动带和工作直径可变的主、从动轮相配合传递动力,可以实现传动比的连续改变,从而得到传动系统与发动机工况的最佳匹配,提高整车的燃油经济性和动力性,改善驾驶人的操纵方便性和乘员的乘坐舒适性,所以它是理想的汽车传动装置。

CVT 技术的发展已有一百多年的历史。1886 年,德国奔驰公司就将 V 形橡胶带式 CVT 安装在该公司生产的汽油机汽车上。1958 年,荷兰的 DAF 公司将双 V 形橡胶带式 CVT 装备于 Daffodil 轿车上。由于当时橡胶带式 CVT 功率有限,转矩局限于 135N·m 以下,离合器工作不稳定,能量损失较大,因而没有被普遍接受。

2021 年,在第四届"龙蟠杯"世界十佳变速器评选中,万里扬股份有限公司自主研发的 CVT25 变速器成功斩获"世界十佳变速器"奖项,搭载艾瑞泽 GX、远景 SUV、瑞虎 8 PLUS MHEV 等众多自主车型,其参数见表 3-1。

表 3-1　万里扬 CVT25/28 自动变速器技术参数

型号	额定输入转矩/ N·m	速比			净重/kg
		带轮速比	倒档速比	主减速比	
CVT25	250	2.69~0.38	0.75	4.8~6.08	84.5
CVT28	280	2.69~0.38	0.75	4.8~6.08	84.5

二、无级变速器的基本工作原理

CVT 主要包括主动轮组、从动轮组、金属传动带和液压缸等基本部件,如图 3-1 所示。金属带由两束金属环和几百个金属片构成。主动轮组和从动轮组都由可动盘和固定盘组成,与液压缸靠近的一侧带轮可以在轴上滑动,另一侧则固定。可动盘与固定盘都是锥面结构,它们的锥面形成 V 形槽,来与 V 形金属传动带啮合。发动机输出轴输出的动力首先传递到 CVT 的主动轮,然后通过 V 带传递到从动轮,最后经减速器、差速器传递给车轮,来驱动汽车。工作时通过主动轮与从动轮的可动盘做轴向移动来改变主动轮、从动轮锥面与 V 带啮合的工作半径,从而改变传动比。可动盘的轴向移动量是由驾驶人根据需要通过控制系统调节主动轮、从动轮液压缸的缸压来实现的。由于主动轮和从动轮的工作半径可以实现连续调节,从而实现了无级变速,如图 3-2 所示。

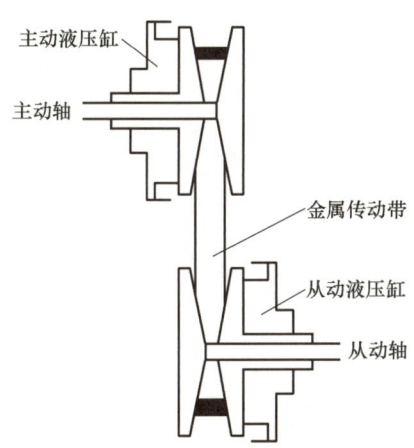

图 3-1　CVT 的结构示意图

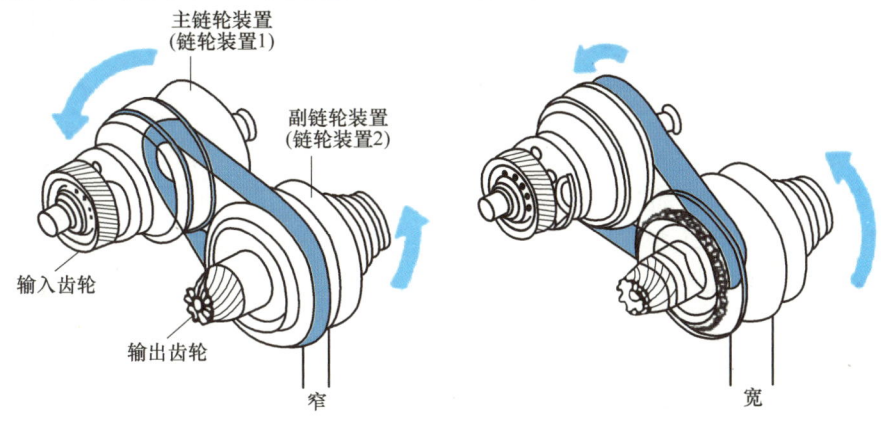

图 3-2　无级变速原理图

三、典型无级变速器的结构

图 3-3 所示为 01J 无级变速器的结构,其主要由行星齿轮机构、变速机构、液压控制系统和电控系统等部分组成。行星齿轮传动机构采用一个双行星排,通过操纵 1 个制动器或 1 个离合器实现前进档和倒档的转换。其中,制动器和离合器均采用湿式多片式摩擦片。变速机构是由一对链轮实现无级变速,两个带锥面的盘体的主链轮装置(链轮装置 1)和副链轮装置(链轮装置 2)以及工作于两个锥形链轮组之间 V 形槽内的专用传动链组成的。链轮装置 1 是由发动机通过辅助减速齿轮驱动的,通过传动链传递到链轮装置 2,传给主减速器。每个链轮装置中的一个链轮可沿轴向移动,调整传动链的跨度尺寸和改变传动比。两组链轮装置必须同时进行调整,保证传动链始终处于张紧状态和有足够的接触传动压力。ECU 和液压控制单元集成为一体,位于变速器壳体内。

微课3-1
01J无级变速器的结构

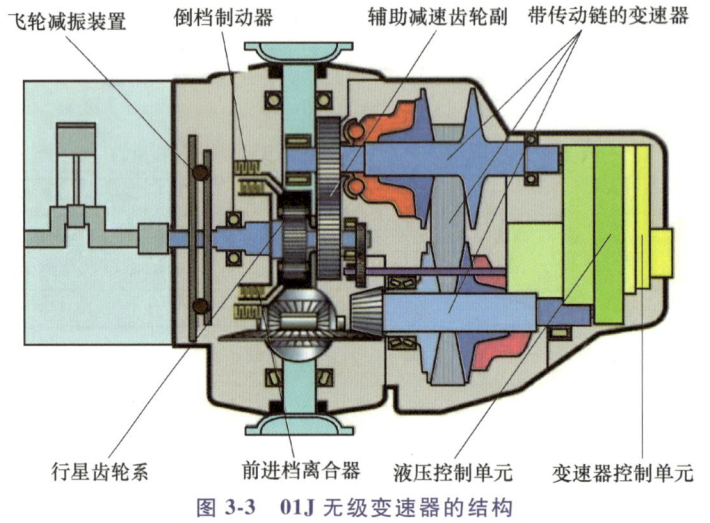

图 3-3　01J 无级变速器的结构

四、动力传递路线

如图 3-4 所示,发动机动力通过飞轮传递给变速器输入轴,输入轴的动力通过行星齿轮机构、辅助变速齿轮传动副传递到传动链轮机构,通过传动链轮无级变速后,动力经过主减速器和差速器传递到驱动轮。

行星齿轮机构由双行星轮行星排、前进档离合器 C 和倒档制动器 B 组成。太阳轮是输入元件,与变速器输入轴连接,行星架是输出元件,与辅助变速齿轮传动副主动齿轮连接。前进档离合器 C 可以连接太阳轮和行星架。倒档制动器 B 连接齿圈与壳体。

当车辆怠速时,作为辅助减速档输入部分的行星齿轮架是静止的。齿圈以发动机转速一半的速率怠速运转,旋转方向与发动机相同;前进档时,前进档离合器 C 接合,变速器输入轴与行星齿轮架连接,行星齿轮系变成一个刚体传动,并且它与发动机转向相同,传动比为 1;倒档时,倒档制动器 B 工作,齿圈与壳体固定在一起,不能转动,动力由行星架反向输出,实现倒档。

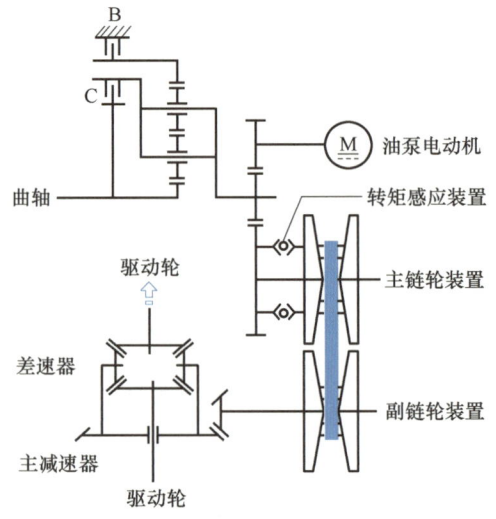

图 3-4　01J 无级变速器结构简图
B—倒档制动器　C—前进档离合器

【在线测试】

请扫描二维码完成在线测试。

模块三 无级变速器

【任务实施】

任务工单

任务名称：无级变速器解析			
姓名：	班级：		学号：
【任务描述】	请结合实训车辆，介绍该车无级变速器的特点和基本工作原理		
【实施准备】	配置有 CVT 的车辆或教学实训台架		
【实施过程】	1. 自主学习	学习相关知识，在车辆或教学实训台架上找到相关部件	
	2. 计划与决策	小组讨论，确定介绍内容与逻辑	
	3. 小组执行	小组工作，汇报小组成果，展示操作方法 规范做好 5S	
【评价反思】	项目	评价点	自评
	介绍无级变速器的特点	无级变速器的定义	□达成 □未达成
		无级变速器的优缺点	□达成 □未达成
	介绍无级变速器的结构及工作原理	无级变速器的组成	□达成 □未达成
		无级变速器的工作原理	□达成 □未达成
	安全与规范	车辆防护	□达成 □未达成
		人员与安全	□达成 □未达成
		现场 5S	□达成 □未达成

任务二 检修无级变速器

【学习内容】	【学习目标】
1. 无级变速器电控系统主要组成部件的结构、功能和工作原理 2. 无级变速器液压控制系统主要组成部件的结构、功能和工作原理	1. 能够描述无级变速器电控系统主要组成部件的结构、功能和工作原理 2. 能够描述无级变速器液压控制系统的主要组成部件的结构、功能和工作原理 3. 能够识读无级变速器相关的电路图、油路图 4. 能够拆装和检修无级变速器相关部件 5. 能够完成小组任务，培养团队合作意识

【任务描述】

一辆装备无级变速器的车辆经过检查确定需要更换离合器，请规范地更换无级变速器的离合器。作为专业维修人员，在维修前，需掌握无级变速器控制系统的结构、工作原理以及维修规范等。

【相关知识】

一、电控系统

无级变速器电控系统主要由传感器、控制单元和执行器三部分组成。01J 无级变速器传感器包括制

63

动灯开关 F、多功能开关 F125、Tiptronic 开关 F189、变速器油温传感器 G93、变速器输入转速传感器 G182、自动变速器油压传感器 G193 和 G194、变速器输出转速传感器 G195 和 G196 等；执行器包括电磁阀 N88、自动变速器压力控制电磁阀 N215 和 N216、变速杆锁止电磁阀 N110、起动锁止和倒车灯继电器 J226 等。其电路图如图 3-5 所示。

微课3-2
01J无级变速器电控液压系统简介

1. 控制单元

控制单元是无级变速器的"大脑"，主要实现变速器档位控制、离合器控制以及故障监控等功能。一般控制单元安装于变速器外部。01J 无级变速器控制单元 J217 安装在变速器内，用螺栓紧固在液压控制单元上，集成了全部的传感器，与液压控制系统 3 个压力调节阀直接通过插头连接，如图 3-6 所示。由于控制单元与传感器、电磁阀之间不需要过多的线束和插头，大大地提高了可靠性。

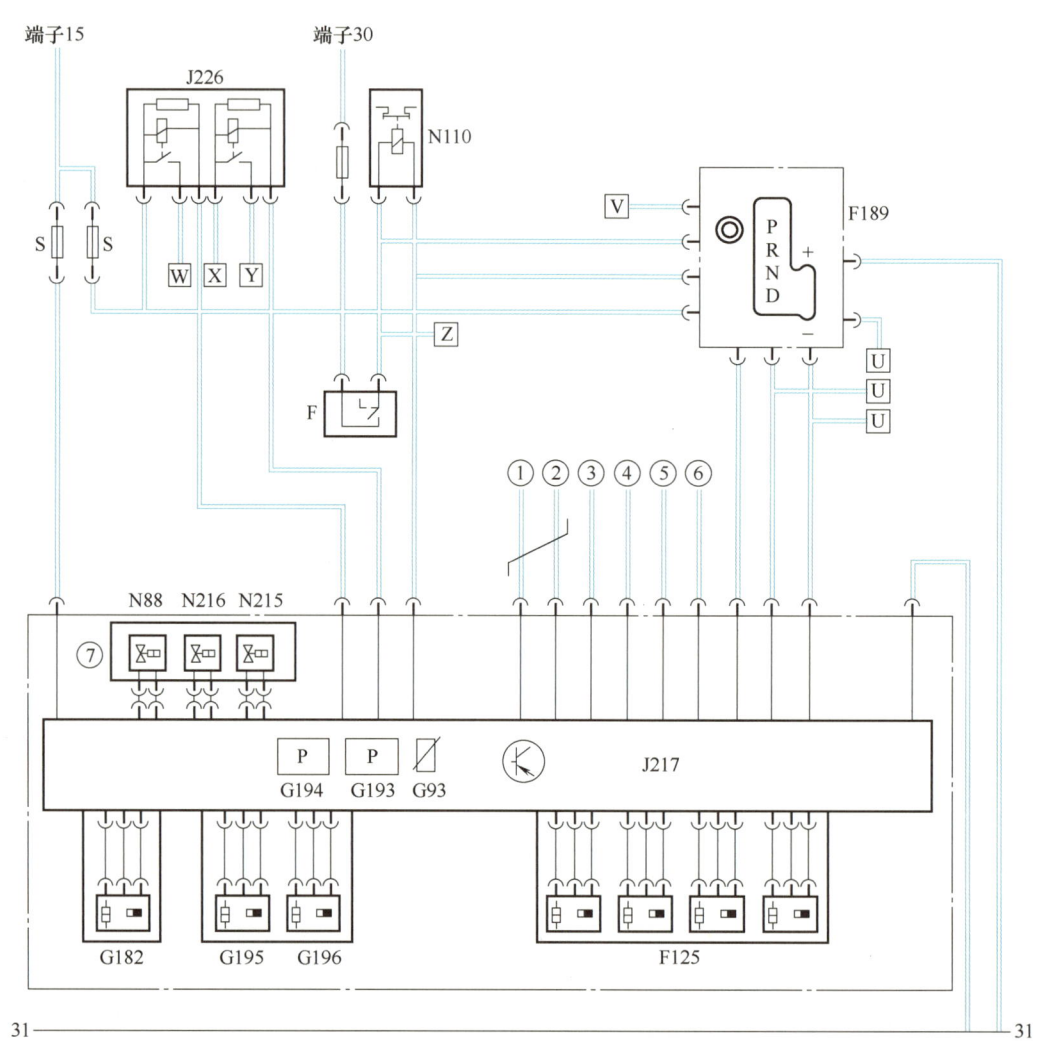

图 3-5　01J 无级变速器电路图

F—制动灯开关　F125—多功能开关　F189—Tiptronic 开关　G93—变速器油温传感器　G182—变速器输入转速传感器　G193、G194—自动变速器油压传感器　J217—控制单元　G195、G196—变速器输出转速传感器　N88—电磁阀　N110—变速杆锁止电磁阀　N215、N216—自动变速器压力控制电磁阀　J226—起动锁止和倒车灯继电器　S—熔断器　U—到 Tiptronic 转向盘（选装）　V—来自接线柱 58d　W—到倒车灯　X—来自点火开关接线柱 50　Y—到起动机接线柱 50　Z—到制动灯　①—传动系统 CAN 总线，低　②—传动系统 CAN 总线，高　③—换档指示信号　④—车速信号　⑤—发动机转速信号　⑥—诊断插头　⑦—阀体控制单元具有以下功能：

1）换档控制。控制单元根据控制程序用于计算变速器目标输入转速，以便获得最佳传动比。

2）离合器（制动器）控制。控制单元接收发动机转速、变速器输入转速、加速踏板位置、发动机转矩、制动力、变速器油温等信号计算出离合器（制动器）所需的额定压力，调节离合器压力和离合器传递的发动机转矩。

3）故障自诊断功能。根据故障对驾驶安全性的影响程度，可通过仪表板上的变速杆位置指示灯显示给驾驶人。

4）离合器匹配控制。合理匹配离合器控制功能的作用是保持恒定的离合器控制质量，控制适合的离合器压力，提高效率。因离合器的摩擦系数经常变化，为了能在任何工作状态下和其使用寿命内使离合器控制舒适性能不变，控制电流及离合器转矩之间的关系必须不断优化。离合器的摩擦系数取决于变速器油、变速器油温、离合器温度、离合器打滑率等，为了补偿这些影响和优化离合器控制，在爬坡控制模式和部分负荷状态下，控制电流和离合器转矩要相匹配。

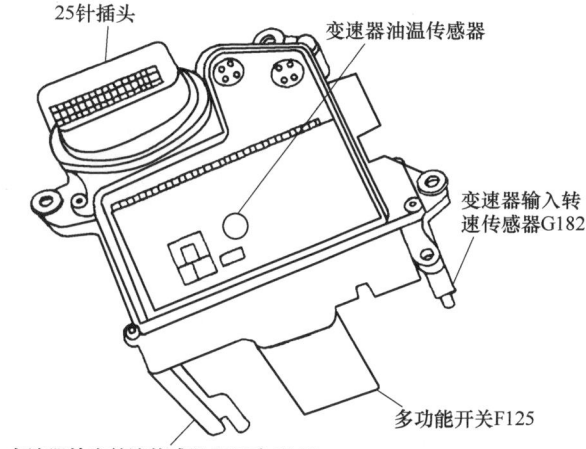

图 3-6　01J 无级变速器控制单元 J217

5）强制降档功能。驾驶人通过把加速踏板踩到底，激活接通强制降档开关，告知自动变速器控制单元需要最大加速度，为此，发动机转速被调整到最大功率处的转速，直到加速踏板角度减小为止。

6）依据行驶阻力自适应控制。"与负荷有关的动力"被计算出来以测定行驶阻力，例如，上坡、下坡、车辆处于被牵引状态等。该行驶阻力用于与在平路上行驶（空载）时的牵引阻力进行比较，指示是否需提高和降低所需功率。

7）与巡航控制系统（CCS）协调工作。巡航控制开启时，自动变速器变速比经常很小，当汽车下坡行驶时，会导致发动机制动效果不足，在这种情况下，控制单元 J217 通过增大变速器输入转速来增强发动机制动效果（变速控制向减速方向调节）。

8）过载保护。利用内建模型，变速器控制单元计算出离合器打滑温度，若测得的离合器温度因合器过载而超出标定界线，将减小发动机输出转矩。当发动机转矩被减小到发动机怠速上限时，在一段时间内，发动机对加速踏板信号无反应，同时离合器冷却系统确保短时间内使离合器降温，此后迅速重新提供发动机最大转矩。

9）爬坡控制。当车辆静止、制动起作用时，减小爬坡转矩，发动机不必产生很大的转矩，降低了发动机的怠速运转噪声，驾驶人只需稍加制动即可停住汽车，因而改善了燃油经济性和舒适性。

10）微量打滑控制。微量打滑控制功能是针对离合器进行控制，它能减缓发动机产生的扭转振动，在部分负荷下，离合器特性被调整到发动机输出转矩为 160N·m 时的状态。当发动机转速上升到约 1800r/min、发动机输出转矩达到 220N·m 左右时，离合器进入"微量打滑"模式下工作。在此模式下，变速器输入轴和链轮装置 1 之间的打滑率（速度差别）保持在 5~20r/min 范围内。

11）动态控制程序。控制单元 J217 有一个动态控制程序（DRP），用于计算变速器目标输入转速。其框图如图 3-7 所示。

2. 传感器

（1）变速器输入转速传感器 G182　传感器 G182 监测链轮的转速，提供实际的变速器输入转速，其位置如图 3-8 所示。与发动机转速一起用于离合器控制和作为变速控制的输入变化参考量。

若变速器输入转速传感器 G182 损坏，起步加速过程可利用 ECU 内部设定的固定参数完成，微量滑转控制和合理匹配离合器控制功能失效。可以使用发动机转速作为替代值，无故障码指示。

（2）变速器输出转速传感器 G195 和 G196　变速器输出转速传感器 G195 和 G196 安装在传感器轮

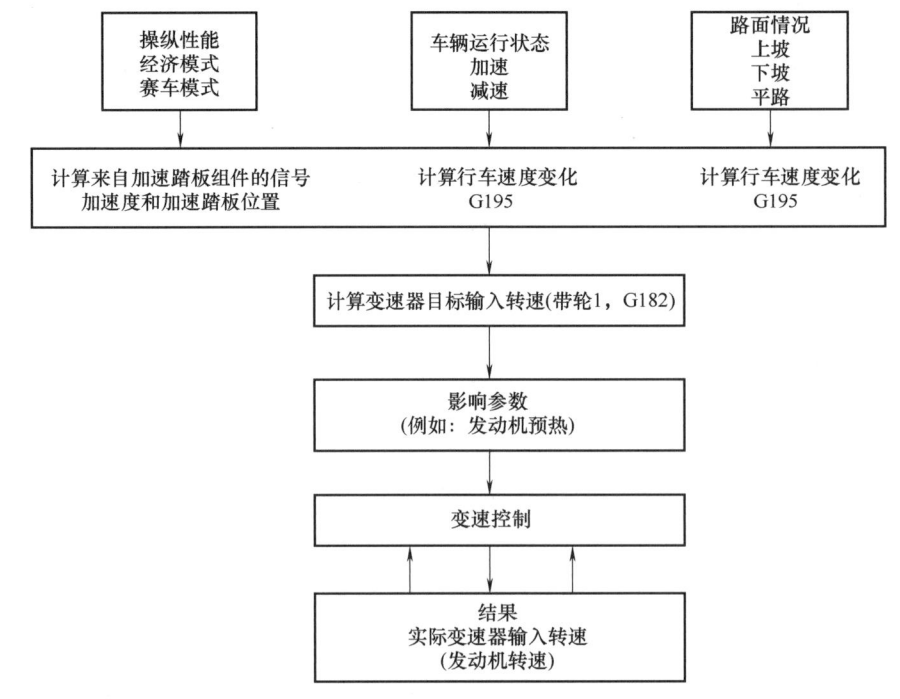

图 3-7 动态控制程序框图

背面，监测链轮装置 2 的转速，两个传感器安装相位角差为 25%，通过它们的信号识别变速器输出转速，如图 3-9 所示。其中，变速器输出转速传感器 G195 的信号用于监测转速，并与变速器输出转速传感器 G196 的信号用来区别旋转的方向。

（3）自动变速器油压传感器 G193　传感器 G193 监测前进档和倒档制动器压力，用来监控离合器功能。离合器压力监控有高优先权，传感器 G193 失效时安全阀被激活。油压传感器如图 3-10 所示。

（4）自动变速器油压传感器 G194　自动变速器油压传感器 G194 监测接触压力，因接触压力与实际变速器输入转矩成比例，利用 G194 的信号可计算出变速器输入转矩。

（5）多功能开关 F125　多功能开关 F125 由 4 个霍尔式传感器组成，霍尔式传感器由换档轴上的电磁通道控制，如图 3-11 所示。在某种情况下，多功能开关 F125 的故障会导致车辆不能行驶，故障指示灯将闪烁。

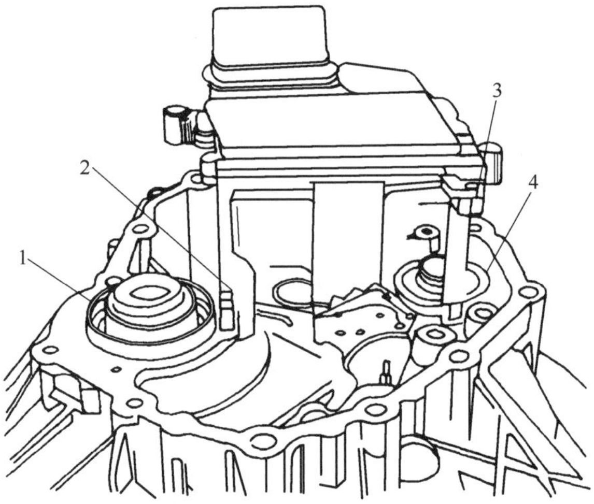

图 3-8　输入、输出转速传感器的安装位置

1—G195 和 G196 传感器轮　2—变速器输出转速传感器 G195 和 G196　3—变速器输入转速传感器 G182　4—变速器输入转速传感器 G182 传感器轮

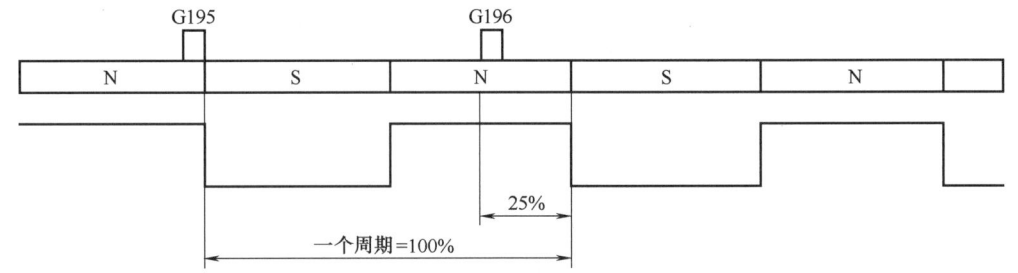

图 3-9　变速器输出转速传感器 G195 和 G196 的信号

（6）变速器油温传感器 G93 传感器 G93 集成在变速器控制单元电子器件中。传感器 G93 记录变速器控制单元铝制壳体的温度，即相应的变速器油温度。变速器油温影响离合器控制和变速器输入转速控制。因此，在控制和匹配功能中发挥着重要作用。若传感器 G93 损坏，控制单元利用发动机温度计算出一个替代值，匹配功能和某些控制功能失效，故障灯显示为"倒置"。

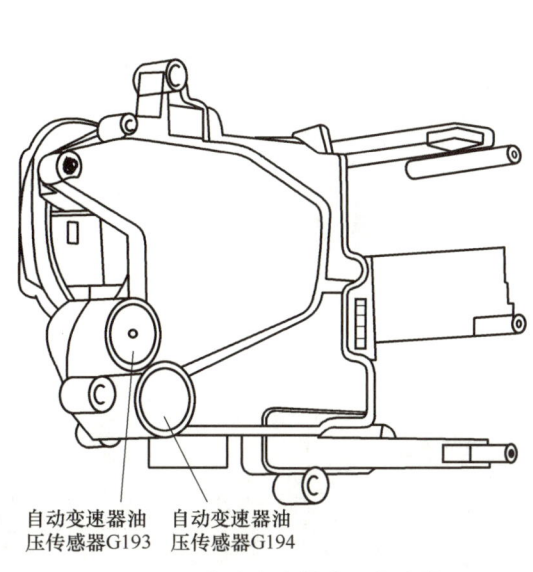

图 3-10　自动变速器油压传感器

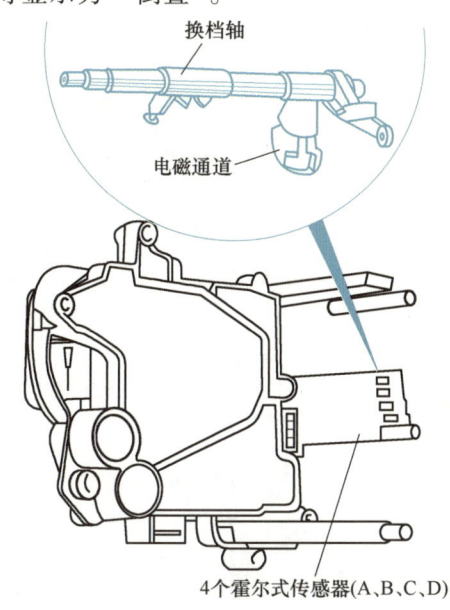

图 3-11　多功能开关 F125

（7）制动开关 制动开关信号用于变速杆锁止功能、爬坡控制、动态控制程序。

（8）"强制降档"信号 强制降档信号不需要单独的开关。加速踏板组件上的簧载压力元件会产生一个"阻尼点"，将"强制降档感觉"传给驾驶人。当驾驶人激活强制降档功能时，传感器 G79 和 G185（加速踏板组件）的电压值超过节气门全开时的电压值。当超过强制降档点相对应的电压值时，发动机控制单元通过 CAN 总线向变速器控制单元发出一个强制降档信号。

（9）Tiptronic 开关 F189 Tiptronic 开关 F189 集成在变速杆面板下，由 3 个霍尔式传感器组成，霍尔式传感器由位于鱼鳞板上的电磁阀激活，如图 3-12 所示。

（10）发动机转速信号 发动机转速信号是一个关键参数，除了通过 CAN 总线

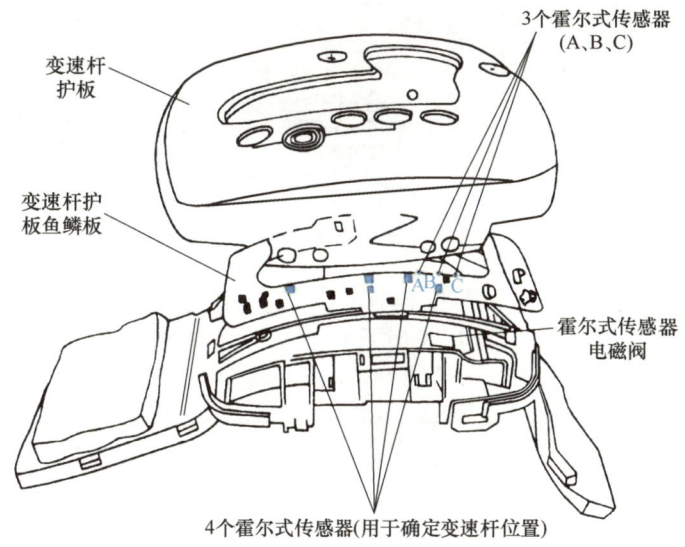

图 3-12　Tiptronic 开关 F189

A—减档传感器　B—Tiptronic 识别传感器　C—升档传感器

传递外，还通过单独接口传递到变速器控制单元。若出现故障或"发动机转速信号"接口失效等情况时，可通过 CAN 总线获取发动机转速信号，"微量打滑"控制功能失效。

（11）车速信号 车速信号通过单独接口传给仪表板组件，用于速度表显示车速，并通过仪表板组件传到网络控制单元/系统（如发动机、空调系统、收音机系统等）。

3．执行器

01J 无级变速器用 3 个电磁阀（N88、N215 和 N216），接收变速器控制单元的指令，控制换档和油压调节等功能。

二、液压控制系统

01J无级变速器液压控制系统油路图如图3-13所示。

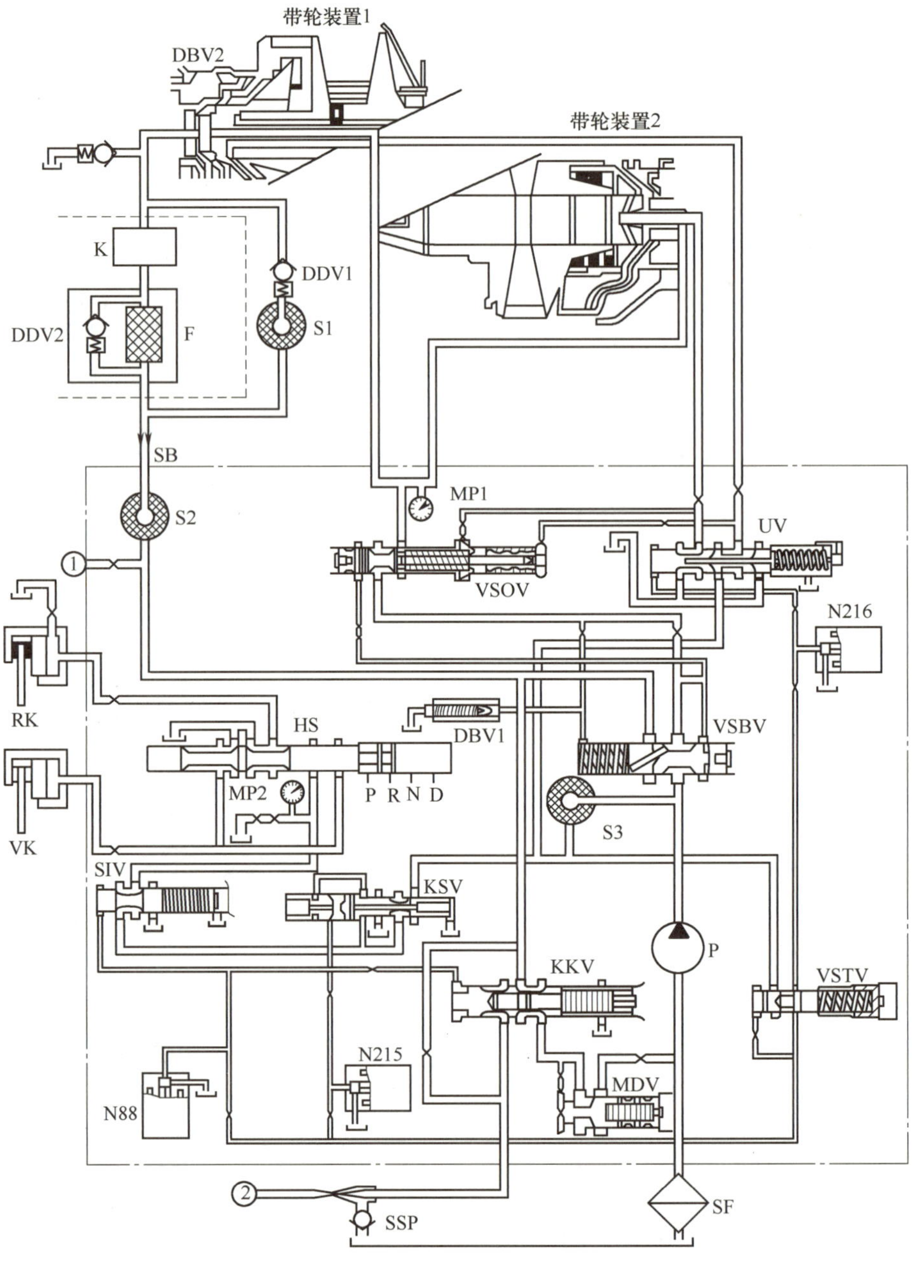

图 3-13　01J无级变速器液压控制系统油路图

DBV1—限压阀1　DBV2—限压阀2　DDV1—差压阀1　DDV2—差压阀2　F—自动变速器油滤清器　HS—手动选档阀　K—自动变速器油冷却器　KKV—离合器冷却阀　KSV—离合器控制阀　MDV—最小压力阀　MP1—接触压力测试点（由G194监测）　MP2—离合器压力测试点（由G193监测）　N88、N215、N216—电磁阀　P—油泵　P、R、N、D—变速杆位置　RK—倒档离合器　S1—自动变速器油滤清器1　S2—自动变速器油滤清器2　S3—自动变速器油滤清器3　SB—链轮润滑/冷却喷孔　SF—自动变速器油滤清器　SIV—安全阀　SSP—吸气喷射泵　UV—减压阀　VK—前进档离合器　VSBV—体积改变率限制阀　VSTV—输导压力阀　VSOV—施压阀
①—飞溅润滑油罩盖　②—到离合器

1. 供油系统

油泵是供油系统的主要部件，直接安装在液压控制单元上。01J变速器采用月牙型内啮合齿轮泵，由输入轴通过直齿轮驱动泵轴转动，如图3-14所示。由于油泵和控制单元形成一个整体，减少了压力损失。

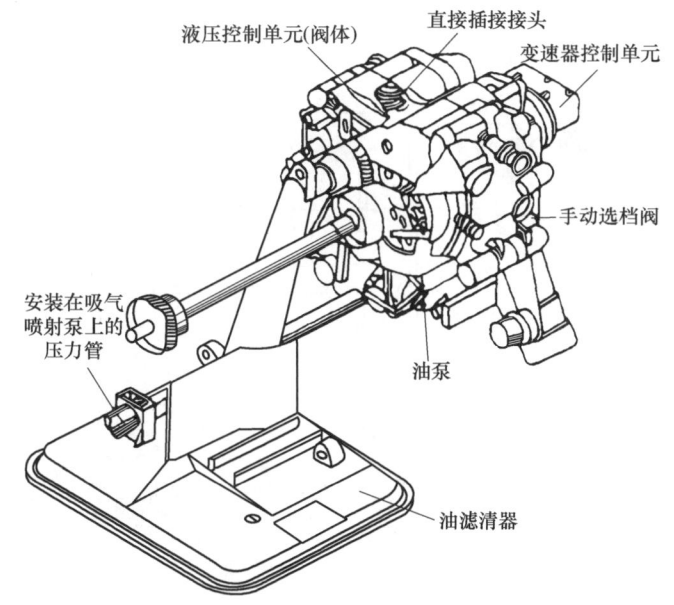

图 3-14 供油系统

2. 冷却系统

来自链轮装置 1 的自动变速器油流经自动变速器油散热器之后，在流回液压控制单元前流经自动变速器油滤清器，如图 3-15 所示。在图 3-15 中，DDV1 差压阀防止自动变速器油冷却器压力过高。当自动变速器油温度低时，供油管和回油管建立起的压力有很大不同。达到标定压差，DDV1 差压阀打开，供油管与回油管直接接通，使自动变速器油温度迅速升高。当自动变速器油滤清器的流动阻力过高时（如滤芯堵了），DDV2 差压阀打开，阻止 DDV1 差压阀打开。

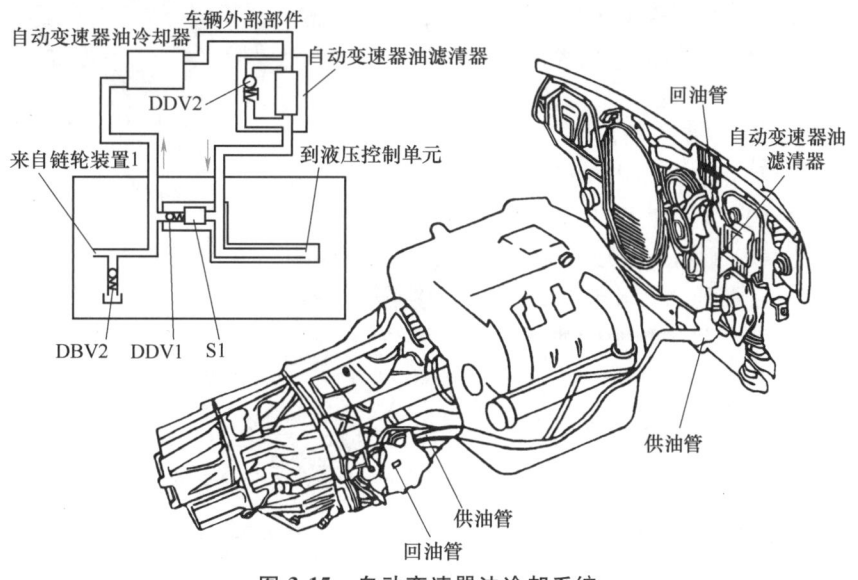

图 3-15 自动变速器油冷却系统

3. 液压换档系统

输导压力阀（VSTV）向压力调节阀 N216 提供一个约 500kPa 的常压，如图 3-16 所示。N216 根据变速器控制单元计算的控制电流产生控制压力，控制电流越大，控制压力越高，该压力影响减压阀的位置。

根据控制压力，减压阀（UV）将调节压力传递到链轮 1 或链轮 2 的分离缸。控制压力在 18～22kPa 范围内时，减压阀关闭。控制压力低于 18kPa 时，调整压力传递到链轮 1 的分离缸，链轮 2 的分离缸与油底壳相通，变速器升速。若控制压力大于 22kPa，调整压力传递到链轮 2 的分离缸，链轮 1 的分离缸与油底壳相通，变速器降速。

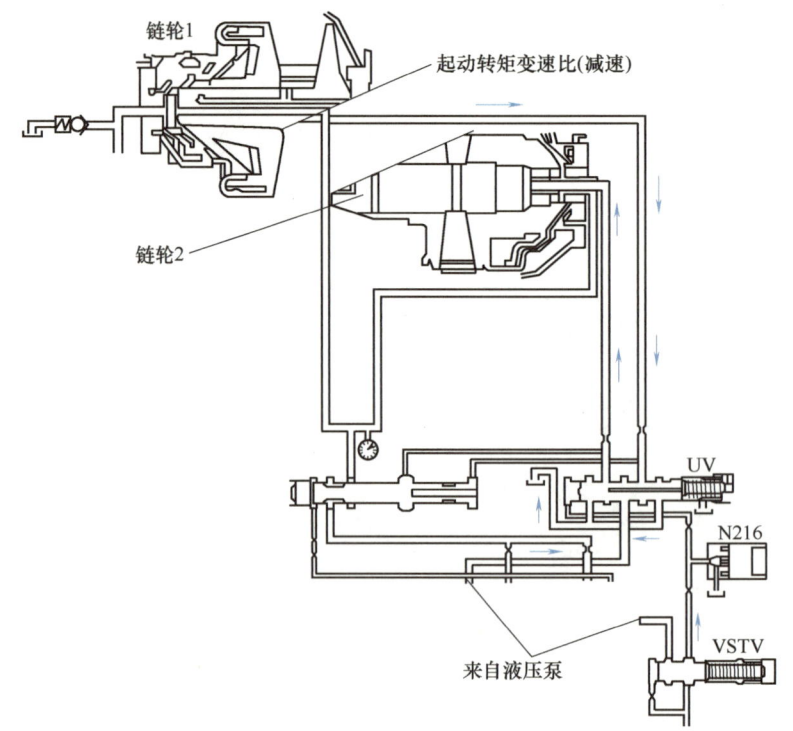

图 3-16 液压换档控制油路

4. 转矩传感器

转矩传感器如图 3-17 所示。发动机转矩通过转矩传感器传递给变速器，转矩传感器通过液力-机械方式控制接触压力。液力-机械式转矩传感器集成于链轮 1 内，高精确地监控传递到液压缸的实际转矩并建立液压缸的正确油压。

5. 液压控制单元

液压控制单元为油泵、液压控制单元（阀体）集成的一个整体。液压控制单元和变速器控制单元直接插接在一起。液压控制单元由手动换档阀、9 个液压阀和 3 个电磁压力控制阀组成，如图 3-18 和图 3-19 所示。液压控制单元具有前进档-倒档制动器控制、调节离合器压力、冷却离合器、为接触压力控制提供液压油、传动控制、为飞溅润滑油罩盖供油等功能。

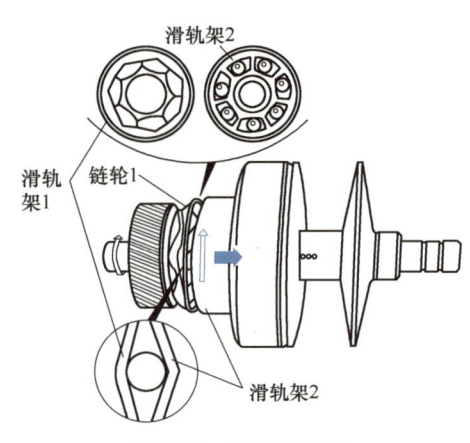

图 3-17 转矩传感器

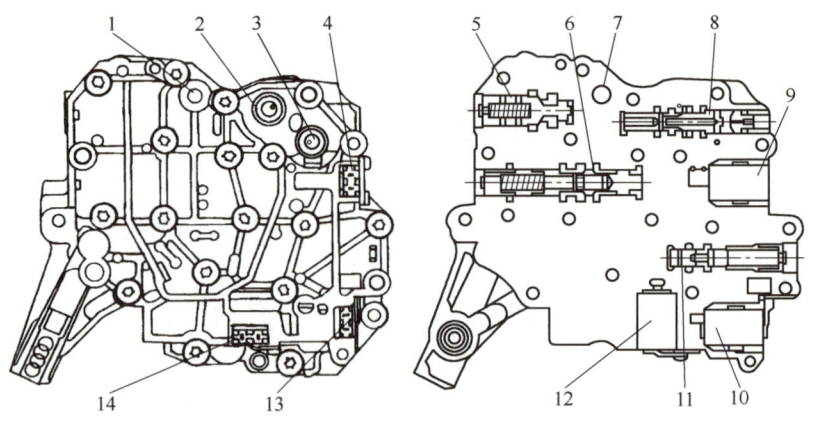

图 3-18 液压控制单元（一）

1—DBV1 限压阀　2—连接 G193　3—连接 G194　4—电磁阀 N215 插头　5—MDV 最小压力阀　6—KKV 离合器冷却阀
7—DBV1 限压阀　8—KSV 离合器控制阀　9—电磁阀 N215　10—电磁阀 N216　11—VSTV 输导压力阀　12—电磁阀 N88
13—电磁阀 N216 插头　14—电磁阀 N88 插头

锥面链轮产生的接触压力不仅取决于输入转矩，还取决于传动链跨度半径，此二者确定了变速器的实际变速比。起动时要求最大的接触压力，链轮 1 的传动链跨度半径最小。为传递动力，尽管输入转矩高，却只有少量的摩擦片衬片啮合，因此链轮产生了很高的接触压力。

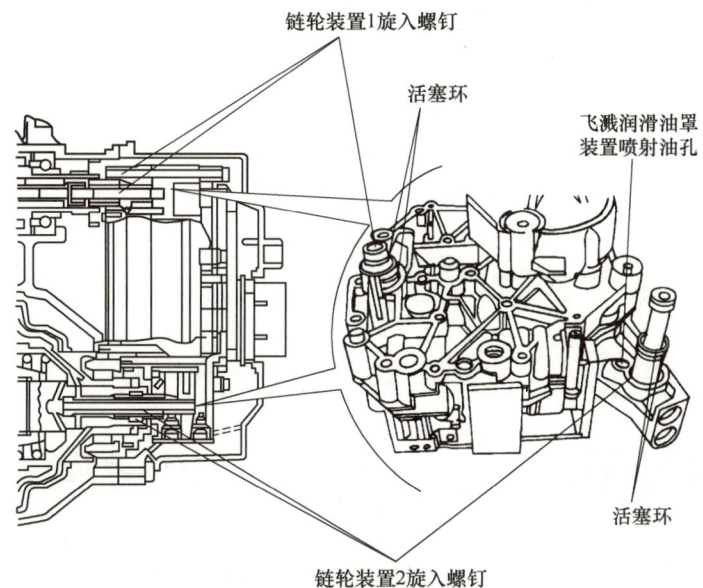

图 3-19　液压控制单元（二）

【在线测试】

请扫描二维码完成在线测试。

【任务实施】

任务工单

任务名称:检修无级变速器				
姓名：		班级：		学号：
【任务描述】	请结合车辆，说明其配备的无级变速器电控系统和液压控制系统的主要组成部件的作用、工作原理,检测其工作状态			
【实施准备】	配置有无级变速器的车辆、与车辆匹配的诊断仪			
【实施过程】	1. 自主学习	学习相关知识，理解无级变速器的部件组成及工作原理,掌握诊断仪的操作方法		
	2. 计划与决策	小组讨论,确定介绍内容与逻辑		
	3. 小组执行	小组工作,汇报小组成果,展示操作方法 规范做好 5S		
【评价反思】	项目	评价点	自评	
	介绍无级变速器的特点	无级变速器的结构	□达成	□未达成
		无级变速器的应用	□达成	□未达成
	描述无级变速器动力传递路线	无级变速器行星齿轮机构	□达成	□未达成
		无级变速器的动力传递路线	□达成	□未达成
	无级变速器的检修	机械传动部分的组成	□达成	□未达成
		机械传动部分的功能及工作原理	□达成	□未达成
		电控系统的组成	□达成	□未达成
		电控系统的功能及工作原理	□达成	□未达成

(续)

项目	评价点	自评
无级变速器的检修	液压控制系统的组成	□达成 □未达成
	液压控制系统的功能及原理	□达成 □未达成
	无级变速器故障诊断操作	□达成 □未达成
安全与规范	车辆防护	□达成 □未达成
	人员与安全	□达成 □未达成
	现场5S	□达成 □未达成

【评价反思】

任务三　无级变速器典型故障分析

【学习内容】
1. 无级变速器故障的诊断方法
2. 无级变速器故障的排除案例

【学习目标】
1. 能够分析无级变速器典型故障的原因
2. 掌握制订无级变速器故障诊断流程
3. 培养对国产汽车的情感认同，培养爱岗敬业意识

【任务描述】

客户李先生的车辆配备无级变速器，车辆出现无法行驶的现象。作为专业维修人员，需要分析故障原因、执行故障诊断及更换相关部件。

【相关知识】

无级变速器的故障维修与自动变速器的故障维修在电子控制方面有许多的共同特征，但对于机械液压系统的故障检修是截然不同的。

一、故障诊断流程

无级变速器故障诊断流程基本有以下几个环节。

1. 问诊

通过对车主的询问来了解故障信息的来源，故障发生前的故障征兆，故障发生的过程、时间及各种因素等，以便对下一步检测维修提供更有效的依据。

2. 基本检查

基本检查主要进行外围检查，包括发动机转速的检查、变速器油面高度的检查、油质的检查、外围连接部件的检查以及利用专用检测仪器的诊断。现在无级变速器 ECU 与传感器基本都是集成的，因此对其传感器的检查不能再利用传统检测工具，只能利用专用检测仪器进行检测。

3. 维修前的路试

路试是进一步确认故障信息最佳的、最有效的途径，同时，路试可以验证通过初步判断的故障信息是否与客户所描述的故障信息吻合。通过路试可以初步确认故障部位。有必要利用随车诊断功能（通过专用检测仪器读取汽车行驶时的动态数据）为下一步维修提供有效的帮助。

4. 电子液压控制系统的检修

液压控制系统可以通过油压试验的方法来检查故障原因。可以使用专用检测仪器通过读取汽车运行状态下的油压动态数据来进一步确认故障信息。对于液压控制元件（阀体）和液压执行元件（离合器或制动器），可进行液压测试和解体检查。

电子控制系统的故障检修，可通过专用检测仪器进行故障码的分析、动态数据流的分析、波形分析、ECU 电路以及对网络数据通信的分析。电子元件（传感器、开关、电磁阀）可进行元件测试、对比试验等来进行故障排除。

5. 机械元件的检修

检修包括解体检查或故障部位的修理和零部件更换。不同厂家的变速器分解步骤也有所不同（详见各维修手册）。

二、典型故障案例

1. 车辆起步顿挫故障

（1）故障现象　一辆配备无级变速器的某轿车出现起步顿挫，行驶中出现加速无力、冲击、打滑等现象。

（2）故障原因　CVT 顿挫可能由以下原因引起：

1）油路故障，包括油品老化、滤芯堵塞和阀体故障。

2）离合器片和钢片磨损导致传动损失。

3）金属带和轮辋磨损。

4）控制模块故障。

（3）故障排除　参照维修手册，拆解并检查无级变速器，发现离合器的摩擦片和钢片磨损严重，进行更换并加注新的变速器油，故障排除。

2. 车辆爬坡无力故障

（1）故障现象　一辆搭载无级变速器的汽车因事故造成变速器壳体损坏及阀体损坏，维修人员更换完壳体、阀体总成及一些密封件后，变速器仍不能正常工作，遇到上坡或阻力较大时，仪表板故障灯亮，车辆爬坡无力。

（2）故障原因　常见的故障原因如下：

1）更换后的壳体油道可能存在泄漏。

2）更换后的阀体本身故障。

3）输出带轮轴缸内活塞存在泄漏。

4）输出带轮轴压力传感器故障。

（3）故障排除　连接故障诊断仪，显示故障码内容为输出带轮轴压力控制异常。根据由易到难的原则，首先检查并排除 1）和 3）两个泄漏问题，然后检查压力传感器。由于该变速器上装配有两个压力传感器，可以进行对调处理，如果此故障码消除或报不同的故障码，则首先证明是压力传感器的故障，需要进行更换。更换压力传感器后试车故障消除。

3. D 位灯闪烁且无法前进故障

（1）故障现象　一辆配置有无级变速器的某品牌轿车，冷车起动发动机后，挂前进档均不能前行，此时 D 位灯闪烁；若挂倒档，可以倒车；若热车熄火后再起动挂档，行驶正常。

（2）故障原因　车辆为热车时，路试无明显异常感觉，检查变速器油面高度在正常范围内。使用专用检测仪对其进行检测，故障码为 DTC34-1，即主动带轮转速传感器故障。其故障原因包括传感器电路短路、断路、搭铁不良、传感器本身故障等。

（3）故障排除　根据故障码对其检修，该传感器的供电、搭铁线正常，信号线也正常。于是更换主动带轮转速传感器，清除故障码。运转发动机，将变速杆分别置于 R 位、D 位、S 位、L 位几秒钟，工作正常，故障排除。

【在线测试】

请扫描二维码完成在线测试。

【任务实施】

任务工单

任务名称：无级变速器典型故障分析			
姓名：		班级：	学号：
【任务描述】			请结合实训车辆，进行故障诊断与排除
【实施准备】			配置 CVT 的车辆或 CVT 台架，与车辆匹配的专用诊断仪
【实施过程】		1. 自主学习	学习相关知识，在车辆或教学运行台架上找到相关部件
		2. 计划与决策	小组讨论，确定故障诊断的流程步骤，制订并实施 CVT 维修计划
		3. 小组执行	小组工作，汇报小组成果，展示操作方法 规范做好 5S
【评价反思】	项目	评价点	自评
	介绍无级变速器的故障诊断流程	无级变速器故障诊断流程	□达成　□未达成
	无级变速器的诊断与检修	常见故障现象描述	□达成　□未达成
		典型故障原因分析	□达成　□未达成
		诊断仪的操作	□达成　□未达成
		无级变速器的拆装	□达成　□未达成
		无级变速器部件更换	□达成　□未达成
	安全与规范	车辆防护	□达成　□未达成
		人员与安全	□达成　□未达成
		现场 5S	□达成　□未达成

【拓展阅读】

破茧成蝶：奇瑞 CVT 自主技术的发展

21 世纪初，日益严苛的环保政策让具有节油、环保、舒适优势的 CVT 备受青睐，但当时 CVT 技术被日本、德国等发达国家垄断。

2003 年，在国外企业唬吓、同行嘲讽下，奇瑞旗下的"奇瑞精机"毅然开始了 CVT 技术研发。当时，国内零部件企业不仅没有攻克自动变速器技术，甚至连手动变速器技术也不成熟。为实现自主 CVT 的突破，奇瑞汽车在该领域持续发力，2009 年 4 月 17 日，国内首款自主研发的 CVT 在奇瑞工厂顺利下线，填补了国内空白，自此中国可以研发和生产具有自主知识产权的 CVT。

2016 年，万里扬芜湖工厂成立。为便于销售，通过技术和股权转让获得奇瑞 CVT 技术，CVT18、CVT25 和 CVT28 这 3 款变速器不仅供应奇瑞使用，还进入吉利、长城和比亚迪等多家主流车企的供应商体系。

历经 17 年研发和 3 次升级，奇瑞不仅打破了技术垄断，实现精彩的技术追逐和产业升级，还打造了国内唯一完全自主的 CVT。2021 年，CVT25 变速器成功斩获"世界十佳变速器"奖项。

模块四

电控动力转向系统

模块四 电控动力转向系统

任务一 电控动力转向系统解析

- 区分动力转向系统的类型
  - 对转向系统的要求
  - 动力转向系统的功用
  - 动力转向系统的类型
- 介绍电动转向系统的优点
  - 电控动力转向系统的优点
- 介绍电动转向系统的组成及工作原理
  - 电动式转向系统的组成
  - 电控动力转向系统的工作原理
  - 电控动力转向系统的控制逻辑
- 介绍传感器的结构及工作原理
  - 转角传感器的结构与原理
  - 转矩传感器的结构与原理
  - 车速传感器的结构与原理
- 介绍控制单元的功能
  - 控制单元的功用
- 介绍电控动力转向系统部件
  - 整体式转向器的结构与原理

任务二 检修电控动力转向系统

- 分析电动转向系统故障原因
  - 转向操作沉重
  - 左右转向力不一致或不平均
  - 低速行驶时,转动转向盘有摩擦声
  - 转向盘不能正常回位
- 检测电控动力转向系统的部件
  - 电控动力转向系统检修的注意事项
  - 电控动力转向系统的安装位置
  - 电控动力转向系统网络拓扑图
  - 电控动力转向系统电路图
  - 转角传感器的检测方法
  - 转矩传感器的检测方法
  - 控制单元的检测方法
- 设计电控动力转向系统故障诊断流程
  - 电控动力转向系统故障诊断流程

任务一　电控动力转向系统解析

【学习内容】
1. 动力转向系统的功用与类型
2. 电控动力转向系统的优点
3. 电控动力转向系统的工作原理

【学习目标】
1. 能够区分动力转向系统，并找到相应的部件
2. 能够向客户介绍电控动力转向系统的优点
3. 能够阐述电控动力转向系统的工作原理
4. 树立节能环保意识

【任务描述】

现在汽车燃油汽车、新能源汽车和智能网联汽车普遍装备有电控转向系统，它有什么优势？你能向客户做出相关介绍吗？

【相关知识】

一、对转向系统的要求

对转向系统的要求如下：

（1）优越的操纵性　当汽车行驶在狭窄弯曲的道路上要转弯时，转向系统必须保证灵活、平顺。

（2）合适的转向力　如没有其他的障碍物，转向力在汽车停止时应较大，随汽车行驶速度的增大而减小。为了有更好的路感，要求在低速行驶时应有较小的转向力，而在高速行驶时转向力要加大。

（3）平顺的回转性能　要求在转向结束时，转向盘能自动回正——使车轮回到直线行驶的位置上，当驾驶人放松转向盘后，这个回位动作必须平顺地进行。

（4）要有随动作用　转向车轮的偏转角和驾驶人转动转向盘的转角要保持一定的关系，并能使转向车轮保持在任一偏转角位置上。

（5）减小从道路表面传来的冲击　要求转向装置绝不可以因道路表面不平坦而使转向盘失去控制或造成反转的情况。

（6）工作可靠　当动力转向系统发生故障或失效时，应能保证通过人力进行转向操纵。

二、动力转向系统的功用与类型

1. 动力转向系统的功用

采用动力转向系统的目的是使转向操纵轻便，提高响应特性。理想的动力转向系统应在停车状态时能提供足够的助力，使原地转向容易，而随着车速的升高助力逐渐减小，在高速行驶时则无助力或助力很小，以保证驾驶人有足够的路感。为了实现在各种行驶条件下转向盘上所需的力都是最佳值，电控转向系统应运而生。

2. 转向系统的类型

汽车转向系统按转向的能源分为机械转向系统和动力转向系统两类。机械转向系统是依靠驾驶人操纵转向盘的转向力来实现车轮转向；动力转向系统是在机械转向系统的基础上，增加了一套助力装置或系统，在驾驶人的控制下，借助汽车发动机产生的液体压力或电动机驱动力来实现车轮转向。

动力转向系统按控制方式分为传统动力转向系统和电控动力转向系统。传统动力转向系统由油泵提供液压压力助力转向，由于油泵由发动机驱动，提供的压力大小与发动机转速直接相关，这就导致在设计时存在着一些矛盾：如果所设计的固定放大倍率是为了减小汽车在停车或低速行驶状态下转动

转向盘的力，则当汽车以高速行驶时，会使转动转向盘的力显得太小，不利于对高速行驶的汽车进行方向控制；反之，如果所设计的固定放大倍率是为了增大汽车在高速行驶时的转向力，则当汽车停驶或低速行驶时，转动转向盘就会显得非常吃力。因此，需要在传统液压助力的基础上增加电控装置，以便实现液压压力与驾驶需求一致。

3. 电控动力转向系统的类型

电控动力转向系统（Electronic Control Power Steering，EPS）根据动力源分为液压式电控动力转向系统（液压式 EPS）和电动式电控动力转向系统（电动式 EPS）。

液压式 EPS 是在传统的液压动力转向系统的基础上增设了控制液体流量的电磁阀、车速传感器和 ECU 等，ECU 根据检测到的车速信号控制电磁阀，使转向动力放大倍率实现连续可调，从而满足高、低速时的转向助力要求。

微课4-1
电控动力转向
系统概述

电动式 EPS 利用直流电动机作为动力源，ECU 根据转向参数和车速等信号控制电动机转矩的大小和方向。电动机的转矩由电磁离合器通过减速机构减速增矩后加在汽车的转向机构上，使之得到一个与工况相适应的转向作用力。通过电控动力转向系统，可使驾驶人在汽车低速行驶时操纵转向轻便、灵活，在中、高速行驶时可以增大转向操纵力，使驾驶人的手感增强，从而获得良好的转向路感和提高转向操纵的稳定性。

电动式 EPS 根据助力电动机安装的位置可分为转向柱助力型 EPS（Column EPS，C-EPS）、小齿轮助力型 EPS（Pinion EPS，P-EPS）和齿条助力型 EPS（Rack EPS，R-EPS），如图 4-1 所示。

转向柱助力型 EPS（C-EPS）的转向助力机构安装在转向轴上，如图 4-1a 所示。电动机的动力经离合器、电动机齿轮传给转向轴，然后经万向节及中间轴传给转向器。

小齿轮助力型 EPS（P-EPS）的转向助力机构安装在转向器小齿轮处，如图 4-1b 所示。电动机的动力通过减速传动机构驱动转向小齿轮。

齿条助力型 EPS（R-EPS）的转向助力机构安装在转向齿条处，如图 4-1c 所示。电动机的动力通过减速传动机构驱动转向齿条。与小齿轮助力型相比，可以提供更大的转向力。

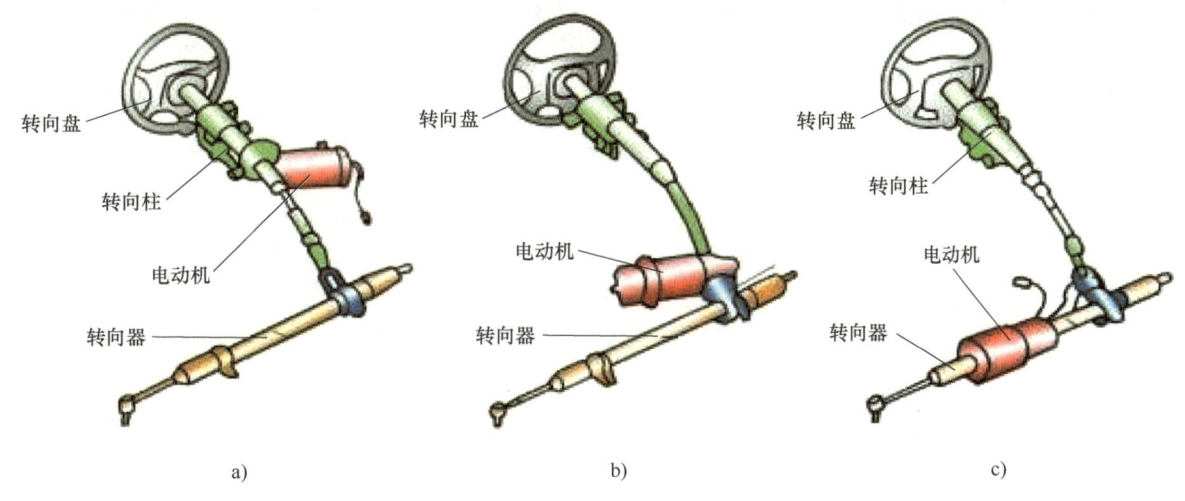

图 4-1 电动式 EPS 的类型
a）转向柱助力型 EPS　b）小齿轮助力型 EPS　c）齿条助力型 EPS

三、电控动力转向系统的优点

电控动力转向系统相比液压助力转向系统有以下优点：

（1）具有随速助力功能　电控动力转向系统会根据行驶条件的不同提供不同的转向助力，在低速或原地转向时提供较大的助力，实现转向轻便；在高速行驶时提供较小的助力或不助力，具有一定"路感"反馈，保证行驶稳定性。

(2) 具有主动回位功能 在转弯过后提供回正助力，帮助驾驶人操纵转向盘到中间位置，且直线行驶会更加稳定。

(3) 具有直线行驶修正功能 当车辆受到持续侧向风的作用或在倾斜路面上行驶时，直线行驶修正功能会产生一个转向助力，减轻驾驶人使车辆保持直线行驶时的负担。

(4) 更加环保 不使用液压油，减少了使用和维护过程中的环境污染；不助力时不消耗能量，减少了能源消耗，与我国的绿色发展理念相融合，有利于实现碳达峰和碳中和目标。

(5) 适应未来汽车电动化发展趋势 汽车"电动化、网联化、智能化、共享化"的发展以及自动驾驶转向相关功能需要转向电动机来实现，例如自动泊车功能、车道保持功能等。

四、电控动力转向系统的工作原理

1. 液压式电控动力转向系统

液压式电控动力转向系统是在传统的液压动力转向系统的基础上增设电控装置而构成的。根据控制方式的不同，液压式电控动力转向系统可分为流量控制式、反力控制式和阀灵敏度控制式3种形式。

2. 电动式电控动力转向系统

(1) 电动式电控动力转向系统的组成 电动式电控动力转向系统一般由传感器、控制单元和执行器3部分组成，传感器主要包括转矩传感器、转角传感器、车速传感器等，执行器为转向助力电动机。目前，大部分的控制单元、电动机、减速机构与转向器集成为一体式转向器，如图4-2所示。

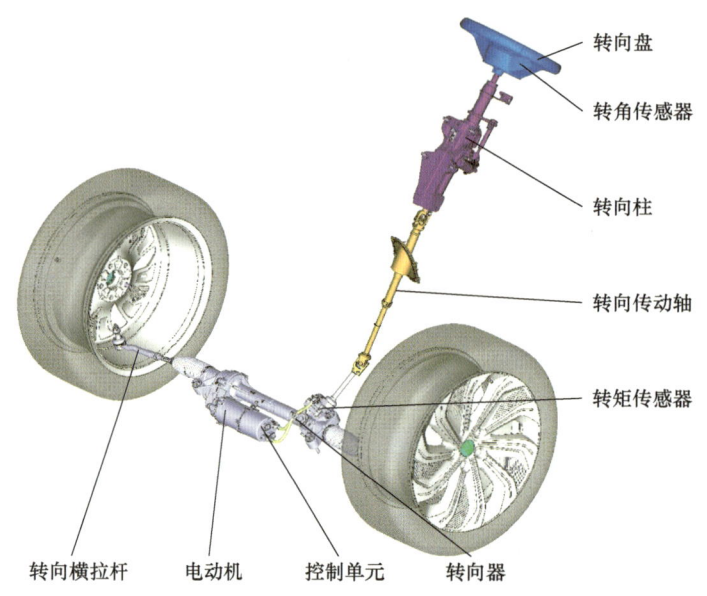

图4-2 红旗E-HS9电动式电控动力转向系统的组成

(2) 电动式电控动力转向系统的工作原理 电动式电控动力转向系统的工作原理图如图4-3所示。当驾驶人操纵转向盘时，电动助力转向控制单元获取转角传感器、转矩传感器、车速传感器和发动机转速传感器的信号，处理分析后获得转向角度的大小、方向和速度，转向力矩大小、车速以及发动机是否处于运转状态，根据控制单元储存的转向助力曲线（图4-4），判断是否需要助力、助力大小和方向，并计算出应该控制电动机的电流大小和方向，最终控制单元控制电动机运转，电动机将力传递给转向系统部件（转向柱或转向齿轮），实现所需助力。

(3) 电动式电控动力转向系统控制逻辑

1) 驻车时的转向控制。驻车时，车速较低或为零，驾驶人转动转向盘幅度大，需要较大助力。控制单元根据较大的转向力矩、发动机转速（>500r/min）、较大的转向角、转向速度和控制单元内储存的特性曲线，计算出所需的较大转向助力，并相应地控制电动机。

2) 中速行驶时的转向控制。在市内交通环境中转弯行驶时，车速中等、转向角度中等需要中等助

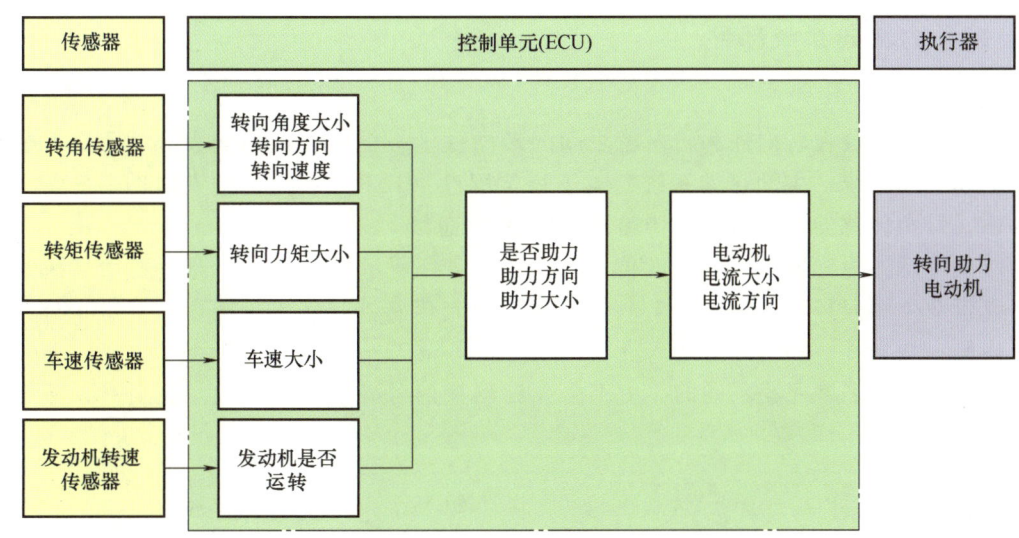

图 4-3 电动式电控动力转向系统的工作原理图

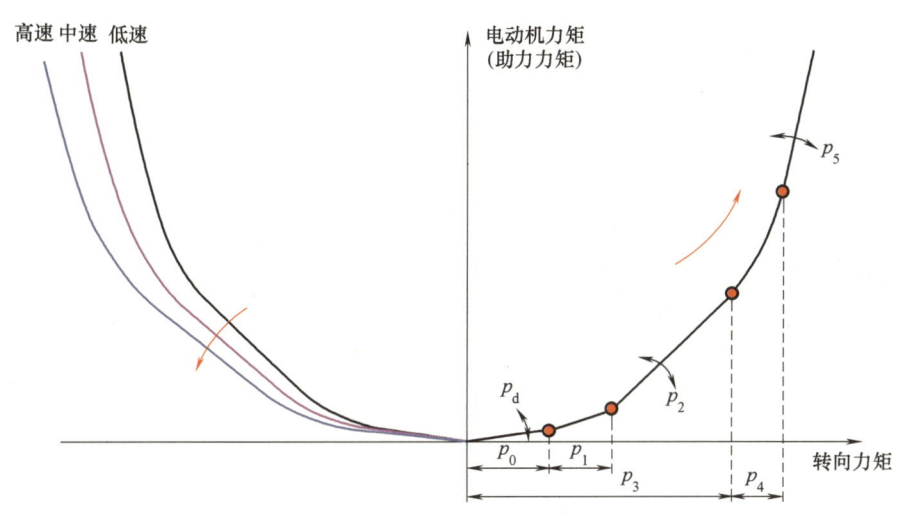

图 4-4 转向助力曲线

力。控制单元根据中等的转向力矩、中等的转向角、转向速度和控制单元内存储的特性曲线得出需要一个中等的转向助力,并相应地控制电动机。

3) 高速行驶时的转向控制。高速行驶变换车道时,驾驶人稍稍转动转向盘,需要较小助力。控制单元根据较小的转向力矩、较小的转向速度和控制单元内存储的特性曲线得出需要一个较小的转向助力或根本不需要转向助力,并相应地控制电动机。

4) 主动回位控制。如果驾驶人在转弯过程中减小转向力矩,扭力杆会随之放松。结合减小的转向力矩、转向角和转向速度可以算出回转速度。与转向角速度进行比较,得出回位力矩。通过分析转向力矩、车速、发动机转速、转向角、转向速度和存储在控制单元中的特性曲线,控制单元计算出回位所需的电动机力矩。控制电动机产生一个转向助力,使车轮回到直线行驶位置。

5) 跑偏补偿控制。车辆遭遇持续的侧向力,需要驾驶人转动转向盘,使车辆保持直线行驶状态。通过分析转向力矩、车速、发动机转速、转向角、转向速度和存储在控制单元中的特性曲线,控制单元计算出直线行驶补偿所需的电动机力矩,然后控制电动机使车辆回到直线行驶状态,驾驶人不必再进行反向转向。跑偏补偿控制有长期学习补偿和短期学习补偿两种状况。当车辆一些技术状况发生改变导致车辆跑偏时,需要长期学习补偿修正长时间偏离直线行驶情况。当外界因素导致车辆跑偏时,需要短期学习补偿修正短时间偏离直线行驶情况。

五、电控动力转向系统部件

1. 转角传感器

转角传感器一般安装在转向柱和转向盘之间的转向柱上,提供转向角的大小、方向和转向速度等信息,用于电动转向系统、主动悬架系统、电子稳定程序(ESP)以及驾驶人辅助系统等。由于转角信号的重要性,转角传感器直接将信号传递至 CAN 数据总线。

常见的转角传感器为光电式转向角度传感器,如图 4-5 所示。转角传感器主要由编码盘和光栅组组成,编码盘带 2 个编码环,光栅组带 1 个光源和 1 个光传感器。编码盘由内、外 2 个环构成,外侧为绝对环,内侧为增量环。增量环分成 5 段,每段之间间隔 72°。每个段内环连接中断,断裂顺序是一样的,但是 5 个段的断裂顺序是不同的。由 1 个光栅测量信号确定旋转周数。绝对环由 6 个光栅组测量信号确定转向角度。

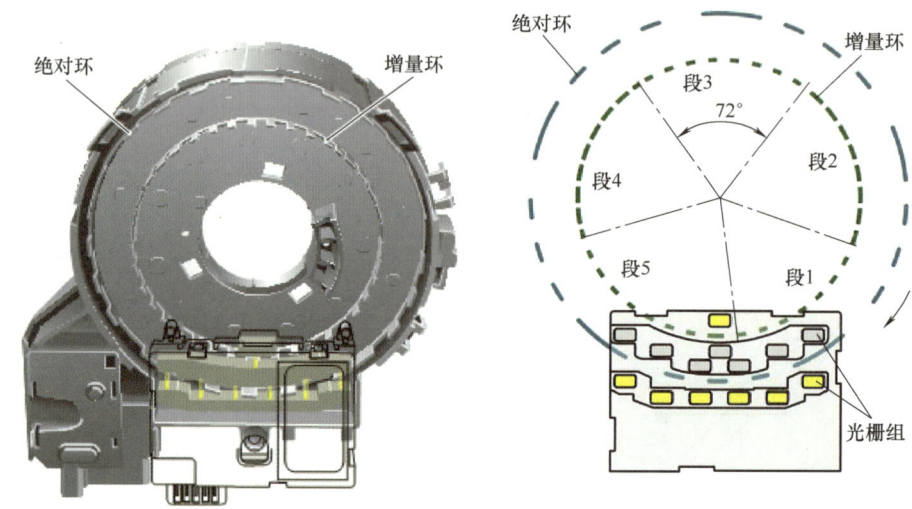

图 4-5 转角传感器的结构

以增量环为例,转角传感器利用光栅原理测量转向角度,如图 4-6 所示。在扇形区环形的一侧为光源,另一侧为光传感器。如果光线通过缝隙照射在传感器上,就会产生一个电压信号。如果光源被遮住,电压就会再次消失。如果转动增量环,就会产生连续的信号电压。在绝对环上的光电装置也会产生连续的信号电压。通过比较这些信号,系统可以计算出这两个编码环转动的角度,绝对环的信号用来确定运动的起点。

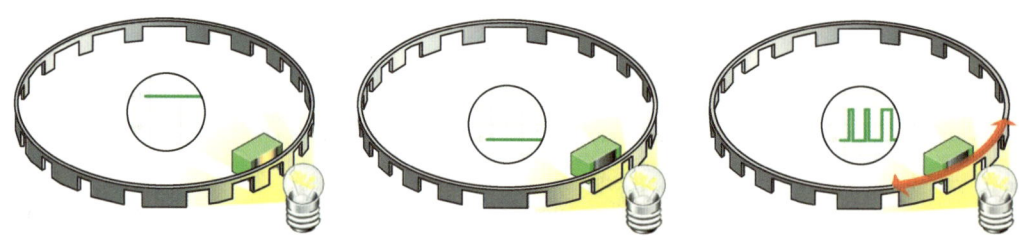

图 4-6 转角传感器原理图

转角传感器失灵时,系统用一个备用值替代,转向助力功能仍能进行,此时故障指示灯显示黄色。

2. 转矩传感器

转矩传感器一般安装在转向小齿轮上,如图 4-7 所示,用于检测驾驶人的转向操纵力矩,与车速、转角信号等确定转向助力的大小。

转矩传感器一般为磁阻式传感器,由定子、环形磁铁和霍尔式传感器组成,如图 4-8 所示。转向输入轴和转向小齿轮通过扭力杆连接，转向时输入轴和转向小齿轮可以有相对转动。环形磁铁有8个极性对，安装在输入轴上，与输入轴一同旋转。定子共有2个，每个定子上各有8个齿。定子安装在转向小齿轮上，与小齿轮一同旋转。在静止状态时，定子的齿正好位于环形磁铁S、N极的中间。霍尔式传感器固定在壳体上。为了确保安全性，冗余设计了2个霍尔式传感器。霍尔式传感器通过检测定子1与定子2之间磁通量的大小和方向计算转向力矩。根据所产生的转向力矩和相应的扭转角度，霍尔式传感器的信号在起始位置和最大位置之间变动。

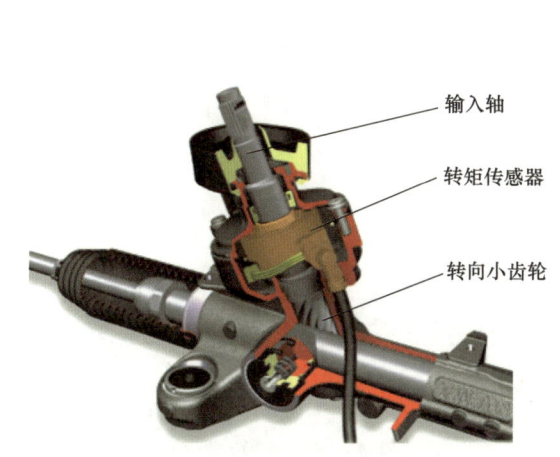

图 4-7　转矩传感器安装位置图

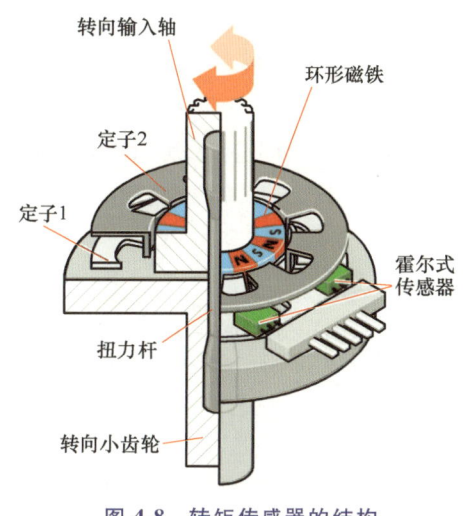

图 4-8　转矩传感器的结构

未转向时，转矩传感器处于起始位置时，定子1和定子2的齿位于两个磁极中间，霍尔式传感器没有磁通量，信号电压为2.5V，转矩为0，如图4-9a所示。

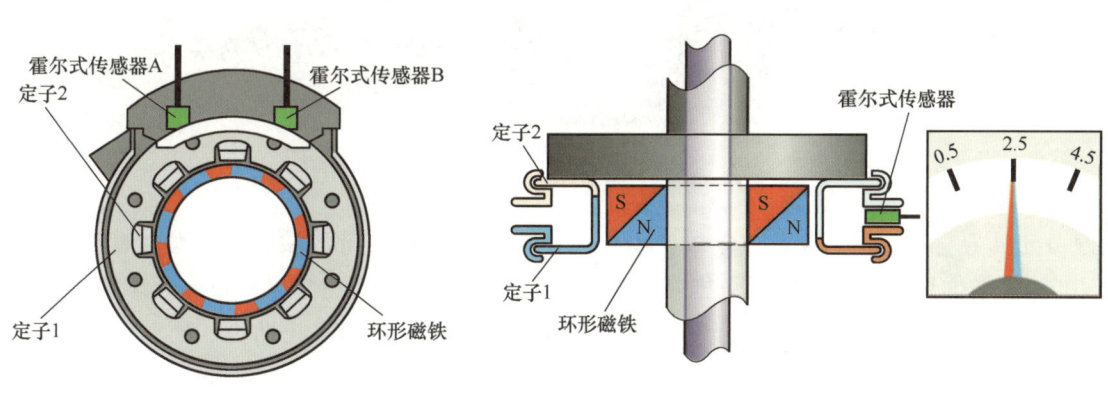

a)

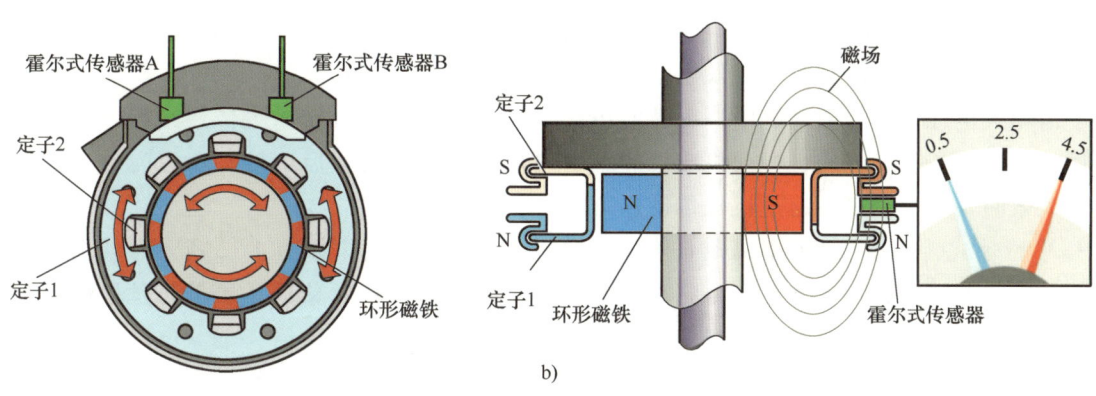

b)

图 4-9　转矩传感器的工作原理图

驾驶人转动转向盘时，转向输入轴与转向小齿轮间形成一个扭转角，环形磁铁相对于定子 1 和定子 2 发生了转动。转向阻力越大，驾驶人转动转向盘的力越大，转向输入轴与转向小齿轮间扭转角越大，环形磁铁相对于定子 1 和定子 2 转动角度越大。由于机械结构的限制，环形磁铁相对于定子转动最大角度为半个磁极，即当定子 1 的齿正好位于环形磁铁的 N 极，定子 2 的齿正好位于环形磁铁的 S 极时，传感器达到最大位置。此时定子 1 是 N 极，定子 2 是 S 极。霍尔式传感器磁通量最大，信号电压为 0.5V 或 4.5V，转矩为最大值，如图 4-9b 所示。

如果转矩传感器损坏，转向助力系统关闭。控制单元根据电动机转向角和电动机转子转向角计算出转矩备用信号，助力转矩逐渐减小至零，红色故障指示灯亮起，此时必须更换转向器。

3. 车速传感器

车身信号由制动防抱死系统（ABS）控制单元提供，其结构与工作原理详见模块五。

如果车速信号失灵，系统将提供最大的转向助力，随着助力功能失效，黄色故障指示灯亮起，显示出现故障。

4. 控制单元

电动转向控制单元与转向助力电动机固定在一起，安装于转向器上，如图 4-10 所示。控制单元会根据转角传感器信号、发动机转速传感器信号、转矩传感器信号、转子转速信号及车速信号等，计算转向助力的大小和方向，计算出转向助力电动机电流的大小。

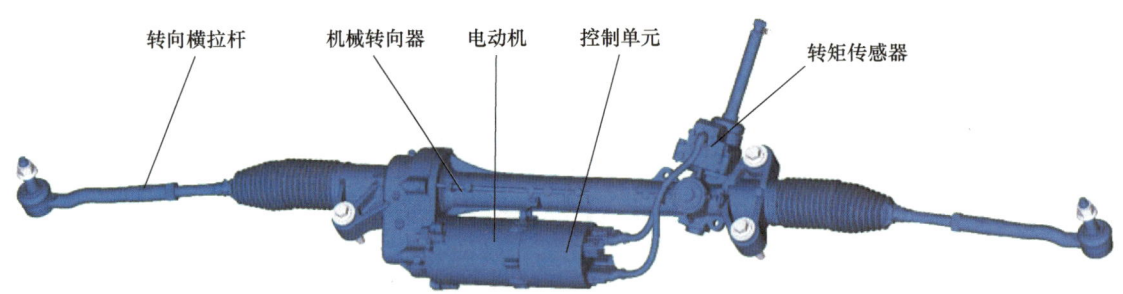

图 4-10　红旗 E-HS9 整体式转向器

控制单元具有自我保护功能。控制单元中集成了温度传感器，可以获知转向装置的温度。如果温度超过 100℃，转向助力会逐渐降低，当降低到 60% 时，黄色警告灯会亮起，同时有故障码存储。

控制单元具有故障自诊断功能。当发生电气系统故障时，能自动停止助力，同时，ECU 存储故障内容，使故障指示灯亮起。维修时，可读取故障码，找出故障原因。

5. 整体式转向器

整体式转向器根据布置形式和传动机构的不同，可分为双小齿轮式转向器和平行轴式转向器。

（1）双小齿轮式转向器　双小齿轮式转向器由转矩传感器、转向小齿轮、传动小齿轮、蜗杆传动装置、带两个花键的齿条、控制单元及电动机等组成，如图 4-11 所示。

双小齿轮式电控动力转向系统中，由转向小齿轮和传动小齿轮将转向力传递给齿条。驾驶人施加的转矩通过转向小齿轮来传递，电动机产生的助力通过蜗杆传动装置后由传动小齿轮传递。当转向助力电动机失效时，车辆仍可以通过机械传动进行转向。

（2）平行轴式转向器　平行轴式转向器采用滚珠丝杠传动机构，如图 4-12 所示。转向器齿条的一端加工有丝杠，螺母安装在壳体上，由同步带驱动旋转，但不能轴向移动。螺母与丝杠间安装有循环滚珠。平行放置的电动机转矩经过同步带减速增矩后，由滚珠丝杠传递给齿条。电动机的旋转运动通过滚珠丝杠传动装置转变成直线运动。通过顺时针或逆时针方向驱动滚珠丝杠螺母，推动齿条向所需的方向移动，获取所需的转向方向，如图 4-13 所示。

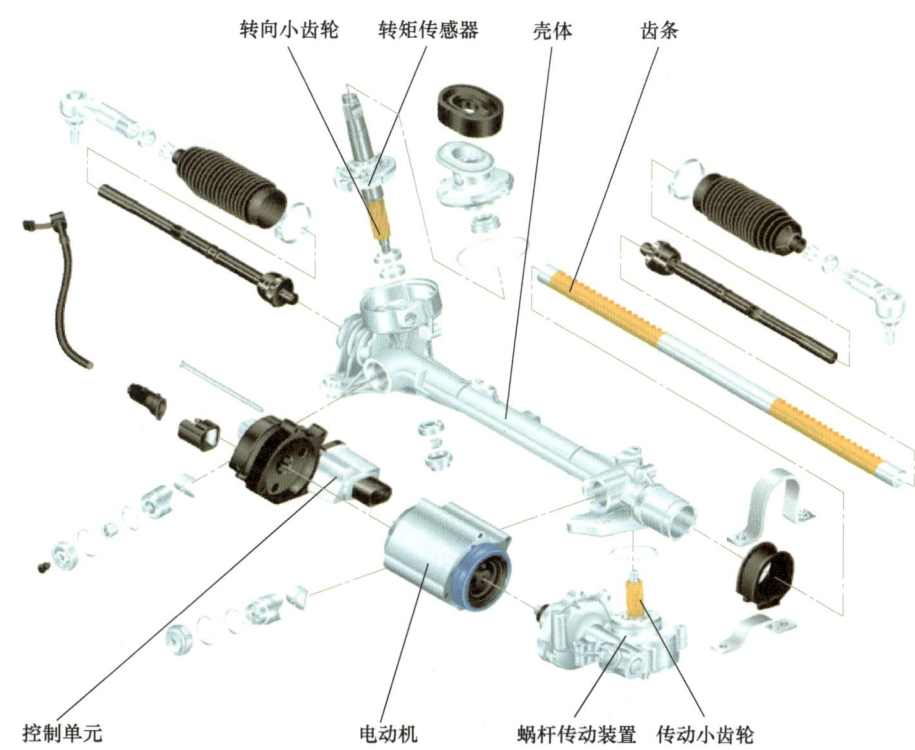

图 4-11 双小齿轮式转向器分解图

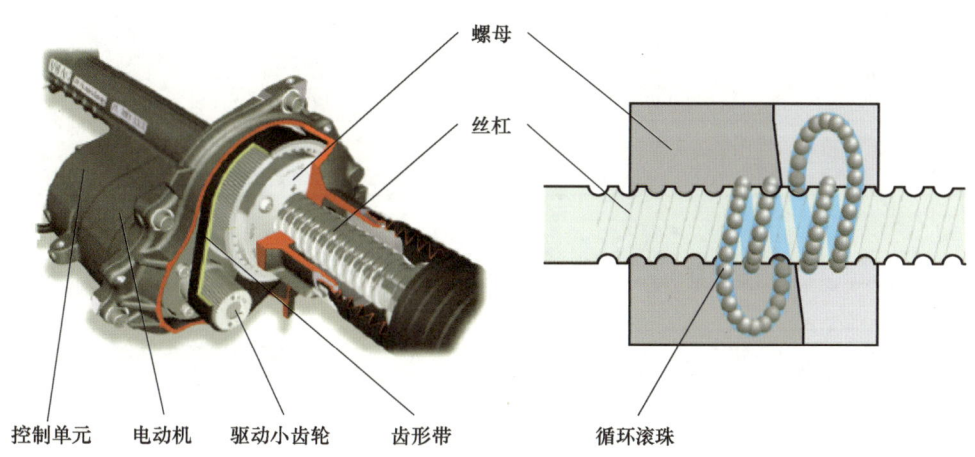

图 4-12 滚珠丝杠传动机构

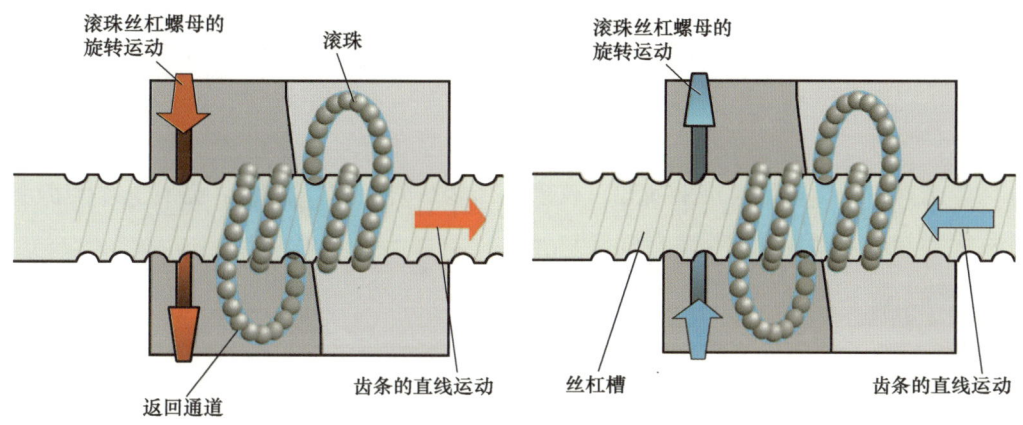

图 4-13 滚珠丝杠传动图

【在线测试】

请扫描二维码完成在线测试。

【任务实施】

任务工单

任务名称：电控动力转向系统解析				
姓名：		班级：	学号：	
【任务描述】	请结合车辆或台架，找出电控动力转向系统部件，并介绍电控动力转向系统的工作原理			
【实施准备】	配置电动转向的车辆、教学运行台架（或虚拟仿真系统）			
【实施过程】	1. 自主学习	学习相关知识，在车辆或教学运行台架上找到相关部件		
	2. 计划与决策	小组讨论，确定介绍内容与逻辑		
	3. 小组执行	小组工作，汇报小组成果，展示操作方法 规范做好 5S		
【评价反思】	项目	评价点	自评	
	区分动力转向系统的类型	动力转向系统的功用	□达成	□未达成
		动力转向系统的类型	□达成	□未达成
		电控动力转向系统的优点	□达成	□未达成
		电控动力转向系统的类型	□达成	□未达成
	介绍电控动力转向系统的工作原理	电控动力转向系统的组成	□达成	□未达成
		电控动力转向系统的工作原理	□达成	□未达成
		电控动力转向系统的部件	□达成	□未达成
	安全与规范	车辆防护	□达成	□未达成
		人员与安全	□达成	□未达成
		现场 5S	□达成	□未达成
	其他			

任务二　检修电控动力转向系统

【学习内容】

1. 电控动力转向系统诊断流程
2. 电控动力转向系统故障原因分析
3. 电控动力转向系统检修注意事项
4. 电控动力转向系统检修方法

【学习目标】

1. 能够检测电控动力转向系统部件
2. 能够分析电控动力转向系统故障原因
3. 能够设计电控动力转向系统故障诊断流程
4. 强化系统思维和安全意识

【任务描述】

客户电话咨询其车辆出现转向沉重问题，仪表故障警告灯（ ）亮起。作为服务顾问，你能与客户进行深入沟通并指导客户安全驾驶吗？

【相关知识】

一、电控动力转向系统检修注意事项

1）在对电动转向器总成进行诊断前，需要进行详细的外观检查，以区分机械故障和电子电气

故障。

2) 如果电动转向器总成存在故障，首先排查机械故障。

3) 以下3种情况说明电动转向器总成系统检测到电子电气故障：

① 打开点火开关，系统自检完毕后，警告灯仍亮。

② 行车过程中，警告灯常亮。

③ 转向过程中，转向力过重，或无助力现象。

4) 接插电动转向器总成上的电源线束及传感器线束需要注意以下几点：

① 拔下电动转向器总成上的电源线束及传感器线束前，必须关闭点火开关。

② 确保接插件干燥和清洁，避免任何异物进入。

③ 电动转向器总成上的电源线束及传感器线束必须安装到位，以免损坏接插件。

5) 必须整体更换电动转向器总成，不允许拆解或部分更换/互换。

6) 电动转向系统通过CAN通信接收电子稳定控制单元与发动机控制单元、BCM、网关等电控系统的信号。

7) CAN通信系统不能通信时，应对电路进行检修。如果数据通信正常，应检修电控动力转向系统。

8) 不建议使用刺穿导线表皮的方法来检测零部件输入输出的电信号，以免引起线束短路。

9) 某些维修操作会影响安全气囊，维修前一定要阅读安全气囊的注意事项。

10) 拆装和更换电控动力转向系统部件时的注意事项如下：

① 拆装转向器带拉杆总成时，要使转向盘放正，前轮对准正前方。

② 拆卸转向盘时要先做好标记。

二、电控动力转向系统故障原因分析

电控动力转向系统故障现象见表4-1。

表4-1 电控动力转向系统故障现象

故障现象	可能发生的部位
转向操作沉重	前轮胎充气不当，磨损不均匀 前轮定位不正确 前悬架（下球头） 转向柱及中间轴 蓄电池及电源系统 转向盘转角传感器 转向器总成
左右转向力不一致或不平均	转向盘转角传感器校准 前轮胎充气不当，磨损不均匀 前轮定位不正确 前悬架（下球头） 转向器总成
行驶时，转向力不随车速变化	前悬架（下球头） ESP ECU 轮速传感器 转向盘转角传感器校准 转向器总成
低速行驶时，转动转向盘有摩擦声	转向盘与转向柱护罩 转向柱总成

(续)

故障现象	可能发生的部位
转向盘不能正常回位	四轮定位 转向柱及中间轴 转向柱总成 转向盘转角传感器 转向器总成

三、电控动力转向系统故障诊断流程

电控动力转向系统故障诊断流程如图 4-14 所示。

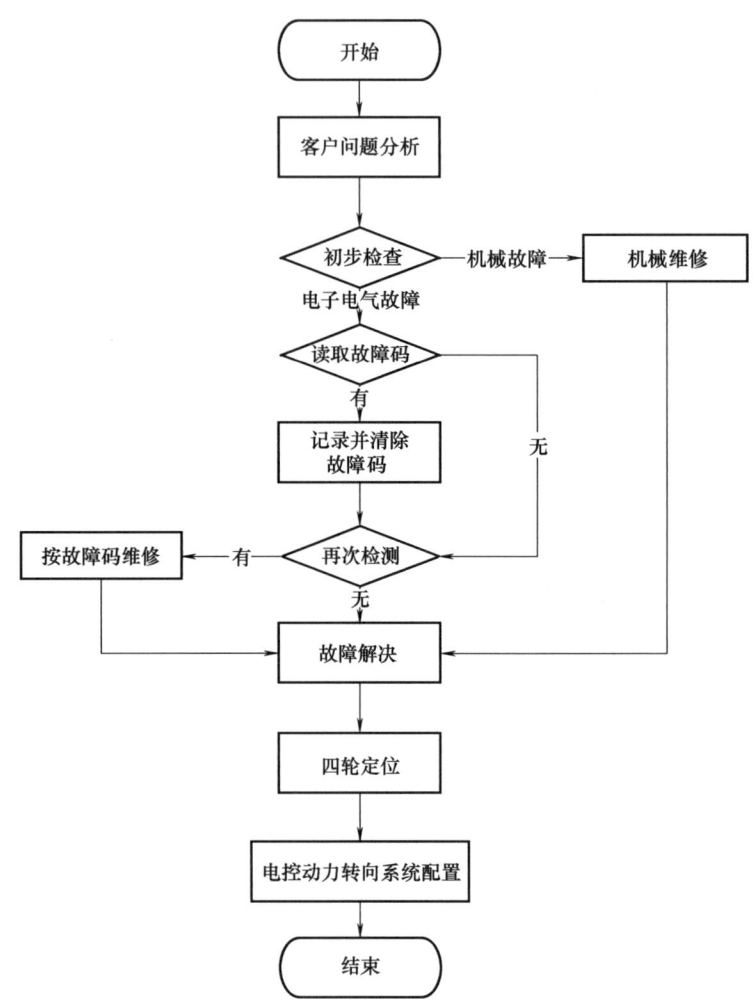

图 4-14 电控动力转向系统故障诊断流程

四、电控动力转向系统检修

下面以红旗 HS7 为例,介绍电控动力转向系统检测项目及方法。

1. 电控动力转向系统安装位置图

红旗 HS7 电控动力转向系统部件安装位置如图 4-15 所示。

2. 电控动力转向系统网络拓扑图

如图 4-16 所示,红旗 HS7 电控动力转向系统控制单元与 ESP 控制单元、驾驶模式控制单元都属于底盘 CAN 总线网络,发动机控制单元、AT 变速器控制单元属于动力 CAN 总线网络。转角传感器直接

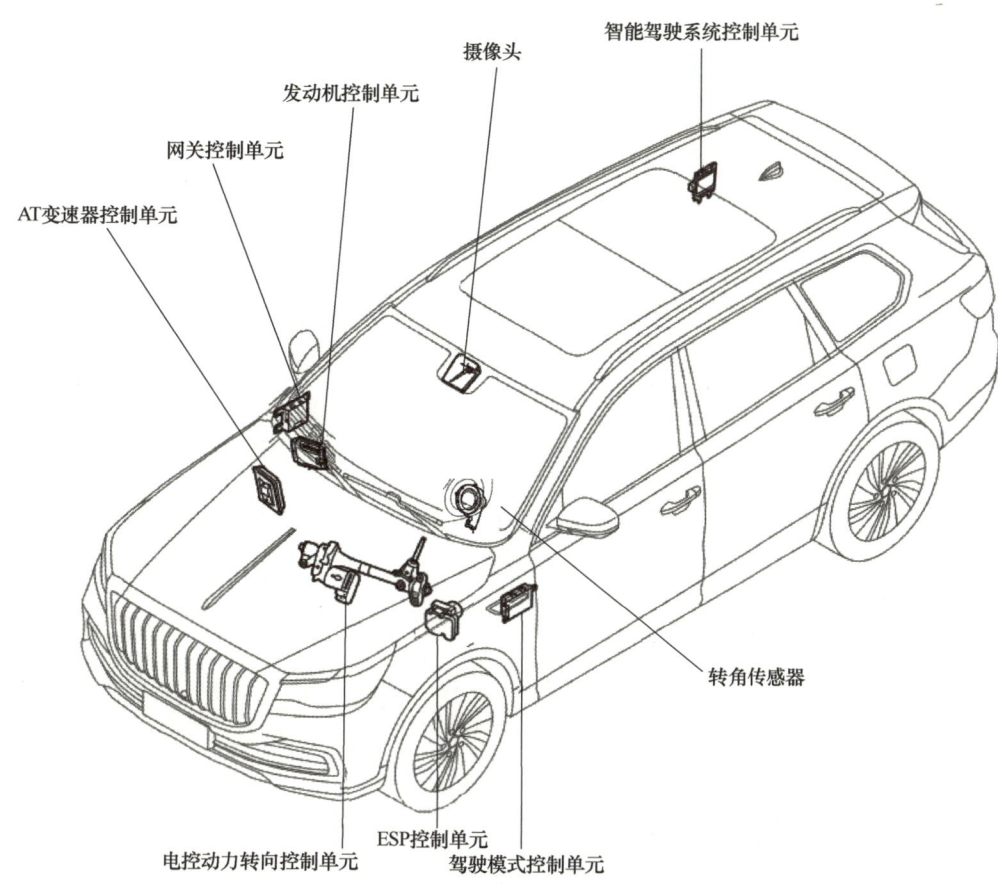

图 4-15　红旗 HS7 电控动力转向系统部件安装位置

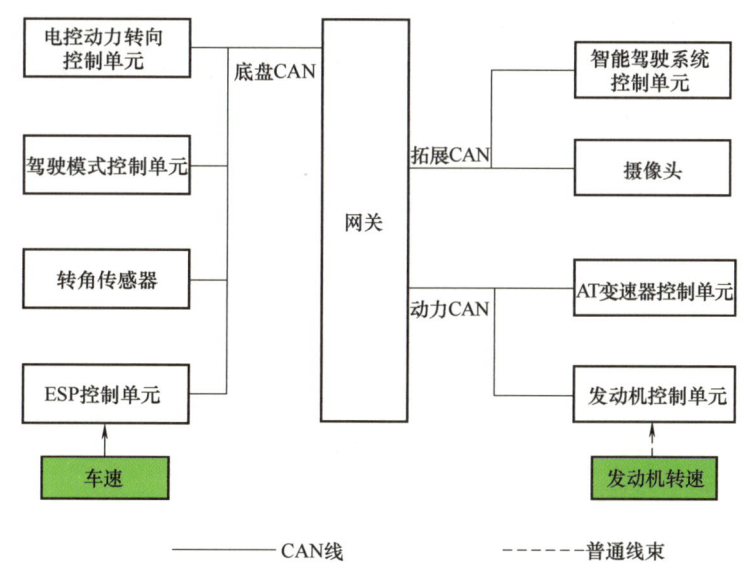

图 4-16　红旗 HS7 电控动力转向系统拓扑图

将信号传输至底盘 CAN 总线，车速信号由 ESP 控制单元提供，发动机转速信号传递给发动机控制单元后，由发动机控制单元传输至动力 CAN，经网关后被获取。

3. 电控动力转向系统电路图

红旗 HS7 电控动力转向系统电路如图 4-17 所示。

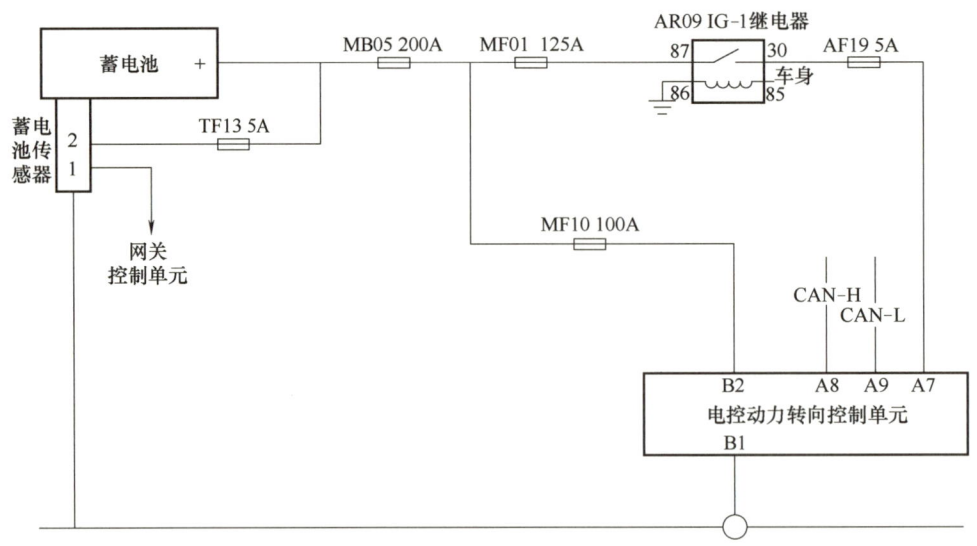

图 4-17 红旗 HS7 电控动力转向系统电路

4. 电控动力转向系统检修方法

（1）转角传感器的检修 转角传感器主要有机械故障、信号影响、通信故障等故障现象，可以通过外观检查、电气检查和通信检查等方式排查。红旗 HS7 转角传感器电路如图 4-18 所示。

1）外观检查。当转向盘转角传感器内部数据或硬件出现故障时，转向盘转角传感器记录"机械故障"故障码。此时需要做以下检查：

① 检查转向盘转角传感器的外观是否损坏。
② 检查转向盘转角传感器的电缆是否紧固。

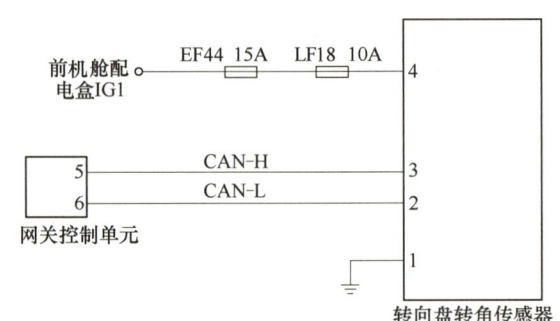

图 4-18 红旗 HS7 转角传感器电路

如果检查结果异常，为转角传感器机械故障，需要更换转角传感器。更换转角传感器时，需要拆卸安全气囊，需要注意防止误操作引爆安全气囊。

更换完转角传感器后，需要做传感器的校准，校准条件如下：

① 不存在未标定以外的故障码。
② 整车处于 IG ON 状态，车辆停在水平路面上。
③ 蓄电池电压正常，处于（12±3）V 范围内。
④ 转向盘摆正，且保持静止。

校准流程如下：

① 连接诊断仪。
② 打开点火开关。
③ 进入转向盘转角传感器系统。
④ 校准转向盘转角传感器。

微课4-2 校准转角传感器

2）转角传感器电气检查，主要包括检查转向盘转角传感器插接器、熔丝、供电与搭铁，按以下顺序检测：

① 检查转向盘转角传感器插头是否松动或破损。如有异常，维修或更换线束及插接器。
② 检查转向盘转角传感器熔丝，方法如下：
 a）将点火开关置于 OFF 位置。
 b）断开蓄电池负极连接。
 c）拆下转向盘转角传感器熔丝。

d）测量熔丝电阻值。标准值应小于 1Ω。

③ 检查转向盘转角传感器搭铁，方法如下：

a）将点火开关置于 OFF 位置。

b）断开转向盘转角传感器连接插头。

c）测量转向盘转角传感器插接器端子 1 与车身搭铁之间的电阻值。标准值应小于 1Ω。

④ 检查转向盘转角传感器供电，方法如下：

a）安装熔丝。

b）连接蓄电池负极。

c）将点火开关置于 ON 位置。

d）测量转向盘转角传感器插接器端子 4 与车身搭铁之间的电压。标准值为蓄电池电压。

3）转角传感器 CAN 通信检查。

① 关闭点火开关。

② 断开转角传感器线束插接器。

③ 断开动力 CAN 总线上所有控制单元插接器。

④ 测量电阻值。检测位置、检测条件和标准值见表 4-2。

表 4-2 检测转角传感器 CAN 通信

检测位置	检测条件	标准值
转角传感器插接器端子 3、网关控制单元插接器端子 5	关闭点火开关	小于 1Ω
转角传感器插接器端子 2、网关控制单元插接器端子 6	关闭点火开关	小于 1Ω
转角传感器插接器端子 2、车身搭铁	关闭点火开关	10kΩ 或更大
转角传感器插接器端子 3、车身搭铁	关闭点火开关	10kΩ 或更大

（2）转矩传感器的检修

1）外观检查。

① 检查转矩传感器是否损坏。

② 检查转矩传感器线束及插接器是否紧固。

③ 检查转矩传感器线束及插接器是否短路或断路。

2）电气检查。

① 连接诊断仪。

② 打开点火开关，清除故障码。

③ 起动发动机试车，再次检查故障码。

如果依然存在故障码，更换电控动力转向系统转向器总成。

（3）控制单元的检修 红旗 HS7 电控动力转向控制单元电路如图 4-19 所示。

1）检查电控动力转向控制单元搭铁。

① 将点火开关置于 OFF 位置。

② 断开蓄电池负极连接。

③ 断开电动助力转向控制单元插接器。

④ 检测电动助力转向控制单元插接器 2-1 至车身搭铁之间的电阻值。标准值小于 1Ω。

2）检查电动助力转向控制单元供电。

① 将点火开关置于 OFF 位置。

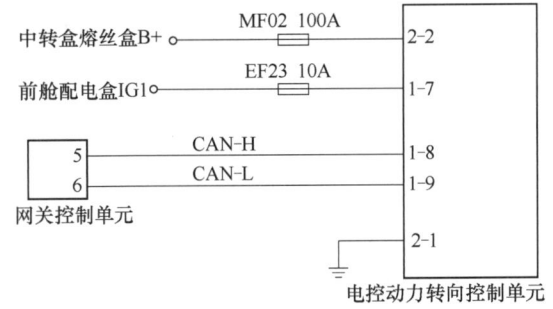

图 4-19 红旗 HS7 电控动力转向控制单元电路

② 断开电动助力转向控制单元插接器。

③ 将点火开关置于 ON 位置。

④ 测量电压。检测位置、检测条件和标准值见表 4-3。

表 4-3 检测电控动力转向控制单元供电

检测位置	检测条件	标准值
电控动力转向控制单元插接器 2-2、车身搭铁	点火开关置于 ON 位置	蓄电池电压
电控动力转向控制单元插接器 1-7、车身搭铁	点火开关置于 ON 位置	蓄电池电压

3）检查电控动力转向控制单元熔丝。

① 将点火开关置于 OFF 位置。

② 断开蓄电池负极连接。

③ 拆下电控动力转向控制单元熔丝。

④ 测量熔丝两端电阻值。标准值小于 1Ω。

4）检查电控动力转向控制单元继电器。

① 将点火开关置于 OFF 位置。

② 断开蓄电池负极连接。

③ 拆下电控动力转向控制单元继电器。

④ 测量电阻值。检测位置、检测条件和标准值见表 4-4。

表 4-4 检测电控动力转向控制单元继电器

检测位置	检测条件	标准值
继电器端子 30、继电器端子 87	在端子 85 和 86 之间施加蓄电池电压	小于 1Ω
继电器端子 30、继电器端子 87	未在端子 85 和 86 之间施加蓄电池电压	10kΩ 或更大

5）检查电控动力转向控制单元 CAN 总线是否断路。

① 将点火开关置于 OFF 位置。

② 断开电控动力转向控制单元线束插接器。

③ 测量电阻值。检测位置、检测条件和标准值见表 4-5。

表 4-5 检测电控动力转向控制单元 CAN 总线是否断路

检测位置	检测条件	标准值
电控动力转向控制单元插接器 1-8、网关控制单元插接器端子 5	点火开关置于 OFF 位置	小于 1Ω
电控动力转向控制单元插接器 1-9、网关控制单元插接器端子 6	点火开关置于 OFF 位置	小于 1Ω

6）检查底盘 CAN 总线是否短路。

① 将点火开关置于 OFF 位置。

② 断开电控动力转向控制单元插接器。

③ 断开底盘 CAN 总线上所有控制单元插接器。

④ 测量电控动力转向控制单元插接器 1-8 至电控动力转向控制单元插接器 1-9 之间的电阻值。标准值为 10kΩ 或更大。

微课4-3 电控动力转向系统故障排除

微课4-4 电控动力转向系统基本设定

7）检查底盘 CAN 总线是否对电源短路。

① 将点火开关置于 OFF 位置。

② 断开电动动力转向控制单元插接器。

③ 断开底盘 CAN 总线上所有控制单元插接器。

④ 测量电压。检测位置、检测条件和标准值见表4-6。

表4-6 检测底盘CAN总线是否对电源短路

检测位置	检测条件	标准值
电控动力转向控制单元插接器1-8、车身搭铁	点火开关置于ON位置	小于1V
电控动力转向控制单元插接器1-9、车身搭铁	点火开关置于ON位置	小于1V

【在线测试】

请扫描二维码完成在线测试。

【任务实施】

任务工单

任务名称：检修电控动力转向系统			
姓名：	班级：		学号：
【任务描述】	请结合车辆或台架，检测电控动力转向系统部件，并排除电控动力转向系统故障		
【实施准备】	配置电控动力转向系统的车辆、教学运行台架（或虚拟仿真系统）		
【实施过程】	1. 自主学习	学习相关知识，在车辆或教学运行台架上练习部件检测，设计故障检测流程	
	2. 计划与决策	小组讨论，介绍检测流程、方法	
	3. 小组执行	小组工作，汇报小组成果，展示检测流程、故障诊断结果 规范做好5S	

【评价反思】	项目	评价点	自评
	说出检修注意事项	电控动力转向系统检修注意事项	□达成　□未达成
	分析电控动力转向系统故障原因	转向操作沉重	□达成　□未达成
		左、右转向力不一致或不平均	□达成　□未达成
		行驶时，转向力不随车速变化	□达成　□未达成
		低速行驶时，转动转向盘有摩擦声	□达成　□未达成
		转向盘不能正常回位	□达成　□未达成
	设计电控动力转向系统故障诊断流程	设计转向系统故障诊断流程	□达成　□未达成
	执行电控动力转向系统故障检测	绘制转向系统电路	□达成　□未达成
		检修转角传感器	□达成　□未达成
		检修转矩传感器	□达成　□未达成
		检修控制单元	□达成　□未达成
	安全与规范	车辆防护	□达成　□未达成
		人员与安全	□达成　□未达成
		现场5S	□达成　□未达成
	其他		

【拓展阅读】

冲破藩篱：中国电控动力转向系统研发领域的先锋

目前，全球汽车转向系统主要集中在捷太格特、博世、耐世特、采埃孚等少数国外企业，这些企业在产品类型和应用范围上都有较大的市场份额，约占全球市场的79%。

近年来，我国在汽车电控动力转向系统领域也取得了不错的进展，联创汽车电子有限公司、浙江世宝股份有限公司、芜湖伯特利汽车安全系统股份有限公司等成为该领域的发展先锋。

联创汽车电子有限公司是上汽重点孵化的"科创小巨人"，在智能转向系统领域突破了汽车智能网联"卡脖子"技术。长城汽车采用的蜂巢转向第三代智能转向器系统，即使在单一硬件电路故障的情况下，也能实现50%的助力输出。

浙江世宝股份有限公司是专门从事汽车转向系统研发、制造的企业，被中国汽车工业协会认定为"中国汽车零部件转向器行业龙头企业"，为各类燃油汽车和新能源汽车提供电控动力转向系统，实现节能环保、随速转向、自动回正等功能。

芜湖伯特利汽车安全系统股份有限公司一直致力于高端电子控制产品自主研发，已具备转向系统、电子驻车制动器（EPB）、汽车ABS和ESP的独立开发与制造能力，并逐渐登上国际舞台。

模块五

制动防滑系统

```
模块五          任务一           介绍制动防滑系统的功能 ── 制动防滑系统的功能
制动防滑系统    制动防滑系统解析                          ├─ 防抱死制动系统的功能与原理
                                                        ├─ 电子制动力分配系统的功能与原理
                                                        ├─ 电子差速锁的功能与原理
                                                        ├─ 驱动防滑系统的功能与原理
                                 讲述制动防滑系统的工作原理├─ 坡道保持系统的功能与原理
                                                        ├─ 坡道起步辅助系统的功能与原理
                                                        ├─ 下坡辅助系统的功能与原理
                                                        ├─ 液压制动助力的功能与原理
                                                        ├─ 车身电子稳定程序的功能与原理
                                                        └─ 制动盘刮水功能
                                 使用操作制动防滑系统 ── 装备ABS的特殊现象
                                                        └─ 对制动液的要求

                任务二            讲述制动防滑系统的原理 ── 液压单元的原理
                检修制动防滑系统                          ├─ 轮速传感器的结构及原理
                                                        ├─ 制动灯开关的结构及原理
                                                        ├─ 制动压力传感器的结构及原理
                                                        └─ 加速度传感器的原理
                                 检修制动防滑系统 ── ABS检修的注意事项
                                                        ├─ 制动系统的排气方法
                                                        ├─ 车速传感器的检修方法
                                                        ├─ 制动灯开关的检查方法
                                                        ├─ ECU的检查方法
                                                        ├─ 液压单元的检查方法
                                                        └─ 熔断器的检查方法

                任务三            制动防滑系统诊断流程 ── 故障指示灯的含义
                制动防滑系统典型故障分析                  ├─ 制动防滑系统的诊断方法
                                                        └─ 制动防滑系统诊断流程
                                 分析典型故障 ── 霍尔式轮速传感器故障
                                                        ├─ 磁电式轮速传感器故障
                                                        ├─ 油泵故障
                                                        └─ 制动信号灯开关故障

                任务四            介绍电子驻车的功能及工作原理 ── 电子驻车系统的组成
                检修电子驻车系统                          └─ 电子驻车系统的工作原理
                                 演示电子驻车系统的操作方法 ── 电子驻车系统的功能及使用方法
                                 检修电子驻车系统 ── 电子驻车系统检修的注意事项
                                                        ├─ 驻车按键的检修方法
                                                        ├─ AUTO HOLD按键的检修方法
                                                        └─ 驻车电动机的检修方法
```

任务一 制动防滑系统解析

【学习内容】	【学习目标】
1. 制动防滑系统的功能分类 2. 制动防滑系统的各功能的基本工作原理 3. 制动防滑系统的使用与维护	1. 能够向客户介绍制动防滑系统的功能 2. 能够描述制动防滑系统的基本工作原理 3. 能够解释制动防滑系统工作时的现象 4. 能够维护制动防滑系统

【任务描述】

客户在选购车辆时,发现车辆配置单在主动安全模块包含 ABS、EBD、ESP、ASR 等英文缩写,你能帮助客户解析这些功能及其应用场景吗?

微课5-1
制动系统的概述

【相关知识】

随着传感、控制、通信技术的高速发展,人们对汽车产品的软件功能需求逐渐增多,汽车产品已逐渐从纯机械系统向电控系统、智能化系统迈进。汽车制动系统的发展经历了机械制动(1886—1930年)、机械液压制动(1930—1968年)、电控制动(1968—2013年)、线控制动(2013年至今)4个阶段。本模块主要介绍电控制动防滑系统。

一、制动防滑系统的功能分类

制动防滑系统从防抱死制动系统的基础上发展而来,以博世第九代制动防滑系统为例,与之前产品相比,具有高性能四核处理器、全新数字压力传感器、主动建压速度快、工作电压范围更广、噪声更小的优点。目前其功能很强大,将其分成以下三大类:

1)影响制动过程、起步/加速过程或者行驶状态本身的系统,见表5-1。
2)委托制动防滑系统主动建立制动压力的系统,例如巡航系统(ACC)、主动预制动(ABP)、主动紧急制动(AEB)、电子驻车系统(EPB)自动保持功能、坡道保持功能、智能胎压检测系统。
3)制动防滑系统需要配合其他系统的工作,如动态转向、电动助力转向等,以提高行驶稳定性。

表 5-1 影响制动过程、起步/加速过程或者行驶状态本身的系统

影响制动过程的系统	影响起步/加速过程的系统	影响行驶状态本身的系统
防抱死制动系统(ABS)	驱动防滑系统(ASR)	车身电子稳定程序(ESC/ESP)
电子制动力分配系统(EBD)	电子差速锁(EDS)	电子横向差速锁(驱动桥差速锁)
液压制动辅助系统(HBA)	坡道保持	力矩矢量控制(可选车轮力矩控制)
制动器效能热衰退补偿(FBS)	坡路起步辅助	下坡辅助
制动盘刮水系统		挂车稳定系统
液压制动助力器		车顶行李架识别系统
发动机阻力矩控制系统(MSR)		

二、制动防滑系统各功能的基本工作原理

1. ABS

(1) ABS的功能 ABS的功能是防止汽车制动时车轮出现抱死现象,使车辆具有一定的方向性和稳定性并缩短制动距离,能有效地提高行车的安全性。

(2) ABS的理论基础 制动性能是汽车的主要性能之一。评价制动性能的指标主要有制动效能和制动稳定性。

1）制动效能，即制动距离、制动时间和制动减速度。由汽车理论可知，制动效能主要取决于制动力 F_t 的大小，而制动力不仅与制动器的摩擦力矩有关，还受车轮与地面附着系数的制约

$$F_t \leq F_\mu = G\varphi_B$$

式中　F_μ 是车轮与路面间的附着力；G 是车轮对路面的垂直载荷；φ_B 是轮胎与路面间的纵向附着系数。

制动力的最大值等于附着力。在车轮对路面的垂直载荷一定时，制动力的最大值取决于车轮与地面的纵向附着系数 φ_B，而 φ_B 与车轮相对地面的纵向滑移率 S 有关。纵向滑移率 S 为

$$S = (v - v_c)/v \times 100\%$$

式中　v 是车身瞬时速度；v_c 是车轮圆周速度。

纵向附着系数 φ_B 与纵向滑移率 S 的关系如图 5-1 所示。

由曲线可知，纵向附着系数在滑移率为 20% 左右时最大，此时制动力最大。当车轮抱死滑移率为 100% 时，纵向附着系数反而有所下降，因而制动力也有所下降，即制动效能将下降。

2）制动稳定性，是指在制动时汽车仍能按指定方向的轨迹行驶，即不发生跑偏、侧滑以及失去转向能力。

汽车制动时产生侧滑及失去转向能力与车轮和地面间的横向附着力有关，即与横向附着系数 φ_S 有关，而横向附着系数和车轮与路面的纵向滑移率 S 有关。由图 5-1 可知，当纵向滑移率增大时，横向附着系数减小，当 $S=100\%$，即车轮抱死时，横向附着系数 φ_S 下降至零。此时，车轮在极小侧向外力的作用下即产生侧滑，转向车轮抱死后将失去转向操纵能力，后轮抱死发生侧滑现象。因此，车轮抱死后将导致制动时汽车的方向稳定性变坏。

从以上分析可知，制动时车轮抱死，制动效能和制动时的方向稳定性均将变坏。如果制动时将车轮纵向滑移率 S 控制在 15%~20% 范围内，图 5-1 中的 S_{opt} 处，此时纵向附着系数 φ_B 最大，可得到最大的制动力。同时，横向附着系数 φ_S 保持较大值，使汽车具有良好的抗侧滑能力及制动时的转向操纵能力，因而得到最佳的制动效果。

（3）理想的制动控制过程　图 5-2 是汽车理想的制动控制过程。制动开始时让制动压力骤升，纵向滑移率达到 S_{opt} 的时间，即 φ_B 达到最大值 φ_{Bmax} 的时间最短。当达到 S_{opt} 后，随即适当降低制动压力，并使纵向滑移率保持在 S_{opt}，纵向附着系数 φ_B 保持在最大值 φ_{Bmax}，同时，横向附着系数 φ_S 也保持较大值，这样既可获得最短的制动距离，又具有良好的抗侧滑能力和转向操纵能力。这种制动控制称为最佳控制。

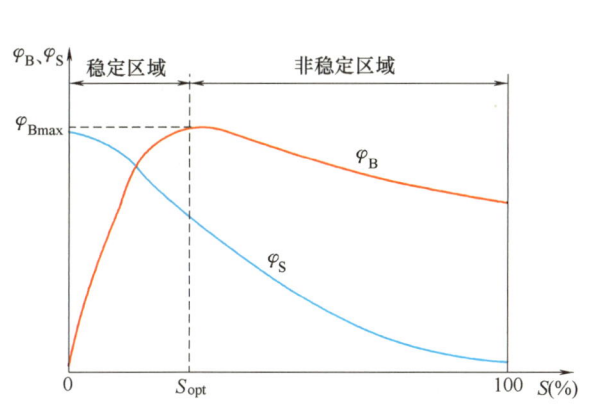

图 5-1　φ-S 曲线：附着系数与滑移率的关系

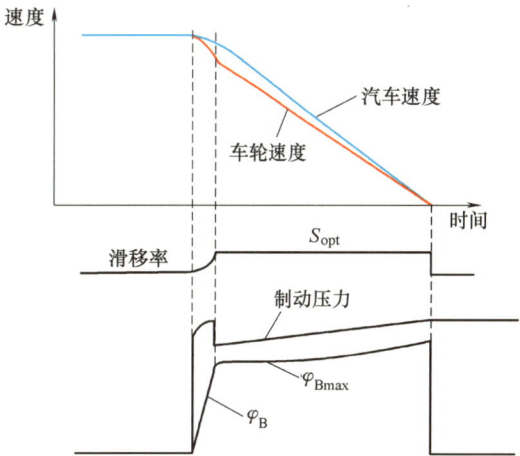

图 5-2　汽车理想的制动控制过程

ABS 的功用就是使实际制动过程控制在接近于理想制动过程，如图 5-3 所示。在制动时，当车轮纵向滑移率刚刚超过 S_{opt}，出现抱死趋势时，ABS 迅速适当降低制动压力，减小车轮制动力矩，使车轮纵向滑移率恢复至略小于 S_{opt} 的附近。随后再次将制动压力提高致使 S 稍微超过 S_{opt} 的附近，然后迅速降低制动压力，使 S 又恢复至略小于 S_{opt} 的附近。如此反复将车轮纵向滑移率 S 控制在 S_{opt} 附近狭小范围内，以获得最佳的制动效能和制动时的方向稳定性和转向操纵能力。

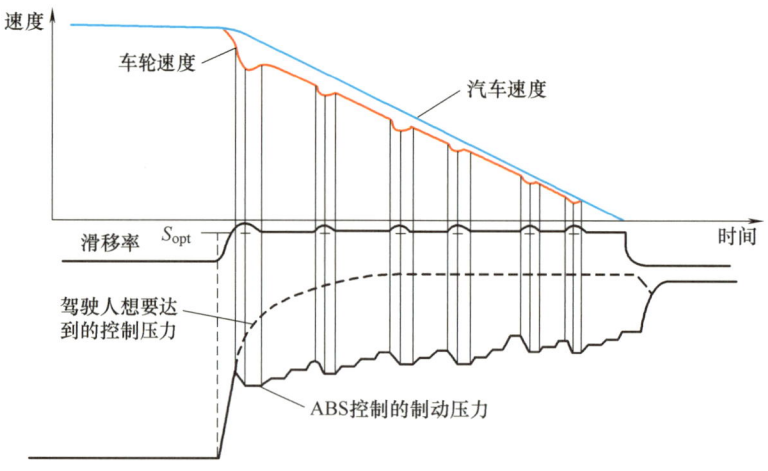

图 5-3 ABS 的理想制动控制过程

（4）ABS 的种类　按 ECU 所依据的控制参数不同分类。

1）以车轮滑移率 S 为控制参数的 ABS。根据车速和车轮车速传感器的信号计算车轮的滑移率，作为控制制动力的依据。当计算滑移率 S 超出设定值时，ECU 就会输出减小制动力信号，通过制动压力调节器减小制动压力，使车轮不被完全抱死；当滑移率低于设定值时，ECU 输出增大制动力信号，制动压力调节器使制动力增大。通过这样不断地调整制动压力，控制车轮的滑移率在设定的最佳范围。

这种直接以滑移率为控制参数的 ABS 需要得到准确的车身相对于地面的移动速度信号和车轮车速信号。车轮转速信号容易得到，但取得车身移动速度信号较难，有的汽车用多普勒（Doppler）雷达测量车速。

2）以车轮角加速度为控制参数的 ABS。根据车轮的车速传感器信号计算车轮角加速度，作为控制制动力的依据。一个是角减速度的门限值，作为被抱死的标志；另一个是角加速度的门限值，作为制动力过小，车速过高的标志。制动时，当车轮角减速度达到门限值时，ECU 输出减小制动力信号；当车轮转速升高至角加速度门限值，ECU 输出增加制动力信号。如此不断地调整制动压力，使车轮不被抱死，处于边滚边滑的状态。

2. 电子制动力分配系统

（1）电子制动力分配系统的功能　为应对汽车动态载荷转移，防止后桥因"制动过大"而出现车辆不稳定，在后桥上所施加的制动压力最大只能是后轮可传递最大地面附着力。电子制动力分配可以按需要合理分配汽车的制动，控制单元根据后轮车轮滑移率来计算并调节后轮所需的制动压力，阻止后桥"制动过大"，同时充分利用前轮的制动力缩短制动距离。

（2）电子制动力分配系统的理论基础　汽车制动力应当这样分配：在没有制动压力缓减器，在制动过程的较小制动力阶段（如 $0.5g$），可得到理想制动力分配曲线 1 上固定的制动力分配调节点 P，如图 5-4 所示。在配备 ABS 中，在制动过程的较大制动力阶段时，在软件中进行适当的修改可以使汽车

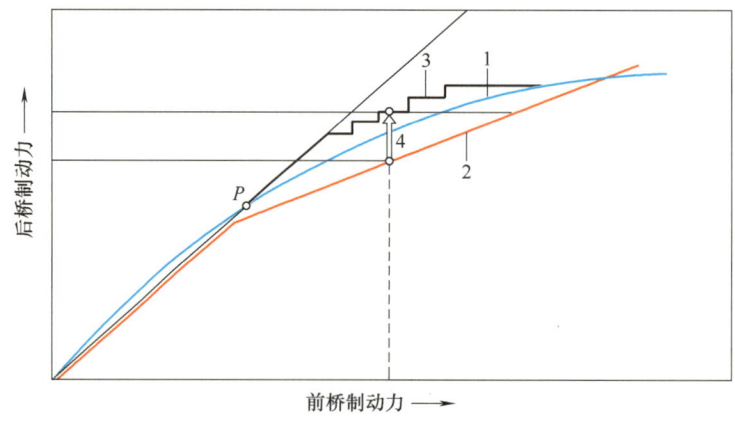

图 5-4　电子制动力分配

1—理想的制动力分配　2—不稳定的制动力分配　3—电子制动力分配　4—在后桥上增加的制动力

后桥上的制动力减小。

（3）电子制动力分配系统的工作原理　当控制单元识别出后轮有抱死趋势时，会限制相应车轮制动器上的制动压力。因此，主要使用的是"保持制动压力"这个功能（通过关闭进液阀），如图5-5所示。

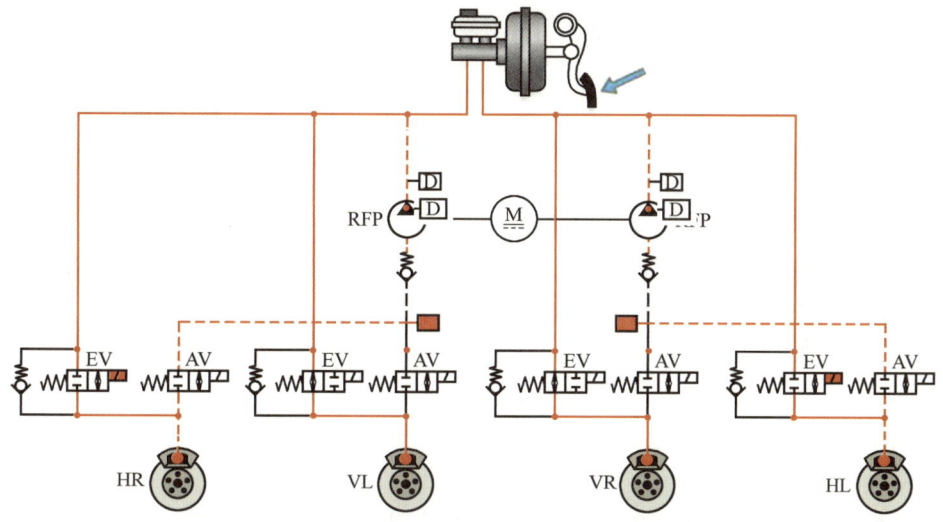

图 5-5　保持后桥制动压力

EV—进液电磁阀　AV—出液电磁阀　RFP—油泵　M—电动机　HR—右后车轮　VL—左前车轮　VR—右前车轮　HL—左后车轮

如果需要，也可将制动压力卸掉，即打开排液阀、关闭进液阀。如果卸压，制动液就流入内部的储存室内了。只有当储存室的充注率达到一定值时，回液泵才会将制动液送回到制动总泵（逆着制动踏板力），如图5-6所示。

倒车行驶时，电子制动力分配功能可能会使前桥制动力过大。由于前桥决定车辆的行驶方向，所以前桥制动力过大会导致车辆滑向一旁，车辆就失去转向能力。在倒车时，电子制动力分配功能是反向工作的，即前桥的制动压力是要减小的。

3. 电子差速锁

（1）电子差速锁的功能　电子差速锁（Electronic Differential System，EDS）是ABS的一种扩展功能，通过ABS的传感器自动探测到两驱动轮的转动速度，用于鉴别汽车的车轮是不是失去地面摩擦力，从而对汽车的加速打滑进行控制。

（2）电子差速锁的工作原理　电子差速锁的作用是在车辆一侧打滑时，通过对相应轮胎进行制动，提高另一侧驱动轮的附着力，从而增强汽车的行驶能力。例如：驱动桥上的一个车轮在光滑的路面上行驶（如图5-7中右轮），另一个车轮在沥青路面上行驶（图5-7中左轮）。这时，在光滑的路面行驶的车轮的转速就会高一些，因为轮胎

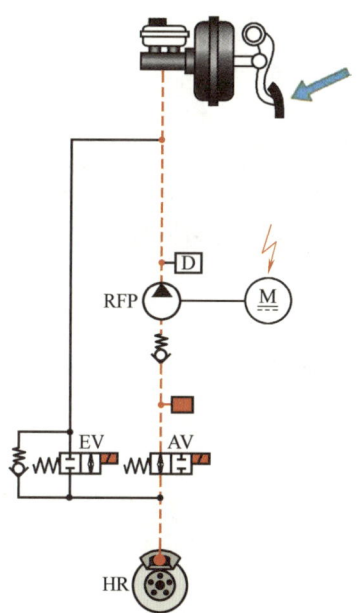

图 5-6　降低右后轮制动压力

EV—进液电磁阀　AV—出液电磁阀
RFP—油泵　M—电动机　HR—右后车轮

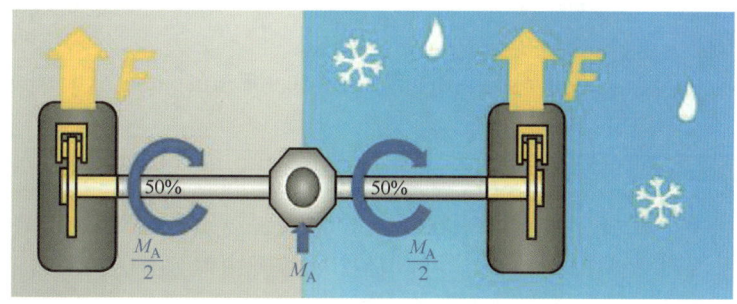

图 5-7　单侧驱动轮打滑

和路面之间的摩擦系数很小，对转动车轮所提供的反向阻力也就很小了。在极端情况下（例如一个车轮在冰面上），那么该车轮就会打滑空转，而另一个车轮根本不转。这样就把发动机的全部功率转换成摩擦功率而不是用于驱动车辆了。这种情形的原因在于差速器差速不差矩的原理，即差速器传到两个车轮上的驱动力矩 $\left(\dfrac{M_A}{2}\right)$ 是相等的。如果某个车轮打滑严重了，那么该轮上所传递的驱动力矩就下降，另一个车轮上的力矩就非常小了，无法驱动车辆。

这时电子差速锁就起作用了，对滑移较大的右侧车轮有针对性地实施制动。这个制动力矩（M_B）用于提高了发动机驱动力，如图 5-8 所示。换句话说，要想让车轮转动，必须提高驱动力矩。由于差速器的工作原理是"传到两个车轮上的驱动力矩是相等的"，于是左侧车轮上的驱动力矩也增大了。通过制动滑移较大的车轮来提高转动力矩这个过程，会一直持续到两个驱动轮的转速几乎相等为止。

图 5-8　电子差速锁工作原理

4. 驱动防滑系统

（1）驱动防滑系统的功能　驱动防滑系统简称 ASR 或 TCS，它的作用是使汽车在各种行驶状况下都能获得最佳的牵引力。要想实现驱动防滑功能，在带有电子差速锁的 ABS 基础上不需要添加硬件，调节软件集成在 ABS 控制单元内。

（2）驱动防滑系统的工作原理　驱动防滑系统依据车轮转速信息确定驱动轮的驱动滑移率，如果某车轮滑移达到了规定的极限值，驱动防滑系统就会被激活。驱动防滑系统确定出发动机转矩减小量，以便将滑移率控制在临界值以下。发动机接收到这个"请求"，就会相应地降低发动机输出转矩。与此同时，配备有自动变速器或者自动式手动变速器的汽车，变速器控制单元会接到这样一个请求：在主动调节期间不要执行换档。发动机控制单元可以通过改变节气门角度、减少喷油量或者压制喷油脉冲、调整点火角（延迟点火）或者压制点火脉冲等相应的发动机方面的措施来减小转矩，如图 5-9 所示。

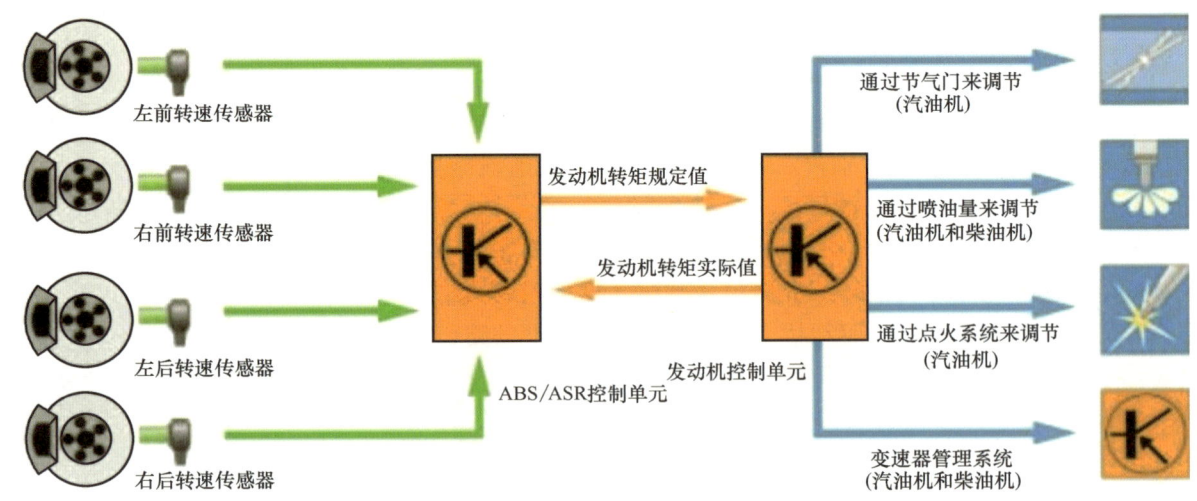

图 5-9　驱动防滑系统的工作原理图

5. 坡道保持系统

（1）坡道保持系统的功能　坡道保持系统是在 ESP 系统的基础上衍生开发的，它的作用是让车辆在不用驻车制动的情况下在坡上起步。当驾驶人的脚从制动踏板移到加速踏板的动力脱节的空档时间，利用坡道保持系统继续保持不动 2s，可以轻松地将脚由制动踏板转向加速踏板，可以防止车辆溜坡。

（2）坡道保持系统的工作原理　坡道保持系统可减轻驾驶人的坡路起步负担，尤其是在走走停停的交通情况下，路面坡度越大，车辆溜车（在不制动时）的重力分力（下坡力）越大，如图5-10所示。在坡道上起步时，驾驶人需要将脚从制动踏板移至加速踏板直至发动机产生足够大的转矩，如果时间过长汽车就溜车了。这时，坡道保持系统就会起到辅助作用。

在实施制动过程中，ESP液压系统的转换阀就打开了，驾驶人所施加的制动压力作用到车轮制动器上。如果驾驶人将脚移开制动踏板，那么ESP液压系统的转换阀USV1就关闭了，如图5-11所示。于是先前驾驶人所施加的制动压力就保持住了，就不会溜车了。这个制动压力保持功能的持续时间最长限制为约1.5s。过了约1.5s后，就切断电磁阀的供电，转换阀USV1打开。这段时间足够让驾驶人将脚从制动踏板移至加速踏板来让汽车起步。调节机构会根据路面的坡度大小来确定需要多大的发动机转矩才能保证不溜车。如果达到了这个发动转矩，即使还没达到1.5s这个最长时间，转换阀USV1也会打开。

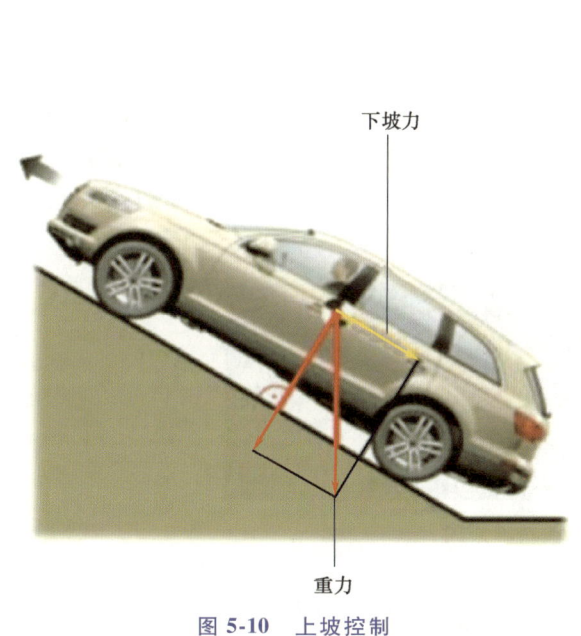

图5-10　上坡控制　　　　　　　　图5-11　转换阀USV1关闭

路面的倾斜角度由纵向加速度传感器来确定，ABS/ESP控制单元通过总线信息从发动机控制单元处获知实时的发动机转矩大小。如果沿着上坡方向倒车来起步，坡道保持系统也会被激活，信息是通过总线通知ABS/ESP控制单元的。

6. 坡道起步辅助系统

（1）坡道起步辅助系统的功能　坡道起步辅助系统是坡道保持系统的进一步发展，与坡道保持不同的是，驾驶人可以接通和关闭坡道起步辅助系统。激活坡道保持辅助系统后，可以实现以下3个功能：

1）驾驶人将车辆制动到停止后，车辆在整个停车时间内都会被保持在已被制动的状态（此时为液压制动），组合仪表显示绿色的P，驾驶人的脚可以离开制动踏板，减轻驾驶疲劳。

2）起步时，只有当发动机的驱动力矩足够大时，制动器才会松开，防止车辆在斜坡路面上溜车。

3）车辆坡道保持液压制动状态下，如果驾驶人安全带锁舌已脱开、驾驶人车门已打开或者点火开关已关闭，则驻车制动器会自动拉紧，组合仪表绿色的P会变成红色。

（2）坡道起步辅助系统的工作条件　激活坡道起步辅助功能，需要满足以下4个条件：

1）驾驶人车门已关闭、驾驶人安全带锁插好。

2）发动机工作正常。

3）坡道起步辅助功能激活。

4）ESP 和电子驻车工作正常。

(3) 坡道起步辅助系统的工作原理　车辆制动后，ESP 液压单元内的转换阀关闭，驾驶人施加的制动压力就保持住了。如果驾驶人施加的制动压力过小，汽车无法保持安全驻车状态，ESP 会产生额外制动力。

因为电磁阀激活时，电磁线圈会发热，所以其激活时间是受限的。如果达到了约 200℃，电动机械式驻车制动器（EPB）驱动驻车制动器，车辆在整个停车时间内都会保持着已被制动的状态。

7. 下坡辅助系统

(1) 下坡辅助系统的功能　由于有一个下坡力的作用，汽车在下坡行驶时会自动加速（即使驾驶人并没踩加速踏板），下坡辅助系统可为驾驶人提供帮助，会选择车轮去制动（哪个车轮需要制动就给哪个车轮制动），从而就保证了恒定的车速，有针对性的制动力分配还可以改善汽车的操纵性。

(2) 下坡辅助系统的工作原理　下坡辅助系统的功能是通过 ABS/ESP 控制单元来实现的。下坡辅助系统的基本工作原理是当发动机牵引力矩不足以阻止汽车加速时，主动式制动开始介入，回液泵主动建立制动压力，对相应的车轮实施制动。与电子差速锁或者 ESP 一样，下坡辅助有建立制动压力、保持制动压力和降低制动压力等阶段。

(3) 下坡辅助系统操作方法　驾驶人可以按压陡坡缓降开关来激活下坡辅助功能，如图 5-12 所示。该功能激活后，会在仪表中显示白色陡坡缓降标识，汽车下坡过程中仪表陡坡缓降图标会变成绿色，如图 5-13 所示。

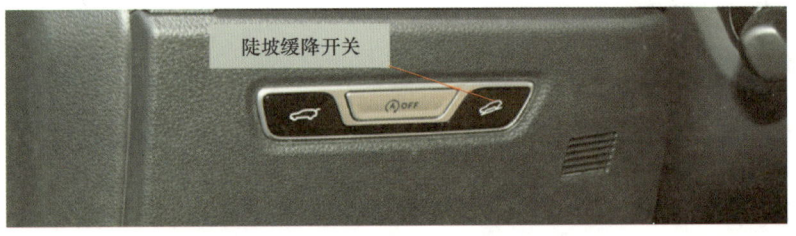

图 5-12　红旗 HS5 陡坡缓降开关

图 5-13　陡坡缓降仪表指示灯

8. 液压制动助力

(1) 液压制动助力的功能　液压制动助力（Hydraulic Brake Assist，HBA）是 ESP 的扩展功能，其作用是在紧急制动时增大制动压力，使制动距离尽可能短，同时还要保证汽车的操纵性。

(2) 液压制动助力的工作原理

1）液压制动助力的激活条件。

① 驾驶人施加的制动压力超过一个最低值。

② 制动压力建立的速度超过一个最低值。

③ 制动踏板上的制动灯开关工作了（驾驶人实施了制动）。

控制单元根据液压单元内部的制动压力传感器分析制动压力及制动压力建立的速度。

2）液压制动助力的工作过程。

阶段1：当激活液压制动助力功能时，控制单元会实施主动制动建压过程，如图5-14所示，高压切换阀ASV1和转换阀USV1被激活。回液泵工作，通过高压切换阀来抽取制动液，作用在4个车轮制动器上的油压是驾驶人所施加的制动压力和主动建立的油压叠加，并触发ABS调节功能。

阶段2：ABS调节范围内的制动，使车辆能实现最佳制动减速，同时还能保证车辆的操纵性。ABS调节是通过建立制动压力、保持制动压力、降低制动压力来实现的，如图5-15所示。

阶段3：驾驶人放松制动踏板后，控制单元根据制动压力传感器信号，判断中止HBA。

9. 车身电子稳定程序

（1）ESP的功能　控制单元对从各传感器传来的汽车行驶状态信息进行分析，通过对个别轮胎施加制动，来帮助汽车维持动态平衡。ESP可以使汽车在各种状况下保持最佳的稳定性，在转向过度或转向不足的情形下效果更加明显。

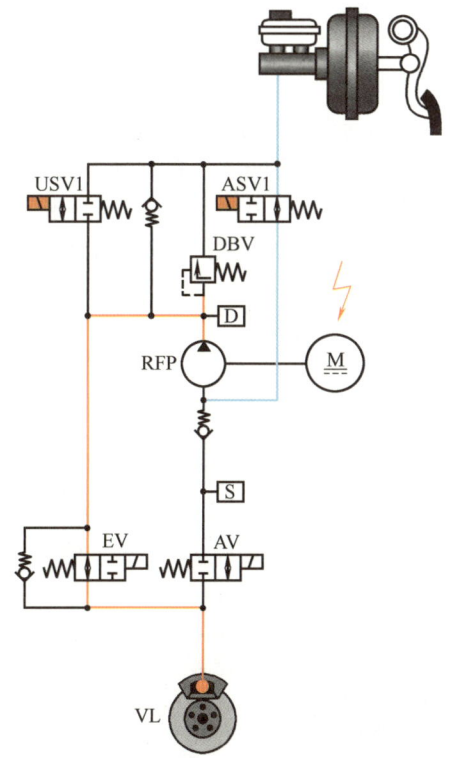

图 5-14　控制单元主动建压

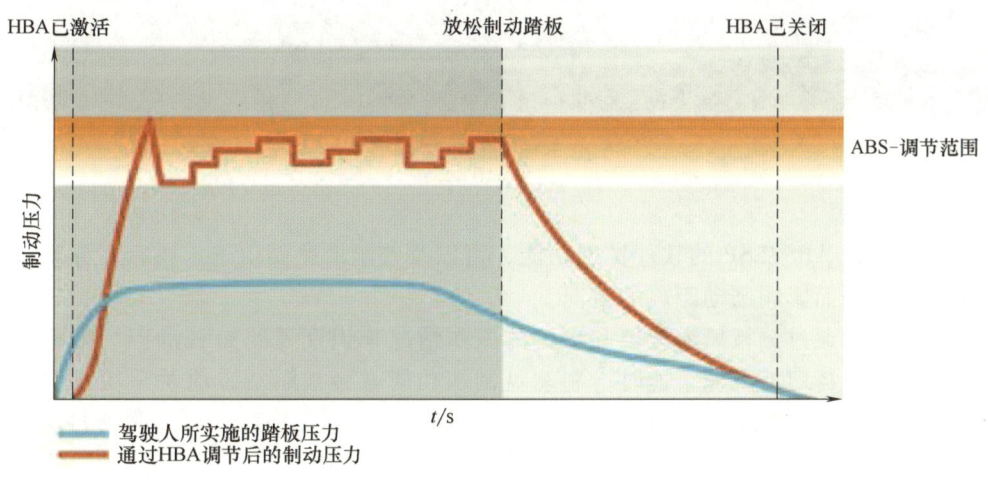

图 5-15　液压制动助力工作过程

（2）ESP的工作原理　ESP对个别车轮实施制动，防止汽车出现转向过度或转向不足。如图5-16所示，对于没有ESP的汽车，由于躲避前方障碍物，驾驶人需要快速向左转，此时会出现转向不足的

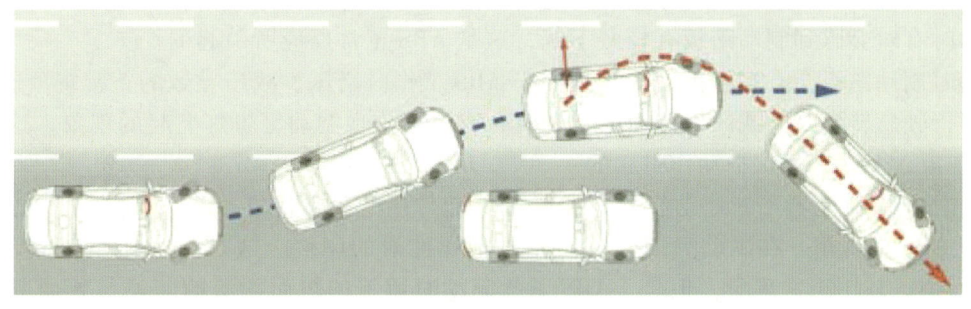

图 5-16　无ESP-调节

情况，然后快速右转向以回到正常行驶车道，此时会出现转向过度的情况，汽车的尾部就容易甩向一旁（甩尾）。如果没有相应的调节介入，汽车就会"打横"，即使驾驶人实施了反向转向，也不足以让汽车稳定下来。

对于有 ESP 的汽车，如图 5-17 所示，在快速向左转的过程中，ESP 系统在左后轮建立制动压力，缓解转向不足的问题。在快速右转向时，ESP 系统在左前轮上主动建立起制动压力，产生的转矩会阻止汽车后部出现甩尾现象。ESP 调节过程在千分之几秒内就能完成。这个调节采用的具体方式就是主动建立制动压力、保持制动压力和降低制动压力。

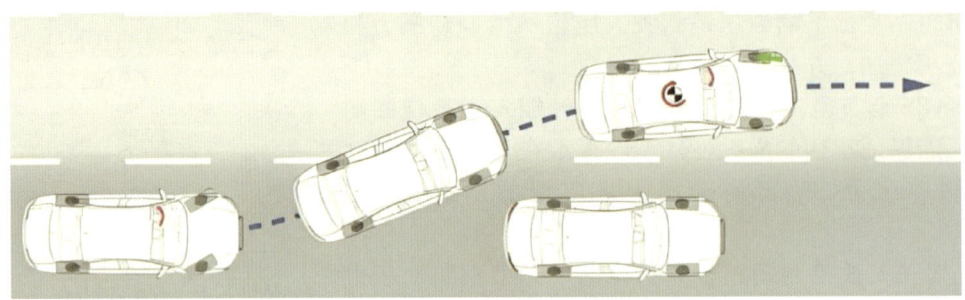

图 5-17 有 ESP-调节

（3）ESP 的操作方法　ESP 系统默认是开启的，可以通过 ESP OFF 开关关闭 ESP 功能，如图 5-18 所示，此时按键指示灯亮，组合仪表中 ESP OFF 指示灯亮。再次按下该开关，功能开启，ESP OFF 指示灯熄灭。

图 5-18 ESP 开关

10. 制动盘刮水功能

制动盘刮水系统是 ABS/ESP 的软件扩展功能，可以改善湿滑路面由于水膜存在导致制动衬块与制动盘之间的摩擦力下降而影响制动距离的情况。

制动防滑控制单元通过分析风窗玻璃刮水器的工作情况来识别道路是否潮湿。如果风窗玻璃刮水器工作，那么在超过了特定的最低车速时，制动盘刮水功能就会被激活，前桥车轮制动器的制动衬块会以很小的制动压力（一般在 50~150kPa 范围内）与制动盘不时地接触，通过制动衬块与制动盘摩擦产生热量，消除水或污物膜。制动衬块接触所持续的时间是非常短的，一般就几秒。制动衬块的这种周期性接触的时间间隔，可以是固定的时间间隔或行驶里程。

三、制动防滑系统的使用与维护

1. 装备 ABS 的汽车容易出现的一些特殊现象

1）制动时有时会感到制动踏板有轻微下沉，这是 ABS 正常反应所引起的。

2）制动时制动踏板会有轻微振动，这是由于 ABS 工作时增压、减压导致的正常现象。

3）高速行驶急转弯时，或冰滑路面上行驶时，有时会出现制动警告灯亮起的现象，这是由于出现了车轮打滑现象，ABS 产生保护动作引起的。

4）制动时 ABS 继电器不断地动作，这也是 ABS 起作用的正常现象。

5）装有 ABS 的汽车，在制动后期会有车轮被抱死拖滑的印痕。这是因为在车速低于 7km/h 时，ABS 将不起作用，属于正常现象。但是，ABS 紧急制动时留下的短而淡淡的印痕与普通制动器紧急制动留下的长拖印是截然不同的。

2. 对 ABS 制动液的要求

ABS 工作时，要以 7~8 次/s 的频率进行减压、保压、增压的循环动作，因此，对制动液的要求比普通制动系统的要更高。对 ABS 制动液的基本要求如下：

1) 沸点要高（不低于 260℃），保证制动时不会产生气阻。
2) 运动黏度要低，以保证 ABS 工作时"减压-保压-增压"循环动作反应及时。
3) 对金属、橡胶无腐蚀性。
4) 能长期保存，性能稳定，在使用中，高、低温频繁变化时其化学性能应无大的变化。
5) 吸湿沸点要高。吸湿沸点是指制动液在吸湿率（含水量）为 3.5%时的沸点。

汽车制动液的国家标准是《机动车辆制动液》（GB 12981—2012），该标准按照产品使用工况温度和黏度要求的不同将制动液分为 HZY3、HZY4、HZY5、HZY6 四种级别，分别对应 ISO 4925—2005 中的 Class3、Class4、Class5、Class6，其中 HZY3、HZY4、HZY5 对应于美国交通运输部制动液类型的 DOT3、DOT4、DOT5.1，见表 5-2。目前，日本、美国、韩国等国的轿车一般都推荐用 DOT3，或与之相当的制动液 DOT4，不推荐在 ABS 中使用硅酮型制动液 DOT5。

表 5-2 制动液标准（DOT）

制动液规格	平衡回流沸点/℃	湿平衡回流沸点/℃	运动黏度/(mm²/s)(1cst=1mm²/s)	运动黏度/(mm²/s)100℃
HZY3	205 以上	140 以上	1500 以下	1.5 以下
HZY4	230 以上	155 以上	1800 以下	1.5 以下
HZY5	260 以上	180 以上	900 以下	1.5 以下

以乙二醇为基液的 DOT3 和 DOT4 制动液是一种吸湿性较强的液体，1 年的吸湿率可高达 3%。不同使用条件和环境，其吸湿率不同。当制动液含有水分后，其沸点下降，制动时易产生气阻，使制动可靠性下降、腐蚀性增大。因此，一般在吸湿率达到 3% 时就应更换制动液。3% 的吸湿率是制动液使用过程中 1~2 年的自然吸湿程度，一般每 2 年更换制动液。

【在线测试】

请扫描二维码完成在线测试。

【任务实施】

任务工单

任务名称：制动防滑系统解析				
姓名：		班级：		学号：
【任务描述】	请结合车辆,介绍该车型电控制动系统的功能及基本工作原理,并演示操作方法			
【实施准备】	配置电控制动的车辆、教学运行台架（或虚拟仿真系统）			
【实施过程】	1. 自主学习	学习相关知识,在车辆或教学运行台架上找到相关部件		
	2. 计划与决策	小组讨论,确定介绍内容与逻辑		
	3. 小组执行	小组工作,汇报小组成果,展示操作方法 规范做好 5S		
【评价反思】	介绍制动防滑系统的功能及工作原理	项目	评价点	自评
			制动防滑系统的供应商品牌	□达成 □未达成
			制动防滑系统的功能类型	□达成 □未达成
			ABS 的工作原理	□达成 □未达成
			电子制动力分配的工作原理	□达成 □未达成
			电子差速锁的工作原理	□达成 □未达成
			驱动防滑系统的工作原理	□达成 □未达成

(续)

项目	评价点	自评
介绍制动防滑系统的功能及工作原理	坡道保持的工作原理及操作	□达成 □未达成
	坡道起步辅助的工作原理及操作	□达成 □未达成
	下坡辅助的工作原理及操作	□达成 □未达成
	液压制动助力的工作原理	□达成 □未达成
	ESP 的工作原理及操作	□达成 □未达成
	制动盘刮水系统的工作原理	□达成 □未达成
制动防滑系统的使用	制动防滑系统的制动液要求	□达成 □未达成
	制动防滑系统的使用注意现象	□达成 □未达成
安全与规范	车辆防护	□达成 □未达成
	人员与安全	□达成 □未达成
	现场 5S	□达成 □未达成
其他		

【评价反思】

任务二　检修制动防滑系统

【学习内容】	【学习目标】
1. 制动防滑系统的组成 2. 制动防滑系统各部件的原理 3. 制动防滑系统压力控制过程 4. 制动防滑系统检修注意事项 5. 制动防滑系统各部件检查方法	1. 能够指出制动防滑系统的组成 2. 能够描述各部件的结构及工作原理 3. 能够理解制动防滑系统检修的注意事项 4. 能够规范检测制动防滑系统的各部件 5. 培养规范意识，树立精益求精的工匠精神

【任务描述】

一位客户向服务顾问抱怨，ABS 警告灯和 ESP 警告灯同时亮。维修人员用诊断仪检测发现存在多个故障码："左前轮速传感器，电气故障；ABS 电磁阀的供电电压，电气故障；控制单元内部故障"。现需要对制动防滑系统的各部件进行检查。

【相关知识】

一、制动防滑系统的组成

制动防滑系统由电控制动和常规制动系统组成，现在所说的制动防滑系统指的是电控制动。制动防滑系统主要由传感器、ECU、执行机构、开关按键和指示灯等组成。以博世 ESP9 为例，传感器主要包括 4 个轮速传感器、转角传感器、传感器 ECU（横向加速度、纵向加速度、横摆率传感器），ABS/ESP ECU；执行机构主要包括电动机和液压单元；ASR/ESP 按键、制动灯开关/制动踏板开关，ESP 和 ASR 关闭指示灯、ESP 和 ASR 故障灯、ABS 指示灯、制动系统指示灯，制动总泵、制动分泵、车轮制动器等。

1. 液压单元

液压单元的结构如图 5-19 所示，其主要由回液泵、电动机、电磁阀、制动压力传感器等组成。液压单元各部件布局采用交叉布置，左前轮和右后轮共用一个制动管路，右前轮和左后轮共用一个制动管路，其中，ABS 防抱死功能用到 8 个电磁阀，都是两位两通，4 个进液阀 EV 为常开电磁阀，4 个出液阀 AV 为常闭电磁阀。USV1 和 USV2 为高压切换阀，HSV1 和 HSV2 为转换阀，如图 5-20 所示。

进液电磁阀为常开电磁阀，出液电磁阀为常闭电磁阀，可以保证在控制单元故障无法控制电磁阀供电时，常规制动依然能够正常工作。

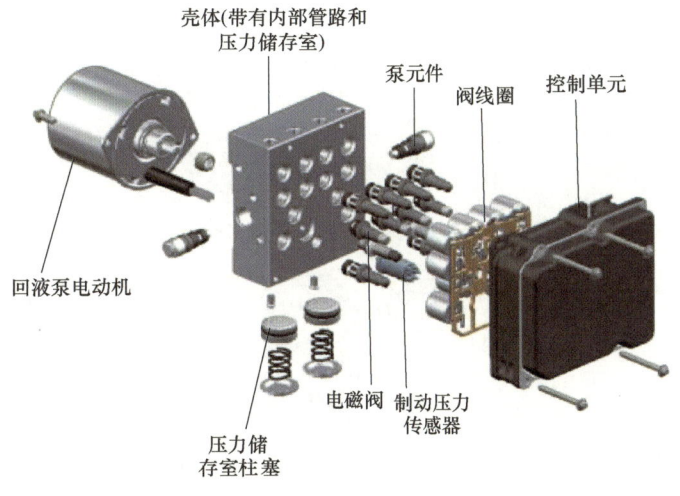

图 5-19 液压单元的结构

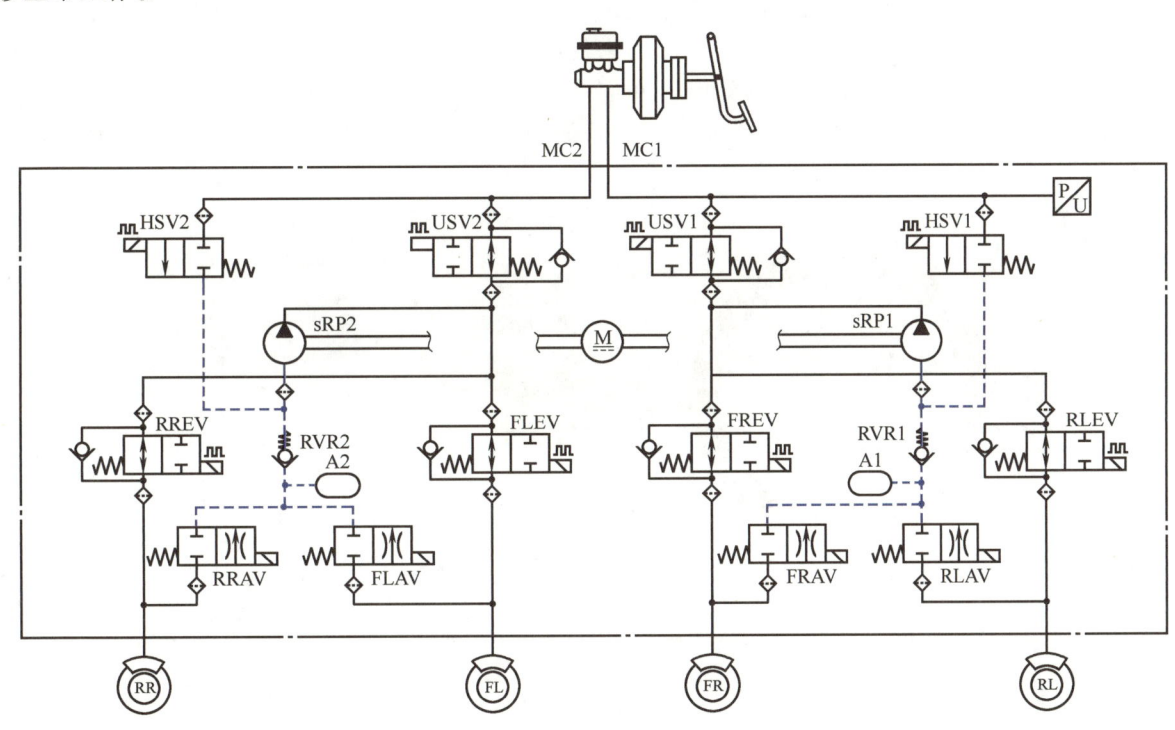

图 5-20 红旗 HS5 液压单元的组成

RR—右后轮　FL—左前轮　FR—右前轮　RL—左后轮

2. 轮速传感器

轮速传感器是用来测量汽车车轮转速的传感器。汽车 ABS、ESP、电子差速锁等制动防滑系统的功能实现，都需要轮速传感器的信息。轮速传感器的转速信息主要用于确定车速，控制单元将各车轮转速与车速进行对比，并计算车轮滑移率。常用的轮速传感器主要有霍尔式、磁电式和磁阻式等形式。

（1）霍尔式轮速传感器　霍尔式轮速传感器利用霍尔效应原理制成，由一块可以通电的半导体芯片组成。在霍尔元件 AB 端通电后，半导体中的电子均匀分布，此时如果在 CD 端施加磁场贯穿，在洛伦兹力的作用下，将导致一侧电子过多，而另一侧电子过少。在 EF 端会产生霍尔电压，电压大小与磁场强度有关，磁场强度越大，电压越

微课5-2
霍尔式轮速传感器的工作原理

大，如图 5-21a 所示。如果磁场消失，电子会重新均匀分布，这时电压为 0V，如图 5-21b 所示。如果定期施加或撤销磁场，就可以测得持续的电压变化。

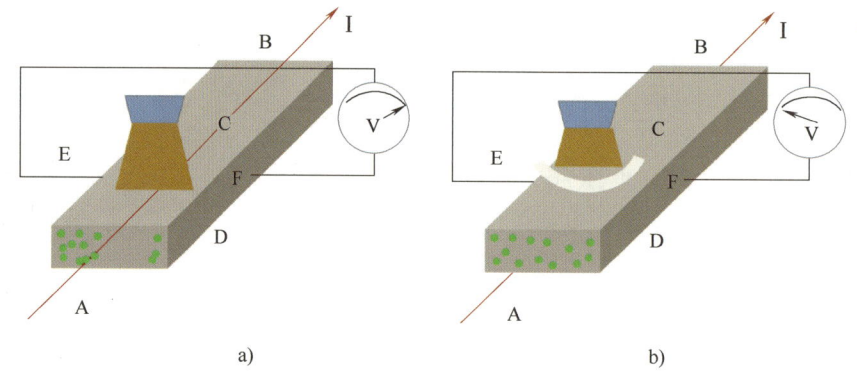

图 5-21　霍尔式轮速传感器工作示意图

霍尔式传感器主要由传感器本体和电磁密封圈组成。车轮轴承与磁环一起转动，密封圈上有磁极对。在磁环上有 48 对 N 极和 S 极交替排列，车轮转动，磁环上的 N 极和 S 极交替通过轮速传感器。如图 5-22 所示，霍尔式传感器的内部主要有霍尔元件和 IC 芯片两个元件。霍尔式传感器是有源式传感器，霍尔元件和 IC 芯片均需要电源，由控制单元来提供。车轮轴承转动，磁环转动，N 极和 S 极的磁感线交替地通过霍尔元件，进而感应出的电压相应地不断改变。磁环转得快，电压改变的频率就快；磁环转得慢，改变的频率就慢。频率快慢的信号会传递给 IC 芯片，经过处理、放大以后，形成具有不同频率的矩形方波信号，通过信号线传递给控制单元。

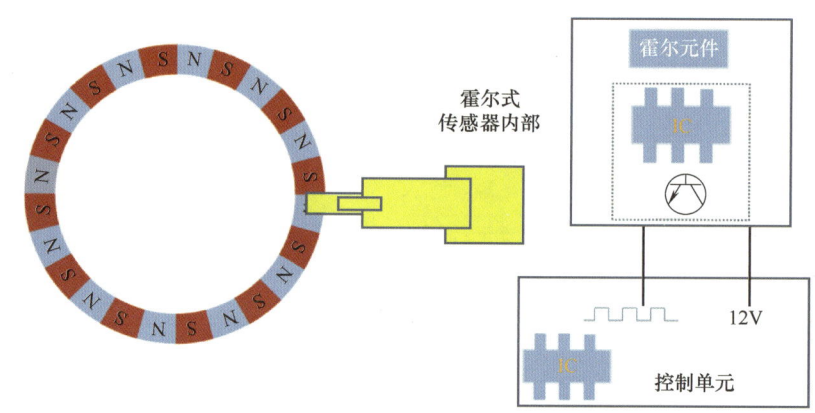

图 5-22　霍尔式传感器的工作原理

目前，大部分车型上的霍尔式传感能够识别车轮的旋转方向，主要用于坡道起步辅助控制。具备识别方向功能的霍尔式传感器有 3 个错开布置的霍尔元件，如图 5-23a 所示。当元件 C 的磁通量最小时，元件 A 的磁通量最大，传感器内部会产生一个差动信号 A-C，如图 5-23b 所示。霍尔元件 B 布置在 A 和 C 之间。当信号 A 和 C 以及差动信号为零时，元件 B 测出的磁通量最大。信号 B 何时达到最大值（正或负）就作为判定旋转方向的依据。例如：如果差动信号 A-C 的过零点是由信号的下降沿得到的，且信号 B 的最大值为负，那么就认为车轮在逆时针转动，如图 5-23c 所示。

霍尔式轮速传感器有两线式和三线式两种。三线式的 3 条线分别为电源、搭铁和信号，两线式的搭铁和信号用一根线，具体电路如图 5-24 所示。轮速传感器通过一个电流接口与 ESP 控制单元相连，ESP 控制单元内装有一个低阻值的测量电阻 R。转速传感器有两个电插头，它与测量电阻一起构成一个分压器。控制单元分析信号电压，转速传感器信号是 PWM 信号。某时间单位内的脉冲个数中包含转速信息、旋转方向、间隙尺寸、安装位置、车辆静止状态识别等信息。正确的间隙尺寸对系统功能是非常重要的，间隙的尺寸由系统自诊断来测量并分析。

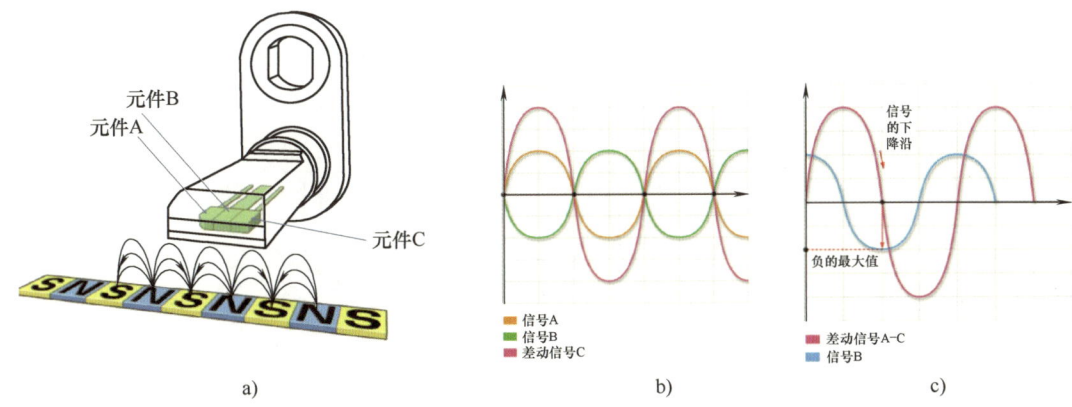

图 5-23 具有旋转方向识别的霍尔式传感器结构与工作原理图

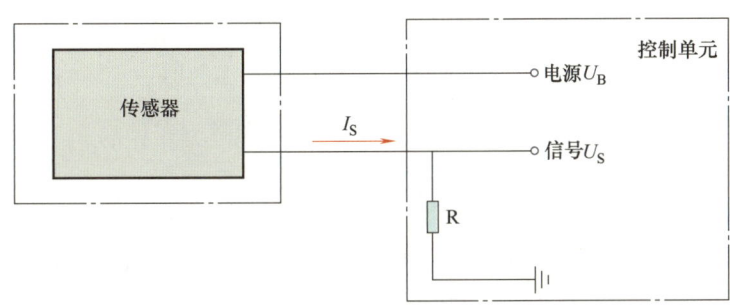

图 5-24 两线式霍尔式轮速传感器电路

霍尔式轮速传感器的特点：输出信号电压振幅值不受转速的影响，频率响应高，抗电磁波干扰能力强。

（2）磁电式轮速传感器　磁电式轮速传感器由传感头和齿圈等组成，如图 5-25 所示。传感头按外形可分为凿式极轴传感头、柱式极轴传感头和菱形极轴传感头等。

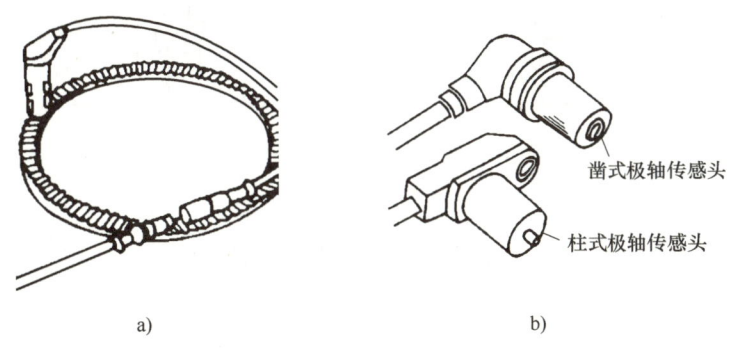

图 5-25 磁电式轮速传感器
a）轮速传感器的外形　b）轮速传感器的传感头

传感头的内部结构如图 5-26 所示。轮速传感头的极轴被传感线圈所包围，并直接安装于齿圈的上方。

齿圈固装在轮毂上（特殊情况也可装在后桥上），极轴同永磁体相连接，磁体的磁通延伸到齿圈，并与它构成磁路。当齿圈旋转时，齿顶和齿隙轮流交替对向极轴，此时磁通发生迅速变化，并切割传感线圈，于是在传感线圈中产生感应电动势，并由线圈末端通过导线传输送至 ECU，该电压变化的频率便能精确地反映出车轮速度的变化。

对于极轴形状不同的传感头，其相对于齿圈的安装方式也不同，如图 5-27 所示。菱形极轴传感头一般径向垂直于齿圈安装，凿式极轴传感头轴向相切于齿圈安装，柱式极轴轮速传感头需轴向垂直于齿圈。

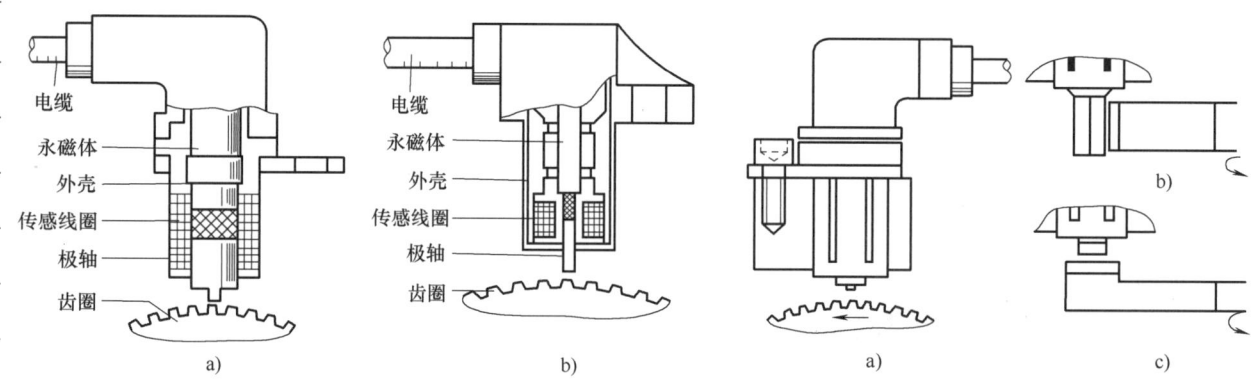

图 5-26 传感头的内部结构
a) 凿式极轴传感头 b) 柱式极轴传感头

图 5-27 不同极轴形式传感头的安装方式
a) 凿式极轴 b) 菱形极轴 c) 柱式极轴

为了保证传感器无错误信号输出,安装轮速传感器时应保证其传感头与齿圈间留有一个很小的空气隙,约1mm。另外,要求安装要牢固,以确保汽车在制动过程中的振动不会干扰或影响传感器信号,做到正确无误地输出。为了避免灰尘与飞溅的水、泥等对传感器工作的影响,在安装前需将传感器加注润滑油(如黄油)。

一般汽车前轮上的传感器被固定在车轮转向架上,转子安装在车轮轮毂上,与车轮同步转动。汽车后轮上的车速传感器被固定在后车轴支架上,转子安装在驱动轴上,与车轮同步转动。

当转子随车轮转动时,带齿的转子与传感器之间的空气隙发生变化而使磁电传感器中磁路的磁通发生变化,从而切割传感线圈产生交流电,交流电频率随转子的转速快慢而变化。根据磁电传感器感应出的交流电频率,ECU就能计算出该转子或车轮的转速,如图5-28所示。

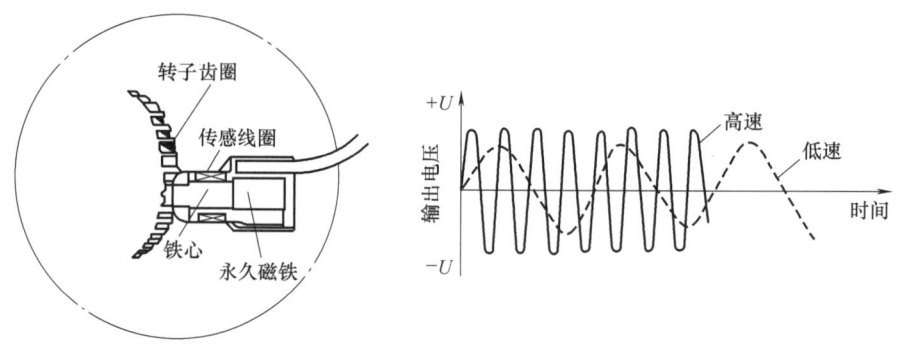

图 5-28 轮速传感器的输出电压波形

磁电式轮速传感器具有结构简单、成本低、不怕泥污等特点,磁电式轮速传感器也有以下一些缺点:

1)频率响应不高。当车速过高时,传感器的频率响应跟不上,容易产生错误信号。
2)抗电磁波干扰能力差,尤其是输出信号振幅值较小时。

3. 制动灯开关/制动踏板开关

制动灯开关一般安装在制动踏板或制动主缸上,是控制制动灯的开关。踩下制动踏板时开关接通,通知控制单元已经制动,松开变速器离合器,同时制动灯亮,还可以防止驱动轮制动抱死时发动机突然熄火。

常见的制动信号灯开关有液压式、气压式和弹簧式。某些车型上采用制动总泵传感器。

1)制动总泵传感器一般固定在制动总泵上,其内部有2个霍尔元件开关,分别为制动信号灯开关、制动踏板开关,在总泵活塞上面装有磁环,当踩下制动踏板时,磁环的位置发生变化,制动信号灯开关与制动踏板开关的状态就会发生改变。如图5-29所示,传感器有4根线,分别为供电、搭铁、两根信号线（分别为制动灯信号与制动踏板信号）。制动踏板开关为常闭，制动信号灯开关为常开。

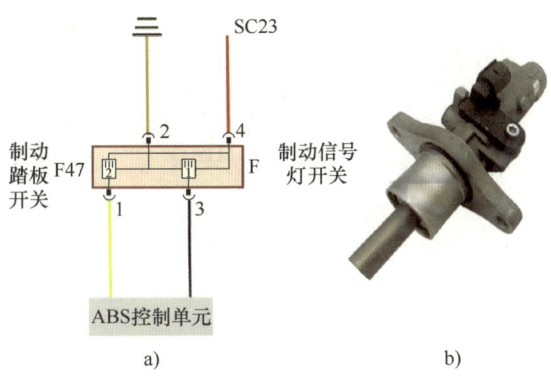

图 5-29 四线式制动总泵传感器
a）电路图　b）结构图

2）液压式制动灯开关用于采用液压制动系统的汽车上，装在液压制动主缸的前端或制动管路中。当踩下制动踏板时，由于制动系统的压力增大，膜片向上弯曲，接触桥同时接通两个接线柱，使制动灯通电发亮。松开制动踏板时，制动系统压力降低，接触桥在回位弹簧的作用下复位，制动灯电路被切断，如图 5-30 所示。

3）气压式制动灯开关用于采用气压制动系统的汽车，通常被安装在制动系统的气压管路上。制动时，制动压缩空气推动橡胶膜片向上弯曲，使触点闭合，接通制动灯电路，如图 5-31 所示。

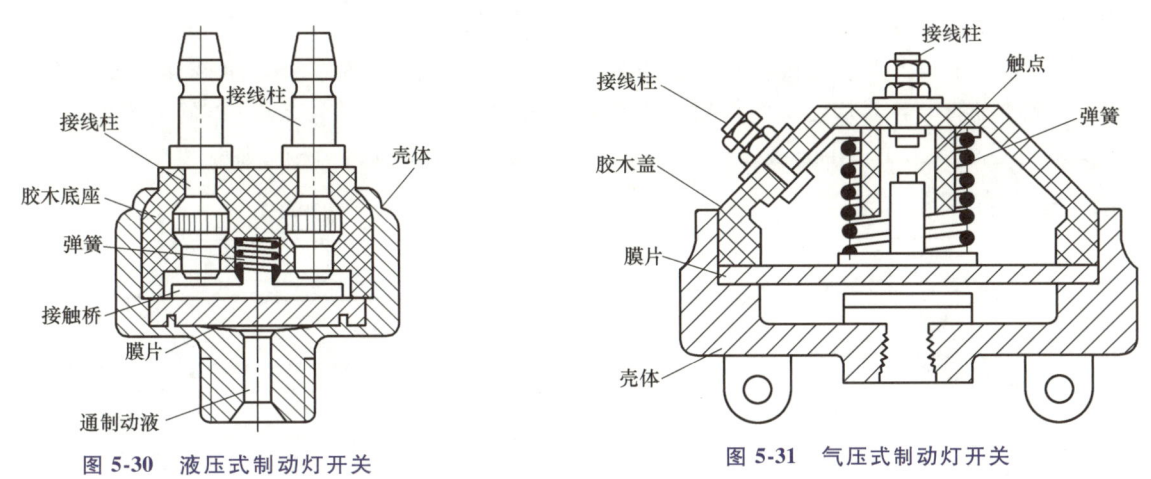

图 5-30　液压式制动灯开关　　　　　图 5-31　气压式制动灯开关

4. 制动压力传感器

制动压力传感器集成在液压单元内，向制动防滑控制系统提供主回路中的制动压力。控制单元根据制动压力计算车轮制动力及作用在车上的纵向力，以确定调节算法。例如：当 ESP 需要工作时，控制单元会利用此值计算侧向力。前面提到的液压助力功能借助制动压力传感器来判断是否紧急制动。另外，还要根据这个信号来校验制动灯开关的可靠性。

制动压力传感器的核心一个是压电元件 a，制动液的压力作用在其上，另一个是传感器电子元件 b，如图 5-32a 所示。如果制动液的压力作用到压电元件上，那么该元件上的电荷分布就会改变。如果没有压力作用，电荷分布是均匀的，如图 5-32b 所示。有压力作用时，电荷分布在空间发生变化，如图 5-32c 所示，于是就产生了电压。压力越大，电荷分离的趋势越强，产生的电压就越高。这个电压由电子装置放大，然后作为信号传给控制单元。电压的高低直接反映制动压力的大小。

5. 加速度传感器

制动防滑系统的调节过程比较复杂，仅靠车轮转速信号是不够的，实现 ESP 的功能控制单元需要

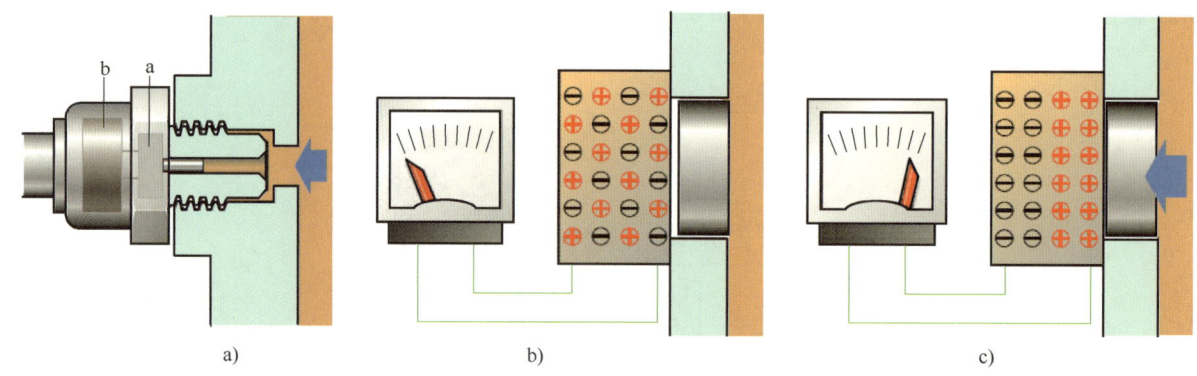

图 5-32 制动压力传感器的结构及工作原理图

a) 外形　b) 无压力作用　c) 有压力作用

知道车辆运动情况和转向盘转角信息。车辆运动情况由横向加速度传感器、纵向加速度传感器、横摆率传感器、转向盘转角传感器来监测。转角传感器在转向盘下方，工作原理在转向模块会详细介绍。目前，有些车型上将横向加速度传感器、纵向加速度传感器、横摆率传感器集成在 ABS 控制单元中，有些车型则将上述传感器集成在传感器单元。

加速度传感器按照物理换能原理可以分为压电式、压阻式、磁电式、电容式等类型，按照结构力学分为力平衡式和伺服式。本模块主要介绍电容式加速度传感器的工作原理。

横向加速度传感器、纵向加速度传感器采用"激振质量块"原理来工作，如图 5-33a 所示，即在两块电容器片之间有一个可以振荡的质量块，这个质量块本身的两个面上都有触点，因此就与外侧的两个电容器片构成了两个电容器了。

如果车辆加速了，质量块在惯性作用下在电容器片之间的位置就会发生变化，如图 5-33b 所示，于是两个电容器的电容器片之间的距离发生变化，如图 5-33 所示，电容器 C1 的电容就变小了，而电容器 C2 的电容就变大了。电子装置分析这些电容变化情况，即可得出相应加速度的变化。

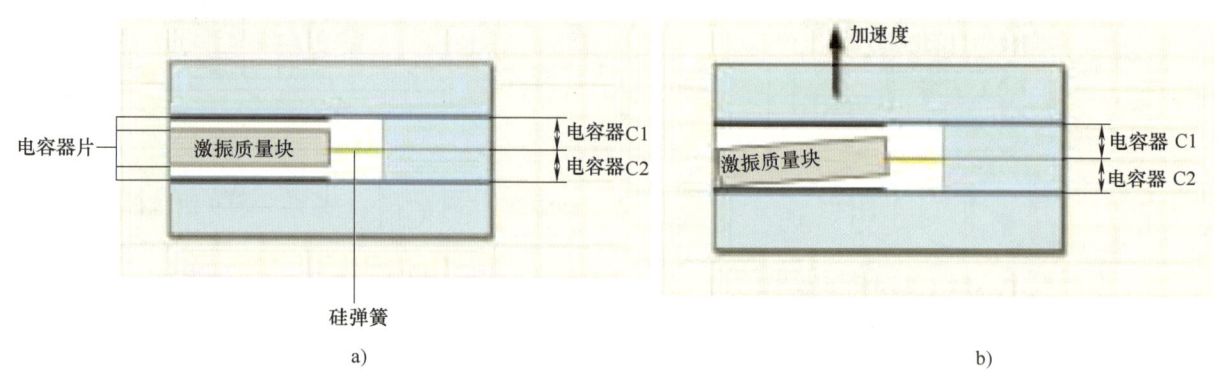

图 5-33 电容式加速度传感器

a) 无加速　b) 有加速

6. 电子控制单元

ECU 是制动防滑系统的"大脑"，其作用是接收来自车速传感器和其他传感器的信号，计算出车轮转速、车轮的加减速度、车轮滑移率，对这些信号进行分析后综合判断车轮打滑状态和车身姿态，然后根据设定的控制方式，计算并产生相应的车轮加减速度门限控制信号及滑移率门限控制信号，对电磁阀输出减压、保压或增压控制信号。

二、制动防滑系统主动降压和主动增压的过程

1. 主动降压工作过程

以 ABS 的建压、保压、降压工作过程为例，描述主动降压过程。红旗 H5 ABS 电液控制原理图如

图 5-34 所示。USV1 和 USV2 为常开电磁阀，HSV1 和 HSV2 为常闭电磁阀，RREV、FLEV、FREV、RLEV 为常开电磁阀，RRAV、FLAV、FRAV、RLAV 为常闭电磁阀。

1）建压过程。如果驾驶人踩下了制动踏板，以左前轮（FL）为例，制动液经制动主缸→常开电磁阀 USV2→常开电磁阀 FLEV→左前轮缸制动器。如果驾驶人将脚从制动踏板上移开了，那么制动压力按原路卸掉。

微课5-3
ABS的工作过程

2）保压过程。如果驾驶人所建立起的压力过大了，将导致根本无法产生侧向滑动力，以左前轮为例，相应的进液阀 FLEV 通电被激活，于是进液阀关闭，出液阀断电，也是关闭状态。此时，尽管驾驶人在制动踏板上施加了更大的力，制动力也不会继续增大了。

3）降压过程。如果某车轮制动器上的制动压力过大了，那么"降低制动压力"这个调节功能就被激活了。以左前轮为例，这时进液阀 FLEV 通电被关闭，排液阀 FLAV 通电被打开。为了能快速卸压，首先是把储存室注满；如果这还不够，那就必须将制动液逆着驾驶人所施加的制动压力送回制动总泵内。这个送回所需要的压力是通过接通电动机来实现的，电动机带动油泵 SRP2 工作。这时，敏感的驾驶人能感受到这个回液过程，因为制动踏板上有轻微的脉动。

2. 主动增压工作过程

ESP 对个别车轮实施制动，防止车辆出现转向过度或转向不足。对于有 ESP 的车辆，会通过在某车轮上主动建立起制动压力来应对这个情况，由此而产生的转矩会阻止车辆后部出现甩尾现象，这就稳定了车辆。ESP 调节过程在千分之几秒内就能完成。这个调节采用的具体方式就是前面已经说过的"建立制动压力""保持制动压力"和"降低制动压力"。以左前轮为例，描述 ESP 主动建压过程，如图 5-34 所示。电动机通电，左侧油泵 SRP2 工作，制动油液从油壶→HSV2（通电打开）→油泵 SRP2→左前轮进液阀 FLEV→左前轮制动器。控制单元判断危险解除时，油压降低过程与 ABS 主动降压类似。

微课5-4
ESP的工作过程

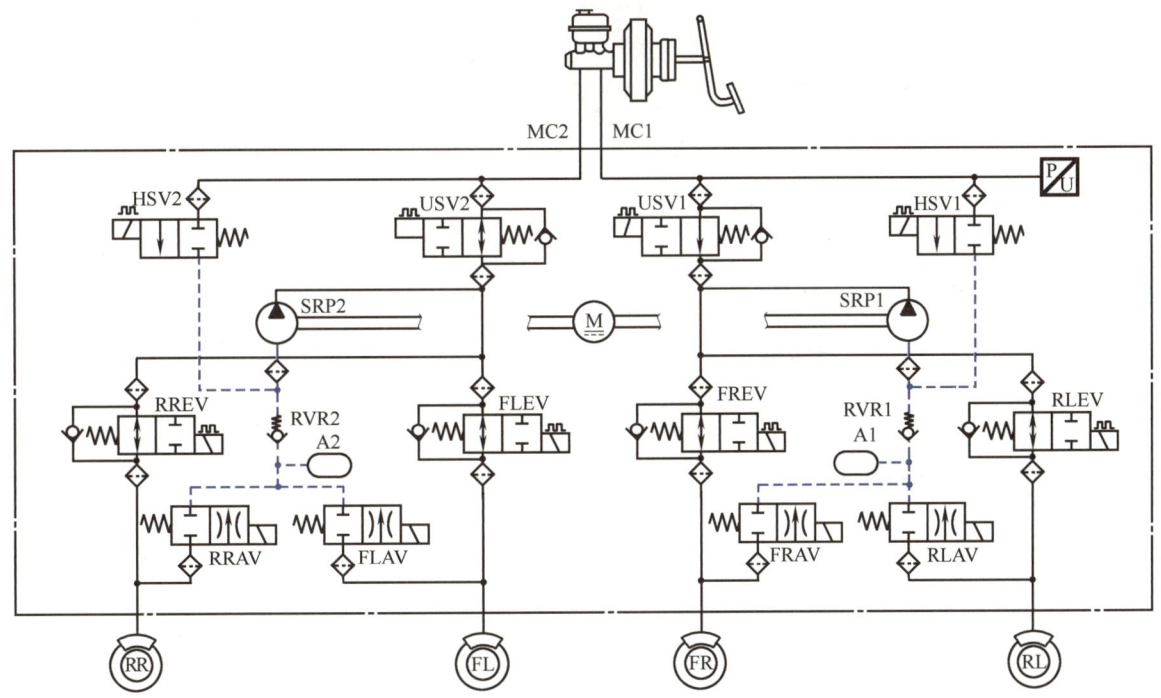

图 5-34 红旗 H5 ABS 电液控制原理图

ESP 与 ABS、EBD、EDS 和 ASR 一起集成在同一个控制单元内。该控制单元不断地判定车辆的实际情况和车辆的规定情况，并将实际情况与规定情况相对比。如果实际情况与规定情况之间的偏差超过了规定的极限值，那么就会激活这个调节功能，如图 5-35 所示。

1）控制单元判断车辆的实际情况。根据车轮转速传感器的测量值，来确定出车轮滑移率以及车速；根据横摆率、纵向加速度和横向加速度传感器测量横摆率、纵向和横向加速度；制动压力传感器负责传送制动系统主回路实时压力信息；变速器控制单元负责传输档位信息。

2）控制单元判断驾驶人的驾驶意愿。控制单元所需要获取的转向、加速踏板、制动的情况通过转角传感器、发动机控制单元、制动灯开关和制动踏板开关、制动压力传感器来传递。

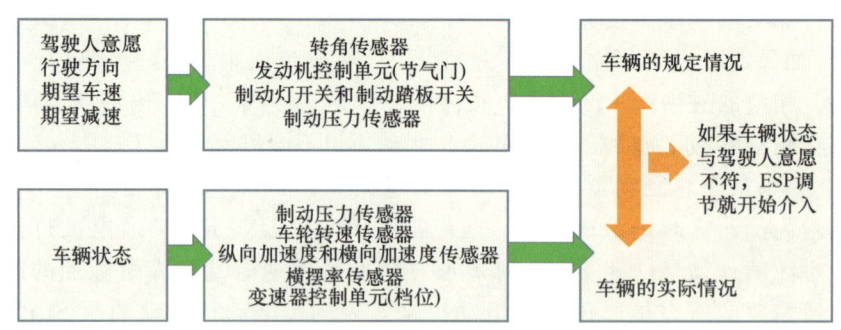

图 5-35 ESP 调节过程原理框图

与 ABS 相比，ESP 系统增加了转角传感器、横向加速度传感器、横摆率传感器、纵向加速度传感器、ASR 和 ESP 按键、4 个电磁阀、ESP 和 ASR 关闭指示灯、ESP 和 ASR 故障灯，如图 5-36 所示。

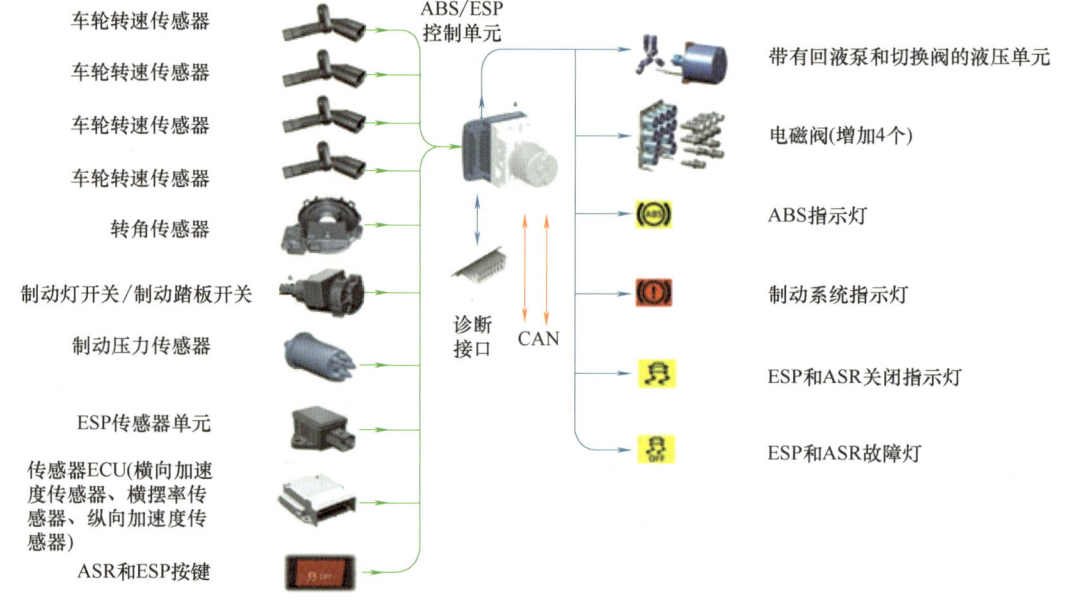

图 5-36 ESP 系统的组成

三、制动防滑系统的检修方法

1. 检修 ABS 的注意事项

检修 ABS 故障时的注意事项如下：

1）制动过程中 ABS 工作时，驾驶人会明显感受到制动踏板的回弹，同时可听到泵和电磁阀的工作声音，这是正常的。

2）在积雪或砂石路面上制动时，有 ABS 的车辆的制动距离会比没有 ABS 的车辆长。这是因为没有 ABS 的车辆在车轮制动抱死时会将道路表面的物质（积雪或碎石）铲起，堆在车轮前面，造成阻力，使制动距离变短。

3）当车辆起动时，ABS 警告灯亮，表示 ABS 正进行系统自检，约 1.7s 后警告灯自动熄灭；若警告灯不灭或在行车中突然亮，说明 ABS 有故障，此时常规制动系统仍能正常工作；若 ABS 警告灯不亮，但制动效果仍不理想，则可能是系统放气不干净或在常规的制动系统中存在故障。

4）在更换液压 ECU 或出现系统泄漏的情况下，维修后，加液时要特别注意排气。由于常闭阀在断电状态下关闭，在常规排气时第二回路中的气体无法排出，一旦 ABS 起作用，常闭阀打开，第二回路中的空气将会进入整个制动系统，使制动系统变软。因此，在进行常规排气后，必须通过专用仪器打开常闭阀对第二回路进行排气。

5）更换液压 ECU 后，必须使用诊断仪按照维修手册要求，进行排气、编码、转角传感器和制动压力传感器校准、执行元件（电动机、液压泵、电磁阀）诊断等操作，否则 ABS 警告灯闪烁，系统不能正常工作。

6）如果横向加速度传感器、纵向加速度传感器、偏转率传感器集成在控制单元中，则更换液压 ECU 后，需要对传感器进行校准。

7）使用电焊机进行焊接之前，必须关闭点火开关，然后从 ECU 上拔下插头。

8）进行喷漆操作时，ECU 可短时间承受最高为 90℃ 的温度，或在较长时间内承受 85℃ 的温度（约 2h）。

9）拆卸液压单元前，必须切断蓄电池搭铁线。

10）接上了检测仪后，汽车不准行驶。

11）对 ABS 修理前，为了检查故障，先用诊断仪查询故障存储。

12）ABS 工作必须绝对清洁，绝不要使用含矿物油的物质及汽油、稀释剂等类似的清洁剂，同时，注意不要让制动液流到线束插头内；拆下的元件如果不能立刻完成修理工作，必须小心地盖好或者用塞子封闭；配件要在安装前才从包装内取出。

13）系统打开后不要使用压缩空气吹，也不要移动车辆。

2. 制动系统排气方法

制动防滑系统管路中的气体是有害的，会破坏制动压力的正常调节，导致防滑系统的主动降压和主动增压失去作用。当更换制动器，打开了制动管路，更换了制动系统液压单元或是制动踏板发软、变低，制动效果变差时，就需要对防滑系统进行排气。

对制动系统排气时应注意以下几点：

1）如果制动液储液罐的一个腔室已完全排空（例如制动装置出现泄漏），则必须先对制动装置进行预排气。

2）对 ABS 液压单元排气时，制动液加注和排气装置需要一定的预压。

3）刚刚放出的制动液不能马上回添入储液罐，需在加盖的玻璃瓶中静置 3 天以上，待制动液中的气泡排尽后才能再用。

4）在排气过程中，制动踏板要缓缓地踩，不能过猛，这与普通制动系统一样。

5）不同形式的 ABS，其排气程序可能会有些不同，应参照相应的维护手册进行排气操作。

6）一些 ABS 排气可让 ABS 油泵工作（打开点火开关，有的需运行发动机），在加压的情况下可使排气更快、更彻底。

3. 制动防滑系统的部件检查方法

（1）车速传感器故障的检查方法

1）车速传感器可能出现的故障：

① 磁电式轮速传感器感应线圈有短路、断路或接触不良等。

② 车轮车速传感器齿圈上的齿有缺损或脏污。

③ 车轮车速传感器信号探头部分安装不牢（松动）或磁极与齿圈之间有脏物。

2）磁电式车轮车速传感器故障的检查方法：

① 直观检查，主要检查传感器有无松动，导线及插接器有无松脱，信号盘间隙是否正常。

② 用欧姆表检测传感器感应线圈电阻值，电阻值一般为 600～2000Ω，具体情况参照车型。如果电阻值过大或过小，均说明传感器不良，应更换。

③ 用交流电压表测量传感器的输出信号电压，在车轮转动时，电压表应该有电压指示，其电压值应随车轮转速的升高而升高，一般情况下，应达到2V以上。

④ 用示波器检测传感器的输出信号电压波形，正常的信号电压波形应是均匀稳定的正弦电压波形。如果信号电压无或有缺损，应拆下传感器进行进一步检查。

⑤ 用万用表测量传感器电路是否断路、对地短路。

3）霍尔式轮速传感器故障的检查方法：

① 直观检查，主要检查传感器有无松动，导线及插接器有无松脱，信号盘间隙是否正常。

② 用欧姆表检测传感器来电和信号线的电阻值（一般为兆欧级别）。如果电阻值不正常，应拆下来进一步检查。

③ 用直流电压表或示波器测量传感器来电电压，一般为12V/9V/5V。如果来电电压不正常，则应进一步检查电路是否短路、断路。

④ 用示波器检查信号线电压，正常信号电压为方波信号。如果信号电压不正常，应进一步检查信号电路是否短路、断路，具体操作，请观看微课5-5读取轮速传感器测量值并进行检测；如果信号电压无或有缺损，应拆下传感器进行进一步检查。

（2）制动灯开关/制动踏板开关的检查方法

1）四线式制动总泵传感器的检查方法：

① 直观检查，主要检查传感器有无松动，导线及插接器有无松脱。

② 用诊断仪读取数据流查看开关状态是否正常；若不正常，拔下传感器插头，测量电路供电、搭铁是否正常；插上插头，测量信号电压是否正常。

③ 打开点火开关，插上传感器插头，用磁铁靠近传感器的感应部分，用万用表测量信号电压。如果正常，制动灯可以正常闪烁，则应进一步检查制动总泵。

微课5-5
检测轮速传感器

2）四线式制动灯开关检测方法：

① 直观检查，主要检查传感器有无松动，导线及插接器有无松脱。

② 用诊断仪读取数据流查看开关状态是否正常；若不正常，拔下传感器插头，测量电路供电、搭铁是否正常。

③ 拆卸制动灯开关，用万用表蜂鸣档分别测量制动灯开关打开和关闭状态下电路的通断情况。正常情况下，制动灯开关打开状态，其中，两个端子是通的，另外两个端子不通；制动灯开关关闭状态，则刚好相反，原来通的变为断路，原来不通的变为通路。如果测试结果不正常，则说明制动灯开关有问题，如果测试结果正常，制动灯不亮或常亮，则应检查电路。

（3）ECU的检查方法

1）检查ABS的ECU线束插接器有无松动，连接导线有无松脱。

2）检查ABS的ECU线束插接器各端子的电压、波形或电阻值，如果与标准值不符，与之相连的部件和电路正常，则应更换ECU后再试。

3）直接采用替换法检验，即在检查传感器、继电器、电磁阀及其电路均无故障时，怀疑是不是ABS的ECU有故障。这时，可以用新的ECU替代旧的ECU，如果故障现象消失，怀疑就被证实。请观看微课5-6 ABS控制单元编码及执行元件诊断。

微课5-6
ABS控制单元
编码及执行
元件诊断

微课5-7
校准横向、纵向、横摆率传感器操作方法

（4）液压单元电磁阀/油泵/制动压力传感器的检查方法　液压单元内部的电磁阀、制动压力传感器、油泵一般不可以单独更换，损坏后只能整体更换液压单元，为此，可以利用诊断仪的执行元件诊断功能判断电磁阀、油泵的好坏。请扫码观看微课5-7校准横向、纵向、横摆率传感器操作方法。也可以利用诊断仪读取数据流，来判断传感器是否正常工作。

（5）熔丝的检查方法　熔丝常见的故障有熔断、不良等，检查方法如下：

1）直观检查，在断电情况下，拔下熔丝，检查熔丝是否熔断、端子是否烧蚀。

2）用万用表电阻档测量电阻值，若电阻值无穷大，说明断路；若电阻值较大，则检查熔丝端子是否虚接。

3）替换法，替换一个新的熔丝，若工作正常就可以断定之前的熔丝坏了，需要更换。

【在线测试】

请扫描二维码完成在线测试。

【任务实施】

任务工单

任务名称:检修制动防滑系统				
姓名：		班级：	学号：	
【任务描述】		请结合车辆,描述该车型制动防滑系统的组成及工作原理,检修防滑系统各部件的好坏		
【实施准备】		配置电控制动的车辆、教学运行台架（或虚拟仿真系统）		
【实施过程】	1. 自主学习	学习相关知识,能够梳理各部件的工作原理、主动降压和主动增压的机理		
	2. 计划与决策	小组讨论,确定部件检修方法		
	3. 小组执行	小组工作,汇报小组成果,展示检查步骤及方法 规范做好 5S		
【评价反思】	项目	评价点	自评	
	介绍制动防滑系统各部件的工作原理	制动防滑系统的组成部件及位置	□达成	□未达成
		轮速传感器的类型、工作原理及优缺点	□达成	□未达成
		制动灯开关的类型及工作原理	□达成	□未达成
		加速度传感器的类型及工作原理	□达成	□未达成
		电子控制器的结构	□达成	□未达成
	介绍制动防滑系统主动降压和主动增压的工作机理	主动降压的工作过程	□达成	□未达成
		主动增压的工作过程	□达成	□未达成
	制动防滑系统的检修	检查轮速传感器并判断故障	□达成	□未达成
		检查制动灯开关并判断故障	□达成	□未达成
		检查油泵/电磁阀/制动压力传感器	□达成	□未达成
		检查 ECU	□达成	□未达成
		检查电路熔丝	□达成	□未达成
	安全与规范	车辆防护	□达成	□未达成
		人员与安全	□达成	□未达成
		现场 5S	□达成	□未达成
	其他			

任务三 制动防滑系统典型故障分析

【学习内容】

1. 制动防滑系统的故障灯含义
2. 制动防滑系统的诊断方法及流程
3. 制动防滑系统的故障案例

【学习目标】

1. 能够描述制动防滑系统的故障灯含义
2. 能够制订制动防滑系统的一般诊断方法
3. 能够分析制动防滑系统的故障原因
4. 能够排除制动防滑系统的故障
5. 培养安全环保的职业道德，树立技能报国的职业理想

【任务描述】

某家用轿车，行驶里程为 50000km 左右，仪表盘 ABS 和 ESP 故障警告灯亮，经与车主沟通得知，右前轮速传感器前段时间刚换过，更换时间不超过半年，现在需要排除故障。

【相关知识】

一、制动防滑系统诊断流程

1. 控制单元故障灯含义

当点火开关接通，控制单元就立即对其外部电路进行自检，制动警告灯亮起，一般 3s 后熄灭。如果灯不亮或一直亮均说明控制单元电路有故障，应对其进行检查。如果自检过程中，控制单元发现 ASR/ESP 功能故障，则仪表中 ESP 黄色故障指示灯会亮，此时 ABS、EBV、EDS 仍处于激活状态；控制单元发现 ABS/ASR/EDS/ESP 功能故障，则仪表中 ABS 和 ESP 黄色故障指示灯会亮，此时只有电子制动力分配应急功能仍能工作。如果仪表显示制动系统红色警告灯，则制动防滑系统所有功能均关闭。当仪表出现故障指示灯或警告灯时，要及时检修。警告灯符号及含义见表 5-3。

表 5-3 警告灯符号及含义

符号	含义	符号	含义
	制动系统故障警告灯		EPB 系统故障警告灯
	制动摩擦片磨损过度警告灯		ESP 系统关闭警告灯
	ABS 故障警告灯		ESP 系统工作指示灯
	AVH 系统故障警告灯		EPB 系统工作指示灯
	AEB 系统故障警告灯		AEB 系统工作指示灯
	HBB 系统故障警告灯		AEB 关闭指示灯
	HDC 系统故障警告灯		AVH 工作指示灯

2. 故障诊断方法及流程

（1）制动防滑系统的诊断方法　ABS的故障大致可分为以下几种情况：一是紧急制动时，车轮被抱死；二是制动效果不良；三是警告灯亮起；四是ABS出现不正常现象。应根据情况，采用正确的方法检修故障。

1）先对ABS的外观进行检查，如导线的插头和插接器有无松脱、制动油路和泵及阀有无泄漏破损、蓄电池是否亏电等。对这些容易出现且检查方法又很简单的故障先进行检查，确定无异常时，再进行系统检查，对迅速排除故障有利。

2）遇到制动不良故障时，应先区分是ABS机械部分（制动器、制动总泵、制动管路等）不良还是ABS电控系统的故障。其方法是让汽车以普通制动方式工作，如果制动不良故障消失，则说明是ABS电控系统有故障，否则，为ABS机械部分的故障。

3）ABS电控系统故障多出现为线束插接器或导线头松脱、车速传感器不良等，应先对这些部件和部位进行检查；ABS的ECU故障更少，一般情况下，不要轻易拆检ECU。此外，在检查电路故障时，不应漏检熔断器。

4）在需拆检ABS液压控制器件时，应先进行泄压，以避免高压油喷出伤人，尤其是有蓄能器的ABS。例如，一些制动压力调节器与制动总泵为一体的整体式ABS，蓄能器中的压力高达180MPa。卸压的方法是关掉点火开关，然后反复踩制动踏板20次以上，直到感觉踩制动踏板力明显增加（无液压助力）时为止。

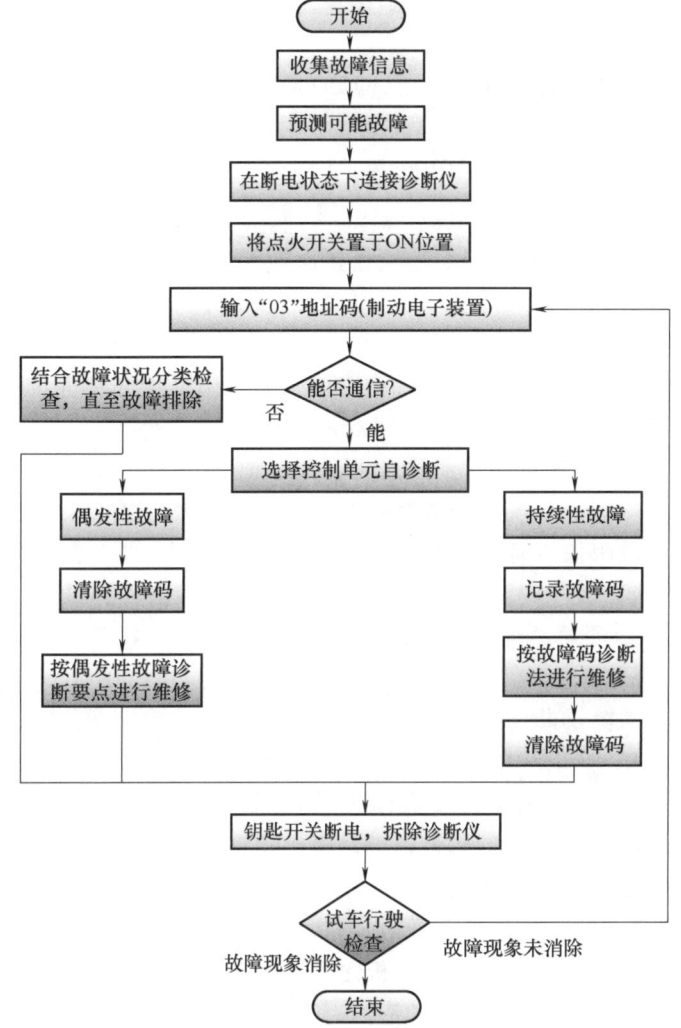

图5-37　制动防滑系统故障诊断流程

（2）制动防滑系统故障的诊断流程　在检修制动防滑系统故障时，先跟客户沟通，收集汽车近期的使用和维修情况，再读取控制单元存储的故障码，以便得到故障部位提示，准确、迅速地排除故障。诊断流程如图5-37所示。

二、故障案例

1. 霍尔式轮速传感器故障

故障现象：某家用轿车，行驶里程为100000km左右，仪表盘ABS和ESP故障警告灯亮。经与车主沟通后得知，左前轮速传感器前段时间刚换过，更换时间不超过半年。

故障诊断与排除：

1）外观目视检查。首先检查传感器本体、信号盘及它们之间的间隙，全部正常。

2）读取故障码。车辆连接诊断仪读取故障码为左前轮速传感器电气故障。

3）检测轮速传感器。此车型所用传感器为两线霍尔式。断开点火开关，拔下左前轮速传感器测量其电阻值为0，测量其他3个传感器的电阻值为兆欧级别。霍尔式传感器的电阻值正常情况下为兆欧级别，因此可以断定左前轮速传感器本身有问题。

4）断开点火开关，进一步对左前轮速传感器的电路进行检测，电路均为导通状态，电路电阻值正常，没有对地短路。在传感器安装状态，打开点火开关，检测其来电电压为12V，说明来电电压正常。

5）确定故障点在传感器本体上。更换新的传感器，清除故障码，故障警告灯消失，试车，车辆状况正常。

故障点评：在此需要注意的是霍尔式传感器电阻值是兆欧级别，与磁电式差别很大。

2. 磁电式轮速传感器故障

故障现象：某家用轿车，行驶里程为110000km左右，仪表盘ABS警告灯亮。

故障诊断与排除：

1）读取故障码。车辆连接诊断仪读取故障码：左后轮速传感器断路或对地短路，并且一直清除不掉。

2）检测轮速传感器。此车型所用轮速传感器为磁电式，磁电式轮速传感器为无源传感器，其内部就是一个线圈。拔下左后轮速传感器，用万用表测量其电阻值为950Ω左右，查阅维修手册，标准电阻为950Ω左右，说明传感器是正常的。

3）检查电路。断开点火开关，把ABS总成的线束插座拔下来，查找电路图，找到左后轮速传感器的端子，目视检查电路问题，发现一个端子有锈蚀的情况。将端子打磨干净，喷上WD40。测量电路的电阻值正常，将其安装回去，打开点火开关，测量两根导线无对地/对正极短路。

4）故障码清除，仪表ABS故障警告灯消失，试车，车辆状况正常。

3. 油泵故障

故障现象：某家用轿车，行驶里程为200000km，客户反映ABS故障警告灯亮。

故障诊断与排除：

1）读取故障码。车辆连接诊断仪读取故障码：ABS油泵电动机电路故障/电动机信号超差。

2）检查电动机及其电路。应用执行元件诊断功能直接驱动电动机，电动机不工作。检查电动机熔丝，电压正常；随后检查电动机，用蓄电池电压驱动电动机，电动机正常工作，说明ABS控制单元内部存在故障，无法驱动液压泵。

3）检查控制单元与电动机之间的电路。拆解ABS控制单元，发现控制单元侧导板插接器上的油泵电动机控制端子与电路板之间的触点脱焊，导致信号传输中断。

4）重新焊接脱焊的触点，复位装车后进行路试，ABS正常工作，故障排除。

故障点评：在本案例中，油泵电动机为直流电动机。控制原理是控制单元给电动机提供电流，电动机转动，同时控制单元监控该电流值。电流在一定范围内，不能太大，也不能太小，如果超出这个范围就是超差。例如出现断路或者接触不良的情况，电流肯定就小了。由于控制单元长时间在发动机舱烘烤，导致焊点开焊，出现信号超差的故障码。

4. 制动信号灯开关/制动踏板开关故障

故障现象：某家用轿车，行驶里程为120000km，客户反映，制动灯常亮。

故障诊断与排除：

1）读取故障码。连接诊断仪读取故障码：制动信号灯开关信号不可信。分析可能是制动信号影响的节气门不顺畅。

2）检测制动泵传感器。此车所用制动泵传感器为四线霍尔式制动泵传感器。首先打开点火开关，拔下传感器插头，分别测得4号供电为蓄电池电压，2号搭铁正常。随后插上传感器，不踩制动踏板状态下，测量2个信号电压，分别为蓄电池电压和0V；踩下制动踏板后，原来的蓄电池电压变0V，0V依然是0V。说明有一组信号出现问题，导致制动灯常亮。

3）更换制动总泵传感器，故障码清除，试车，制动灯正常。

模块五　制动防滑系统

【在线测试】

请扫描二维码完成在线测试。

【任务实施】

任务工单

任务名称：制动防滑系统典型故障分析				
姓名：		班级：		学号：
【任务描述】		请结合车辆实际故障，进行故障诊断		
【实施准备】		配置电控制动的车辆、诊断仪、示波器、万用表、电路图		
【实施过程】	1. 自主学习	学习故障诊断思路、电路图，了解指示灯含义		
	2. 计划与决策	小组讨论，确定诊断思路		
	3. 小组执行	小组工作，汇报小组成果，展示诊断步骤，实施诊断 规范做好 5S		
【评价反思】	项目	评价点	自评	
	制动防滑系统的故障诊断思路	电路图查阅，各熔丝、继电器位置查找	□达成	□未达成
		读取车辆故障码	□达成	□未达成
		分析故障可能原因	□达成	□未达成
		制订诊断思路	□达成	□未达成
	制动防滑系统的故障诊断实施	检测可能故障点的电压、电阻值、电流值	□达成	□未达成
		检测故障可能部件数据读取	□达成	□未达成
		故障可能部件执行元件诊断	□达成	□未达成
	安全与规范	车辆防护	□达成	□未达成
		人员与安全	□达成	□未达成
		现场 5S	□达成	□未达成
	其他			

任务四　检修电子驻车系统

【学习内容】	【学习目标】
1. 电子驻车系统的功能、组成及工作原理 2. 电子驻车系统的使用方法 3. 电子驻车系统各部件的检测方法	1. 能够介绍电子驻车系统的功能、组成及工作原理 2. 能够演示电子驻车系统的操作方法 3. 能够规范检测电子驻车系统的各部件 4. 增强服务意识，提升质量意识

【任务描述】

客户在更换制动片后，发现其车仪表的电子驻车故障指示灯亮，随即返回维修店进行投诉。你能进一步查找原因并处理吗？

【相关知识】

一、电子驻车系统的组成及工作原理

现代汽车电子驻车系统由于在内部空间结构中有更大的自由度、功能更强大、简化了车辆的生产和装配过程等优点，进而取代了传统手动制动器。目前电子驻车控制单元一般集成在 ABS 控制单元中。电子驻车系统主要有卡钳集成式电子驻车系统和拉索式电子驻车系统两种类型。

1. 电子驻车系统的组成

电子驻车系统主要由开关、控制单元、执行器和指示灯组成。如图 5-38 所示，开关有电子驻车制动器按钮、AUTO HOLD 按钮；执行机构为左侧和右侧制动电动机、电子驻车指示灯、制动装置指示灯、电子驻车故障指示灯、AUTO HOLD 指示灯。

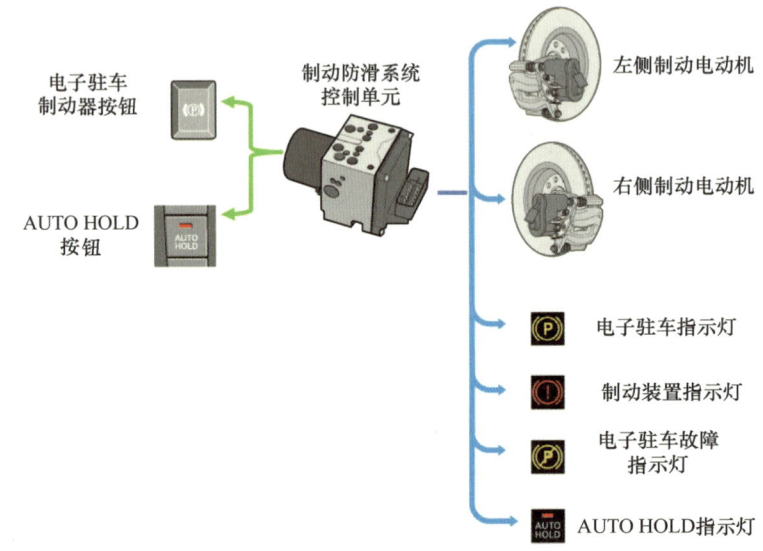

图 5-38　电子驻车系统的组成

电子驻车指示灯位于电控机械式驻车制动器按钮中，拉起驻车按钮时，指示灯亮。制动装置指示灯位于组合仪表中，驻车制动器打开时，指示灯亮。电子驻车制动器故障指示灯位于组合仪表中，如果制动装置发生故障，故障指示灯亮。AUTO HOLD 指示灯位于 AUTO HOLD 按钮中，按下该按钮，指示灯亮。

2. 电子驻车系统的工作原理

电子驻车系统的制动执行器是一个电控机械式伺服单元，它集成在后车轮制动钳中，通过电动机、多级变速器及螺杆三级传动，将"操作驻车制动器"指令转换成相应的力，然后制动摩擦片压靠到制动盘上，如图 5-39 所示。

第一级传动为同步带传动。电动机转子通过同步带将动力由电动机传递到斜盘式齿轮，传动比为 1∶3。

第二级传动为斜盘齿轮传动。通过斜盘齿轮进行第二步传动，传动比为 1∶50。如图 5-40 所示，斜盘式齿轮由一个大齿轮、斜盘轮和从动轮组成，斜盘轮通过 2 个凸耳固定在外壳中，并且无法转动，斜盘轮只能进行摆动运动。输出轴固定在从动轮上，大齿轮通过轴承套在输出轴上，斜盘轮通过轴承套在大齿轮轮毂上，斜盘轮有 51 个齿，从动盘有 50 个齿，大齿轮旋转 1 圈，斜盘轮左右摆动 1 次，从动轮往前拨动 1 个齿宽，因此，斜盘齿轮的传动比为 1∶50。

第三级传动为螺杆传动。如图 5-41 所示，螺杆传动将旋转运动转变冲程运动。斜盘式齿轮直接传动螺杆，螺杆转动的方向决定螺纹上的压力螺母向前或向后移动。螺杆机械装置是自锁式的。电动机机械式制动器起动后，即使不通电，系统也保持锁止状态。

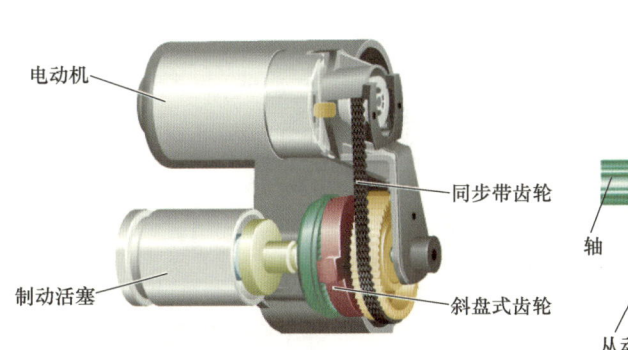

图 5-39 电子驻车系统三级传动

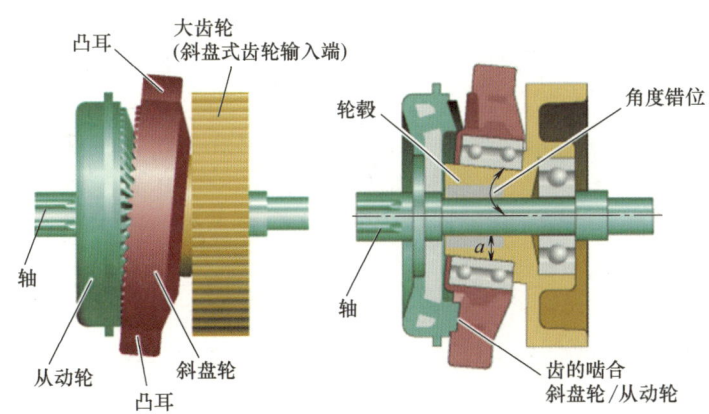

图 5-40 斜盘齿轮传动

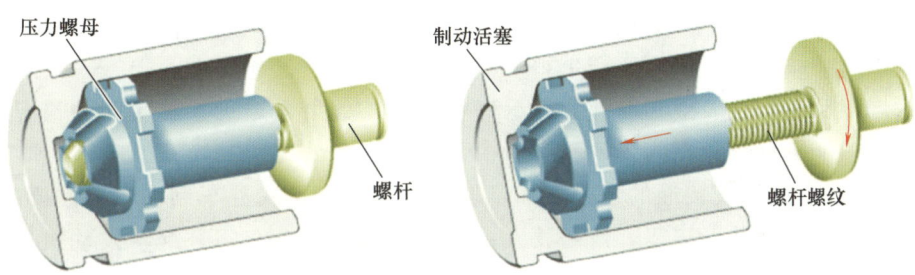

图 5-41 螺杆传动

电控机械式驻车制动器的工作过程如下：

1）如果需要启用驻车制动器，电控机械式驻车制动器控制单元会起动电动机，电动机通过带轮、斜盘式齿轮、螺杆传动，使压力螺母向前移动。压力螺母移动到制动活塞上，并将其压向制动摩擦片，如图 5-42 所示。制动摩擦片从另一侧压制动盘。这样，就造成密封环沿制动摩擦片方向发生变形。由于这个压力，使电动机的耗电量升高。在制动过程中，电控机械式驻车制动器控制单元全程测量电动机的耗电量。当耗电量超过一定值时，控制单元关闭对电动机的供电。

2）如果需要关闭驻车制动器，螺杆上的压力螺母向后移动，制动活塞被松开，随着密封环逐渐恢复原形，并且制动盘由此可能产生的不平衡，制动活塞缩回，摩擦片离开制动盘。

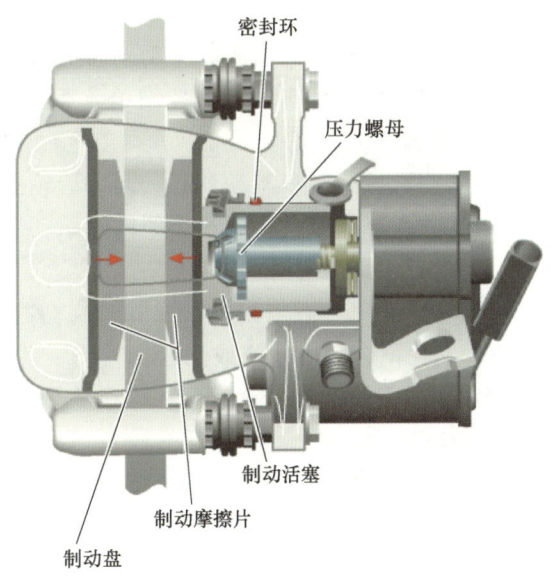

图 5-42 电控机械式后轮制动器启用过程

制动盘与制动摩擦片的空气间隙重新调整。车辆静止时，会循环测定空气间隙，行驶 1000km 后，如果仍没有操作过驻车制动器，将会自动进行一次空气间隙重新调整。这时，制动摩擦片从零位开始向制动盘移动。电控机械式驻车制动器控制单元根据电动机的耗电量获得摩擦片移动的距离，并且因此可以对制动摩擦片磨损进行补偿。

二、电子驻车系统的功能及使用方法

电子驻车系统具有驻车制动、动态起动辅助、动态紧急制动、AUTO HOLD 等。

微课5-8
电子驻车的组成
及工作原理

根据车速,基本上可以将制动模式分为两种,一种是静态模式(车速低于7km/h),另一种是动态制动模式(车速高于7km/h),如图5-43所示。静态模式下,驻车制动器的开启和关闭为电控机械式的。动态制动模式下,ABS/ESP系统车辆会减速,所有车轮的制动由液压控制。

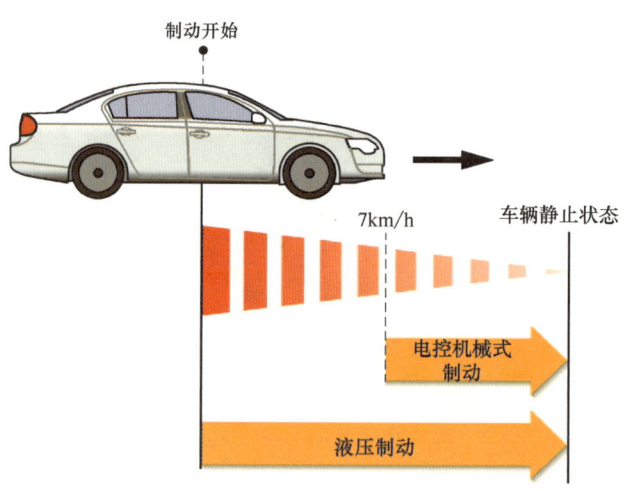

图5-43 车辆制动模式

1. 驻车制动

(1) 功能含义 电控机械式驻车制动器系统确保车辆能够在30%倾斜度的斜坡上也能够安全驻车。通过操作电子驻车按钮来启用和关闭电控机械式驻车制动器。

(2) 启用和解除电子驻车

1) 启用。如果在点火系统接通的情况下打开电控机械式驻车制动器,电控机械式驻车制动器按钮中的指示灯以及组合仪表中制动灯的指示灯就会亮。如果在点火系统关闭的情况下打开电控机械式驻车制动器,两个指示灯只亮约30s,然后熄灭。

2) 解除。只有在点火系统接通的情况下才可以解除电控机械式驻车制动器,需要脚踩制动踏板,同时按下电控机械式驻车制动器按钮。当驾驶人系上安全带、关上车门并起动发动机后,踩加速踏板或车辆起动时,电控机械式驻车制动器自动松开。ECU会根据倾斜角度和发动机转矩来计算出何时关闭电控机械式驻车制动器。电控机械式驻车制动器按钮和组合仪表中的指示灯熄灭。

(3) 作用流程

1) 驾驶人按电控机械式驻车制动器按钮。

2) 电控机械式驻车制动器控制单元通过专用CAN数据总线与ABS控制单元互通信息并确定,车速低于7km/h。

3) 电控机械式驻车制动器起动两个后轮制动器制动电动机,制动过程完成。

4) 驾驶人再次按电子驻车按钮同时踩动制动踏板,后轮驻车制动器松开。

2. 动态起动辅助

(1) 功能含义 在电控机械式驻车制动器启用的情况下,动态起动辅助功能确保车辆在倾斜道路上起动时车轮不会猛向冲前或倒退。

(2) 作用条件及过程 只有在驾驶人侧车门关闭、安全带已经系上、发动机已经起动的条件下,动态起动辅助才会生效。

根据下列参数决定何时打开电控机械式驻车制动器:倾斜角度(由电控机械式驻车制动器控制单元中的纵向加速度传感器来获得)、发动机转矩、加速踏板位置、离合器操纵情况。在手动变速器车辆中,会分析离合器位置传感器的信号,所期望的行驶方向。在配备自动变速器的车辆中,通过选择的行驶方向来获得,在手动变速器车辆中,则通过倒车灯开关来获得。

如果启用了驻车制动器,在驻车时就无须踩制动踏板。一旦踩上加速踏板,驻车制动器就会自动解除,车辆可以继续行驶。在上坡路时可以减轻驾驶人的负担。由于只有当车辆的输入转矩大于控制单元计算出的斜坡输出转矩时,驻车制动器才会解除,因此确保了车轮不会自行向后滚动。

(3) 作用流程

1) 车辆静止,接通电控机械式驻车制动器。驾驶人想要起动车辆,选择第一档并且踩下加速踏板。

2) 分析完所有参数(倾斜角度、发动机转矩、加速踏板位置、离合器操纵情况或档位)后,电控机械式驻车制动器控制单元计算出斜坡输出转矩。

3)如果车辆输入转矩大于由电控机械式驻车制动器控制单元计算出的斜坡输出转矩,控制单元起动两个后轮制动电动机松开制动盘。

3. 动态紧急制动功能

(1)功能含义 制动踏板失灵或锁住时,可以通过动态紧急制动功能强行制动车辆。

(2)作用条件及过程

启用:车辆行驶时,通过按住电控机械式驻车制动器按钮可以制动车辆,但是有 $6m/s^2$ 的车辆减速。这时,警报响起并且制动信号灯接通。车速超过 7km/h 时,通过建立液压制动压力,可以在所有 4 个车轮上实现动态紧急制动功能,ABS/ESP 系统根据行驶状况调节制动过程,这样就确保了制动期间车辆的稳定性。车速低于 7km/h 时,通过操作电子驻车按钮可关闭驻车制动器。

解除:如果动态紧急制动后,车速仍超过 7km/h,可以通过操作按钮或操纵加速踏板来解除制动。

(3)作用流程

1)驾驶人按住电控机械式驻车制动器按钮。

2)电控机械式驻车制动器控制单元通过专用 CAN 数据总线与 ABS 控制单元互通信息并得知车速是否超过 7km/h。

3)ABS 控制单元起动液压泵,并在液压管路中建立液压制动压力,液压管路与 4 个车轮制动器连接,车辆制动。

4)如果松开按钮或者操纵加速踏板,解除制动。

4. AUTO HOLD 功能

(1)功能含义 AUTO HOLD 功能是一个辅助功能,它在车辆静止和起动过程中(向前行驶或向后行驶时)辅助驾驶人。AUTO HOLD 功能综合了下列辅助功能(图 5-44):

1)按中控台中的 AUTO HOLD 按钮后,驾驶人就可以使用 AUTO HOLD 功能了。按钮中的指示灯亮,说明该功能已经激活。再一次按 AUTO HOLD 按钮,就关闭了 AUTO HOLD 功能,按钮中的指示灯熄灭。

2)停止和走辅助功能,由于驾驶人制动静止的车辆无须踩制动踏板,因此,在停停走走的行驶状况下大大减轻了驾驶人的负担。

3)启动辅助功能,停止过程和起动过程的自动化给车辆在上坡路上的起动提供了支持。车轮不会出人意料地向后滚动。

4)自动驻车功能,在 AUTO HOLD 功能打开的状况下,如果车辆停止并且驾驶人侧车门打开,安全带被解除或点火系统关闭,驻车制动器会自动开启。

图 5-44 AUTO HOLD 功能

(2)作用条件及使用方法 只有当下列情况发生时,AUTO HOLD 功能才会激活:驾驶人侧车门关闭、安全带已经系上并且发动机已经起动。只要以上 3 种情况中的一种发生变化,AUTO HOLD 功能就会关闭。无论车辆是如何静止下来的,AUTO HOLD 功能都能确保车辆自动受控地静止下来。

AUTO HOLD 功能激活时,车辆总是首先通过 4 个液压车轮制动器进行制动。驾驶人通过踩制动踏板来建立制动压力。然后,由于阀门被锁止,这个制动压力被"冻"在 ABS 单元中,因此驾驶人无须再踩制动踏板,车辆制动。如果驾驶人没有踩制动踏板,但是车辆在静止状态后重新移动,ESP 打开将产生一个液压增压,由 ABS 泵建立制动压力,3min 后,车辆由 ESP

微课5-9
电子驻车的功能
及操作

液压制动转入电控机械式制动。

(3) 作用流程

1) AUTO HOLD 功能打开，车辆静止并且通过 4 个车轮制动器液压制动。根据倾斜度，ABS 控制单元计算出必需的压力并进行调整。

2) 3min 后，制动方式由液压式转换成了电控机械式，ABS 控制单元将计算出的制动转矩传递给控制单元。

3) 控制单元起动两个后轮制动器制动电动机。制动方式转为电控机械式，同时制动压力自动降低。

三、电子驻车系统的检修方法

1. 检修注意事项

1) 电子驻车故障指示灯亮时，需要立即将车辆送检修。

2) 更换后轮制动器摩擦片时，首先需要释放电子驻车制动器，通过车辆诊断仪设置后轮制动活塞复位，即电动机反转带动三级传动机构反转，使压力螺母完全返回到原位，这样就能完全打开电子驻车制动器。后轮制动摩擦片更换完成后，需要预设驻车制动电动机。

3) 在更换摩擦片后，如果忘记预设驻车制动电动机，则电子驻车按钮指示灯会一直闪烁，驻车功能失效。此时需要利用诊断仪，重新预设电子驻车制动电动机。

4) 在检修电动机前，需要清扫电动机内部的灰尘、电刷粉末及污物，检查电动机的绝缘电阻值，检查换向器表面是否光洁，检查电刷是否磨损严重。

2. 电子驻车各部件的检查

(1) 检修电子驻车按键

1) 读取开关测量值。利用诊断仪的测量值功能，能够检查开关信号是否正确传递到控制单元。如果拉起开关，测量值显示"已操作"，按键指示灯亮；按下开关，测量值显示"未操作"，按键指示灯熄灭，则说明电子驻车按键正常。

2) 如果抬起开关，测量值显示"未操作"，或者抬起按键，按键指示灯不亮，则说明按键开关或开关到控制单元的电路出现故障。此时可以将车辆断电，断开控制单元与电子驻车开关，检查导线插头是否松动、导线是否外部破损。若没有问题，则从车上拆下开关，检测开关电阻、导线电阻是否正常。若不正常，进一步查明原因。

(2) 检修 AUTO HOLD 按键

1) 读取开关测量值。利用诊断仪的测量值功能，能够检查开关信号是否正确传递到控制单元。如果按下开关，测量值显示"已操作"，按键指示灯亮；再次按下开关，测量值显示"未操作"，按键指示灯熄灭，则说明 AUTO HOLD 按键正常。

2) 如果按下开关，测量值显示"未操作"，或者按下开关按键，按键指示灯不亮，则说明按键开关或开关到控制单元的电路出现故障。此时可以先检查开关来电是否正常。若来电正常，车辆断电，从车上拆下开关，检查导线插头是否松动、导线是否外部破损。若没有问题，则检测开关电阻、导线电阻，进一步查明原因。

(3) 检修制动电动机

1) 执行元件诊断。利用诊断仪的执行元件诊断功能，检查电动机能否正常工作。若能听见驱动电动机的声音且运转平稳，则说明电动机正常。

2) 在执行元件诊断环节，若电动机不正常工作，则检查给电动机供电的熔丝是否正常。若正常，车辆断电，断开控制单元与电动机之间的连线，检查触点是否正常，测量电动机与控制单元的电路电阻值是否正常。若正常，则需要进一步检查电动机自身。

3）排查电动机自身原因时，若电动机不能起动，则应检查励磁绕组回路是否断路、电刷是否接触不良。

4）排查电动机自身原因时，若电动机起动后转速异常并伴有剧烈的火花，则可能是

① 电刷位置偏移，不在正常位置上。

② 磁场绕组回路电阻值过大。

③ 电枢及磁场绕组有短路或断路点。

④ 串励电动机负载过轻。

⑤ 串励磁场绕组接反。

检修方法如下：

① 重新按原来标记的位置配电刷或用感应法调整电刷的位置。

② 检查磁场绕组回路的所有接头是否有氧化层，防止接触不良，若有氧化层要用砂纸磨平接好。用万用表检查磁场绕组，其电阻值过大时应打开电动机查找原因。

③ 打开直流电动机，分开接线连接头，分别测量磁场绕组的电阻值，查找每组线圈的短路点，并局部更换线圈或修复线圈。

④ 检查串励磁场绕组的接线情况，并按正确方法重新接线。

【在线测试】

请扫描二维码完成在线测试。

【任务实施】

任务工单

任务名称：检修电子驻车系统					
姓名：		班级：		学号：	
【任务描述】	请结合车辆，描述电子驻车系统的功能、组成及工作原理，操作和检修电子驻车系统				
【实施准备】	配置电子驻车系统的车辆、教学运行台架（或虚拟仿真系统）				
【实施过程】	1. 自主学习	学习相关知识，能够梳理电子驻车系统的功能、组成及工作原理			
	2. 计划与决策	小组讨论，确定电子驻车系统的操作方法、部件检修方法			
	3. 小组执行	小组工作，汇报小组成果，展示检查步骤及方法 规范做好5S			
【评价反思】	项目	评价点	自评		
	介绍电子驻车系统的功能及使用方法	电子驻车系统的功能	□达成	□未达成	
		电子驻车系统的启用条件及操作	□达成	□未达成	
		电子驻车系统的释放条件及操作	□达成	□未达成	
		AUTO HOLD 的使用条件及操作	□达成	□未达成	
	介绍电子驻车系统的组成及工作原理	电子驻车系统的组成部件	□达成	□未达成	
		电子驻车系统的工作原理	□达成	□未达成	
	电子驻车各部件的检修	检修电子驻车开关	□达成	□未达成	
		检修 AUTO HOLD 开关	□达成	□未达成	
		检修制动电动机	□达成	□未达成	
	安全与规范	车辆防护	□达成	□未达成	
		人员与安全	□达成	□未达成	
		现场 5S	□达成	□未达成	
	其他				

【拓展阅读】

勇于创新：长安汽车制动防滑系统的优势

回顾汽车制动系统的发展历史，从最初的完全依靠机械式制动到液压制动，再到电控制动防滑系统，博世 ESP 系统占中国市场份额超过七成，具有绝对的市场话语权。

伴随中国制造业的崛起，我国在该领域逐渐凸显出技术优势。其中，最值得一提的是长安汽车，其基于长期的技术攻关，实现了多项突破。目前，长安各车型配备的制动防滑系统均采用了高精度传感器，能够实时监测车轮的转速、加速度以及轮胎与地面间的摩擦系数等关键数据。将这些数据通过先进的智能控制系统进行快速分析，从而准确判断车辆的行驶状态，为驾驶人提供及时的制动防滑措施。

相比国外，长安汽车取得的"车辆集成制动和冗余制动系统""电子机械制动机构"等专利，在汽车制动防滑系统技术研发领域占有较大优势。其 UNI-V 车型配备的第三代车身稳定控制系统（ESC），集成了 ABS、EBD、TCS、HHC 等的功能。与此同时，搭载的智能紧急制动辅助（AEB）、车道偏离预警（LDW）、车道保持辅助（LKA）等多项主动安全技术，也大幅提升了用户行车的安全性。

模块六 电控悬架系统

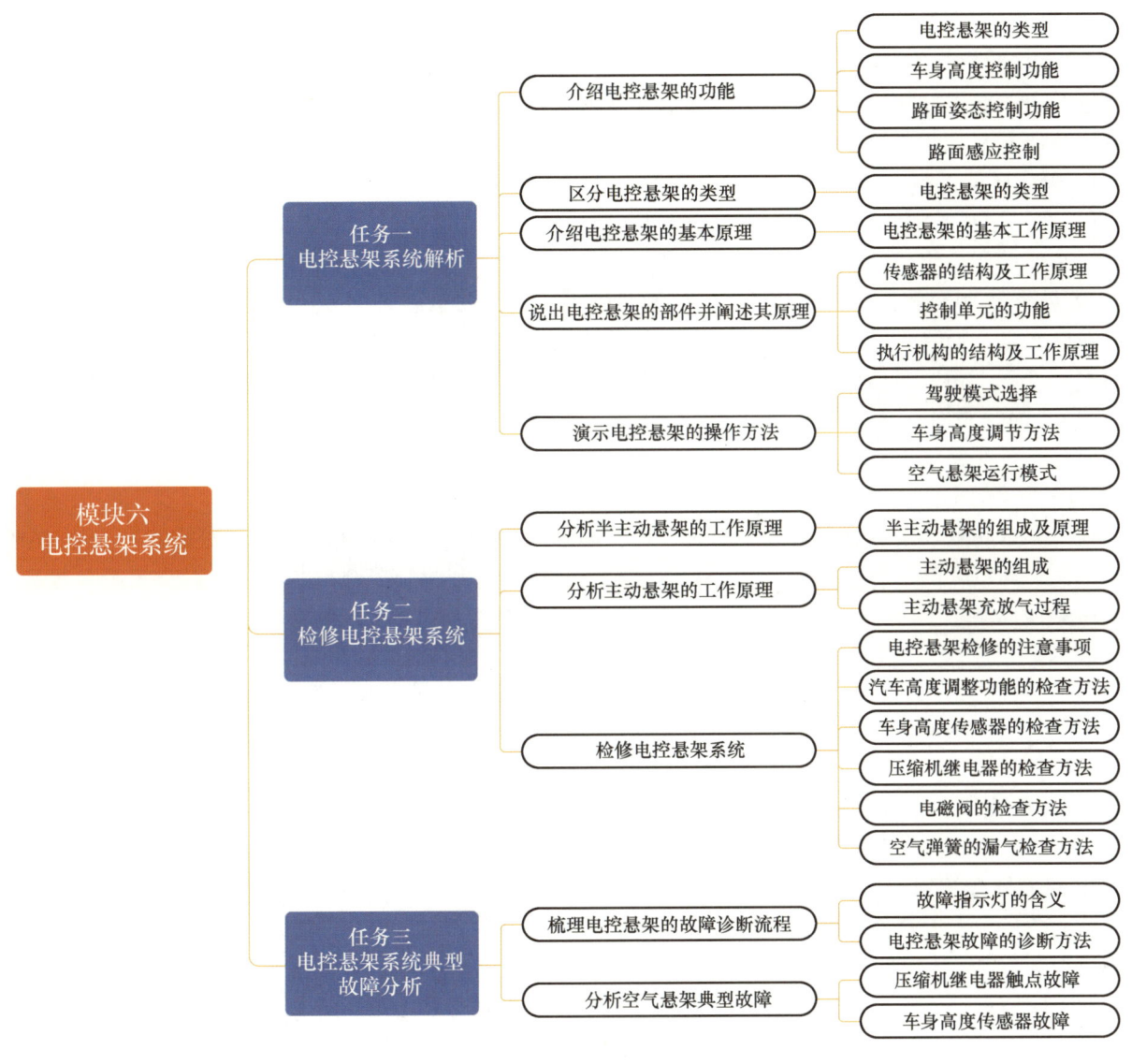

任务一 电控悬架系统解析

【学习内容】	【学习目标】
1. 电控悬架的功能及分类 2. 电控悬架的组成及工作原理 3. 电控悬架的操作方法	1. 能够向客户描述电控悬架的功能及类型 2. 能够说出电控悬架的组成并简述其工作原理 3. 能够演示电控悬架的操作方法 4. 树立民族品牌技术自信、增强创新意识

127

【任务描述】

为提高驾驶舒适性和安全性，现代高端轿车普遍使用电控悬架系统。客户在选购和使用车辆时，会有很多关于电控悬架的问题，你能解答相关的问题吗？

【相关知识】

一、电控悬架的功能

安装电控悬架的目的是通过调节悬架的刚度和阻尼力，突破传统被动悬架的局限性，使汽车的悬架特性与道路状况和行驶状态相适应，从而保证汽车行驶的平顺性和操纵的稳定性要求都能得到满足。其基本功能有车身高度控制、车身姿态控制和路面感应控制。

1. 车身高度控制

1）车速感应控制。当车速超过一定值时，可以使车身高度降低，以便减小空气阻力，提高操纵稳定性，车速低于一定值时，又恢复原有高度。

2）水平控制和驻车控制。自动水平控制是指无论车辆的负载是多少，都可以保持汽车高度一定，车身保持水平，而且可以使前照灯光束方向保持不变。驻车控制是指当汽车处于驻车控制模式时，为了使汽车外观平衡，当点火开关关闭后，ECU发出指令，使车身高度处于常规控制模式的低控制模式。

3）非铺装路面行驶控制。当汽车在非铺装路面上行驶时，可以使车身高度升高，提高汽车的通过性，防止车桥与路面相碰。

2. 车身姿态控制

在汽车急转弯、急加速和紧急制动时，ECU对悬架的刚度和阻尼实施控制，以抑制车身姿态的变化，从而提高汽车的操纵稳定性。车身姿态控制包括转向车身侧倾控制、制动车身点头控制和起步/加速车身俯仰控制。

1）转向车身侧倾控制。在汽车急转弯时，增加外侧悬架的刚度和阻尼，以抑制车身侧倾。

2）制动车身点头控制。在汽车紧急制动时，增加前部悬架的刚度和阻尼，以抑制车身的点头。

3）起步/加速车身俯仰控制。汽车起步或加速时，增加后部悬架的刚度和阻尼，以抑制车身的俯仰。

通过对减振器阻尼系数的调整，防止汽车急速起步或急加速时车尾下蹲；防止紧急制动时的车头下沉；防止汽车急转弯时车身横向摇动；防止汽车换档时车身纵向摇动等，提高行驶平顺性和操纵稳定性。

3. 路面感应控制

路面感应控制是在汽车行驶的过程中，动态改变弹簧的刚度，使悬架满足乘坐舒适性的要求。路面感应控制包括：

1）车速感应控制。在车速很高时，ECU增加悬架的刚度和阻尼，提高汽车高速行驶时的操纵稳定性。

2）前、后轮感应控制。当汽车前轮遇到路面突起障碍时，减小后轮悬架的刚度和阻尼，以减小车身的振动和冲击。

3）非铺装路面感应控制。当汽车进入非铺装路面行驶时，抑制车身产生较大的振动，增大悬架的刚度和阻尼，保证汽车在坏路面上行驶时车身跳动比较小，从而提高轮胎对地面的附着力。

有些车型只具有其中的1~2个功能，而有些车型同时具有以上3个功能。

二、电控悬架的类型

电控悬架系统按控制理论不同，可分为半主动式和主动式两大类。其中，半主动式是指对弹簧刚度和减振器阻尼其中之一进行实时调节控制。由于改变弹簧刚度比改变阻尼要困难，因此，改变阻尼最常见。半主动式悬架分为有级半主动式（阻尼力有级可调）和无级半主动式（阻尼力连续可调）两种。主动式悬架根据频带和能量消耗的不同，分为全主动式（频带宽大于15Hz）和慢全主动式（频带宽为3~6Hz）；根据驱动机构和介质的不同，可分为空气式主动式悬架、油气式主动式悬架和电磁式主动式悬架。

无级半主动悬架可以根据路面的行驶状态和车身的响应对悬架阻尼力进行控制，并在几毫秒内由最小到最大，使车身的振动响应始终被控制在某个范围内。但在转向、起步、制动等工况时不能对阻尼力实施有效的控制。它比全主动式悬架优越的地方是不需要外加动力源，消耗的能量很少，成本较低。

主动式悬架是一种能供给和控制动力源（油压、空气压）的装置，能根据各种传感器检测到的汽车载荷、路面状况、行驶速度、起动、制动、转向等状况的变化，自动调整悬架的刚度、阻尼力以及车身高度等。它能显著提高汽车的操纵稳定性和乘坐舒适性。

三、电控悬架的基本工作原理

虽然现代汽车电控悬架系统由于控制功能和控制方法的不同，其结构形式多种多样，但它们的基本组成是相同的，即由感应汽车运行状况的各种传感器、开关、ECU及执行机构等组成。传感器一般有车身高度传感器、车速传感器、加速度传感器、温度传感器等。开关有模式选择开关、制动灯开关、停车开关和车门开关等。执行机构有可调阻尼力的减振器、可调节弹簧高度和弹性大小的弹性元件等。

电控悬架系统的一般工作原理是：利用传感器（包括开关）对汽车行驶时路面的状况和车身的状态进行检测，将检测信号输入控制单元进行处理，控制单元通过执行器动作，完成悬架特性参数的调整。其工作原理图如图6-1所示。

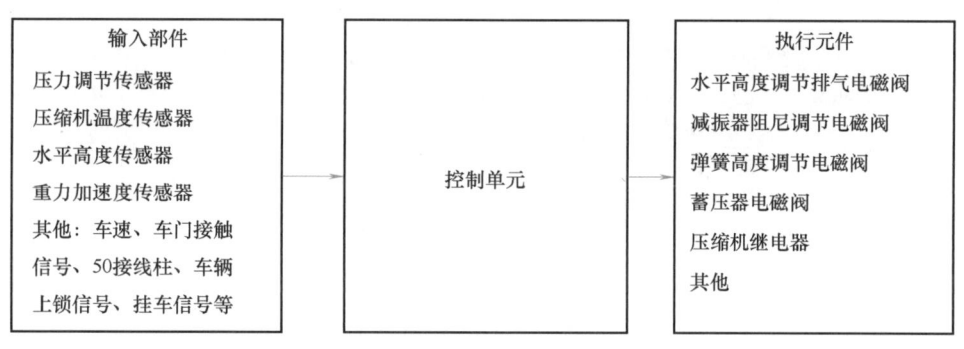

图6-1 电控悬架系统的工作原理图

四、传感器的结构及工作原理

1. 车身高度传感器

车身高度感器的作用是检测汽车行驶时车身高度的变化情况（汽车悬架的位移量），并转换成电信号输入悬架系统的电子控制装置（ECU）。车身高度传感器已经发展了好几代，从最初的采用的接触式角度传感器到各种非接触式角度传感器，其中，接触式角度传感器在使用过程中存在磨损而影响检测精度和灵敏度的弱点，其应用受到一定限制，由于存在使用寿命短、精度低、抗干扰能力差等缺点已经被淘汰。目前，主流的非接触式传感器分为线性霍尔式、磁阻式、电磁感应式、差分霍尔式和光电式等几种。

线性霍尔式传感器只能直接测量一个方向的磁场强度，磁场强度的细微变化都会引起输出的变化，这就需要在制造传感器时确保很高的定位精度，以确保磁场与角度的线性度，同时需要选用在汽车级工作温度内温度系数很小的钐钴磁钢，这些都不利于传感器精度的提高以及成本的控制。磁阻式、电磁感应式以及差分霍尔式是近几年新兴起的传感器类型，由于均采用了类似对原始测量信号的差分处理方式，因此，在确保了很高测量精度的同时，对传感器的制造工艺以及磁铁材料等没有很高的要求，并且随着 IC 技术的不断发展，成本与线性霍尔元件已经基本相当，具有很广阔的应用前景。本章重点介绍光电式和电磁感应式高度传感器。

（1）光电式高度传感器　光电式高度传感器属于非接触式，如图 6-2 所示。在主动悬架系统中，要对车身高度进行检测与调节，一般只需在悬架上安装 3 个车身高度传感器即可，位置在左、右前轮和后桥中部。如果传感器多于 3 个，则会出现调整干涉现象。

在传感器上，有 1 根靠连杆带动转动的转轴，转轴上固定 1 个开有许多窄槽的圆盘，圆盘两边是由发光二极管和光电晶体管组成的光电耦合器。每 1 个光电耦合器共由 4 组发光二极管和光电晶体管组成。一般情况下，传感器中有 2 个光电耦合器组。实际结构中，光电式高度传感器固定在车架上，传感器轴的外端装有导杆，导杆的另一端通过一个连杆与独立悬架的下摆臂连接，如图 6-3 所示。

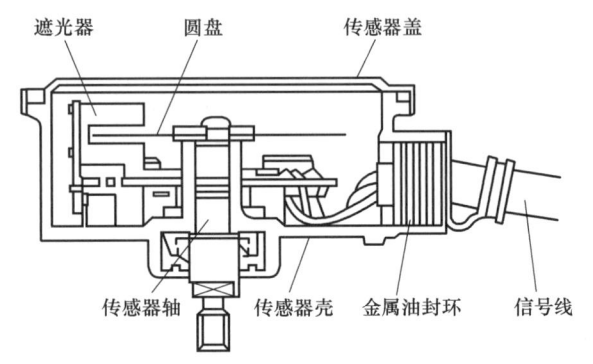

图 6-2　光电式高度传感器

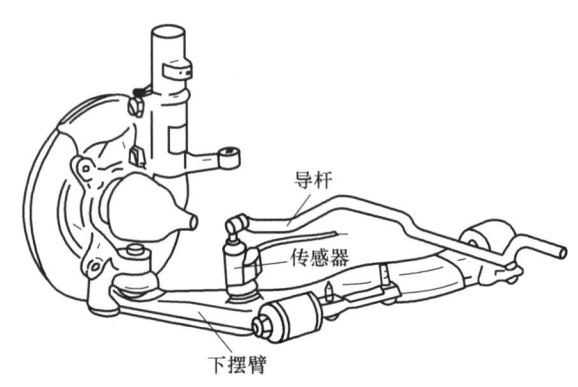

图 6-3　车身高度传感器的安装

如图 6-4 所示，当车身高度发生变化（如汽车载荷发生变化）时，导杆将随悬架摆臂的上下移动而摆动，从而通过传感器转轴驱动圆盘转动，使光电耦合器组相对应的发光二极管和光电晶体管上的光线发生 ON/OFF 的转换，光电晶体管把接收到的光线 ON/OFF 转换成电信号，并通过导线输送给悬架 ECU。ECU 根据每一个光电耦合器上每组发光二极管和光电晶体管 ON/OFF 转换的不同组合，判断圆盘转过的角度，从而计算出悬架高度的变化情况。

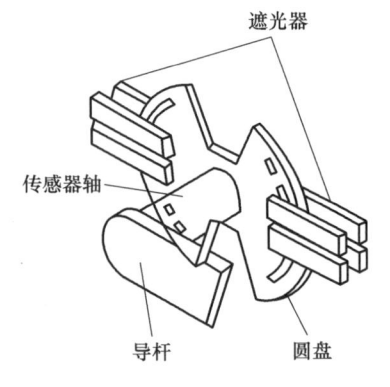 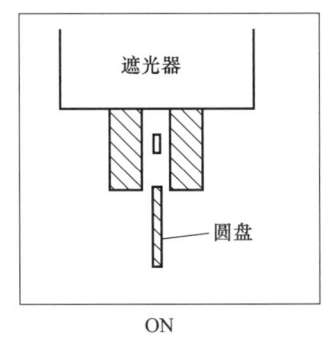 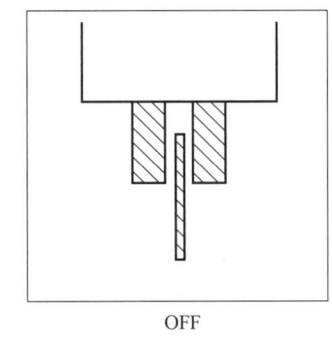

图 6-4　光电式高度传感器的工作原理图

悬架系统进行车身高度调节时，如果只需判断出 4 个车高区域，则车身高度传感器中只需 2 个光电耦合器组件，光电耦合器组件的状态与车高的对照见表 6-1。如果只需判断 3 个车高区域，即过高、正常、过低，则只需将表 6-2 中偏高和偏低两种状态均作为"正常"状态即可。

（2）电磁感应式高度传感器　电磁感应式高度传感器借助连杆结构可以将车身水平变化转换成为角度变化。传感器可以产生两个不同且与转角成比例的输出信号，其中一个信号用于空气悬架，另一个信号用于前照灯照程调节。左、右传感器臂的偏转方向是相反的，所以输出的信号是相反的。例如：

车身一侧的传感器输出信号在空气悬架压缩时如果是增大的，那么在车身另一侧该输出信号就是减小的。

表6-1　4个光电耦合器组件的状态与车高的对照表

车高	光电耦合器组件的状态				车高范围/mm	计算结果
	1	2	3	4		
高 ↑ ↓ 低	OFF	OFF	ON	OFF	15	过高
	OFF	OFF	ON	ON	14	
	ON	OFF	ON	ON	13	
	ON	OFF	ON	OFF	12	高
	ON	OFF	OFF	OFF	11	
	ON	OFF	OFF	ON	10	
	ON	ON	OFF	ON	9	普通
	ON	ON	OFF	OFF	8	
	ON	ON	ON	OFF	7	
	ON	ON	ON	ON	6	
	OFF	ON	ON	ON	5	低
	OFF	ON	ON	OFF	4	
	OFF	ON	OFF	OFF	3	
	OFF	ON	OFF	ON	2	过低
	OFF	OFF	OFF	ON	1	
	OFF	OFF	OFF	OFF	0	

表6-2　2个光电耦合器组件的状态与车高的对照表

车高检验区域	光电耦合器A	光电耦合器B
过高	OFF	ON
偏高	OFF	OFF
偏低	ON	OFF
过低	ON	ON

电磁感应式高度传感器主要由定子和转子组成，定子由多层电路板构成，电路板上有励磁线圈、3个接收线圈以及控制/分析电子装置，如图6-5所示。这3个接收线圈布置成多角星形，相位是彼此错开的。励磁线圈装在电路板的背面。转子由一个封闭的线匝构成，线匝上连着传感器臂（线匝与传感器臂一同转动）。

交变电流流过励磁线圈，于是就产生了一个交变电磁场，其电磁感应会穿过转子，如图6-6a所示。转子中感应出的电流会在线匝（转子）周围感应出一个次级交变磁场，如图6-6b所示。这两个交变磁场（分别由励磁线圈和转子产生的）共同作用在接收线圈上，在接收线圈内感应出交流电压，如图6-6c所示。转子中的感应与角度位置无关，但接收线圈的感应取决于它与转子之间的距离和其角度位置。由于角度位置不同，转子

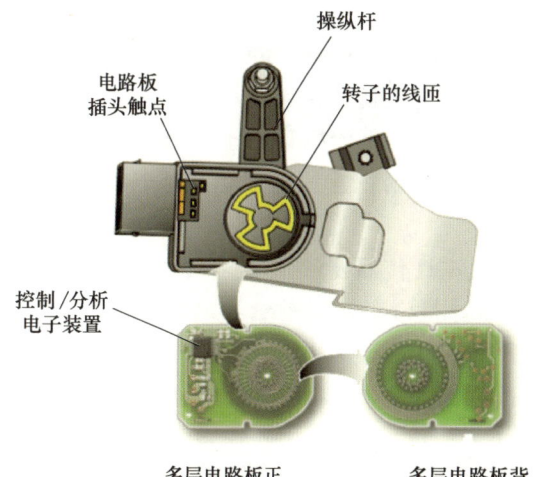

图6-5　电磁感应式高度传感器的结构

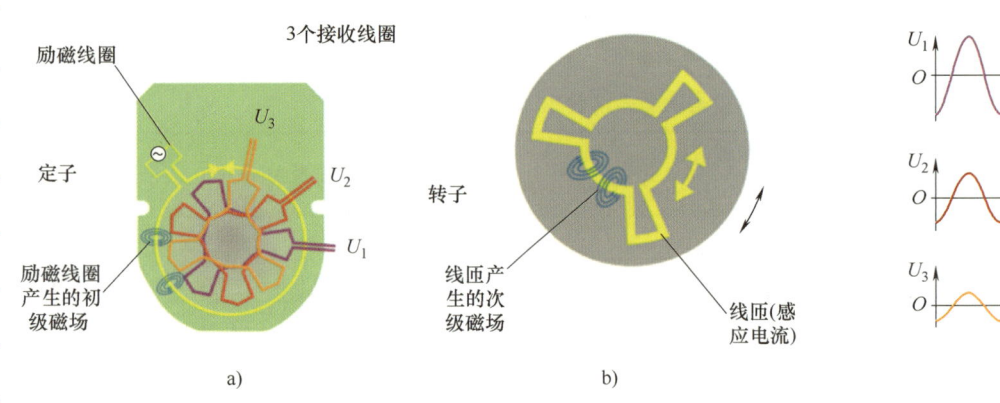

图 6-6 电磁感应式高度传感器的工作原理图

与接收线圈的重合度就不同,因而对应于角度位置的感应电压幅值也就不同。电子分析装置会对接收线圈的交变电压进行整流并放大,并使3个接收线圈的输出电压成比例(相对比例测量)。在分析完电压后,分析结果转化成水平传感器的输出信号,送至控制单元做进一步处理。

电磁感应式高度传感器利用相对比例测量,所以与角度成比例的输出信号基本与机械公差(如距离变化、轴位移或倾角误差)无关了。同样,由于这种比例关系,电磁干扰也基本被抑制了。

2. 加速度传感器

加速度传感器可以确认车身的平面状态、减振器的加速度。ECU根据传感器信号值,能判断悬架系统的阻尼力改变的大小及空气弹簧中空气压力的调节情况,以维持车身的最佳姿势。

加速度传感器按照物理换能原理可以分为压电式、压阻式、磁电式和电容式,按照结构力学可以分为力平衡式和伺服式。

3. 温度传感器

为了提高系统的工作可靠性,一般在压缩机的缸盖上装有温度传感器。控制单元内有一个温度模型曲线(计算公式),该曲线用于在底盘升高调节的时间最长时,防止压缩机过热。因此,控制单元要根据压缩机的运行时间和温度信号计算出压缩机的最高允许温度,并在超过某个界限值时关闭压缩机或不让压缩机接通。

4. 压力传感器

压力传感器一般集成在阀单元内,用于监控蓄能器和空气弹簧的压力。在检验底盘升高功能的可靠性和自诊断时需要使用蓄能器压力这个信息。通过操纵相应的电磁阀就可确定空气弹簧的压力和蓄能器压力。测量压力是在空气弹簧和蓄能器排气或充气时进行的。这样测得的压力由控制单元存储并更新。另外,蓄能器内的压力在汽车正常行驶时,每隔几分钟就重新测量一次。

5. 转向盘转角传感器

转向盘转角传感器用于检测转向盘的中间位置、转动方向、转动角度和转动速度。在电控悬架中,ECU根据车速传感器信号和转角传感器信号判断汽车转向时侧向力的大小和方向,以控制车身的侧倾。

6. 车速传感器

车速是汽车悬架系统常用的控制信号,汽车车身的侧倾程度取决于车速和汽车转向半径的大小。根据车速调节电控悬架的阻尼力和车身高度,从而可改善汽车行驶的安全性。常用车速传感器的类型有霍尔式、磁电式和磁阻式3种。

五、悬架ECU

悬架ECU是悬架控制系统的中枢,具有以下功能:

1)提供稳压电源。控制装置内部所用电源和供各种传感器的电源均由稳压电源提供。

2）输入信号的计算。ECU对各输入信号进行计算，并将计算结果与内存的数据进行比较后，向执行机构（电动机、电磁阀、继电器等）发出控制信号。

3）驱动执行机构。悬架ECU用输出驱动电路将输出驱动信号放大，然后输送到各执行机构（如电动机、电磁阀、继电器等），以实现对汽车悬架阻尼、刚度、弹簧高度的控制。

4）过热保护。ECU依据温度传感器信号及压缩机工作时长等相关信息，对空气压缩机进行过热保护。

5）故障检测。悬架ECU用故障检测电路来检测传感器、执行器、电路等的故障。当发生故障时，将信号送入悬架ECU，以保证发生故障时悬架系统也能安全工作，而且在修理故障时容易确定故障所在位置。

六、执行机构

1. 阻尼力调节执行机构

（1）阻尼力有级可调减振器　阻尼力有级可调减振器主要由缸筒、活塞及活塞杆、回转阀等构成，如图6-7所示。活塞杆是一个空心杆，在其中心装有控制杆，控制杆的上端与执行器相连，控制杆的下端装有回转阀，回转阀上有3个油孔，活塞杆上有2个通孔。缸筒中的油液一部分经活塞上的阻尼孔在缸筒的上、下两腔流动，另一部分经回转阀与活塞杆上连通的孔在缸筒的上、下两腔间流动。

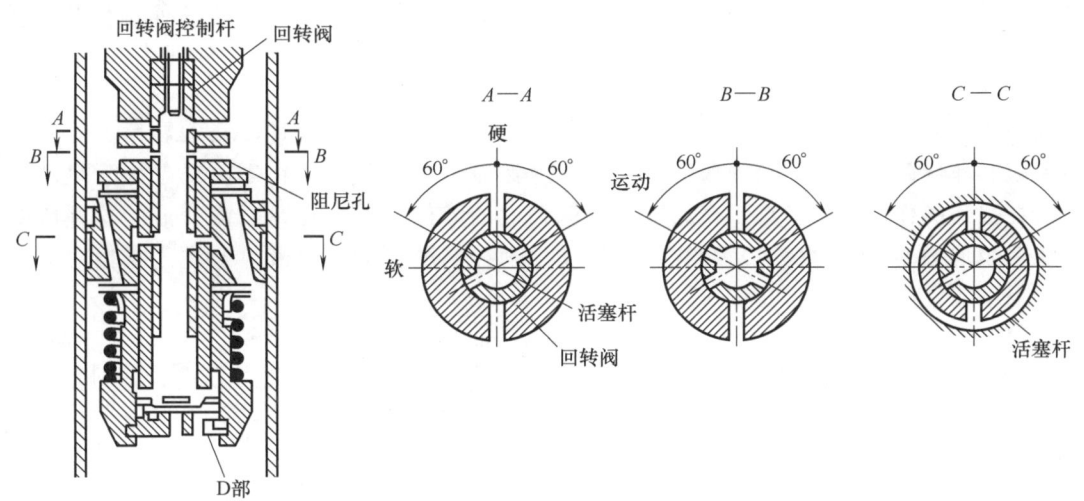

图6-7　阻尼力有级可调减振器的结构

当ECU促使执行器工作时，通过控制杆带动回转阀相对活塞杆转动，回转阀与活塞杆上的油孔连通或切断，从而增大或减小油液的流通面积，使油液的流动阻力改变，达到调节减振器阻尼力的目的。当回转阀上的A、C油孔相连时，流通面积较大，减振器的阻尼力最小；当只有回转阀B油孔与活塞杆油孔相连时，减振器的阻尼力为中等；当回转阀上3个油孔均被堵住时，仅有活塞杆上的阻尼孔起衰减作用，此时减振器的阻尼力最大。

（2）阻尼力无级可调减振器（CDC减振器）　阻尼力无级可调减振器主要由缸筒、活塞杆和电磁阀组成。

1）伸张行程　如图6-8a所示。上腔油液推开活塞总成上的伸张阀，流入下腔。由于活塞杆占有一定空间，自上腔流入的油液不足以充满下腔容积的增大部分，因此，补偿腔油液推开底阀总成上的补偿阀流入下腔。中间腔的油液通过连续可变阻尼电磁阀控制的节流通道流入补偿腔。当活塞杆与腔体的相对速度较小时，油压不足以克服拉伸阀弹簧预紧力，伸张阀关闭；当油压升高到足够克服伸张阀弹簧预紧力时，伸张阀开启。

2）压缩行程　如图6-8b所示。下腔油液通过活塞总成上的流通阀流入上腔。下腔油液通过底阀总成上的压缩阀流入补偿腔,中间腔的油液通过连续可变阻尼电磁阀控制的节流通道流入补偿腔。下腔油液通过活塞总成上的流通阀流入上腔,下腔油液通过底阀总成上的压缩阀流入补偿腔,补偿腔的油液通过连续可变阻尼电磁阀控制的节流通道流入中间腔。当活塞杆与腔体的相对速度较小时,油压不足以克服压缩阀弹簧预紧力,压缩阀关闭;当压力升高到足够克服压缩阀弹簧预紧力时,压缩阀开启。

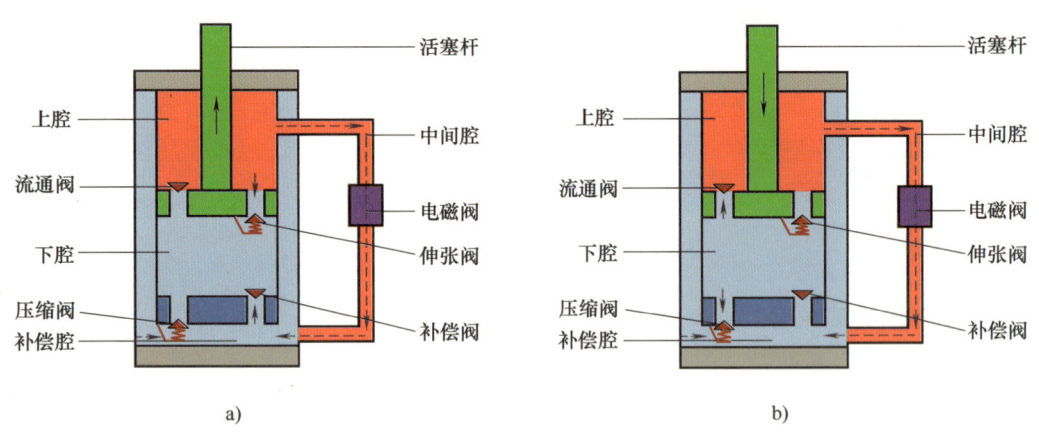

图 6-8 CDC 减振器的工作过程
a) 伸张行程 b) 压缩行程

电磁阀的开度受电流控制,当电磁阀开度增大时,减振器在相同的运动速度下,阻尼力减小。通过加速度传感器及车辆的信号(如车速、制动信号等)不断地调节电流,进而不断地控制阻尼力大小。

(3) 阻尼力无级可调减振器(磁流变液减振器) 磁流变液体是一种由高磁导率、低磁滞性的微小软磁性颗粒和非导磁体液体混合而成的磁性软粒悬浮液。这种悬浮体在零磁场条件下呈现出低黏度的特性,而在强磁场作用下,呈现出高黏度、低流动性的液体特性。正是磁流变液的这种流变可控性使其能够实现阻尼力的连续可变,从而达到对振动主动控制的目的。当液体被注入减振器活塞内的电磁线圈后,线圈的磁场将改变其流变特性(或产生流体阻力),从而在没有机电控制阀且机械装置简单的情形下产生反应迅速、可控性强的阻尼力。目前很多车型采用这种减振器。

2. 弹簧刚度控制的执行机构

图 6-9 所示为空气悬架气动缸的基本结构剖面图。气动缸由封入低压惰性气体和阻尼力可调的减振器、旋转式膜片、主气室、副气室和悬架执行元件组成。主气室是可变容积的,在它的下部有一个可伸展的隔膜,压缩空气进入主气室可升高悬架的高度,反之使悬架高度下降。主、副气室设计为一体,既省空间,又减小了质量。悬架的上方与车身相连,随着车身与车轮的相对运动,主气室的容积不断变化。主气室与副气室之间有一个通道,气体可以相互流通。改变主、副气室气体通道的大小,就可以改变空气悬架的刚度。减振器的活塞通过中心杆(阻尼调整杆)和齿轮系与直流步进电动机

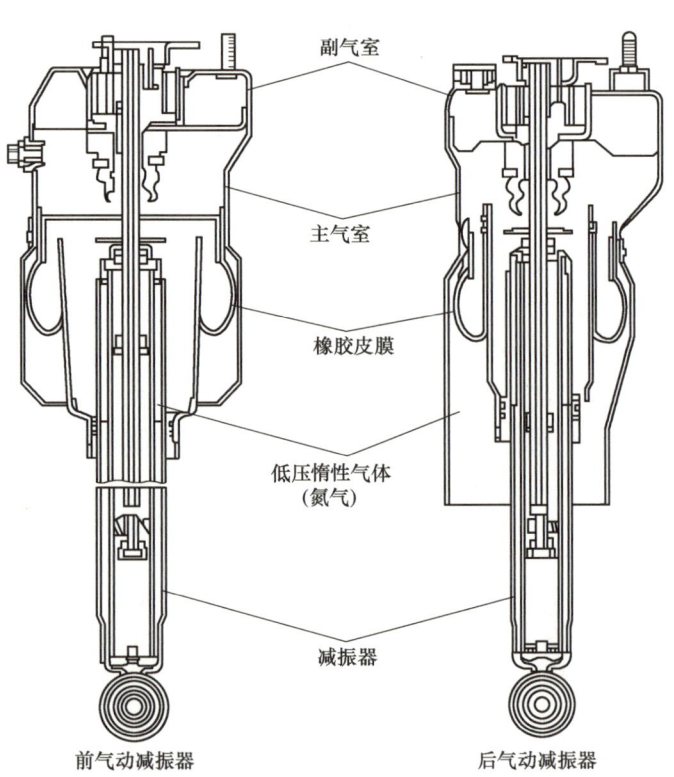

图 6-9 空气悬架气动缸的基本结构剖面图

相连接。步进电动机转动可改变活塞阻尼孔的大小，从而改变减振器的阻尼系数。

悬架刚度的自动调节原理图如图6-10所示。主、副气室间的气阀体上有大、小两个通道。步进电动机带动空气阀控制杆转动，使空气阀阀芯转过一个角度，改变气体通道的大小，就可以改变主、副气室气体流量，使悬架的刚度发生变化。

悬架刚度可以在低、中、高3种状态间变化。当阀芯的开口转到对准图示的低位置时，气体通道的大口被打开。主气室的气体经过阀芯的中间孔、阀体侧面通道与副气室的气体相通，两气室之间的空气流量越大，相当于参与工作的气体容积增大，悬架刚度处于低状态。当阀芯开口转到对准图示的中间位置时，气体通道的大口被关闭、小口被打开。两气室之间的流量小，悬架刚度处于中间状态。当阀芯开口转到对准图示的高位置时，两气室之间的气体通道全部被封闭，两气室之间的气体相互不能流动。压缩空气只能进入主气室，悬架在振动过程中只有主气室的气体单独承担缓冲工作，悬架刚度处于高状态。

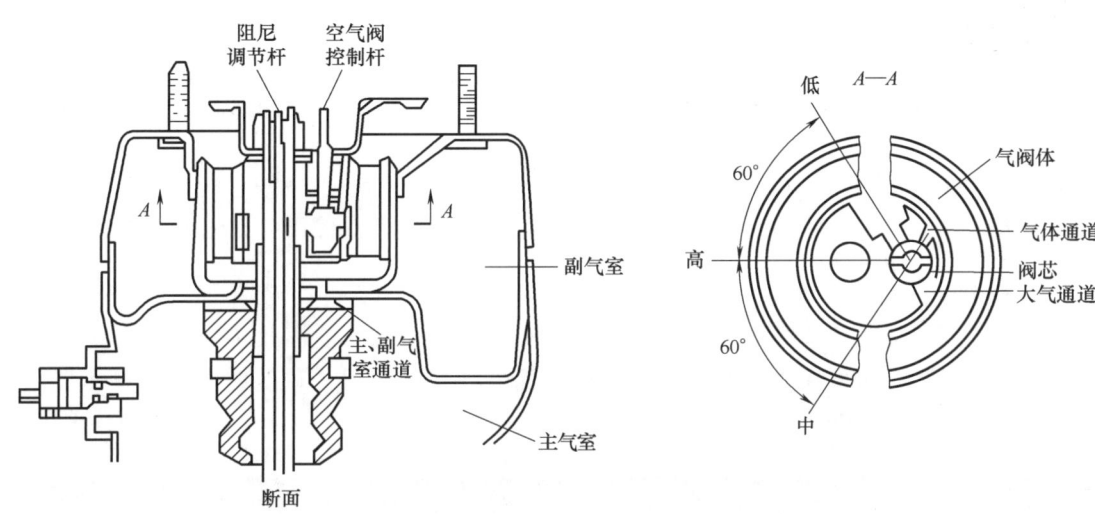

图6-10 悬架刚度的自动调节原理图

3. 车高控制的执行机构

车高控制的执行机构为车高控制悬架的结构，通过向空气弹簧的主气室内充、放气来实现车身高度的调节。车高控制执行机构主要由空气阀、空气压缩机和设置在悬架上的主气室组成，如图6-11所示。

空气泵由一个直流电动机驱动，根据悬架ECU的信号向干燥器输送提高车高所必需的压缩空气。干燥器可以将空气中的水分过滤掉。排气阀从系统中放出压缩空气，同时排掉干燥器滤出的水分，如图6-12所示。采用二位二通电磁阀实现车高调节的高度控制阀，控制向主气室内进气（将进气路与主气室相通）和排气（将主气室与大气相通），其结构如图6-13所示。

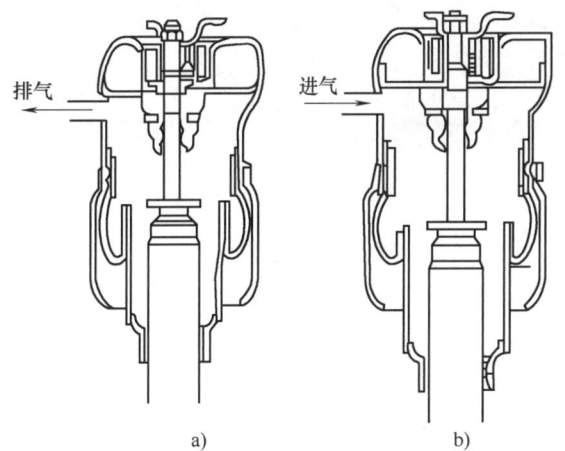

图6-11 车高控制悬架的结构
a) 车身降低　b) 车身升高

悬架ECU根据汽车车身高度传感器信号来判断汽车的高度状况。当判定"车身低了"时，控制空气压缩机电动机工作，高度控制阀向空气弹簧主气室内充气，使车高升高；反之，打开高度控制阀向外排气时，则使汽车高度降低。

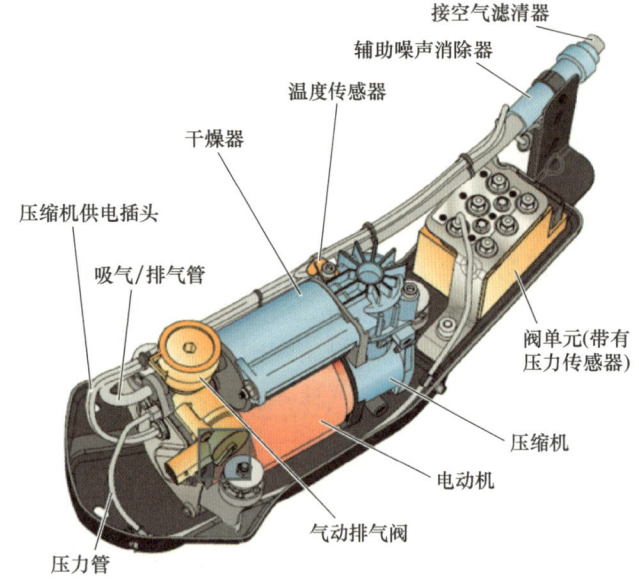

图 6-12 空气压缩机的结构

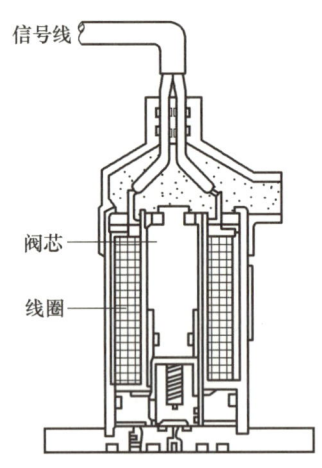

图 6-13 高度控制阀的结构

七、电控悬架的使用

1. 驾驶模式选择

以 E-HS9 为例，其配备的驾驶模式系统可设置舒适、运动、长续航、全路况、越野、自定义、极致 7 种驾驶模式。驾驶模式选择操作有两种方式，一种是按转向盘驾驶模式选择按键，进入驾驶模式选择界面，通过转向盘滚轮可选择相应驾驶模式，如图 6-14 所示；另一种是在多媒体显示屏车辆设置中选择相应的驾驶模式，如图 6-15 所示。

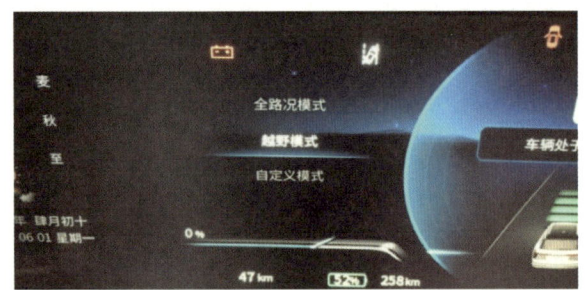

图 6-14 按键选择驾驶模式

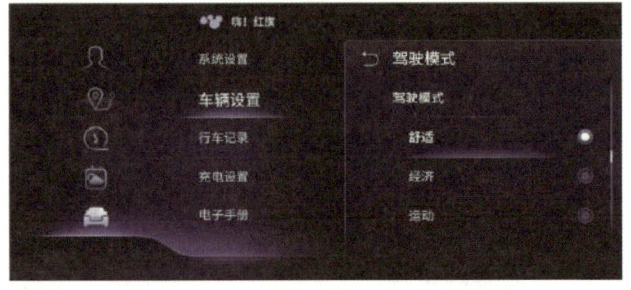

图 6-15 多媒体显示屏选择驾驶模式

不同驾驶模式下，空气悬架具有不同的高度等级和阻尼特性，其车身高度随车速变化会自动调整，见表 6-3。

表 6-3 不同驾驶模式下的高度等级和阻尼特性

驾驶模式	高度等级	阻尼特性	说明
越野	越野高度 2（+60mm）	均衡	车速<20km/h，可激活该模式 车速>40km/h，从越野模式切换到全路况模式，车高降到越野高度 1
全路况	越野高度 1（+25mm）	湿滑路面	车速>80km/h，车高降到正常水平 车速<40km/h，车高自动恢复到越野高度 1
舒适	正常水平（+0mm）	舒适	车速>100km/h 达 30s 以上，车高降到动态水平 车速<70km/h 达 120s，车高恢复到正常水平 车速<35km/h，车高立即恢复到正常水平

(续)

驾驶模式	高度等级	阻尼特性	说明
长续航	动态水平（-15mm）	均衡	车速>140km/h 达 20s，车高降到高速公路水平（-30mm） 车速<110km/h 达 20s，车高恢复到动态水平 车速<35km/h，车高立即恢复到动态水平
运动/极致	动态水平（-15mm）	较硬	车速>140km/h 达 20s，车高降到高速公路水平 车速<110km/h 达 20s，车高自动恢复到动态水平 车速<35km/h，车高立即恢复到动态水平

2. 车身高度调节方法

以红旗 HS7 为例，起动发动机后，按压空气悬架上升或下降按键调节空气悬架高度。空气悬架调节过程中，目标高度指示灯闪烁，悬架调节至目标高度后，目标高度指示灯常亮，指示灯亮起数量取决于水平高度等级。同时，组合仪表显示屏显示水平高度信息，如图 6-16 所示。车身高度的设置也可以通过诊断仪来操作。

3. 空气悬架运行模式

红旗 E-HS9 空气悬架运行模式包括

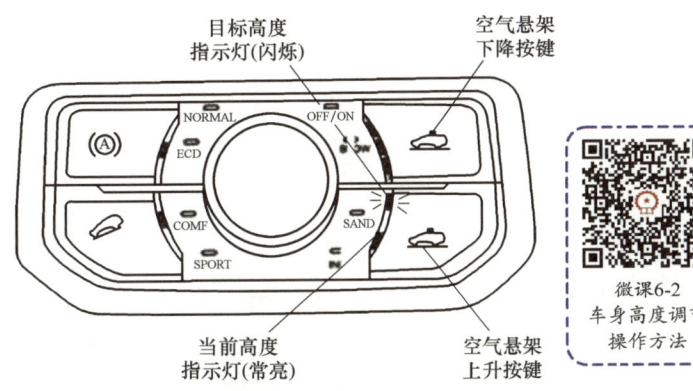

图 6-16 红旗 HS7 空气悬架按键及指示灯

装载模式、泊车模式、无线充电模式、方便出入模式、熄火降车高模式和举升模式。

装载模式：在车辆静止、EPB 施加状态下，打开行李舱并按下空气悬架下降按键激活装载模式，车辆后轴高度降至装载高度。当按下空气悬架上升按键、行李舱关闭或车辆驶离时，悬架退出装载模式。

泊车模式：当车辆要进入泊车状态时，悬架首先调节至正常高度，达到正常高度后，悬架高度锁定。当自动泊车结束时，悬架退出泊车模式。

无线充电模式：当车辆要进入充电状态时，悬架首先调节至正常高度，达到该高度，悬架高度锁定。无线充电结束时，悬架退出无线充电模式。

方便出入模式：当车辆静止时，用户通过 IVI 软开关或按下遥控钥匙解锁+行李舱开启组合按键激活方便出入模式，悬架高度降至运动高度方便出入模式激活状态下，当再次按下 IVI 软开关、再次按下遥控钥匙解锁+行李舱开启组合按键或悬架不可调节时，方便出入模式退出。通过远程方式（遥控钥匙组合按键）激活方便出入功能的情况，当悬架开始下降时，双闪自动开启，悬架高度调节完成后双闪自动关闭。

熄火降车高模式：用户可通过 IVI 界面打开或关闭熄火降车高模式。熄火降车高模式请求高度定义：若空气悬架下电前在正常以上的高度，则请求降至正常高度；若处在正常及以下高度，则请求降至运动高度。

举升模式：在使用举升机时，为防止控制单元误以为车身高度升高而进行排气操作，以免对空气弹簧造成损伤，为此必须先设置举升模式，然后才能使用千斤顶或举升机举升车辆。进入举升模式后，空气悬架所有调节功能均被禁用，维修完毕后，须退出举升模式。以 E-HS9 为例，在悬架调节界面下，长按"举升模式"激活即可激活，长按"退出"即可退出举升模式。此外，车速高于一定值时（例如 E-HS9 为 5km/h），车辆会自动退出举升模式。举升模式的设置也可以通过诊断仪来操作。

【在线测试】

请扫描二维码完成在线测试。

【任务实施】

任务工单

任务名称:电控悬架系统解析					
姓名:		班级:		学号:	
【任务描述】	请结合车辆,介绍该车型使用电控悬架的类型、功能和基本工作原理,并介绍悬架操作方法				
【实施准备】	配置电控悬架的车辆、教学运行台架(或虚拟仿真系统)				
【实施过程】	1. 自主学习	学习相关知识,在车辆或教学运行台架上找到相关部件,梳理电控悬架的基本工作原理、各组成部件的结构及工作原理			
	2. 计划与决策	小组讨论,确定介绍内容与逻辑			
	3. 小组执行	小组工作,汇报小组成果,展示操作方法 规范做好 5S			
【评价反思】	项目	评价点		自评	
	介绍电控悬架	电控悬架的功能及类型		□达成	□未达成
		电控悬架的基本工作原理		□达成	□未达成
		电控悬架的组成部件		□达成	□未达成
		电控悬架各部件的工作原理		□达成	□未达成
	电控悬架的使用	电控悬架模式选择开关的使用方法		□达成	□未达成
		电控悬架车身高度的调节方法		□达成	□未达成
		电控悬架举升模式的设置方法		□达成	□未达成
	安全与规范	车辆防护		□达成	□未达成
		人员与安全		□达成	□未达成
		现场 5S		□达成	□未达成
	其他				

任务二 检修电控悬架系统

【学习内容】

1. 半主动悬架的组成及工作原理
2. 主动悬架的组成及工作原理
3. 电控悬架各部件的检测方法

【学习目标】

1. 能够描述半主动悬架的组成及工作原理
2. 能够描述主动悬架的组成及工作原理
3. 能够检测电控悬架的各个部件
4. 培养规范意识、质量意识

【任务描述】

客户车辆因为电控悬架警告灯亮,高度无法调节进店维修,维修技师用诊断仪检测到存在多个故障码。现需要根据故障码对电控悬架系统的部件进行检测。

【相关知识】

一、半主动悬架的组成及工作原理

红旗 HS5 电控悬架控制单元可对减振器阻尼实现连续可调。阻尼无级可调的优势在于能最优化调节每个减振器的阻尼状态，能增强车辆的舒适性和动态稳定性，减少车身摆动、倾斜及垂直运动，持续地实时调整减振系统，更好地操控稳定性。红旗 HS5 的组成主要包括连续可变阻尼控制模块、连续可变阻尼减振器（4个）、左前车轮加速度传感器、右前车轮加速度传感器、左前车身加速度传感器、右前车身加速度传感器和后车身加速度传感器，如图 6-17 所示。

微课6-4
半主动悬架
的工作原理

图 6-17　红旗 HS5 电控悬架的组成

1）连续可变阻尼控制模块。它安装在行李舱，连接在底盘 CAN，接收车身和车轮的加速度信息，控制每个减振器内执行器的电流。

2）加速度传感器。3 个车身加速度传感器布置在左前轮罩上方、左后轮罩上方、前舱内，3 个加速度传感器可以确认车身的平面。两个车轮加速度传感器布置在左、右前减振器上，后减振器的加速度则由前减振器加速度和车速计算得出。其加速度传感器采用电容式加速度传感器。

3）连续可变阻尼减振器。连续可变阻尼减振器的工作原理在任务一中已经介绍。

二、主动悬架的组成及工作原理

红旗 H9 电控悬架可以实现阻尼及车身高度调节，弹簧刚度被动可变。其组成主要包括控制单元、车身高度传感器、重力加速度传感器、空气弹簧、储气筒、电磁阀单元、阻尼可调减振器、空气供给装置等，如图 6-18 所示。

1. 组成部件

1）控制单元。控制单元通过监测车身高度传感器、加速度传感器、压力传感器、车速传感器等的信号，控制电磁阀和压缩机来调节车辆高度，控制减振器电磁阀电流值调节阻尼大小。

2）车身高度传感器。控制单元通过监测 4 个车身高度传感器值，对空气弹簧高度进行调节。

3）重力加速度传感器。控制单元通过监测 3 个重力加速度传感器，监测车身各部位的垂直加速度，调节减振器阻尼。

4）减振器调节阀。它可调节减振器的阻尼。

5）储气筒。储气筒是铝制的。空气供给策略：当车速低于一定值时，空气基本上是由储气筒供给的（如果储气筒内有足够的压力）；当车速高于一定值时，主要由压缩机给弹簧及储气筒供气。这种

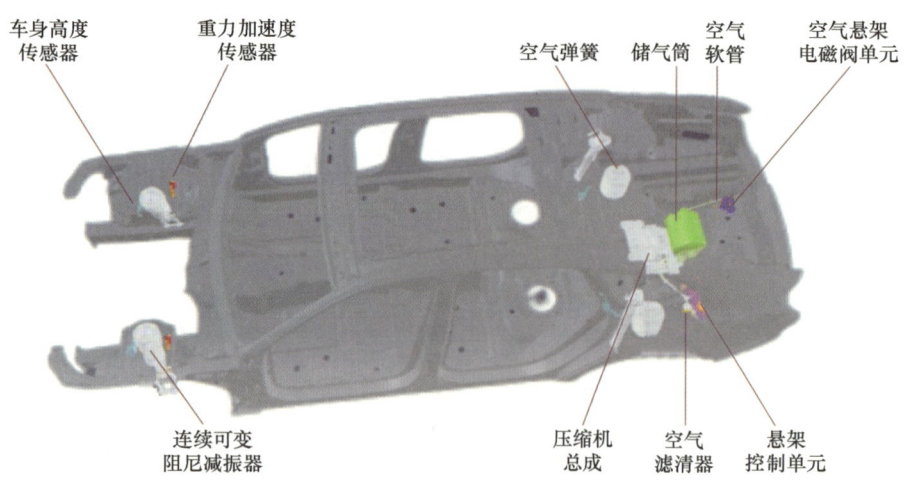

图 6-18 红旗 H9 空气悬架的组成

微课6-5 主动悬架的工作原理

空气供给策略使系统运行噪声小,且可降低电流消耗。

6)空气供给装置。它可为空气弹簧及储气筒提供空气。空气供给装置总成主要包括电动机、压缩机、干燥器、温度传感器、电动排气阀等,如图 6-19 所示,温度传感器主要用于防止压缩机过热。

电动排气阀位于压缩机总成中,它有双重功能:一个是通电时,排气阀打开,控制空气弹簧排出空气,降低车身高度;另一个是限压功能,可限制管路最大压力。

7)电磁阀单元。电磁阀单元一般位于行李舱备胎槽中,主要包括 4 个弹簧电磁阀、4 个减振器电磁阀、储气筒电磁阀及压力传感器。压力传感器用于监测 4 个弹簧及储气筒的压力,以判断压缩机是否工作以及气压是否稳定。

2. 空气悬架的供气过程

供气装置原理图如图 6-20 所示。控制单元接收到

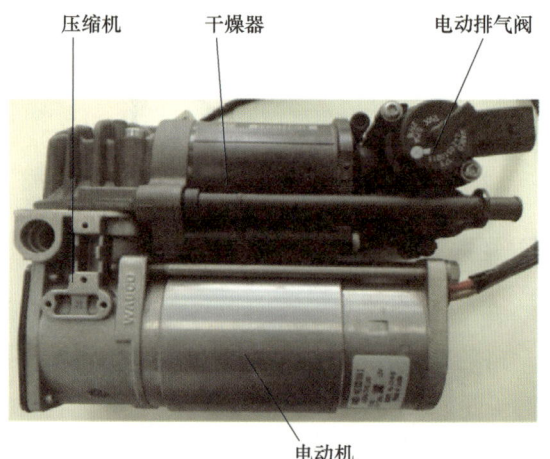

图 6-19 红旗 H9 空气供给装置总成

充气指令后给压缩机供电,压缩机开始工作,空气从噪声消除器 1,依次流经压缩机 8、单向阀 2、空气干燥器 3、单向阀 5,控制单元控制电磁阀 11~15 打开,给蓄能器及 4 个空气弹簧充气。排气过程:控制单元发出排气指令后,控制单元控制电动排气阀 9、11~15 打开,空气可以从蓄能器及空气弹簧排出,流经电动排气阀 9,依次经过单向阀 4、空气干燥器 3、气动排气阀 7、噪声消除器 1,排出到大气中。在充气过程中,空气中的水分被留在空气干燥器;在放气过程中,空气将空气干燥器中的水分带走,所以空气干燥器可以实现免维护。

有些空气悬架采用气动排气阀进行保压和限压。排气时,空气经排气阀流到限压阀,空气压力超过 350kPa 才能打开阀座 1,如图 6-21 所示。充气时,当空气压力超过 1350kPa 时,空气经空气干燥器后会打开阀座 2 流入排气滤清器,如图 6-22 所示。

三、电控悬架的检修方法

电控悬架系统一般都设有自诊断系统,随时监测系统的工作情况。当系统出现故障时,可通过自诊断系统获取故障信息,帮助维修人员检修。下面主要介绍电控悬架系统的基本检修方法。

1. 电控悬架检修注意事项

在检修汽车电控悬架时,应注意以下事项:

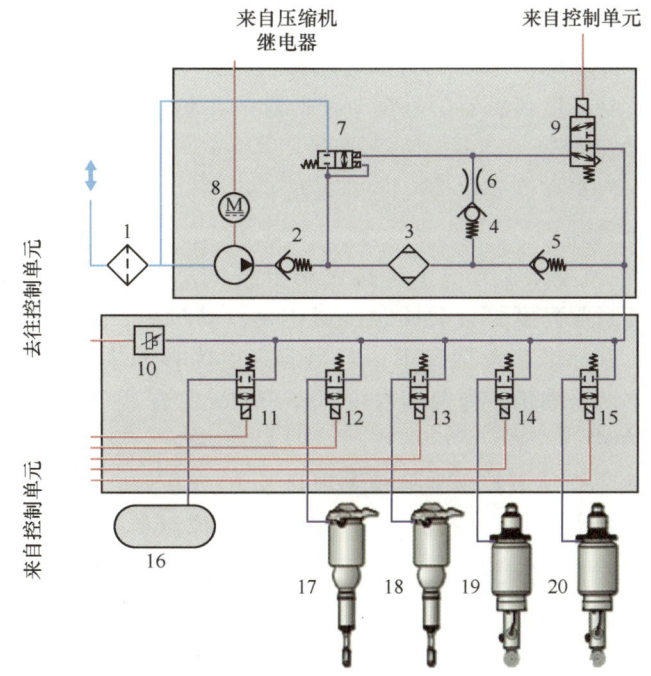

图 6-20 供气装置原理图

1—噪声消除器　2—单向阀1　3—空气干燥器　4—单向阀3　5—单向阀2　6—排气节流阀　7—气动排气阀
8—压缩机V66　9—电动排气阀N111　10—压力传感器G291　11—蓄能器阀N311　12—左前减振支柱阀N148
13—右前减振支柱阀N149　14—左后减振支柱阀N150　15—右后减振支柱阀N151　16—蓄能器
17—左前空气弹簧　18—右前空气弹簧　19—左后空气弹簧　20—右后空气弹簧

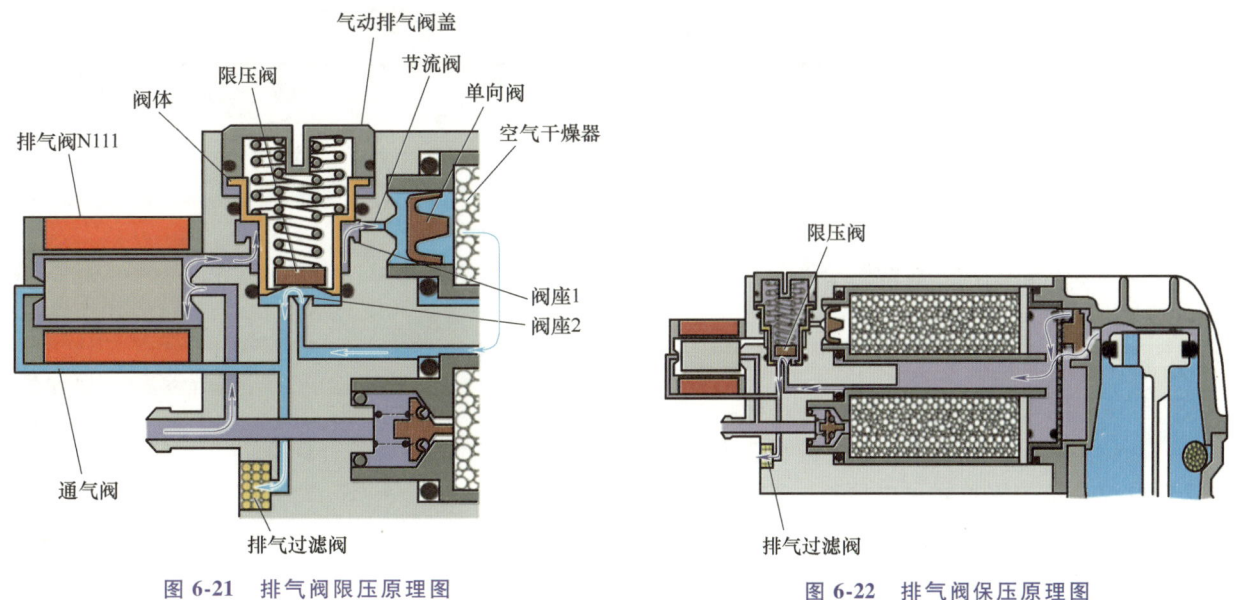

图 6-21 排气阀限压原理图　　　　图 6-22 排气阀保压原理图

1）使用举升机时，为防止控制单元误以为车身高度升高而进行排气操作，以免对空气弹簧造成损伤，为此设置举升模式。

2）如果车上的空气弹簧已经没有压力了，在举升和下降车辆前（如使用举升机），必须使用诊断仪给相应的空气弹簧充气。在无压力状态不要移动空气弹簧，因为在这种情况下管状气囊无法在活塞上展开，因而会造成其损坏。

3）在安装转角式车身高度传感器时，两个支臂不要装反了。

4）安装车身高度传感器的车辆，在已拆卸和安装或者更换了下部横摆臂、更换了副车架、在车身高度传感器上进行过装配工作、更换过车身高度传感器、从下部横摆臂上松开了车身高度传感器连接杆的螺栓连接、更换了水平高度调节系统控制器这几种情况下,由于传感器位置发生变化,需要重新匹配默认位置。有些采用车身高度传感器信号调节前照灯的车辆,还需要进行前照灯基本设置。

2. 电控悬架高度调整功能检查

操作高度控制开关检查汽车高度变化情况的步骤如下:

1)检查轮胎充气是否正确。

2)起动发动机,按压空气悬架上升或下降按键调节空气悬架高度,检测是否正常。以红旗车为例,其标准底盘情况下,若当前高度为自动模式,则起动发动机后,选择上升模式,驱动压缩机,弹簧高度将上升25mm左右。其标准底盘情况下,若当前高度为自动模式,则起动发动机后,选择下降模式,驱动压缩机,弹簧高度将下降10mm左右。

3. 电控悬架部件检测方法

下面以红旗 E-HS9 为例,介绍电控悬架的检测项目及方法。

(1)控制单元的检测项目及方法 红旗 E-HS9 电控悬架控制单元电路如图 6-23 所示。

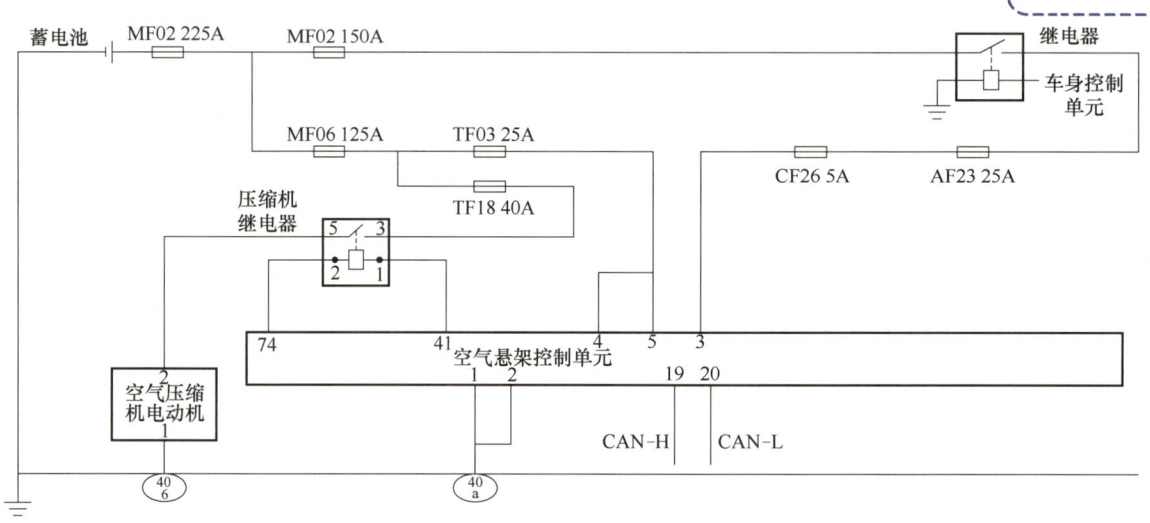

图 6-23 红旗 E-HS9 电控悬架控制单元电路

1)电控悬架控制单元搭铁检查。

① 将点火开关置于 OFF 位置。

② 断开蓄电池负极连接。

③ 断开电控悬架控制单元插接器。

④ 检测电控悬架控制单元插接器 1/2 至车身搭铁之间的电阻值是否符合标准。

2)电控悬架控制单元供电检查。

① 将点火开关置于 OFF 位置。

② 断开电控悬架控制单元插接器。

③ 将点火开关置于 ON 位置。

④ 测量电压。检测位置、检测条件和标准值见表 6-4。

表 6-4 检测电控悬架控制单元供电

检测位置	检测条件	标准值
电控悬架控制单元插接器端子4-车身搭铁	点火开关置于 ON 位置	蓄电池电压
电控悬架控制单元插接器端子5-车身搭铁	点火开关置于 ON 位置	蓄电池电压

3)电控悬架控制单元熔丝检查。

① 将点火开关置于 OFF 位置。

② 断开蓄电池负极连接。

③ 拆下电控悬架控制单元熔丝。

④ 测量熔丝两端电阻值是否在合理范围内。

4）电控悬架控制单元 CAN 总线是否断路检查。

① 将点火开关置于 OFF 位置。

② 断开电控悬架控制单元线束插接器。

③ 测量电阻值。检测位置、检测条件和标准值见表 6-5。

表 6-5 检测电控悬架控制单元 CAN 总线是否断路

检测位置	检测条件	标准值
电控悬架控制单元插接器端子 19-网关控制单元插接器	点火开关置于 OFF 位置	小于 1Ω
电控悬架控制单元插接器端子 20-网关控制单元插接器	点火开关置于 OFF 位置	小于 1Ω

5）底盘 CAN 总线是否短路检查。

① 将点火开关置于 OFF 位置。

② 断开电控悬架控制单元插接器。

③ 断开底盘 CAN 总线上所有控制单元插接器。

④ 测量电控悬架控制单元插接器端子 19 与电控悬架控制单元插接器端子 20 之间的电阻值。标准值为 10kΩ 或更大。

6）底盘 CAN 总线是否对电源短路检查。

① 将点火开关置于 OFF 位置。

② 断开电控悬架控制单元插接器。

③ 断开底盘 CAN 总线上所有控制单元插接器。

④ 测量电压。检测位置、检测条件和标准值见表 6-6。

表 6-6 检测底盘 CAN 总线是否对电源短路

检测位置	检测条件	标准值
电控悬架控制单元插接器端子 19-车身搭铁	点火开关置于 ON 位置	小于 1V
电控悬架控制单元插接器端子 20-车身搭铁	点火开关置于 ON 位置	小于 1V

（2）车身高度传感器的检查方法　车身高度传感器电路如图 6-24 所示，传感器有来电、搭铁、信号 3 根线。

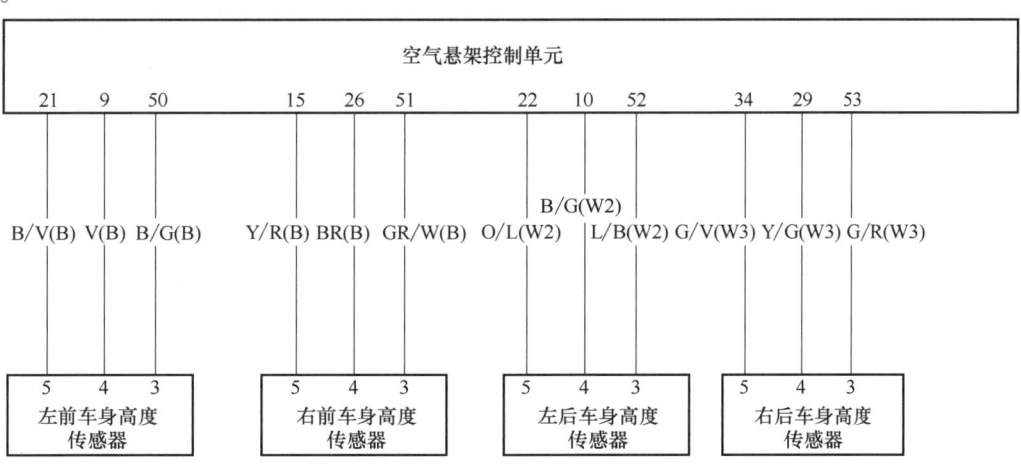

图 6-24　车身高度传感器电路

1)外观检查。

① 检查车身高度传感器是否损坏、装反。如果车身高度传感器装反,将导致高度测量数据不准确,进一步导致无法准确调整车身高度及姿态,进而引发报警。

② 检查转矩传感器线束及插接器是否紧固。

③ 检查转矩传感器线束及插接器是否短路或断路。

2)电气检测。

① 连接诊断仪。

② 打开点火开关,清除故障码。

③ 起动发动机试车,再次检查故障码。

微课6-8
重新匹配
默认位置

若控制单元来电、搭铁正常,传感器电路正常,则需要更换车身高度传感器。更换传感器后,需要重新匹配默认位置。

(3)压缩机继电器的检查方法 压缩机继电器常见的故障为继电器触点烧蚀、接触不良、继电器线圈不良等。其检查方法如下:

1)对继电器施加其正常的工作电压,看继电器能否正常动作;若不能正常动作,则用万用表检测继电器触点间的电压和电阻值,正常情况下触点闭合时的电压为0V。若电压大于0.5V以上,则说明触点接触不良。

2)用万用表检测继电器线圈的电阻值,电阻值应在正常范围内。

① 将点火开关置于OFF位置。

② 断开蓄电池负极连接。

③ 拆下电控悬架控制单元继电器。

④ 测量电阻。检测位置、检测条件和标准值见表6-7。

表6-7 检测电控悬架控制单元继电器

检测位置	检测条件	标准值
继电器端子3—继电器端子5	在端子1和2之间施加蓄电池电压	小于1Ω
继电器端子3—继电器端子5	未在端子1和2之间施加蓄电池电压	10kΩ或更大

(4)压缩机的检查方法

1)利用诊断仪的执行元件诊断功能检测压缩机,正常情况下会听到压缩机的工作声音。如果压缩机不工作,在压缩机继电器确定完好的情况下,需要进一步检查。

2)将点火开关置于OFF位置拆卸电动机,断开蓄电池负极连接,直接在压缩机端子1和2之间施加12V直流电压,观察电动机是否正常工作。若不能,进一步检查电阻值。

3)用万用表检测压缩机的电阻值,标准电阻值为0.2Ω。若电阻值趋于零或无穷大,则说明线圈短路或断路,需更换电动机。

(5)电磁阀的检查方法

1)利用诊断仪的执行元件诊断功能检测电磁阀。以左前空气弹簧电磁阀为例,如果左前弹簧高度有变化,则说明电磁阀功能完好。若高度没有变化,在排除压缩机、压缩机继电器等其他相关部件的前提下,需拆开阀单元进一步检测电磁阀。

2)用万用表检测电磁阀的电阻值,若电阻值趋于零或无穷大,则说明线圈短路或断路,则需更换电磁阀。空气悬架电磁阀电路如图6-25所示。

微课6-9
最终控制诊断

① 将点火开关置于OFF位置。

② 断开蓄电池负极连接。

③ 拆下电控悬架控制单元空气悬架电磁阀。

④ 测量电阻值。检测位置、检测条件和标准值见表6-8。

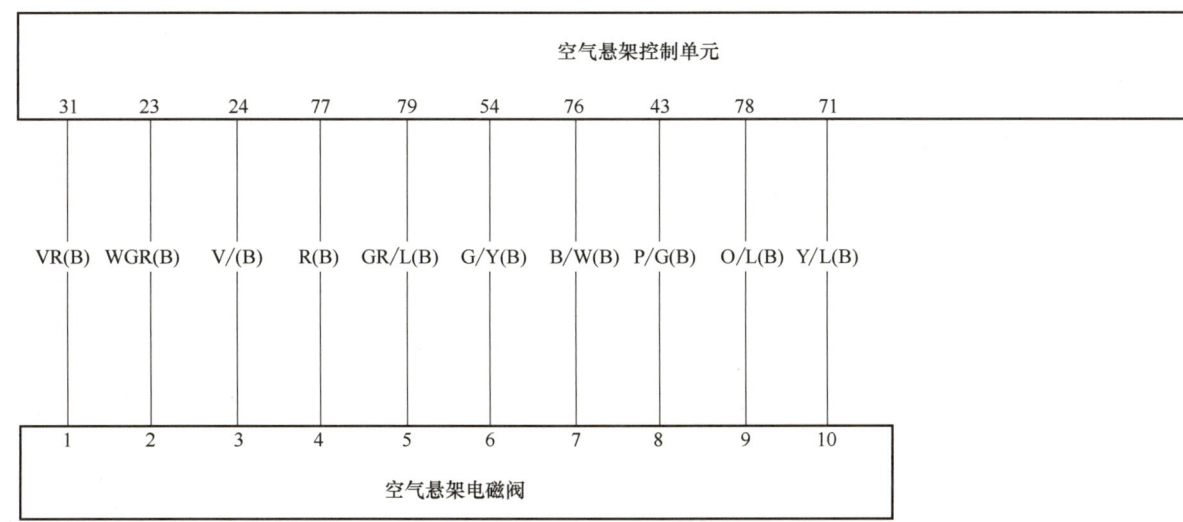

图 6-25 空气悬架电磁阀电路

表 6-8 检测电控悬架控制单元电磁阀

检测位置	检测条件	检测方法
左后电磁阀	在端子 76 和 43 之间施加工作电压	左后电磁阀是否通气
右前电磁阀	在端子 77 和 43 之间施加工作电压	右前电磁阀是否通气
右后电磁阀	在端子 79 和 43 之间施加工作电压	右后电磁阀是否通气
左前电磁阀	在端子 78 和 43 之间施加工作电压	左前电磁阀是否通气

（6）空气弹簧的漏气检查

1）将车辆举升起来，检查汽车底盘部分空气悬架管路及分配阀接口处是否漏气。如果漏气，会导致空气悬架漏气故障，则需要进行更换或维修处理。

2）检查分配阀是否漏气。可以先在分配阀接口处涂抹肥皂水，然后利用压缩机给弹簧充气，如果肥皂水冒泡，则说明分配阀接口漏气。

3）将空气弹簧压力检测表串联到分配阀与空气弹簧之间，如果想要检查空气弹簧是否漏气，则需关闭压力检测表分配阀到空气弹簧之间的开关，如果空气弹簧压力表示数下降，则说明弹簧漏气。

【在线测试】

请扫描二维码完成在线测试。

【任务实施】

任务工单

任务名称：检修电控悬架系统			
姓名：		班级：	学号：
【任务描述】		请结合车辆，介绍该车型使用的电控悬架的组成及各部件检测方法	
【实施准备】		配置电控悬架的车辆、教学运行台架（或虚拟仿真系统）	
【实施过程】	1. 自主学习	学习相关知识，在车辆或教学运行台架上找到相关部件，梳理电控悬架供给总成的充放气逻辑、部件检测方法	
	2. 计划与决策	小组讨论，确定介绍内容与逻辑	
	3. 小组执行	小组工作，汇报小组成果，展示操作方法 规范做好 5S	

(续)

项目	评价点	自评	
介绍电控悬架的供给总成	电控悬架充放气逻辑	□达成	□未达成
	电控悬架的充放气过程	□达成	□未达成
	电控悬架保压和限压原理	□达成	□未达成
电控悬架的检修	检修电控悬架的注意事项	□达成	□未达成
	车身高度传感器的检测	□达成	□未达成
	压缩机继电器及电磁阀的检测	□达成	□未达成
	空气弹簧的漏气检测	□达成	□未达成
安全与规范	车辆防护	□达成	□未达成
	人员与安全	□达成	□未达成
	现场5S	□达成	□未达成

（评价反思列于表格左侧）

任务三　电控悬架系统典型故障分析

【学习内容】
1. 电控悬架的诊断流程
2. 电控悬架典型故障案例

【学习目标】
1. 能够制订电控悬架的诊断流程
2. 能够分析电控悬架的故障原因
3. 能够排除电控悬架故障
4. 培养创新思维

【任务描述】

客户车辆进店维修，反映该车速度超过100km/h时，空气悬架黄灯报警，关闭发动机，再次起动车辆黄灯消失。与客户沟通后得知此车以前因碰撞，在其他服务站更换过右前车身高度传感器。作为维修技师，请诊断及排除故障。

【相关知识】

一、故障灯含义及诊断流程

以红旗H9为例，电控悬架中的指示灯有两个：黄色警告灯 指示空气悬架系统故障，红色警告灯 指示空气悬架严重故障。警告灯亮的同时会有仪表文字提醒，例如红旗车严重故障时，会提醒："空气悬架系统严重故障，行驶有危险，请马上维修！"

首先与客户沟通故障车辆最近的维修与使用情况，收集尽可能多的故障信息。随后目视检查：检查空气弹簧是否充气充足、均匀，观察是否有漏气、裂纹和油渍等问题；检查悬架高度是否正常，系统有无泄漏。可以通过测量车轮中心至其上方车身上易于确定的固定点的距离，并分别记录好左、右侧数据，以后每次检查时，只需把车停在平地，测量检查数据没有较大的变化时，说明悬架高度正常，系统无漏气。初步检查：观察是否有明显的异常现象，例如车辆行驶过程中出现颠簸、跳动或异响等。根据故障现象，初步判断故障可能的原因。

随后，在断电状态下利用专业诊断仪查看是否能够通信，如果能够正常通信，通过控制单元自诊断读取故障码。如果是偶发故障码，清除故障码，按偶发故障进行维修；如果是持续性故障，记录故障码，按故障码指导和索引进行检测，根据诊断结果进行相应的维修或更换部件，清除故障码。试车验证：在完成维修或更换部件后，试车验证，确保空气悬架系统工作正常，无异常现象。其具体流程如图 6-26 所示。

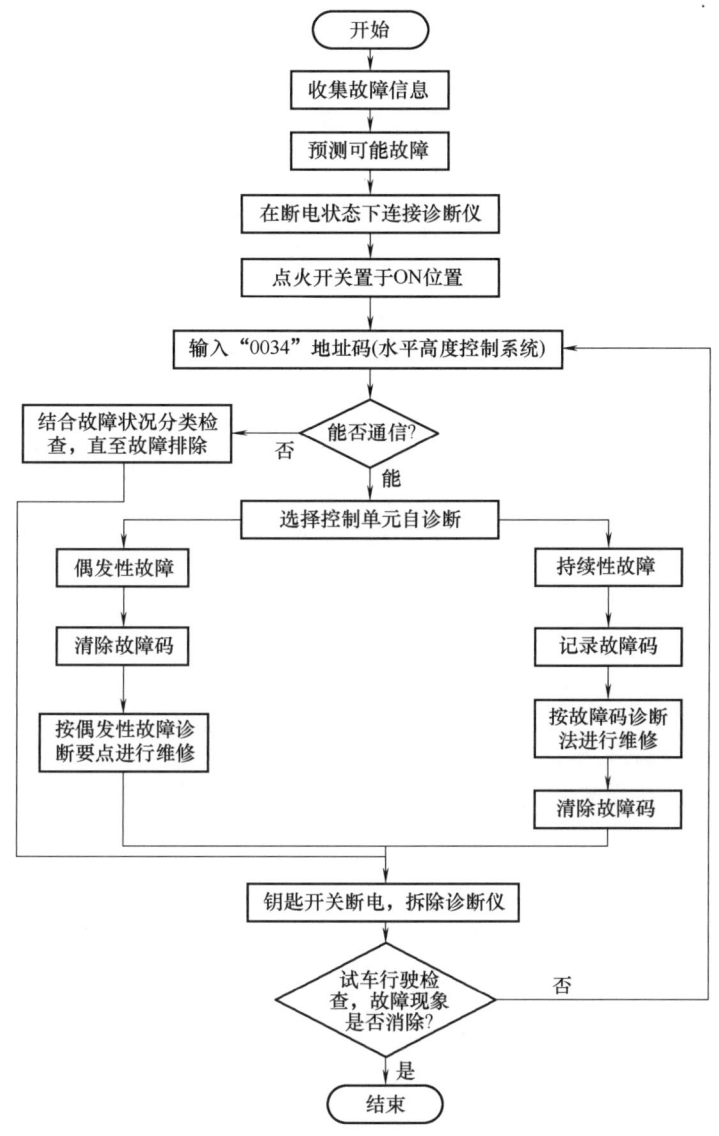

图 6-26　电控悬架故障诊断流程

二、压缩机继电器触点故障

故障现象：某家用轿车，车主反映该车仪表中车身高度故障灯亮起，同时胎压报警。接车后观察，该车车身左、右高度基本一致，车主反映，快速过减速带有时会有撞击声音，从经验上判断，应该是全车的四轮悬架高度都偏低，尤其是两前轮。

故障诊断与排除：

1）用诊断仪进入悬架系统水平高度控制系统，查询故障码。读取故障码为：水平高度调节压力传感器信号不可信。

2）诊断仪读取高度传感器数值与实际悬架压力变化一致，继续读取压力传感器数值，发现测试压力为 117.8kPa，显然压力过低，该车正常数据在诊断仪上显示为不低于 300kPa。故障点在蓄能器和空气供给装置。

3）检查蓄能器和空气供给装置外表，未发现管路漏气现象，各电路插头也无明显松动。蓄能器结构较为简单，一般不容易损坏，先从空气供给装置入手。执行元件诊断测试空气泵，运转有声音，但是声音较小，并且断断续续。首先测试继电器，在诊断仪执行动作测试时，用探针刺入继电器针脚，万用表正极连接探针，负极搭铁，显示电压在3~5V范围内波动，甚至时有时无，显然不正常。关闭点火钥匙，再次拆下该继电器，撬开继电器外壳，发现该继电器的两个触点有烧黑的痕迹，应该是长期吸合造成触点电流温度过高，导致触点接触不良，继而影响电流通过。空气泵是大电流用电器，电路接触不良会导致电压不稳定，造成空气泵供电电压不足，运转无力，从而使空气悬架系统的压力不足，水平位置传感器报警。

4）换上一个新的继电器，再次用诊断仪执行动作测试。用探针在继电器输出端能测得稳定的电压12V，且空气泵声音运转有力持续不间断，再次用诊断仪读取压力值稳定上升，车身高度也明显上升，清除故障码。由于拔插过水平传感器的插头，为了保险起见，对该车水平传感器进行校正，匹配空气悬架默认高度。试车，故障消失，车辆正常运行。

三、车身高度传感器故障

故障现象：故障汽车行驶里程约为74000km，车主反映该车空气悬架黄灯报警。根据车主描述，该车速度超过100km/h时，空气悬架黄灯报警，关闭发动机，再次起动车辆黄灯消失。与车主沟通后得知此车以前右前方受到碰撞，在其他服务站更换过右前车身高度传感器。

故障诊断与排除：

1）用诊断仪检查高度水平调节控制单元：故障码为高度传感器机械故障，导致此故障码的可能原因如下：

① 某一个水平高度传感器失效。
② 水平高度传感器调节不当。
③ 控制单元内部判断错误。

2）读取数据流，4个高度传感器，后面的2个相差不到2mm，前方2个相差14mm，说明左、右2个传感器输入控制单元的误差值太大。按照要求最大不能超过15mm，可能是速度快的时候，车身在下降过程中出现较大误差。

3）检查传感器有无明显损坏，根据引导检查传感器连接杆和支架，没有发现明显变形和损坏。右前传感器支架安装反了，拆卸下来重新安装。

4）故障维修，更新右前车身高度传感器后，重新设置空气悬架匹配默认高度，读取数据流，左、右相差不超过2mm，试车，故障消失。

【在线测试】

请扫描二维码完成在线测试。

【任务实施】

任务工单

任务名称：电控悬架系统典型故障分析			
姓名：		班级：	学号：
【任务描述】	请结合故障车辆具体情况,进行故障诊断与排除		
【实施准备】	配置电控悬架的车辆、电路图、诊断仪、万用表、示波器		
【实施过程】	1. 自主学习	阅读电路图，查找相应部件控制电路	
	2. 计划与决策	小组讨论,根据故障现象及故障码,确定诊断思路	
	3. 小组执行	小组工作,汇报小组成果,展示诊断思路 规范做好5S	

（续）

项目		评价点	自评	
【评价反思】	介绍电控悬架故障诊断思路	电路图查阅，各熔丝、继电器位置查找	□达成	□未达成
		车辆故障码	□达成	□未达成
		故障可能原因	□达成	□未达成
		诊断思路	□达成	□未达成
	电控悬架的故障诊断实施	检测可能故障点的电压、电阻值、电流值	□达成	□未达成
		检测故障可能部件数据读取	□达成	□未达成
		故障可能部件执行元件诊断	□达成	□未达成
	安全与规范	车辆防护	□达成	□未达成
		人员与安全	□达成	□未达成
		现场 5S	□达成	□未达成
	其他			

【拓展阅读】

自主供应：空气悬架技术壁垒加速国产替代

空气悬架在欧美成熟汽车市场渗透率较高，特别是在高级大型客车的渗透率已达100%，在中、重型货车和挂车上应用超过80%。在国内，随着消费升级、自主品牌高端突破及零部件国产化降本，空气悬架已经渗透至30万元左右价位的国产 SUV 车型的标配。

空气悬架核心部件技术壁垒较高，过去主机厂主要采购大陆、威巴克、AMK 等外资供应商的产品。出于降本及软硬件解耦考虑，国内车企逐步倾向于自研空气悬架控制单元及算法（最终集成至底盘域控制器中)，并将硬件总成分拆成空气供给单元、空气弹簧、传感器等部件分别采购，最后由主机厂主导集成，这为国内零部件供应商单点突破带来机遇。保隆汽车科技股份有限公司、中鼎股份公司、天润工业技术股份有限公司、孔辉汽车科技有限公司等已逐步实现空气悬架相关部件的量产和配套。

根据相关研究，国内外汽车悬架部件的全球市场规模超过100亿美元，其中，中国是全球最大的汽车悬架市场，其市场占有率高达75%以上。未来，随着我国技术及产品不断成熟，有望凭借快速响应及本土配套优势加速国产替代。

模块七
线控底盘技术

- **模块七 线控底盘技术**
  - **任务一 线控换档技术解析**
    - 介绍线控换档系统的组成及原理
      - 线控换档系统的概念
      - 线控换档系统的组成
      - 线控换档系统的工作原理
    - 区分线控换档的类型
      - 档杆式线控换档系统
      - 怀档式线控换档系统
      - 旋钮式线控换档系统
      - 按键式线控换档系统
    - 介绍线控换档的优点
      - 线控换档系统的优点
  - **任务二 线控转向技术解析**
    - 介绍线控转向系统的组成及原理
      - 线控转向系统的概念
      - 线控转向系统的组成
      - 线控转向系统的工作原理
    - 区分线控转向系统的分类
      - 单电动机前轮转向的特点
      - 双电动机前轮转向的特点
      - 双电动机独立前轮转向的特点
      - 后轮线控转向的特点
      - 四轮独立转向的特点
    - 介绍线控转向系统的特点
      - 线控转向系统的优缺点
    - 介绍线控转向的可拓展功能
      - 线控转向的可拓展功能
  - **任务三 线控制动技术解析**
    - 介绍线控制动系统的概念
      - 线控制动系统的概念
      - 线控制动系统的种类
    - 介绍电子液压制动系统
      - 电子液压制动系统的组成
      - 电子液压制动系统的工作原理
    - 介绍电子机械制动系统
      - 电子机械制动系统的组成
      - 电子机械制动系统的工作原理
    - 介绍混合制动系统
      - 混合制动系统的组成
      - 混合制动系统的工作原理
    - 分析线控制动系统故障
      - 线控制动系统制动失控故障分析
      - 线控制动系统制动拖滞故障分析

任务一　线控换档技术解析

【学习内容】

1. 线控换档系统的概念
2. 线控换档系统的作用、组成及工作原理
3. 线控换档系统的优点

【学习目标】

1. 能够描述线控换档技术的功能、组成和工作原理
2. 能够向客户演示线控换档操作
3. 能够进行团队合作，培养团队意识

【任务描述】

客户试乘试驾线控换档的车辆时，未发现变速杆。作为销售人员，你该如何介绍线控换档的操作差异及技术优势。

【相关知识】

一、线控换档系统的结构及工作原理

1. 线控换档系统的概念

线控换档系统（Shift By Wire，SBW）取消了传统的换档操纵机构与变速器之间连接的拉索或推杆，变速杆和变速器之间无直接机械连接结构，利用电动执行器来控制变速器动作执行，取代了传统的档位操作模式，通过旋钮和按键等新式交互件电子控制车辆换档，为智能网联汽车实现速度控制提供了良好的硬件基础。采用线控换档的车辆可以对变速杆的位置与操作界面进行优化设计，使换档更加简单、轻松。相较于传统机械换档器，新型线控换档器更安全、更智能、更易体现科技豪华感，未来线控换档技术会是国内外主流车型的标准配置。

2. 线控换档系统的组成

线控换档系统主要由换档操纵机构、换档执行模块、换档 ECU、驻车控制 ECU 和档位指示器等组成。换档操纵机构包括线控变速杆、P 位键、换档操纵机构盖板等。换档执行模块的功能是接收 ECU 的命令，实现档位切换。换档 ECU 接收换档操纵机构的信号，并向换档执行模块下发指令。

3. 线控换档系统的工作原理

当驾驶人挂入某一个档位时，传感器就会将档位请求信号传送到变速器 ECU，同时，ECU 会根据汽车上其他的各种信号（比如发动机转速、车速、节气门开度以及安全带、车门开关信号等）进行分析，根据通信协议进行判断是否执行换档请求。如果确认没有任何问题，ECU 会发出指令，给变速器中相应的电磁阀通电或断电，来控制各种液压控制阀的通断，从而实现档位的切换，并将策略档位发送给仪表显示当前档位。同时，传感器从 CAN 总线上接收 ECU 发出的反馈档位信号，再通过 LIN 线使副仪表板上的档位指示灯亮起。如果被分析到有错误操作的存在，比如高速行驶中突然向前挂倒档，会被 ECU 认为是错误信号，这种情况下 ECU 不会给变速器发送操作指令。

二、线控换档操纵机构形式

线控换档系统技术较为成熟，市场上主要的操纵机构形式有档杆式、怀档式、旋钮式和按键式 4 种形式，如图 7-1 所示。

1. 档杆式换档

档杆式线控换档系统与传统的变速杆外观相似，但其换档操作要简单省力，下面以红旗 H9 和比

亚迪汉 DM-i 为例进行介绍。

（1）红旗 H9　红旗 H9 有驻车档（P 位）、倒车档（R 位）、空档（N 位）、前进档（D 位）和手动档（M 位）5 个档位，如图 7-2 所示。仪表盘有档位显示，通过仪表盘可判断当前档位信息。

按下驾驶模式选择按键，可循环切换经济、舒适、运动、雪地 4 种驾驶模式，也可在多媒体显示屏信息娱乐系统的车辆设置中选择经济、舒适、运动、雪地 4 种驾驶模式。

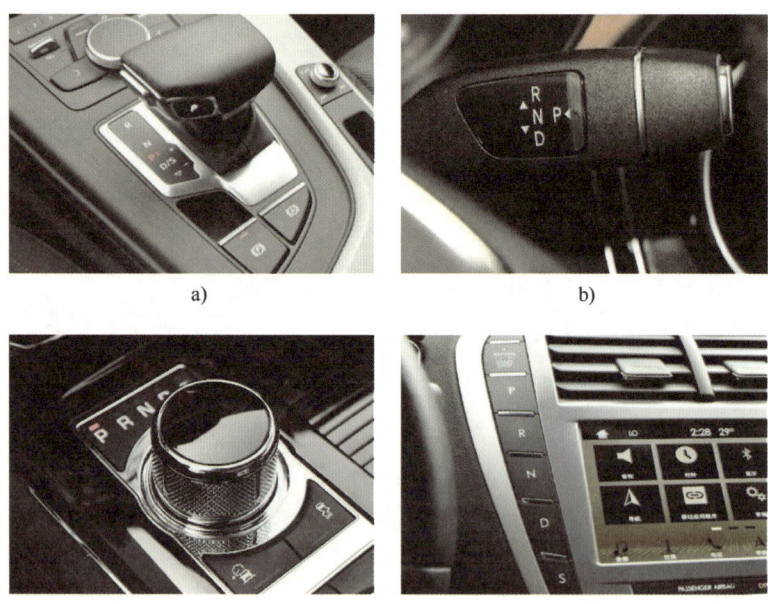

图 7-1　线控换档操纵机构形式
a）档杆式　b）怀档式　c）旋钮式　d）按键式

1）经济模式。经济模式下，车辆具有良好的经济性，适用于常见的城市铺装路面。该模式下变速器采用省油的换档策略；动力输出平缓；配备空气悬架的车辆，车辆高度自动调节至"标准"；四驱车型的驱动形式为 2WD 模式；转向手力偏重。

2）舒适模式。舒适模式下，车辆具有良好的舒适性，适用于常见的城市铺装路面下行驶。该模式下动力系统输出平顺；转向手感轻盈；配备空气悬架的车辆，车辆高度自动调节至"标准"；变速器换档处于默认状态；四驱车型的驱动形式为 AWD 模式。

3）运动模式。运动模式下，车辆具有良好的动力性，适用于在高速公路或者常见的城市铺装路面下行驶。该模式下加速快，动力输出强劲；转向运动感强；配备空气悬架的车辆，车辆高度自动调节至"较低"；变速器延迟换档；四驱车型的驱动形式为 AWD 模式。

4）雪地模式。雪地模式适用于下雪后的低附着路面、湿滑的草地、砾石路面行驶。该模式下动力输出平缓，减少车辆打滑情况；车辆起步时，换档平缓；转向手力均衡；配备空气悬架的车辆，车辆高度自动调节至"标准"；四驱车型的驱动形式为 4WD 模式。

（2）比亚迪汉 DM-i　比亚迪汉 DM-i 有驻车档（P 位）、倒车档（R 位）、空档（N 位）和前进档（D 位）4 个档位，如图 7-3 所示。换档成功后，手松开，变速杆自动回到中间位置。必须在电源 OK 档下才能将档位切换至行驶档。需要注意的是，解除驻车档或切换至行驶档位需要同时踩制动踏板和按 unlock。

图 7-2　红旗 H9 档位图

图 7-3　比亚迪汉 DM-i 档位及模式按钮

比亚迪汉 DM-i 主要有 EV/HEV 模式、雪地模式和"MODE"3 个工作模式按键。工作模式主要有以下 8 种：

1）EV-ECO 驱动模式。向前拨动"EV"按键，仪表上 EV 指示灯亮，表示在 EV 模式。连续拨动"MODE"按键，直至仪表上 ECO 指示灯亮，进入 ECO（经济）模式，可最大限度节约电量。

2）EV-NORMAL 驱动模式。向前拨动"EV"按键，仪表上 EV 指示灯亮，表示在 EV 模式。连续拨动"MODE"按键，直至仪表上 NORMAL 指示灯亮，进入 NORMAL（普通）模式，同时兼顾舒适性与用电量。

3）EV-SPORT 驱动模式。向前拨动"EV"按键，仪表上 EV 指示灯亮，表示在 EV 模式。连续拨动"MODE"按键，直至仪表上 SPORT 指示灯亮，进入 SPORT（运动）模式，以保证较好的动力性能。

4）HEV-ECO 驱动模式。向后拨动"HEV"按键，仪表上的 HEV 指示灯亮，表示在 HEV 模式。连续拨动"MODE"按键，直至仪表上 ECO 指示灯亮，进入 ECO（经济）模式，提供最佳燃油经济性。

5）HEV-NORMAL 驱动模式。向后拨动"HEV"按键，仪表上的 HEV 指示灯亮，表示在 HEV 模式。连续拨动"MODE"按键，直至仪表上 NORMAL 指示灯亮，进入 NORMAL（普通）模式，提供最佳舒适性，同时兼顾燃油经济性。

6）HEV-SPORT 驱动模式。向后拨动"HEV"按键，仪表上的 HEV 指示灯亮，表示在 HEV 模式。连续拨动"MODE"按键，直至仪表上 SPORT 指示灯亮，进入 SPORT（运动）模式，提供最佳的动力性。

7）MAX EV 驱动模式。MAX EV 给驾驶人提供了"持续用电不用油"的需求，最大程度保证了车辆纯电行驶。若蓄电池电量较充足的情况下需要进入 MAX EV 模式，向前拨动"EV"按键持续约 3s，直到仪表上 EV 指示灯显示蓝色，此时输出功率受到一定限制，直到电量下降到较低时，整车将自动切换到"HEV-ECO"模式。

8）雪地模式。驾驶人按下雪地模式开关即可进入雪地模式，再按一次模式开关，退出雪地模式。此模式适用于雪地等湿滑路面。

2. 怀档式换档

怀档式线控换档系统的变速杆位于转向盘下边、转向柱上，这种换档方式能大量节省空间，使前排两座位间的中控地台更加简洁。为防止误操作，当汽车起动后，换档机构就会锁死，即使碰到了也不会有任何的影响。以深蓝 SL03 为例，有驻车档（P 位）、倒车档（R 位）、空档（N 位）和前进档（D 位）4 个档位，如图 7-4 所示。

可通过转向盘右侧的怀档手柄切换档位，或通过按压怀档手柄右侧的驻车档按键切换为驻车档。换档成功时，仪表显示对应的档位，车辆进入相应档位。换档失败时，系统会进行声音和文字提示，车辆将维持当前档位。

驾驶模式包含舒适模式、运动模式和自定义模式，可在中控显示屏的"驾驶模式"选项中进行不同驾驶模式的选择及设置。

（1）舒适模式　在舒适模式下，车辆加速性能舒缓，松加速踏板后减速感舒缓，转向盘手感轻盈，制动踏板脚感轻盈，驾驶总体感受偏舒适。

图 7-4　深蓝 SL03 怀档式变速杆

（2）运动模式　在运动模式下，车辆加速性能更强，松加速踏板后减速感明显，转向盘手感厚重，制动踏板脚感厚重，驾驶总体感受偏运动。

（3）自定义模式　在自定义模式下，用户可对驾驶性能进行一定程度的自定义。

加速模式：标准模式加速性能舒缓，较快模式加速性能更强。

转向助力模式：舒适模式转动转向盘手感轻盈，标准模式转动转向盘手感适中，运动模式转动转向盘手感厚重。

能量回收强度：标准模式松加速踏板减速感舒缓，较强模式松加速踏板减速感明显，自定义模式可以任意调节不同的松加速踏板减速感。

制动助力模式：舒适模式制动踏板脚感轻盈，运动模式制动踏板脚感厚重。

3. 旋钮式换档

旋钮式线控换档系统将传统的变速杆变成了一个旋钮，将换档动作变成了曲线画圆的形式，使变速杆和换档区域变得更小，节省空间。以荣威 ei6 为例，包括驻车档（P 位）、倒档（R 位）、空档（N 位）和前进档（D 位）4 个档位，如图 7-5 所示。

驾驶人可以通过中控台上电子换档器的驾驶模式选择开关（MODE），根据需要手动选择经济模式、常规模式和运动模式 3 种驾驶模式。

1）经济模式。经济模式下，尽可能使用电能驱动车辆。在该模式下，下一次起动车辆，系统默认仍为经济模式。

2）常规模式。常规模式下，为维持蓄电池包电量在较高水平，发动机使用频率较经济模式高。在该模式下，下一次起动车辆，系统默认仍为常规模式。

3）运动模式。运动模式下，混动控制系统使车辆提供更多动力，提升驾驶性能。在该模式下，下一次起动车辆，系统默认为常规模式。

4. 按键式换档

按键式线控换档系统的每个档位都有独立的按键，通过点按的方式来完成档位的选择，换档界面直观、简洁、节省空间。以别克昂科威 Plus 为例，包括驻车档（P 位）、倒档（R 位）、空档（N 位）、前进档（D 位）和手动模式（M 位）5 个档位，如图 7-6 所示。

图 7-5　荣威 ei6 换档旋钮

图 7-6　别克昂科威 Plus 档位按钮

在手动模式下，允许驾驶人手动驾驶车辆。换档拨片位于转向盘的背面。有永久手动换档模式和临时手动换档模式两种。

1）永久手动换档模式。车辆处于 D 位（前进档）时按下 M 位开关，切换到 M 位（手动模式），按下换档拨片可换档。按下左侧换档拨片可以降档（-），按下右侧换档拨片可以升档（+）。要退出永久手动换档模式，按下 D 位（前进档）开关，即可回到 D 位（前进档）。

2）临时手动换档模式。车辆处于 D 位（前进档）而非 M 位（手动模式）时，按下换档拨片可进入临时手动换档模式，允许车辆手动换档。长按右侧换档拨片，可退出临时手动模式，一定时间内未

手动换档也将返回自动换档。

使用手动模式时，车辆的换档会更稳定、更快速。这可以用于运动型驾驶、爬坡或下坡、较长时间保持档位、减档，以得到更大功率或发动机制动等情况。

三、线控换档系统的优点

1）质量更小，有利于汽车轻量化设计，电子换档机构比自动换档机构质量小得多。
2）体积更小，电子换档机构小巧轻便、节省空间，能够增加整车储物空间。
3）科技感强，打破传统的换档方式，布置灵活，可实现按键、旋钮和怀档等多种形式。
4）可实现更多附加功能，可实现自动驻车档请求、手动/运动换档模式、驾驶人安全带保护、整车防盗功能、车门打开保护等多种附加功能。

【在线测试】

扫描二维码完成在线测试。

【任务实施】

任务工单

任务名称：线控换档技术解析					
姓名：		班级：		学号：	
【任务描述】	请结合车辆，介绍该车型线控换档系统的优缺点和基本工作原理，并演示操作方法				
【实施准备】	配置线控换档系统的车辆、教学运行台架（或虚拟仿真系统）				
【实施过程】	1. 自主学习	学习相关知识，在车辆或教学运行台架上找到相关部件			
	2. 计划与决策	小组讨论，确定介绍内容与逻辑			
	3. 小组执行	小组工作，汇报小组成果，展示操作方法 规范做好 5S			
【评价反思】	项目	评价点	自评		
	介绍线控换档技术	线控换档系统的功能	□达成	□未达成	
		线控换档系统的优点	□达成	□未达成	
		线控换档系统的组成	□达成	□未达成	
		线控换档系统的工作原理	□达成	□未达成	
		线控换档系统与传统换档系统的差异	□达成	□未达成	
	线控换档系统的使用	线控换档系统的位置	□达成	□未达成	
		线控换档系统指示含义	□达成	□未达成	
		线控换档系统变速杆的使用	□达成	□未达成	
		驾驶模式开启	□达成	□未达成	
	安全与规范	车辆防护	□达成	□未达成	
		人员与安全	□达成	□未达成	
		现场 5S	□达成	□未达成	
	其他				

任务二 线控转向技术解析

【学习内容】	【学习目标】
1. 线控转向系统的结构与分类 2. 线控转向系统的工作原理 3. 线控转向系统的特点	1. 掌握线控转向系统的分类、组成及工作原理 2. 能够描述线控转向的拓展功能 3. 强化创新意识和安全意识

【任务描述】

自动驾驶系统中车道保持和车辆控制使用了线控转向技术，线控转向系统由哪些部分组成？它是如何工作的呢？

【相关知识】

一、线控转向系统的结构及工作原理

1. 线控转向系统的概念

汽车转向系统的发展经历了机械转向、液压助力转向、电动助力转向、线控转向等，如图7-7所示。机械转向通过机械传动实现转向。液压助力转向利用油液助力实现转向。电动助力转向利用电动机助力实现转向，是当前汽车转向系统的主流产品。线控转向取消了机械连接，通过电信号控制转向，是未来技术发展方向。线控转向系统（Steering By Wire，SBW）是自动驾驶汽车实现路径跟踪与避障避险必要的关键系统，为自动驾驶汽车实现自主转向提供了良好的硬件基础，其性能直接影响主动安全与驾乘体验。线控转向系统取消了传统转向系统中转向盘与转向执行器间的机械连接，可以减小车体质量，消除路面冲击，具有减小噪声和隔振等优点。

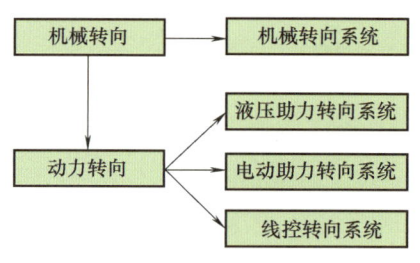

图 7-7 线控转向技术演变

由于电动机系统的稳定性不足，目前采用线控转向系统的车辆仍然保留了机械传动结构，用以保证传动系统的可靠性，提高整车的安全性。

2. 线控转向系统的组成

汽车线控转向系统由转向盘模块、转向执行模块、ECU和电源系统等部分组成，如图7-8所示。

转向盘模块包括转向盘、转向盘转角传感器、转矩传感器、转向盘回正力矩电动机。转角传感器和转矩传感器整合在转向盘总成系统中，将驾驶人意图转换成数字信号，然后传递给ECU，同时，接收ECU送来的力矩信号，从而产生转向盘回正力矩提供给驾驶人相应的路感信息。

转向执行模块的功能是接收ECU的命令，通过转向电动机控制器驱动转向电动机快速、准确地执行ECU给出的转向角指令，控制转向车轮转动，实现驾驶人的转向意图和车辆的转向功能。

ECU采集转向盘转角、转向盘转矩和车速等传感器的信息，进行分析处理判断汽车的运动状态，然后向转向盘回正力矩电动机和转向电动机发送指令控制电动机的工作，保证在各种工况下都具有理想的车辆响应，从而减轻驾驶人的负担。同时，ECU可以对驾驶人的操作指令进行判别，判断在当前状态下驾驶人的操作意图，自动进行稳定控制，使汽车尽快恢复到稳定状态。ECU还有安全保护和自我诊断的功能，ECU通过采集电动机的电流、发动机转速等信号判断系统工作是否正常，一旦系统工

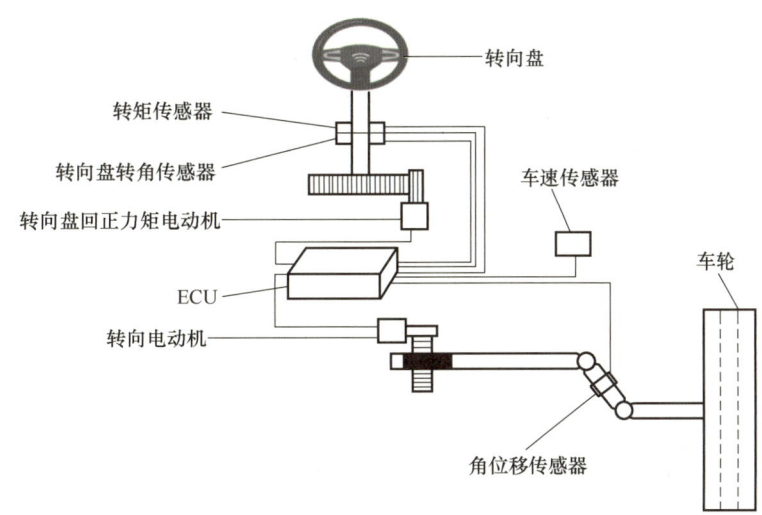

图 7-8 线控转向系统的结构

作异常,电动助力被切断。同时,ECU 将进行故障诊断分析,故障指示灯亮,并以故障所对应的模式闪烁。

电源系统承担着 ECU、转向电动机、转矩反馈电动机以及其他车用电器的供电任务。

3. 线控转向系统的工作原理

当转向盘转动时,转向盘转矩传感器和转角传感器将测量到的驾驶人转矩和转向盘的转角转变成电信号输入 ECU,ECU 依据车速传感器和安装在转向传动机构上的角位移传感器的信号来控制转矩反馈电动机的旋转方向,并根据转向力模拟生成反馈转矩,同时控制转向电动机的旋转方向、转矩大小和旋转角度,通过机械转向装置控制转向轮的转向位置,使汽车沿着驾驶人期望的轨迹行驶。其工作原理图如图 7-9 所示。

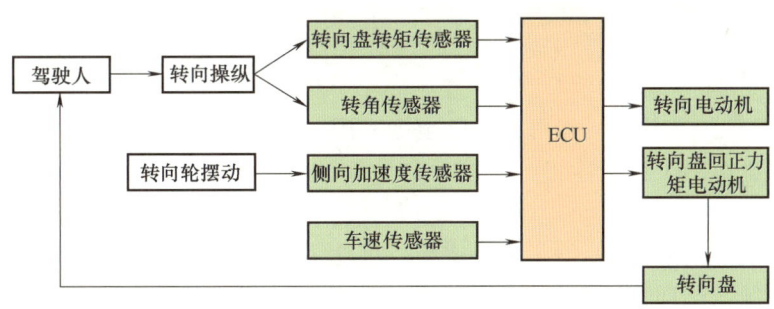

图 7-9 线控转向系统的工作原理图

二、线控转向系统的分类

线控转向系统根据转向电动机的数量、布置位置与控制方式不同,可分为单电动机前轮转向、双电动机前轮转向、双电动机独立前轮转向、后轮线控转向和四轮独立转向 5 类。其优缺点见表 7-1。

表 7-1 线控转向不同布置方式的优缺点

布置方式	优点	缺点
单电动机前轮转向	结构简单,布置容易	单电动机故障冗余性欠佳,电动机功率较大
双电动机前轮转向	冗余性好,对单个电动机功率要求较小	冗余算法复杂,零部件成本高
双电动机独立前轮转向	取消了转向器部件,提高了控制自由度和空间利用率	无冗余功能,转向协同控制算法较复杂

(续)

布置方式	优点	缺点
后轮线控转向	控制自由度,转向能力增强	零部件数量增加,结构较复杂,控制算法较复杂
四轮独立转向	控制自由度最大,转向能力更强	系统结构复杂,可靠性降低,控制算法复杂

三、线控转向系统的特点

1. 优点

1）线控转向可以实现不同的转向比，轻易实现主动转向的功能，可脱离驾驶人实现转向控制，可助力自动驾驶汽车发展。

2）操作及控制响应速度快，可提高紧急情况下的转向操作正确性和安全性。

3）滤掉路面上的激振信号，驾驶不再承受路面颠簸带来的振动，增加操控舒适性，根据需要隔离路面颠簸或者部分传递路面信息，使驾驶人获得良好的路感。

4）结构配置可以大幅简化，布置方式灵活。

5）取消了转向系统功能模块间的机械连接，汽车发生正面碰撞时，驾驶人不至于受到转向机柱的撞击伤害，被动安全性得到提高。

6）节省驾驶舱空间，可以获得更大的驾驶人腿部空间，节省出来的空间可以配置腿部安全气囊，增加汽车安全性。

2. 缺点

1）线控转向的安全性和可靠性有待提高。线控转向取消了转向盘输入与转向盘输出之间的机械连接，一旦线控系统失效，则无法通过人工补救。

2）需要额外设计转向备份系统，使其成本增加、质量增大。

3）硬件上需要较高功率的路感电动机和转向电动机，软件上需要复杂的转向盘回正力矩电动机和转向执行电动机的算法实现。

四、线控转向可拓展功能

1）可折叠转向盘。传统的转向盘可调节的范围有限，在进行自动驾驶时，转向盘会随着实际情况进行转动，线控转向盘取消了机械连接，在进行自动驾驶时，可以将转向盘折叠，释放更多的驾驶舱空间。

2）驾驶手感定制。线控转向取消了机械连接，可随手力进行跟踪，可灵活设计驾驶手感风格，相对传统的转向系统，线控转向有更多的设计可能性，可实现个性化定制。

3）可变转向速比。可通过算法实现可变转向速比，具有极大的灵活性，可兼顾低车速工况下灵活性和高车速工况下稳定性，可调节转向盘的转向灵敏度，还可以针对不同场景进行驾驶模式选择，优化驾驶体验。

4）路面干扰抑制。线控转向取消了机械连接，切断了轮胎噪声到驾驶人的传递，能够很好地抑制路面无效的干扰信号，降低机械噪声，让驾驶舱更加安静，提升驾驶人的驾驶体验。

5）自动紧急转向。在遇到危险情况时，可以在不控制转向盘的情况下，在很短的时间内完成紧急转向，避免碰撞发生。

6）信息娱乐功能。线控转向系统的转向盘可以单独作为执行器使用，可以与智能座舱联动，作为游戏转向盘使用，支持反馈和振动提醒功能。

【在线测试】

请扫描二维码完成在线测试。

模块七　线控底盘技术

【任务实施】

任务工单

任务名称：线控转向技术解析			
姓名：	班级：		学号：

【任务描述】	请结合车辆，介绍该车型线控转向技术的优缺点和基本工作原理，并演示操作方法		
【实施准备】	配置线控转向技术的车辆、教学运行台架（或虚拟仿真系统）		
【实施过程】	1. 自主学习	学习相关知识，在车辆或教学运行台架上找到相关部件	
	2. 计划与决策	小组讨论，确定介绍内容与逻辑	
	3. 小组执行	小组工作，汇报小组成果，展示操作方法 规范做好 5S	

【评价反思】	项目	评价点	自评
	介绍线控转向技术	线控转向系统的功能	□达成　□未达成
		线控转向系统的优点	□达成　□未达成
		线控转向系统的组成	□达成　□未达成
		线控转向系统的工作原理	□达成　□未达成
		线控转向系统的与传统转向系统的差异	□达成　□未达成
	认识线控转向系统零部件	线控转向系统转向盘	□达成　□未达成
		转向盘转角传感器	□达成　□未达成
		转矩传感器	□达成　□未达成
		转向盘回正力矩电动机	□达成　□未达成
		转向执行总成	□达成　□未达成
	安全与规范	车辆防护	□达成　□未达成
		人员与安全	□达成　□未达成
		现场 5S	□达成　□未达成
	其他		

【任务拓展】

1. 线控转向系统控制单元的检查

1）检查线控转向系统控制单元（图 7-10）的外观是否损伤。

2）检查线控转向系统控制单元的端子（图 7-11）是否正常。

微课7-1
线控转向系统
控制单元安装

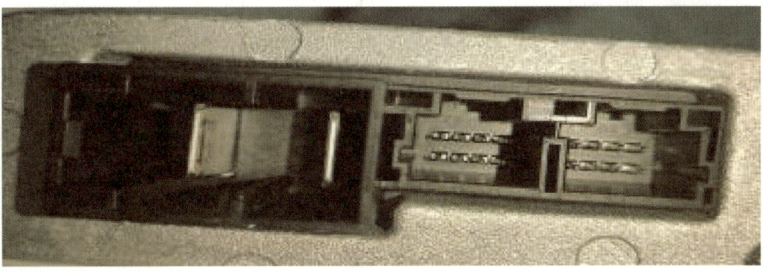

图 7-10　线控转向系统控制单元　　　　图 7-11　线控转向系统控制单元端子

2. 线控转向系统控制单元安装的工具

安装线控转向系统控制单元用到的工具有棘轮扳手和套筒。

3. 线控转向系统控制单元的安装

安装线控转向系统控制单元步骤见表7-2。

表7-2 安装线控转向系统控制单元步骤

序号	步骤说明	记录
1	做好车辆内、外必要防护	□已完成 □未完成
2	将底盘线控系统装配调试台架与底盘固定	□已完成 □未完成
3	选择固定螺栓,将转向系统控制单元预安装到支架上	□已完成 □未完成
4	选择合适的工具,以对角紧固的方式紧固固定螺栓	□已完成 □未完成
5	连接线束	□已完成 □未完成
6	现场整理与恢复	□已完成 □未完成

任务三 线控制动技术解析

【学习内容】
1. 线控制动系统的概念
2. 电子液压制动系统的组成与工作原理
3. 电子机械制动系统的组成与工作原理
4. 混合制动系统的组成与工作原理

【学习目标】
1. 掌握线控制动技术的功能、组成及工作原理
2. 能够区分不同类型的线控制动系统 3. 树立以人为本的服务理念

【任务描述】

随着对制动性能要求的提高,ABS、驱动防滑控制系统、ESP、主动避撞技术等逐渐融入制动系统中,随着新能源汽车的发展,制动系统的控制装置逐渐电子化,可以更加准确、更高效率地实现制动。那么线控制动到底是如何工作的呢?你能解答相关的问题吗?

【相关知识】

一、线控制动系统的概念

线控制动系统(Brake By Wire,BBW)取消了传统的制动踏板与制动器之间的机械装置,利用电动执行器来控制制动器动作执行。将原有的制动踏板用一个模拟发生器替代,通过制动踏板位置传感器监测驾驶人的制动意图产生、传递制动信号,将制动踏板机械信号转变为电控信号,并将信号传递给控制系统和执行机构,以电控模块来实现制动力,并根据一定的算法模拟踩踏感觉反馈给驾驶人。制动踏板只连接一个制动踏板位置传感器,制动踏板与制动系统之间没有任何刚性连接或液压连接的,都可以视为线控制动系统。

根据线控制动系统的实现形式划分,可将其分为电子液压制动(Electro-Hydraulic Brake,EHB)系统、电子机械制动(Electro-Mechanical Brake,EMB)系统和混合制动(Hybrid Brake By Wire,HB-BW)系统3类。

1. 电子液压制动系统

电子液压制动系统从传统的液压制动系统发展来,取消了传统制动系统中的真空供给部件和真空

助力部件,制动踏板不再与制动轮缸有任何机械连接。电子液压制动系统虽实现了线控制动功能,但并不完全移除液压系统,备用系统中仍然包含复杂的制动液传输管路,使电子液压制动系统并不完全包含线控制动系统产品的优点,电子液压制动系统也因此被视为线控制动控制技术的前期产物。

2. 电子机械制动系统

电子机械制动系统与传统的制动系统有着极大的差别,它使用电子机械制动系统替代传统制动系统的制动液及液压管路等部件,能量源只需要电能,将电动机集成在制动钳上,制动踏板产生制动信号直接输入制动钳,实现了真正的线控制动。按照制动器执行结构不同,电子机械制动系统可以分为电控盘式制动器和电控鼓式制动器。目前,电子机械制动系统中,电控盘式制动器比电控鼓式制动器应用广泛。

3. 混合制动系统

电子液压制动系统液压管路复杂,且难以集成驻车制动,而电子机械制动系统很难满足失效备份的需求,因此设计出前轴采用电子液压制动系统、后轴采用电子机械制动系统的混合制动系统。前轴采用的电子液压制动系统可以实现液压冗余制动功能,提高前轮的制动系统可靠性和安全性。后轴采用电子机械制动系统,可以省略制动液管路,消除制动液在制动管路中流动产生的压力损失和压力波动,并有效避免了制动液压力管路泄漏问题,同时,电子机械制动系统可以在不增加任何零部件的前提下,集成电子驻车制动系统功能,有效地降低了整车的生产制造成本。混合制动系统可有效地协调工作,实现四轮制动力快速、精确调节,从而提高车辆的制动性能。

二、电子液压制动系统的组成及工作原理

1. 电子液压制动系统的组成

汽车电子液压制动系统主要由液压控制模块、制动踏板模块、ECU、制动器、各类传感器等组成。

液压控制模块主要包括制动电动机、机械减速机构和制动踏板解耦机构。

制动踏板模块主要包括制动踏板、制动踏板位移传感器、主缸、电磁阀、储油杯等。

ECU包括微控制器/数字控制集成电路、栅极驱动器、三相位变换器、状态指示和用户接口等。在整车应用中,状态指示使用车辆的人机界面显示,仪表或中控显示器,用户接口通过通信总线连接到整车控制网络中CAN总线、Flexray总线、车载以太网等。

电子液压制动系统仍然保留了制动液,仍包含复杂的制动液传输管路,系统液压管路布置复杂且难以集成驻车制动。虽然电子液压制动系统能完全独立于制动踏板而进行制动,但是其物理线路没有延伸到车轮制动器,仍需要制动液将制动能量从蓄能器传递到制动轮缸,连续制动时,由于高压蓄能器压力的衰减,维持响应速度与精度能力均不及电子机械制动系统,使电子液压制动系统并不完全具备线控制动系统产品的优点。它具备变助力比功能,能提供较好的驾驶感受、实现部分能量回收和主动制动功能,但无法实现踏板力与车辆制动力之间的解耦及单轮制动力调节。要实现上述功能,需要额外添加器件,增加系统的复杂度。

2. 电子液压制动系统的工作原理

当驾驶人踩下制动踏板时,踏板位移传感器、踏板力传感器等采集驾驶人的制动意图及制动需求,将制动踏板的行程及驾驶人踩下控制踏板时的速度转换为电信号传递给ECU,ECU通过CAN总线与外部系统交流,综合其他电信号判断车辆的行驶状态,计算出每个车轮的最佳制动力,有效减少车辆制动距离,提高行驶安全性。为了使驾驶人对制动强度有直观的感受,线控制动系统中通常采用踏板行程模拟器,踩制动踏板的行程越大,模拟器上的阻力就越大,使驾驶人在使用线控制动系统时和使用传统的液压制动系统感受基本相同。为了实现四轮制动分别控制,将电子液压制动系统与防抱死制动系统、牵引力控制系统、车身电子稳定系统等辅助制动功能相结合使用。当驾驶人的脚离开制动踏板后,电子液压制动系统进入等待工作状态。电子液压制动系统的工作原理图如图7-12所示。

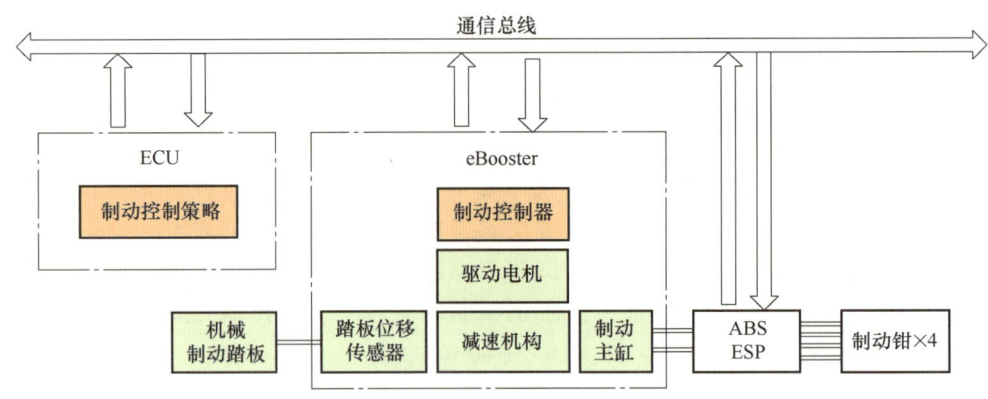

图 7-12　电子液压制动系统的工作原理图

三、电子机械制动系统的组成及工作原理

1. 电子机械制动系统的组成

汽车电子机械制动系统主要由车轮制动模块、制动 ECU 和制动踏板模块等部分组成。

车轮制动模块主要包括制动电动机控制单元、制动电动机、机械减速机构、压力传感器、位移传感器等。

制动 ECU 主要包括微控制器/数字控制集成电路、状态指示和用户接口等。其中，状态指示和用户接口与电子液压制动系统基本一致。

制动踏板模块主要包括制动踏板、制动踏板力反馈电动机控制单元、制动踏板力反馈电动机、机械减速机构、位移传感器等。

电子机械制动系统利用电制动取代了传统制动系统中的液压油或空气等传力介质，是完全的线控制动，结构简单，制动效果好，易于与其他电控功能集成在一起。与电子液压制动系统相比，电子机械制动系统是更优的方案，它不以制动液为工作介质，控制响应更加迅速、精确。其制动能力依赖于较大的驱动功率，必须配备 42V 电源系统。电子机械制动系统必须具有很高的设备可靠性、总线协议和抗信号干扰能力，需要解决车载电源失效问题，解决制动器摩擦片产生的高温巨振环境对电动机稳定性、芯片半导体和永磁材料影响问题。电子机械制动系统没有机械冗余系统，没有液压后备制动系统，很难满足失效备份的需求。

2. 电子机械制动系统的工作原理

当驾驶人踩下制动踏板时，踏板位移传感器、踏板力传感器采集到驾驶人制动意图及制动需求，ECU 计算出踩制动踏板的速度信号并结合整车其他 ECU 发出的车速信号、转向盘转角信号等相关信号，判断汽车行驶状态，计算出各车轮的最佳制动力矩，向车轮制动模块发出制动指令，控制各车轮上的电子机械制动器中的电动机产生足够的制动力矩进行制动。制动力矩完全是通过安装在各车轮上的电动机驱动的执行机构产生，驱动和控制执行机构电动机来产生所需要的制动力。当电子机械制动系统控制单元检测到某 1 个（多个）车轮打滑时，电子机械制动系统控制单元分别计算出所有需要干预的车轮下一时刻的制动力需求，并通过车载通信总线分别控制各车轮的制动电动机，按需求制动力调整工作状态。同时，制动踏板模块按电子机械制动系统控制单元的控制需求，模拟踏板反馈力。当驾驶人的脚离开制动踏板后，电子机械制动系统进入等待工作状态。电子机械制动系统的工作原理图如图 7-13 所示。

四、混合制动系统的组成及工作原理

1. 混合制动系统的组成

混合制动系统采用前轮电子液压制动系统、后轮电子机械制动系统的结构布置。前轮电子液压制

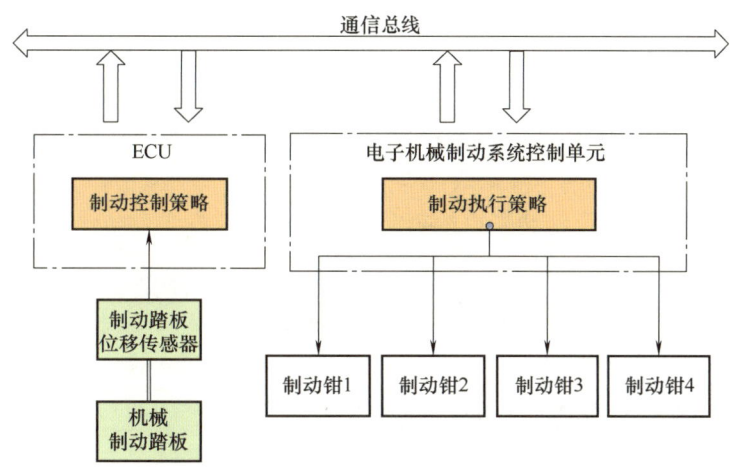

图 7-13 电子机械制动系统的工作原理图

动模块由电子液压制动控制器、车轮制动器、液压控制单元、制动主缸、制动踏板感觉模拟器和储液罐组成;后轮电子机械制动模块由电子机械制动控制单元、电子机械制动执行器组成。

2. 混合制动系统的工作原理

驾驶人踩下制动踏板,主缸中的制动液进入踏板感觉模拟器形成与传统制动系统相同的踏板感觉。系统 ECU 采集制动踏板位移传感器和主缸压力等信息识别驾驶人的制动意图,根据前、后轮理想制动力分配曲线给出前、后轮制动力。前轮制动由电子液压制动系统实现。电子液压制动控制器集成在系统 ECU 中,它控制电动泵抽取储液罐中的制动液,向高压蓄能器注入制动液作为高压压力源,通过电磁阀控制制动液流入、流出制动器实现压力跟随。后轮制动由电子机械制动系统实现。系统 ECU 通过 CAN 向电子机械制动控制单元发出制动力控制指令,电子机械制动控制单元作为底层控制器驱动电子机械制动执行器实现后轮制动力控制。在系统 ECU 中,还可集成 EBD/ABS/ESP 等控制算法。当系统失效时,启动制动失效备份。后轮电子机械制动系统不再工作,前轮电子液压制动系统恢复电磁阀初始状态,踏板感觉模拟器前端电磁阀和增减压电磁阀关闭,两隔离阀打开,电动机不再工作。驾驶人通过制动踏板经主缸直接作用于前轮轮缸形成制动力,实现制动。混合制动系统的工作原理图如图 7-14 所示。

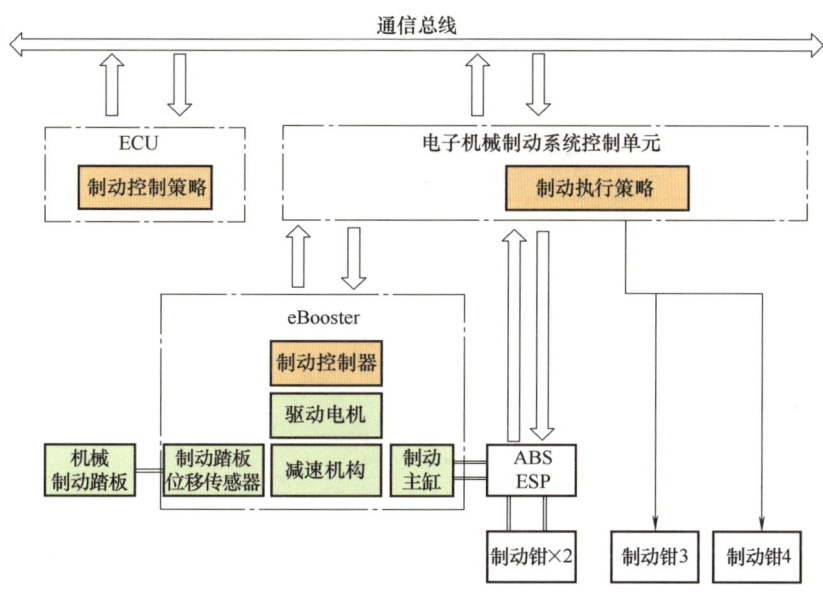

图 7-14 混合制动系统的工作原理图

五、线控制动系统故障分析

1. 线控制动系统制动失控故障分析

（1）故障现象 在汽车行驶中驾驶人发出制动命令，汽车不减速，即使连续几次制动也无明显反应。

（2）故障分析 线控制动系统制动失控故障步骤说明见表7-3。

表7-3 线控制动系统制动失控故障步骤说明

序号	步骤说明
1	做好车辆内、外必要防护
2	检查电子制动踏板，看机械踏板机械结构是否受损，制动踏板位置传感器电路是否故障，或者是否与ECU连接断开
3	检查线控制动系统硬件，是否有电子元器件受损，电路是否短路，检查是否有电磁干扰
4	检查线控制动系统软件，检查程序是否出错，查看输出端口地址是否正确
5	检查系统通信是否正常，检查各节点之间的通信插头是否接触不良、断开，或者外部屏蔽受损
6	检查系统电源，电源是否断路、电压是否过低
7	检查制动控制器是否有信号输出
8	检查制动执行器、电动机是否正常工作，传动齿轮是否正常
9	现场整理与恢复

2. 线控制动系统制动拖滞故障分析

（1）故障现象 在行车中踩下制动踏板后，再抬起踏板，不能迅速解除制动，而仍有制动作用。

（2）故障分析 线控制动系统制动拖滞故障步骤说明见表7-4。

表7-4 线控制动系统制动拖滞故障步骤说明

序号	步骤说明
1	做好车辆内、外必要防护
2	检查电子制动踏板，查看回位弹簧是否脱落、折断或过软
3	检查线控制动系统硬件，是否误认为其他干扰信号是踏板传感器信号，保持制动，未及时解除制动
4	检查线控制动系统软件，检查程序是否正常
5	检查制动控制器，检查硬件是否受到其他信号干扰，未及时解除制动；检查软件程序是否跑飞
6	检查制动执行器，制动蹄片是否顺利回位
7	检查系统通信是否正常，是否受其他信号干扰，保持制动
8	现场整理与恢复

【在线测试】

请扫描二维码完成在线测试。

【任务实施】

任务工单

任务名称：线控制动技术解析		
姓名：	班级：	学号：
【任务描述】	请结合车辆，介绍该车型线控制动系统的优缺点和基本工作原理，并演示操作方法	
【实施准备】	配置线控制动的车辆、教学运行台架（或虚拟仿真系统）	

（续）

【实施过程】	1. 自主学习	学习相关知识,在车辆或教学运行台架上找到相关部件
	2. 计划与决策	小组讨论,确定介绍内容与逻辑
	3. 小组执行	小组工作,汇报小组成果,展示操作方法 规范做好 5S

【评价反思】	项目	评价点	自评
	介绍线控制动技术	线控制动系统的功能	□达成　□未达成
		线控制动系统的优点	□达成　□未达成
		线控制动系统的组成	□达成　□未达成
		线控制动系统的工作原理	□达成　□未达成
	认识线控制动系统零部件	制动踏板位移传感器	□达成　□未达成
		液压控制模块	□达成　□未达成
		制动踏板模块	□达成　□未达成
		ECU	□达成　□未达成
		制动器	□达成　□未达成
	安全与规范	车辆防护	□达成　□未达成
		人员与安全	□达成　□未达成
		现场 5S	□达成　□未达成
	其他		

【拓展阅读】

集成创新：快速掌握智能线控底盘核心技术

线控底盘技术的应用使汽车在安全性、操控性、经济性等方面都有了显著的提升,同时也为自动驾驶技术的发展奠定了基础。

应用线控底盘技术的汽车品牌涵盖了传统汽车制造商品牌和新兴的电动汽车品牌,例如,国外的特斯拉、奔驰、宝马、奥迪、沃尔沃等,国内的比亚迪、吉利、蔚来、小鹏、理想等造车新势力纷纷采用了该项技术。随着技术的发展和市场的需求,预计会有更多中国汽车品牌加入线控底盘技术的应用行列中,将有力推动我国汽车行业在新能源和自动驾驶领域的进一步发展。

当前,国际领先的线控底盘零部件供应商有博世、采埃孚、大陆等跨国公司。我国线控底盘研究起步较晚,在国人的努力下,也取得了可喜成绩。例如：长安集团 2021 年开启底盘产业转型升级计划,依托"重庆+上海+成都"三地研发团队,快速实现了智能线控底盘技术从"0"到"1"的突破,完成近 50 项核心技术的产业化应用,成为中国智能线控底盘行业领导者。

模块八

驾驶辅助技术

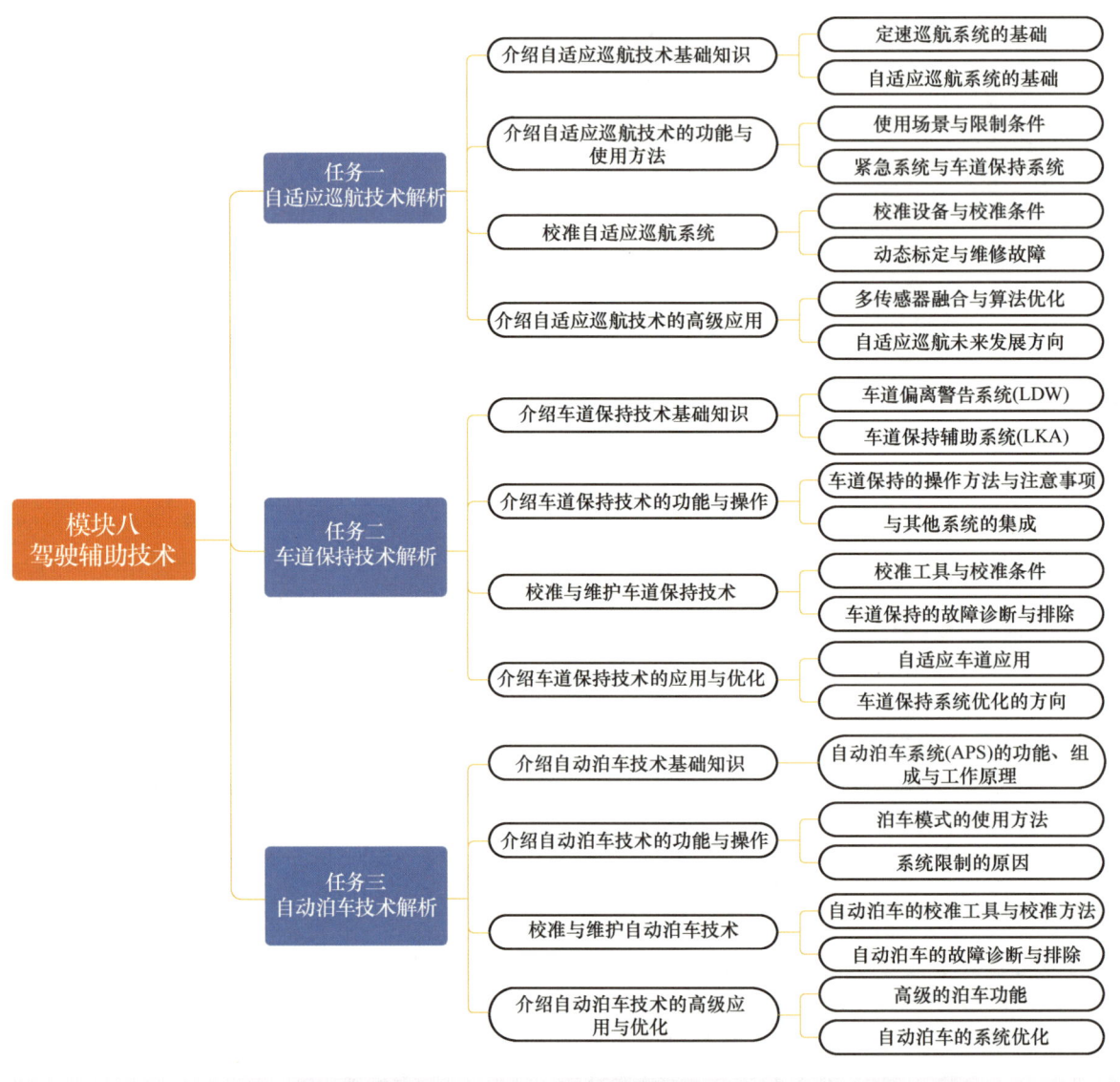

任务一　自适应巡航技术解析

【学习内容】	【学习目标】
1. 定速巡航系统的作用、组成及工作原理 2. 自适应巡航系统的作用、组成及工作原理 3. 自适应巡航系统的使用方法及限制条件 4. 自适应巡航系统的校准设备、条件和方法	1. 掌握自适应巡航系统的功能、组成及工作原理 2. 能够向客户介绍自适应巡航技术 3. 能够展示自适应巡航系统的操作方法 4. 能够解答自适应巡航技术相关的问题 5. 能够进行自适应巡航系统的校准

【任务描述】

为提高驾驶舒适性和安全性,现代车辆普遍使用自适应巡航技术。客户在选购和使用车辆时,会有很多自适应巡航技术相关的问题。你能解答相关问题吗?

【相关知识】

一、自适应巡航的发展历程

自适应巡航的发展历程见表 8-1。

表 8-1 自适应巡航的发展历程

阶段	技术特点	功能描述
初始阶段	定速巡航控制	保持预设的固定车速,不具备与前车保持距离的能力
	初代自适应巡航系统	雷达探测器仅用于检测与前车距离,系统自动调整速度
进步阶段	引入毫米波雷达技术	增加毫米波雷达,能自动调整车速,与前车保持安全距离
	前方摄像头辅助	摄像头辅助雷达识别前方车辆及车道线,提升目标检测能力
成熟阶段	全速域自适应巡航技术	实现从 0 到高速全速域自动控制,自动加速与制动
	多传感器融合	雷达与摄像头融合,实现更准确的目标识别与跟踪
	与紧急制动系统集成	在紧急情况下自动制动,避免或减轻碰撞
高级阶段	车道保持与转向控制	与车道保持系统集成,实现自动转向辅助
	AI 与自动驾驶技术融合	利用机器学习算法预测前车行为,进一步优化控制策略
未来展望	车路协同与 V2X 通信	通过 V2X 通信与其他车辆、基础设施互动,动态调整车速与行车策略
	高级别自动驾驶(L4/L5)	与高级别自动驾驶系统融合,实现无驾驶人干预的全自动驾驶

二、定速巡航技术

1. 定速巡航系统的作用

定速巡航系统(Cruise Control System,CCS)是一种利用电子控制技术保持汽车自动等速行驶的系统。当汽车在高速公路上长时间行驶时,接通定速巡航控制开关,设定希望的车速,定速巡航系统将根据汽车行驶阻力的变化,自动增大或减小节气门开度,使汽车按设定的车速等速行驶,驾驶人不必操纵加速踏板。因此,定速巡航系统可以减轻驾驶人的疲劳感。

2. 定速巡航系统的组成

定速巡航系统由定速巡航系统控制开关、定速巡航传感器、定速巡航 ECU 和执行器等组成,如图 8-1 所示。

(1)定速巡航系统控制开关 定速巡航系统控制开关包括定速巡航系统启动开关、车速调整及设定开关 A、提高/降低巡航车速开关,如图 8-2 所示。拨动定速巡航系统启动开关 B 可以开启或关闭/退出定速巡航控制系统,如图 8-3 所示。

如图 8-4 所示,①方向向上轻拨此开关可以提高巡航车速。如果巡航控制系统已经启用,轻推提高巡航车速开关⊕并保持,巡航车速先调整为 10 的倍数,然后以 10km/h 为步长递增,在达到想要的目标车速时松开此开关即可。②方向向下轻拨此开关可以降低巡航车速。如果巡航控制

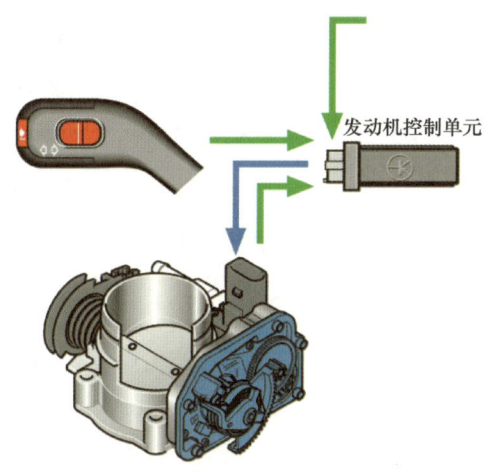

图 8-1 定速巡航系统的组成

系统已经启用,轻推降低巡航车速开关⊖并保持,巡航车速先调整为 10 的倍数,然后以 10km/h 为步长递减,在达到想要的目标车速时松开此开关即可。

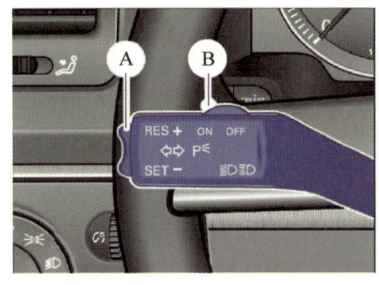
图 8-2 定速巡航系统控制开关

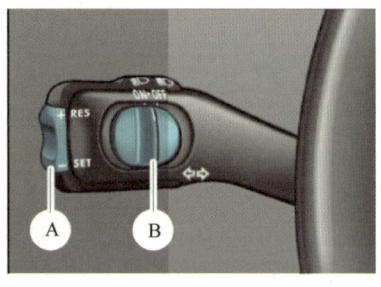
图 8-3 定速巡航系统开关按键

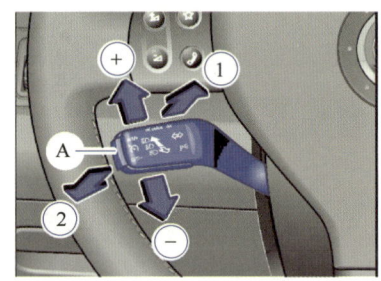
图 8-4 巡航车速调整开关

(2) 定速巡航传感器　定速巡航系统依赖多个传感器来监测和控制车辆的速度,确保按驾驶人设定的速度安全行驶。表 8-2 列出了这些关键传感器的名称、作用与功能及其在车辆中的安装位置。

表 8-2　定速巡航系统关键传感器及其安装位置

传感器名称	作用与功能	安装位置
车速传感器	测量车辆的行驶速度,并将数据发送至 ECU	通常在变速器输出轴、车轮轴或 ABS 中
节气门位置传感器	检测节气门的开度,提供发动机进气量信息	节气门体上,与节气门直接连接
制动信号传感器	检测制动踏板状态,踩下制动踏板时取消定速巡航	制动踏板的机械或液压系统中
离合器信号传感器(手动档)	检测离合器踏板状态,踩下离合器踏板时取消定速巡航	离合器踏板的机械系统中
加速踏板位置传感器	检测加速踏板状态,主动加速时暂停定速巡航	加速踏板的机械系统中
驾驶人设定控制模块	供驾驶人设定和调整巡航速度	转向盘或组合开关、中控面板

(3) 定速巡航 ECU　定速巡航控制单元(Cruise Control Unit,CCU)与发动机控制单元集成,形成一个复合的车辆管理系统。该系统负责接收和处理多种输入信号,如节气门位置、车辆动力信息、车速、驾驶人的控制指令等,以确保车辆能在驾驶人设定的速度范围内(通常为 40~200km/h)平稳行驶,如图 8-5 所示。

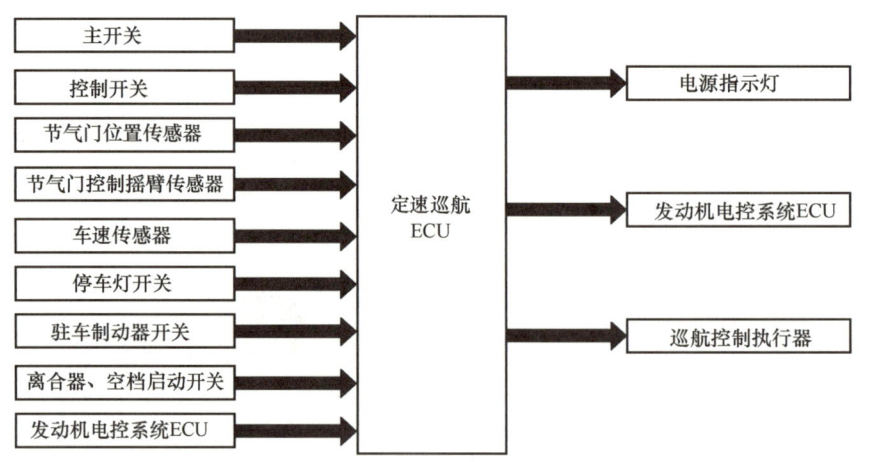
图 8-5　定速巡航系统控制流程图

定速巡航 ECU 通过比较实际车速与设定车速的差异,自动调节节气门开度或变速器档位,精确控制车速。此外,ECU 还管理定速巡航的启动、停止以及速度的微调,确保驾驶过程中的安全与舒适性。通过这种集成的方式,ECU 不仅提升了车辆的经济性和效率,也增强了操作的便捷性和系统的响应速度,为驾驶人提供了稳定可靠的驾驶辅助功能。

3. 定速巡航系统的工作原理

定速巡航系统通过 ECU 控制节气门开度，确保车速维持在驾驶人设定的目标速度。系统主要依赖驾驶人的目标车速设定和车辆实际速度的反馈两个输入。若实际车速与设定值存在偏差，ECU 会计算这两者之间的误差并相应调整节气门控制信号以纠正这一偏差，实现速度自动调整。

在设定巡航速度后，遇到不同路况（如上坡或下坡）时，ECU 会动态调节节气门开度，保证车速稳定。车辆上坡时，它增大节气门开度，以防速度下降；车辆下坡时，它减小开度，以控制速度上升。定速巡航系统通常在车速 40~120km/h 范围内有效，保障在多种驾驶条件下的速度稳定，提高行驶的连续性和舒适性。定速巡航系统的工作原理如图8-6所示。

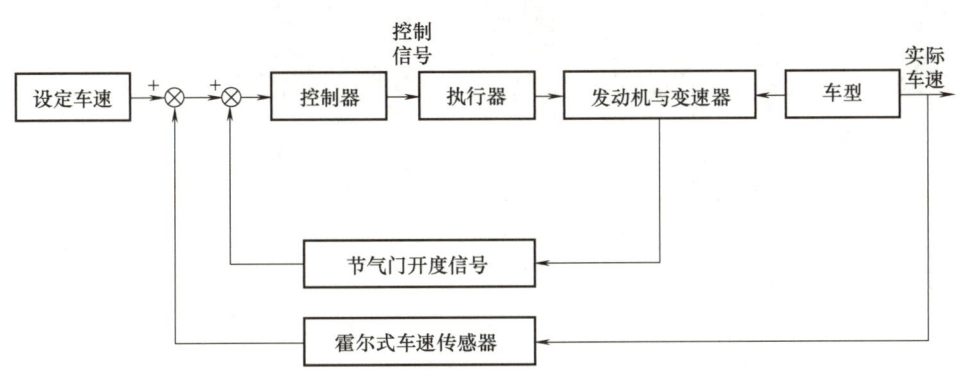

微课8-1
定速巡航的操作

图 8-6 定速巡航系统的工作原理

4. 定速巡航系统的优点

由于定速巡航系统能够使汽车自动以等速行驶，避免了驾驶人操纵加速踏板使汽车行驶车速反复变化，使发动机的运行工况变化平稳，改善了汽车的燃料经济性和发动机的排放性能。另外，由于定速巡航系统工作时汽车等速行驶，可以改善汽车的行驶平顺性，提高汽车的舒适性。

5. 定速巡航系统的注意事项

1) 避免在交通拥堵或恶劣天气（如雨、雾、雪）情况下使用，以保障行车安全。
2) 当不使用系统时，确保关闭定速巡航开关，避免误操作影响驾驶安全。
3) 在陡峭坡道上行驶时不宜使用该系统。
4) 使用时需检测仪表板上的巡航（CRUISE）指示灯，确保其正常显示。
5) 定速巡航系统仅为驾驶辅助，驾驶人应持续关注道路情况。

三、自适应巡航技术

自适应巡航系统是在定速巡航系统的基础上发展而来的全新巡航系统，能够自动保持车辆的巡航速度和本车与前方车辆的设定安全距离。自适应巡航功能可在 0~130km/h 的车速范围内综合控制车速及与目标车辆的距离，从而减轻驾驶人的负担，增加驾驶舒适感。另外，根据前方是否存在行驶的车辆，自适应巡航系统还可以在定速巡航和跟车巡航之间自动切换。由于实际驾驶环境复杂，在某些情况下，驾驶人也可以根据需要随时干预，主动操控本车与目标车辆的距离，必要时自适应巡航系统会通过声光报警提示驾驶人。如果自适应巡航系统检测到车距小于设定的随车距离时，本车自动减速；如果前面车辆加速或驶离车道，则本车可以加速至设定的巡航车速，如图8-7所示。

1. 自适应巡航系统的组成

自适应巡航系统由自适应巡航控制开关、毫米波雷达、自适应巡航 ECU 和执行单元等组成。

（1）自适应巡航控制开关　自适应巡航控制开关如图8-8所示，包括以下功能键：

1) 自适应巡航系统开关按键：按下可开启、关闭或退出自适应巡航系统。
2) 车速调整按键："speed+"用于加速，即按设定提高巡航车速；"speed-"用于减速，即按设定降低巡航车速。

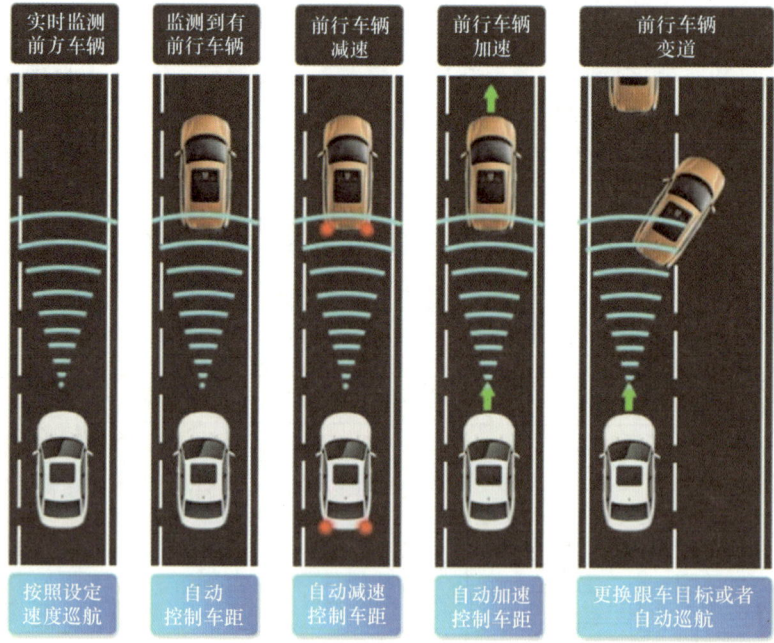

图 8-7 自适应巡航工作图解

3）车间时距调整按键："DIST+"用于增加车与前车的时距；相对地，同一个按键轻推时减少时距。

4）激活杆：当系统处于非激活的准备模式时，向驾驶人方向抽拉操作杆以激活系统。

（2）毫米波雷达 自适应巡航系统较定速巡航系统增加了毫米波雷达，如图 8-9 所示。该雷达工作在毫米波频段，波长介于 1～10mm 之间。它用于探测车辆周围物体的相对距离、速度和方向角。在技术上，毫米波雷达主要采用调频连续波（FMCW）方式，如图 8-10 所示，该方式可以同时提供目标的相对距离和速度信息。其结构紧凑、体积小。

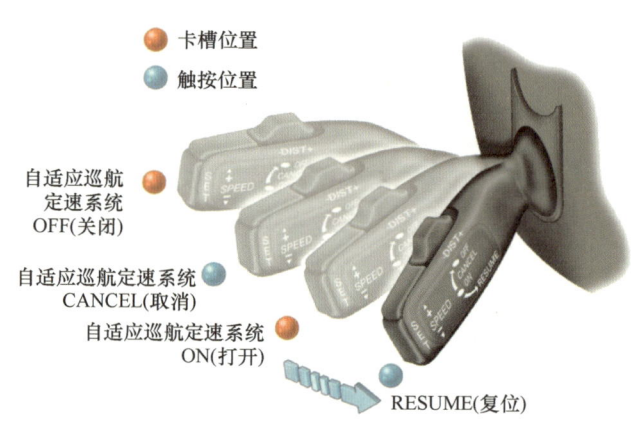

图 8-8 自适应巡航控制开关

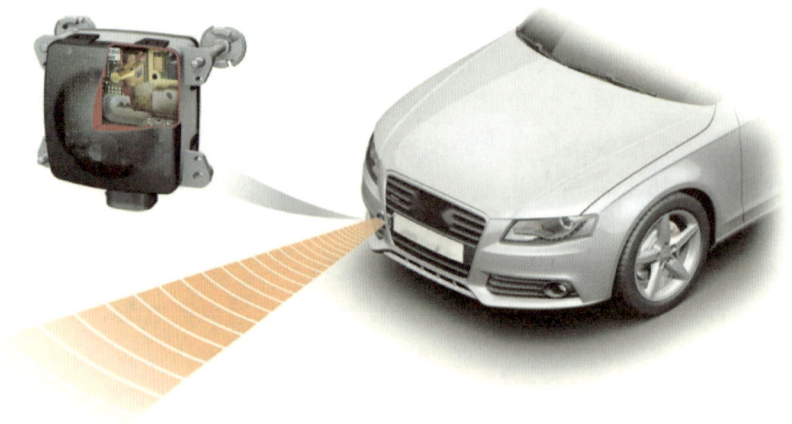

图 8-9 毫米波雷达

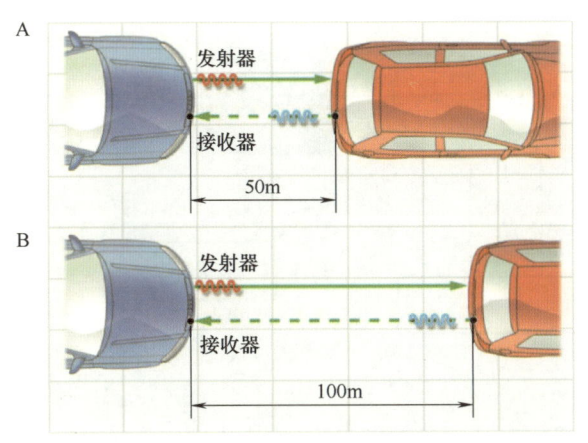
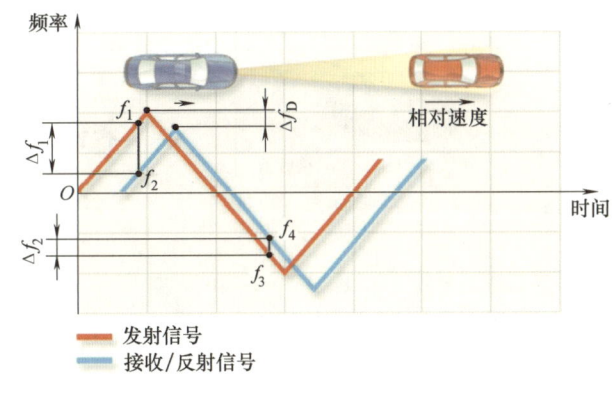

图 8-10 毫米波雷达主要采用调频连续波

> 基本雷达系统的工作：无线电发射机产生无线电波脉冲，然后从天线辐射出去。目标（例如另一辆车）将无线电能量的一小部分散射回接收天线。这个微弱的信号被放大并显示在屏幕上。要确定其位置，必须测量距离（范围）和方位。由于无线电波以光速（3×10^8 m/s）传播，因此，可以通过测量无线电波从发射机传播到障碍物，再返回接收机所需的时间来确定范围。例如，如果距离为 150m，则往返时间为
>
> $$t = \frac{2d}{c} \quad t = \frac{2 \times 150}{3 \times 10^8}\text{s} = 1\,\mu\text{s}$$

与激光雷达和摄像头系统相比，毫米波雷达能更好地适应恶劣天气条件，因为毫米波不易被小水滴散射。此外，毫米波雷达的正确标定至关重要，用以确保精确测量前方车辆的距离和速度，防止误判。正确的和错误的标定角度分别如图 8-11 和图 8-12 所示。雷达的安装位置特别重要，雷达前的车标等遮挡物需要使用对毫米波透明的材料，如特定类型的塑料，以防止材料吸收或反射毫米波，这对于确保雷达性能至关重要。毫米波雷达广泛应用于自适应巡航系统、自动紧急制动系统和并线辅助系统等驾驶辅助系统，提高了这些系统的准确性和可靠性。

图 8-11 正确的标定角度　　　　　　　　图 8-12 错误的标定角度

（3）自适应巡航 ECU　自适应巡航 ECU 根据驾驶人设定的安全车距及巡航车速，结合毫米波雷达传送来的信息确定当前车辆的行驶状态，决策出汽车的控制作用并输出给执行单元。例如当两车间的距离小于设定的安全距离时，自适应巡航 ECU 计算实际车距和安全车距之比及相对速度的大小，选择减速方式，同时通过报警器向驾驶人报警，提醒驾驶人采取相应的措施，如图 8-13 所示。

（4）执行单元　执行单元主要执行自适应巡航 ECU 发出的指令，它包括发动机控制器、制动控制器和档位控制器等。发动机控制器用于调节节气门的开度，使车辆进行加速、减速及定速行驶；制动控制器用于紧急情况下的制动；档位控制器用于控制车辆变速器的档位。

自适应巡航系统的执行单元直接与车辆的 ABS 制动控制系统相集成，以提供更精确和安全的速度调整。定速巡航系统和自适应巡航系统在 ABS 制动控制方面硬件和软件的区别见表 8-3。

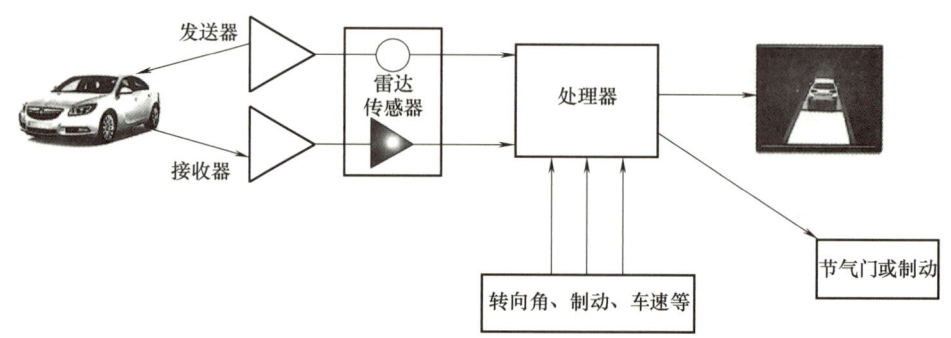

图 8-13 自适应巡航 ECU 的控制

表 8-3 定速巡航系统和自适应巡航系统在 ABS 制动控制方面硬件和软件的区别

特性	定速巡航系统	自适应巡航系统
硬件集成	主要通过调节节气门控制速度	配备传感器（如雷达、摄像头）直接控制制动系统
	制动需驾驶人手动操作，与系统断开	自动控制制动，维持与前车安全距离
软件算法	算法简单，只维持设定速度	复杂算法，处理传感器数据，自动调节速度和距离
ABS 集成	无直接集成，驾驶人踩制动踏板时系统断开	与 ABS 集成，能自动通过制动系统调节速度，以提升安全性
控制功能	无法自动制动，对车速控制有限	可通过 ABS 制动介入进行车速控制和紧急制动
驾驶人干预	需要驾驶人在减速或停止时手动操作	系统能自动处理大多数情况，驾驶人干预更少，便于长途驾驶

2. 自适应巡航系统的工作原理

在车辆行驶过程中，安装在车辆前部的毫米波雷达持续扫描车辆前方道路，同时车速传感器采集车速信号。当车辆前方无障碍物时，车辆按设定的速度巡航行驶。当行驶车道的前方有其他前行车辆时，自适应巡航系统控制单元将根据本车和前方车辆之间的相对距离及相对速度等信息，通过与 ABS、发动机控制系统、自动变速器控制系统协调动作，对车辆纵向速度进行控制。图 8-14 所示为自适应巡航系统与各控制单元的通信。图 8-15 所示为自适应巡航控制的状态图，通过协调控制，使本车与前方车辆始终保持安全距离。

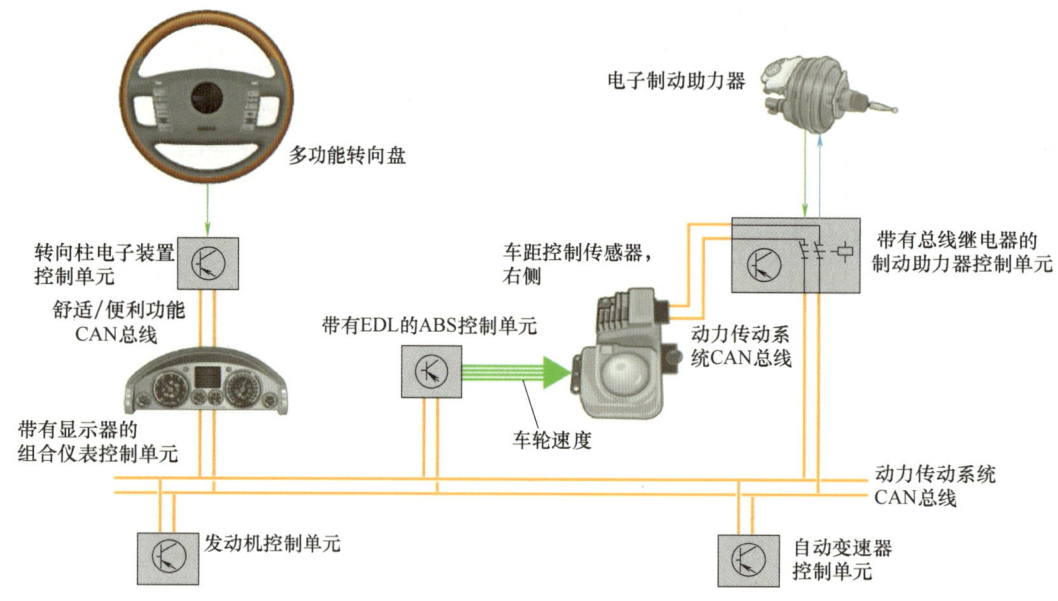

图 8-14 自适应巡航系统与各控制单元的通信

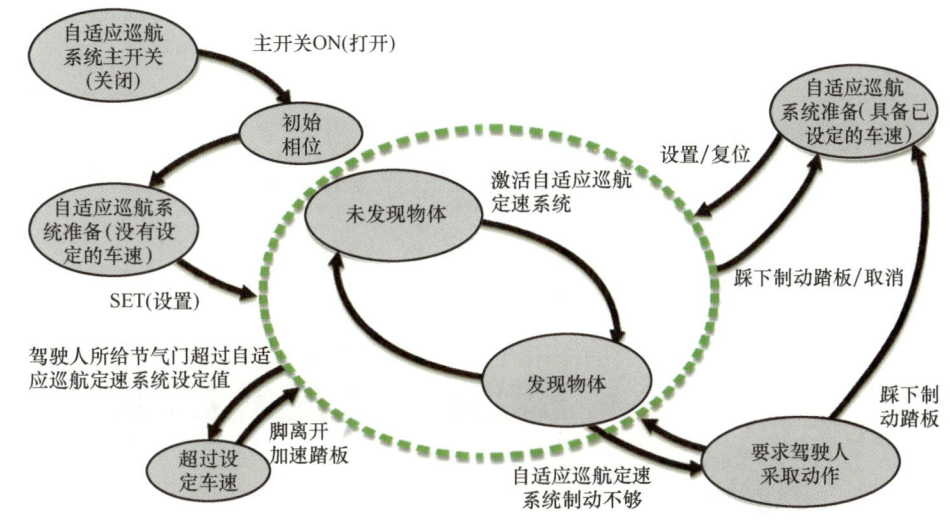

图 8-15 自适应巡航控制的状态图

3. 自适应巡航系统的使用

需在车速为 0 且档位在驻车档状态下，将巡航模式设置为自适应巡航：向后拉巡航控制手柄，将其置于 ON 位置，如图 8-16a 所示。自适应巡航系统的设定和取消操作见微课 8-2。

（1）设定巡航车速 当自适应巡航白色指示灯亮时，加速或减速至所需车速，向下拨巡航控制手柄至"SET−"位置，如图 8-16b 所示，当前车速即设定为巡航车速，自适应巡航绿色指示灯亮。当车速低于 30km/h 时，设定车速为 30km/h。

调节车速如图 8-16c 所示。提高车速时，向上短拨动 1 次提高车速 10km/h，长拨将以 1km/h 的速度连续提高。降低车速时，向下短拨动 1 次降低车速 10km/h，长拨将以 1km/h 的速度连续减小。短拨时，如果当前设定的车速不满足 10 的倍数，则调节时先自动变为 10 的倍数。

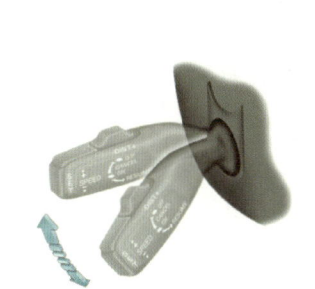

微课8-2
自适应巡航系统
的设定和取消

a)　　　　　　　　　　　b)　　　　　　　　　　　c)

图 8-16 自适应巡航系统设定车速

（2）设定跟车距离 位于操作杆上的推移开关用于设定与前方车辆的希望车距，如图 8-17a 所示。系统提供 4 种距离模式，每拨动 1 次控制手柄实现 1 种模式的切换，4 种间距以 4-3-2-1-4…的顺序进行循环，如图 8-17c 所示。

（3）自适应巡航系统的取消和恢复 踩下制动踏板或向前推巡航控制手柄至"CANCEL"位置然后松开，即可以取消巡航控制。要恢复巡航控制并返回设定速度，向上拨动控制手柄至"RES+"位置后松开，即可以恢复巡航控制，如图 8-18 所示。

4. 自适应巡航系统使用的限制

1）在驶入弯道和驶出较长的弯道时，毫米波雷达可能对相邻车道上的汽车做出反应，如图 8-19 所示。

2）若车辆不在同一条直线上行驶，则只有在毫米波雷达的识别范围内才能被识别出来。特别对于狭窄型的机动车（例如摩托车）更是如此，毫米波雷达无法识别不在识别范围内的狭窄型机动车，如图 8-20 所示。

3）自适应巡航系统是驾驶辅助系统，而不是自动驾驶系统，因此驾驶人要注意路面情况，必要时还要施加制动。

4）雨水和污物对毫米波雷达的影响：受雨水、雪和泥的影响，自动车距控制会暂时自动关闭，组合仪表显示屏上出现"Clean ACC！"。在这种情况下，自动车距控制的工作方式就像"普通"定速巡航系统一样，保持设置的车速，但是不控制与前车的距离。

微课8-3
红旗高级自适应巡航的操作

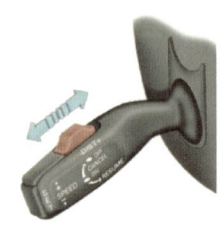  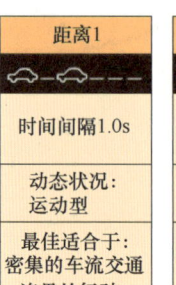 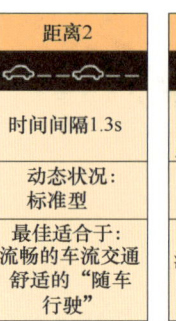 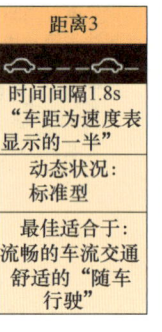 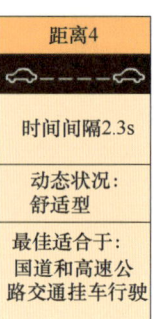

a)　　　　　　b)　　　　　　　　　　　　c)

图 8-17　自适应巡航系统设定跟车距离

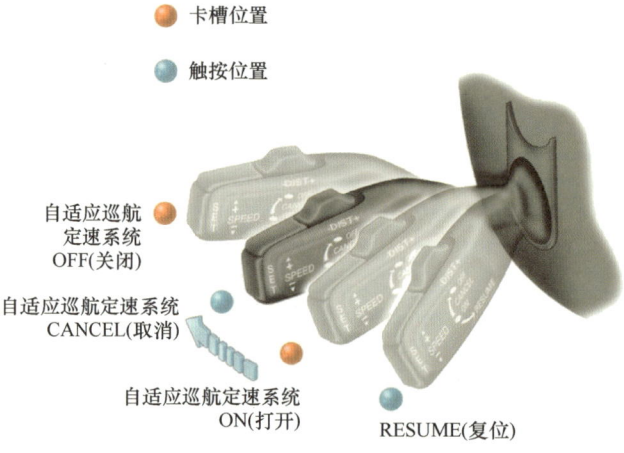

图 8-18　自适应巡航系统的取消和恢复

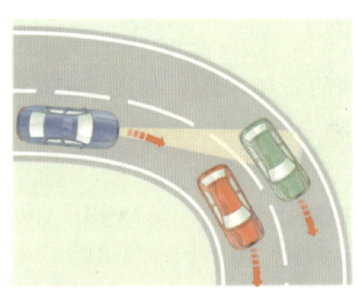 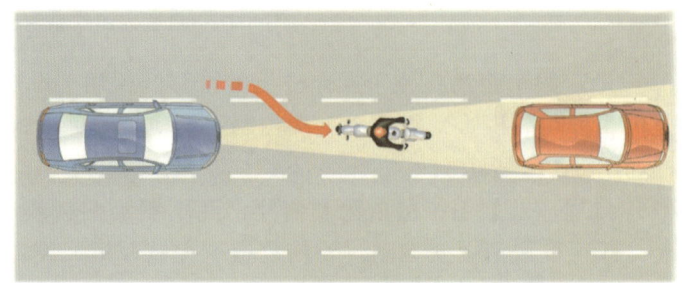

图 8-19　驶入和驶出较长的弯道　　　图 8-20　毫米波雷达检测不到狭窄型机动车

四、高级自适应巡航系统

红旗车型高级自适应巡航（SACC）系统的功能是在自适应巡航功能的基础上开发出来的，巡航控制系统不仅可进行巡航和跟车,还可以通过先进驾驶辅助系统摄像头识别车道线,控制车辆沿本车道中心线行驶,提高驾驶的舒适性和安全性。

走和停止的功能可根据与前方车辆的距离主动进行制动或自动加速至设定巡航车速。跟车距离调整 1.0s、1.4s、1.8s、2.1s 可选。

在高级自适应巡航系统工作过程中,转向辅助功能可使车辆保持在车道线内行驶。如果高级自适应巡航系统检测到车距小于设定的随车距离,本车就自动减速;若前车加速或驶离车道,则本车可以加速至设定的巡航车速。

红旗汽车定速巡航、自适应巡航与高级自适应巡航的区别见表 8-4。

表 8-4　红旗汽车定速巡航、自适应巡航与高级自适应巡航的区别

名称	图示	系统说明	系统设定条件
定速巡航		系统自动控制发动机转速与变速器档位,使车辆以设定的车速恒速行驶	巡航设定条件: ①档位处于 D 位 ②车速大于 30km/h
自适应巡航		在传统定速巡航的基础上,增加车距控制功能 基于智能摄像头信息计算与前方同向车辆之间的距离,当距离小于设定值时,主动减速保持车距	随车距离可以选择设定 车速范围为 0~140km/h
高级自适应巡航		在自适应巡航功能的基础上,增加车道保持功能 通过智能摄像头识别车道线,控制车辆沿中心线行驶,提高驾驶的舒适性和安全性	高级自适应巡航与自适应巡航之间在一定条件下可以自动转换

红旗超级巡航辅助系统和其他系统的融合如图 8-21 所示。

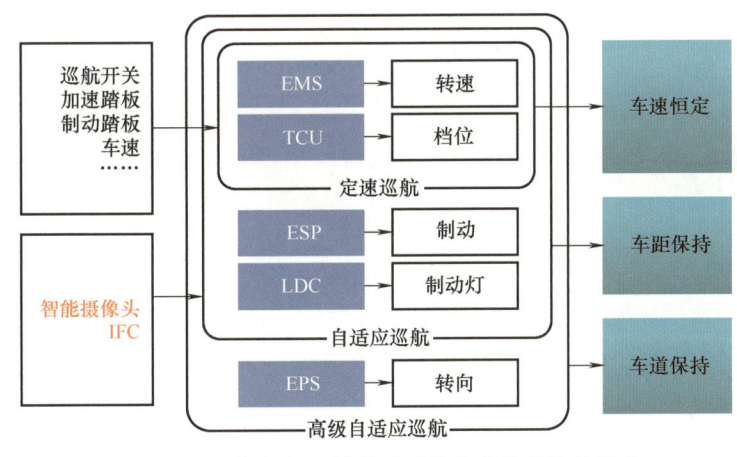

图 8-21　红旗超级巡航辅助系统和其他系统的融合

【在线测试】

请扫描二维码完成在线测试。

【任务实施】

任务工单

任务名称:自适应巡航技术解析			
姓名:		班级:	学号:
【任务描述】			请结合车辆,介绍该车型使用的自适应巡航技术的优缺点和基本工作原理,并演示操作方法
【实施准备】			配置自适应巡航技术的车辆、教学运行台架(或虚拟仿真系统)
【实施过程】			1. 自主学习	学习相关知识,在车辆或教学运行台架上找到相关部件
			2. 计划与决策	小组讨论,确定介绍内容与逻辑
			3. 小组执行	小组工作,汇报小组成果,展示操作方法 规范做好 5S
【评价反思】	项目	评价点	自评
	介绍自适应 巡航技术	自适应巡航系统的功能	□达成 □未达成
		自适应巡航系统的优点	□达成 □未达成
		自适应巡航系统的组成	□达成 □未达成
		自适应巡航系统的工作原理	□达成 □未达成
		自适应巡航系统与定速巡航系统的差异	□达成 □未达成
		自适应巡航系统的使用限制	□达成 □未达成
	使用自适应 巡航系统	自适应巡航系统的功能启用	□达成 □未达成
		自适应巡航系统设定巡航车速	□达成 □未达成
		自适应巡航系统设定跟车距离	□达成 □未达成
		自适应巡航系统功能取消	□达成 □未达成
		自适应巡航系统功能恢复	□达成 □未达成
	安全与规范	车辆防护	□达成 □未达成
		人员与安全	□达成 □未达成
		现场 5S	□达成 □未达成
	其他		

【任务拓展】

拓展工单

任务名称:加装自适应巡航系统			
姓名:		班级:	学号:
【任务描述】			为基础款车型加装自适应巡航系统,使其能达到高配车的功能。请制订一个改装方案并实施
【实施准备】			车辆及设备:需加装自适应巡航的车辆 硬件准备:自适应巡航控制套件(包括雷达传感器及支架、控制模块、摄像头等)、多功能转向盘或控制按钮、专用车标(适用于雷达传感器前方) 工具准备:螺钉旋具、扳手、电线钳等手动工具,诊断工具(编程与测试自适应巡航系统) 文档材料:相关车辆维修手册与系统安装指南
【实施过程】			1. 自主学习	学习相关知识,设计加装自适应巡航的方案并执行
			2. 计划与决策	小组讨论,确定加装方案
			3. 小组执行	小组工作,汇报加装方案并实施。规范做好 5S

（续）

【评价反思】

序号	步骤	说明	记录
1	兼容性检查	确认车型兼容自适应巡航系统，检查 ECU 和 ABS 功能支持	□已完成 □未完成
2	部件采购	购买自适应巡航系统套件，包括雷达传感器、控制模块、摄像头及电缆	□已完成 □未完成
3	工具准备	准备必需工具，如螺钉旋具、扳手及诊断工具	□已完成 □未完成
4	安装传感器	通常，雷达传感器装在前保险杠内部，需要拆卸部分前保险杠	□已完成 □未完成
5	安装摄像头（如需要）	如果自适应巡航系统需要摄像头辅助，摄像头通常安装在前风窗玻璃附近	□已完成 □未完成
6	车内控制系统调整	安装转向盘控制按钮，更新仪表盘显示	□已完成 □未完成
7	布线	将线束连接到主控制单元，使用无损连接	□已完成 □未完成
8	电气连接和编程	连接和编程新组件，确保系统兼容	□已完成 □未完成
9	测试和校准	用专业设施进行系统校准和实车测试	□已完成 □未完成
10	最终检查	确认安装牢固，电气连接安全	□已完成 □未完成
11	用户培训	教授客户如何操作新系统，提供使用文档	□已完成 □未完成

【拓展知识】

一、自适应巡航系统校准的准备工作

1. 校准自适应巡航系统的必要性

对车距控制传感器进行机械调整是必需的，尤其在以下情况发生后：调整或更改底盘设置，更换传感器或其支撑横梁，横梁由于碰撞而遭受机械压力。

2. 自适应巡航系统校准工具介绍

自适应巡航系统的校准建议使用的专用工具如图 8-22 所示。

1）四轮定位仪：确保车辆轮胎位置的准确性。
2）基础校准架：提供一个稳定的平台，以支撑其他校准设备。
3）激光发射器和校准目标盘：用于精确校准传感器的方向和位置。
4）诊断仪：用于读取和调整车辆的电子系统设置。

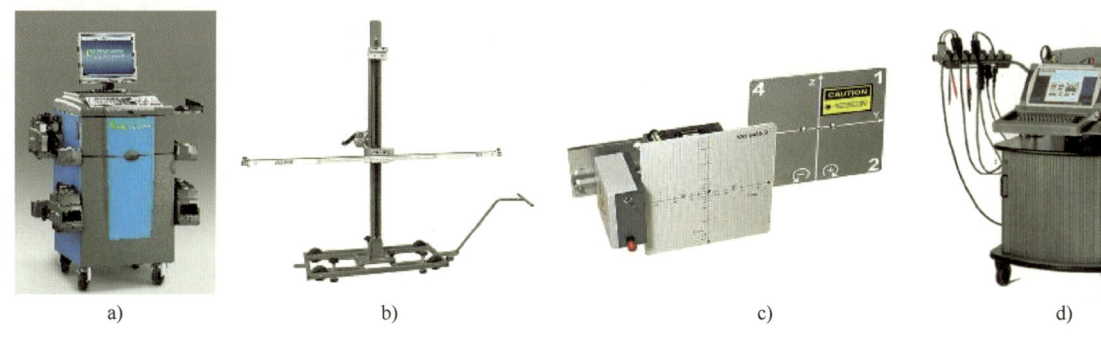

图 8-22 自适应巡航系统校准工具
a）四轮定位仪 b）基础校准架 c）激光发射器和校准目标盘 d）诊断仪

二、自适应巡航系统校准的过程

1. 自适应巡航系统校准调整点

自适应巡航系统控制传感器利用传感器左侧的两个调整螺钉进行调整，均匀地转动水平向调整螺

钉和垂直向调整螺钉,使传感器探测区域的中心线既要对准水平面,也要对准垂直面。在水平面内,对准中心线(雷达探测轴线),使其平行于行驶轴线。在垂直面内,设置1°的倾斜角,如图8-23所示。

2. 校准方法

利用车轮定位测试仪和自适应巡航系统调整设备对行驶轴线进行测量。在调整设备上,在自适应巡航系统控制传感器的高度安装了激光瞄准器,激光瞄准器和自适应巡航系统控制传感器之间安装了目标盘。目标盘上设有中心孔,激光束穿过该孔照射在车距控制传感器的校准镜上。

在调整底盘时,将测试台的测量装置调整为与行驶轴线平行。利用安装在自适应巡航系统调整装置上的前轴测量接收器和后轴上的其他测量接收器,将自适应巡航系统调整装置调整到与行驶轴线对齐,如图8-24所示。

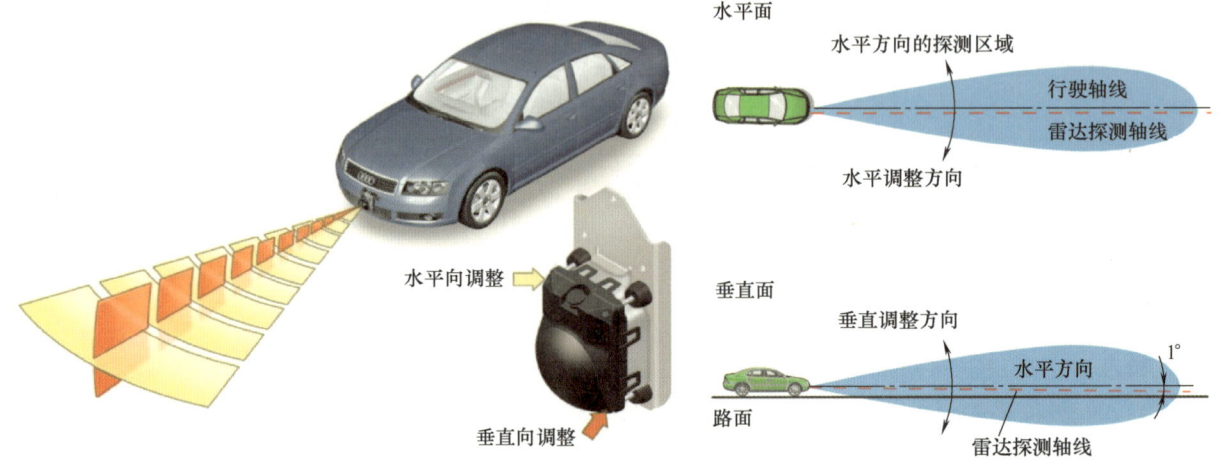

图8-23 自适应巡航系统的校准调整点

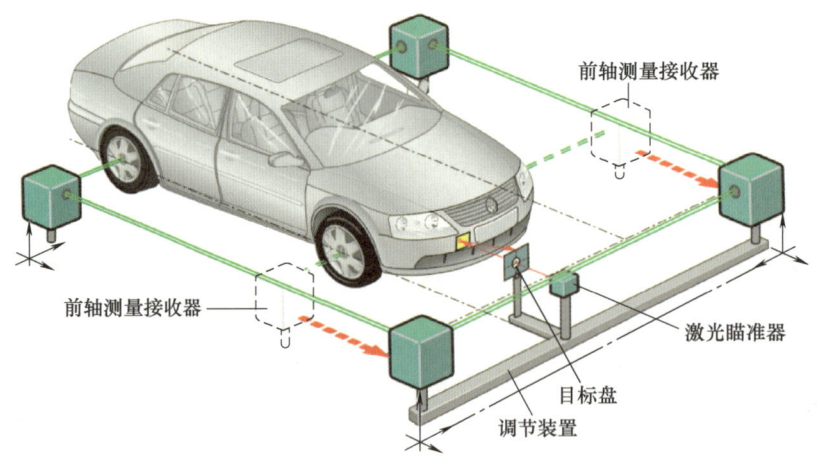

图8-24 自适应巡航系统校准的方法

3. 校准过程

自适应巡航系统的校准过程见表8-5。

表8-5 自适应巡航系统的校准过程

序号	步骤	说明
1	安全防护	确保车辆车内、外防护措施到位
2	车辆定位	将车辆停放在举升机上,调整车辆位置确保平衡

(续)

序号	步骤	说明
3	安装设备	安装校准所需的卡具和传感器,确认传感器水平
4	连接设备	连接通信电缆,以准备数据传输
5	启动校准程序	选择适合的车型和校准程序,进行系统初始化
6	调整校准板	调整校准板与车载摄像头的相对位置和角度
7	精细调整	根据需要调整校准板基座上的旋钮,确保完全对准
8	系统校准	启动校准程序,进行图像捕捉与分析,调整车道保持系统
9	系统检验	确认校准结果,调整系统参数并保存
10	结束校准	断开所有设备连接,关闭系统,整理现场

4. 动态标定

进行动态标定,以确保新装的智能前视摄像头、前风窗玻璃及经过四轮定位调整的车辆系统正常工作。

(1) 标定要求

1) 行驶条件。直路行驶,车速维持在 35~45km/h 范围内;横摆角速度保持在 -1~1°/s;道路两侧距离不超过 10m,且有静止金属物体,如护栏、路灯;确保车辆前方 10m 范围内无任何障碍物。

2) 环境条件。天气晴朗,无雨、雾、雷、电,路面平整,交通流量小。

3) 车辆状态。所有模块安装角度和胎压正常。

(2) 操作步骤

1) 连接设备:将诊断仪连接至车辆,准备进行标定。

2) 系统检查:确保所有系统参数正常,无预存故障码。

3) 开始标定:在符合标定条件的道路上,启动动态标定程序,遵循诊断仪的指示进行。

4) 数据记录:在标定过程中,诊断仪将记录和调整必要的参数。

5) 完成确认:完成标定后,确认诊断仪无错误提示,确保所有系统恢复正常运作。

注意:标定过程预计耗时 3~5min,如果条件不满足,系统将暂停标定,待条件满足时自动继续。

任务二 车道保持技术解析

【学习内容】
1. 车道保持技术的历史背景和现实应用
2. 车道保持系统的基本作用、组成和工作机制
3. 车道保持系统操作方法以及注意的限制条件

【学习目标】
1. 能够进行基本的车道保持系统问题诊断和校准
2. 能够向客户介绍车道保持系统的相关知识

【任务描述】

随着科技的迅猛发展和交通环境日益复杂,驾驶辅助系统的重要性日益凸显。其中,车道保持技术受到了广泛关注。它不仅能够显著减少由人为失误引发的交通事故,还能大幅提升驾驶体验。

【相关知识】

一、车道保持系统概述

车道保持系统(Lane Keeping System,LKS)的功用是监视车辆在车道中保持适当的位置,必要时

自动调整方向来帮助车辆回到车道中心，减少由于疲劳、分心等原因造成的车道偏离事故，如图 8-25 所示。

微课8-6
车道保持系统的作用

a)　　　　　　　　　　　　　　　　b)

图 8-25　车道保持系统

a) 车道保持系统外部视角　b) 车道保持系统内部视角

1. 车道保持系统的作用和组成

车道保持系统的主要组件及其作用见表 8-6。

表 8-6　车道保持系统的主要组件及其作用

组件	作用	拓展功能
传感器和摄像头	车辆前部通常装有摄像头，位于风窗玻璃附近，用于实时捕捉道路情况，特别是车道线。这些摄像头能够在各种光照和天气条件下工作	在某些系统中，可能包括雷达或激光雷达（LiDAR），用以增强车辆对周围环境的感知能力
控制单元	所有从传感器和摄像头收集的数据被发送到车辆的 ECU。这个 ECU 运用先进的算法来解析数据，判断车辆是否正在偏离车道	
执行机构	控制单元会指挥电控动力转向系统进行微小的调整，帮助车辆保持或回到车道中心	在某些系统中，可能控制车辆的制动系统，对车辆的左、右轮进行差异性制动，以帮助调整车辆行驶方向

2. 车道保持系统的工作过程

车道保持系统的工作过程分为车道检测、偏离警告、自动纠正和系统限制 4 个阶段。表 8-7 详细说明了每个阶段的作用和工作过程。

表 8-7　车道保持系统的工作过程

阶段	工作过程
车道检测	系统通过安装在车辆前部的摄像头连续监测道路上的车道线 这些摄像头捕获的图像被分析，以识别车道的位置和宽度
偏离警告	如果系统检测到车辆在未打转向灯的情况下越过车道线，它会通过视觉（如仪表盘上的图标闪烁）、听觉（警告声）或触觉（如转向盘振动）的方式警告驾驶人
自动纠正	如果驾驶人未对警告做出反应，车道保持系统将自动介入，通过电控动力转向系统微调方向，帮助车辆回到车道中心。这一过程通常是平滑的，不会给驾驶人带来不适感，同时允许驾驶人随时接管控制
系统限制	当车道线不清晰或环境光线较差时，系统可能无法正确工作，需驾驶人接管转向盘

车道保持技术有效地减少了因疲劳驾驶或分心驾驶导致的车道偏离事故，提高了道路行车安全。但是这些系统只能作为辅助，不能替代驾驶人的主动驾驶责任。

3. 车道保持系统的发展阶段

车道保持系统随着汽车技术的进步和自动化驾驶技术的发展，已经经历了几个发展阶段，见表 8-8。

微课8-7
红旗车道保持辅助系统

模块八　驾驶辅助技术

表 8-8　车道保持系统的发展阶段

阶段	操作方式	系统调节和设置	系统限制
车道偏离警告系统	通过摄像头或其他传感器来检测车辆与车道线的位置关系	当车辆即将偏离车道而驾驶人没有打开转向灯时,系统会发出视觉、声音或振动的警告	仅提供警告,并不进行任何干预
主动车道保持辅助	不仅能检测车辆偏离车道的情况,还可以通过轻微调整转向盘使车辆返回到车道中心	当车辆偏离车道时,系统会轻微转动转向盘或通过制动系统的微小干预来帮助车辆回到车道中心	干预力度有限,且需要车速达到一定范围才能工作
自适应车道控制	可以在更大的范围内调整车辆的位置,保持车辆在车道中心	系统可以在某些情况下持续调整转向盘,以确保车辆始终位于车道中心	仍然需要驾驶人的监控,不能完全代替驾驶人
自动驾驶系统中的车道保持	车道保持功能被集成到更复杂、更全面的自动驾驶系统中	除了保持车道外,还能进行其他驾驶任务,如避障、自动换道和自适应巡航控制	根据自动驾驶的级别,这些系统可能仍然需要驾驶人的一些监控和干预

二、车道偏离警告系统

车道偏离警告系统（Lane Departure Warning，LDW）是一种使用摄像头或其他传感器检测车辆行驶位置并与车道标记对比的系统。当检测到车辆可能无意地偏离其车道时,系统会向驾驶人发出警告,但不会主动干预车辆控制,如图 8-26 所示。

图 8-26　车道偏离警告系统

1. 车道偏离警告系统的技术基础

（1）传感器的应用　车道偏离警告系统的核心依赖于其高性能的传感器,尤其是摄像头。摄像头负责实时监测和分析路面情况,尤其是车道线。摄像头的安装位置、作用以及技术规格见表 8-9。

表 8-9　摄像头的安装位置、作用以及技术规格

传感器	安装位置和作用	说明
摄像头	位置设计考虑了最佳的视角和最少的视觉遮挡,以便能清晰地捕捉到道路上的车道标记。通常安装在车辆的前部,如后视镜下方或前风窗上	摄像头类型:车道偏离警告系统常使用高分辨率的数字摄像头,这些摄像头能在各种光线条件下工作,从低光环境到直射日光都能提供清晰的图像 视野角度:摄像头的视野通常设计得宽广,足以覆盖车辆前方的多车道,这样可以确保系统在车辆换道或道路宽度变化时仍能有效工作 图像捕捉频率:为了跟上车辆的移动速度,这些摄像头会以高频率捕捉图像,通常每秒多帧,以确保数据的实时更新

（2）图像处理和算法　一旦摄像头捕捉到图像,车道偏离警告系统就会利用先进的图像处理算法来分析这些数据。图像处理流程见表 8-10。

通过这些技术和步骤,车道偏离警告系统能够有效地监测和预警驾驶人可能的车道偏离行为,提高驾驶安全性。这些系统的有效运作依赖于精确的传感器数据和强大的算法,确保在复杂的道路环境下也能提供可靠的警告。

表8-10 图像处理流程

序号	步骤	说明
1	图像预处理	原始图像首先经过预处理,以增强车道标记的可见性,这可能包括对比度增强、噪声滤除和光照校正等步骤
2	车道标记检测	系统使用边缘检测算法,如Canny边缘检测器或Sobel算子,来识别图像中的线条和边缘。这些线条和边缘有助于确定车道标记的位置
3	车道标记追踪	一旦检测到车道标记,系统会使用如霍夫变换这样的技术来追踪车道线的走向。霍夫变换能够从杂乱的边缘信息中识别出整齐的线条,从而确定车道的几何形状
4	车辆位置评估	系统评估车辆相对于车道标记的位置。这一步骤通常涉及计算车道中心线与车辆中心线之间的距离和角度,判断车辆是否正在偏离车道
5	决策和警告发出	如果系统判定车辆即将无意识地偏离车道,它会通过车载信息系统发出警告,提醒驾驶人采取措施纠正驾驶轨迹

2. 车道偏离警告系统的警告机制

车道偏离警告系统的设计核心在于及时向驾驶人提供警告,以防无意中偏离车道。

表8-11列出了车道偏离警告系统的警告机制,通常包括视觉和听觉两种形式。

表8-11 车道偏离警告系统的警告机制

警告类型	实现方式	说明
视觉警告	仪表盘警告	当系统检测到潜在的车道偏离时,仪表盘上会出现警告信号。这通常是一个图标或符号,如车道线的图形,闪烁表示注意。图标的设计和位置根据车辆型号有所不同,但都是要立即捕获驾驶人的视线
	中控屏幕提示	在高端的车辆配置中,中控触摸屏上可能会显示详细的视觉警告。例如,屏幕可能显示一个动画,描绘车辆相对于车道的位置,并用颜色编码(通常为红色或黄色)来指示警告级别
	HUD显示	一些车型配备了抬头显示系统(HUD),能直接在驾驶人视线前方的风窗玻璃上显示警告。这种方式可以减少驾驶人查看仪表盘的次数,帮助保持注意力在前方道路上
听觉警告	警报声	常见的听觉警告是一个清晰的警报声,它在系统检测到车辆即将偏离车道时自动触发。这种警报声的音调和响度都设计得足够引人注意,但不至于过分惊慌,以免对驾驶人造成过大的干扰
	语音提示	除了标准的警报声,一些高级车道偏离警告系统还有语音提示功能。系统会通过语音明确告诉驾驶人"请注意保持车道"或"车辆偏离车道",帮助驾驶人更直观地了解当前的行车状况
	可定制的警告	部分系统允许驾驶人根据个人偏好调整警告的类型和强度,如选择只接收视觉警告、调整警报音量或选择不同的警报音

3. 系统限制

车道偏离警告系统在某些条件下可能不会工作,例如,在恶劣天气、低光照条件、道路上没有清晰的车道标记或摄像头脏污时。该系统主要适用于高速公路和其他设有清晰车道标记的道路。

车道偏离警告系统的主要工作原理是通过摄像头捕获道路图像,识别车道标记,并监控车辆的位置。当系统判断车辆可能无意识地偏离车道时,它会警告驾驶人。

值得注意的是,车道偏离警告系统只是提供警告,而不会采取任何主动措施来更正车辆的位置。如果一个系统既提供警告又采取纠正措施,那么它通常被称为车道保持辅助系统(Lane Keeping Assist,LKA)。

三、车道保持辅助系统

车道保持辅助系统和车道偏离警告系统都是为了提高驾驶安全而设计的现代汽车技术。车道保持辅助系统如图8-27所示。它们主要用于防止因驾驶人不注意或疲劳而导致的非故意车道偏离。尽管它们的目的相似,但操作方式和功能上存在着明显的差异。表8-12给出了这两个系统之间的主要区别。

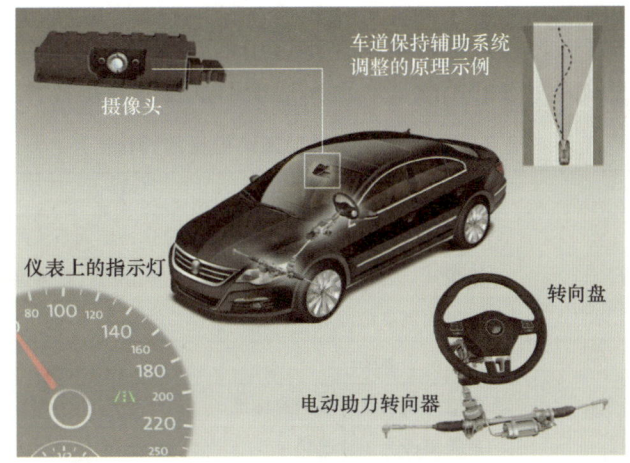

图 8-27 车道保持辅助系统

表 8-12 车道偏离警告系统与车道保持辅助系统的对比

系统	仪表上的显示区别	说明
车道偏离警告系统		系统判断车辆偏离车道时,相应侧边线变红色并闪烁,同时发出警示音
车道保持辅助系统		系统判断车辆偏离车道时,相应侧边线变红色并闪烁,同时发出警示音,转向盘自动纠偏

车道偏离警告系统和车道保持辅助系统协同工作,以提升行车安全和驾驶便捷性,车道偏离警告系统和车道保持辅助系统包括智能前视摄像头(IFC)、前娱乐主机(IVI)、网关(GW)、车身控制模块(BCM)等,如图 8-28 所示。

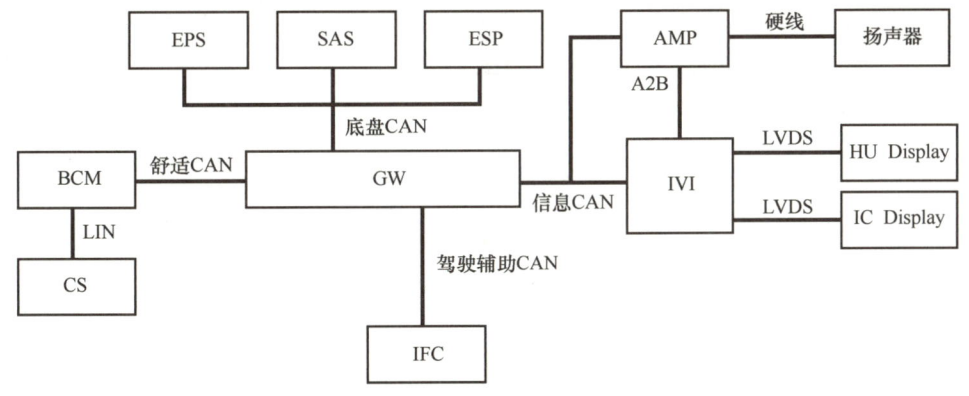

图 8-28 车道偏离警告系统+车道保持辅助系统框图

IFC—智能前视摄像头　IVI—前娱乐主机　GW—网关　BCM—车身控制模块　CS—车道保持开关　SAS—转角传感器
ESP—车身稳定系统　EPS—电控动力转向系统　HU Display—娱乐系统显示屏　AMP—功放　IC Display—仪表显示屏

车道保持辅助系统不仅提升了驾驶安全性,还提高了驾驶过程中的便利性和舒适性。通过实时监控车道线并自动调整方向来帮助驾驶人维持车辆在车道中的正确位置,车道保持辅助系统显著减少了因疲劳或注意力分散导致的偏离车道的风险。车道保持辅助系统的使用操作见表8-13。

表8-13 车道保持辅助系统的使用操作

操作与限制	说明
车道保持辅助系统的设置	在音响系统"车辆设置"中进行车道保持辅助系统的开启与关闭
	系统开启后可选择报警方式为仅报警、报警+车道保持
	车道偏离灵敏度可进行设置
车道保持辅助系统的工作条件	车速高于60km/h
	车道线清晰且符合国家标准
	系统摄像头未被遮挡
系统可能不报警、不纠偏的情况	驾驶人操作转向盘转弯时
	本车一直压车道线行驶
	前一次警示3s内
	开启转向灯或转向灯开关回位后的3s内
	道路单侧或双侧车道线消失
系统无法正常工作的情况	迎向强光行驶时
	大雾、大雨或大雪等能见度较低的天气
	系统摄像头视线被遮挡时
	道路被车辆或其他障碍物覆盖

四、自适应车道控制系统

自适应车道控制(Adaptive Lane Control,ALC)系统和车道保持辅助系统都是车辆的驾驶辅助系统,目的是帮助车辆保持在其车道内。两种系统在功能和工作原理上的对比见表8-14。

表8-14 车道保持辅助系统与自适应车道控制系统的对比

功能和工作原理	车道保持辅助系统	自适应车道控制系统
基本功能	当系统检测到车辆可能会无意地偏离其车道时,车道保持辅助系统会自动调整转向,使车辆回到车道中心。它主要针对短暂和突然的车道偏离情况	自适应车道控制系统是一个更高级的系统,不仅能够对车道偏离做出响应,还可以在长时间内自动控制车辆的方向,使其保持在车道中心。通常,它与自适应巡航系统结合使用,为驾驶人提供更加全面的半自动驾驶体验
控制程度	提供短时的转向助力或矫正,帮助车辆避免偏离车道	能够持续地控制车辆的方向,并在一定程度上适应路况变化,如弯道
工作场景	主要在车辆即将越过车道线时介入,提供必要的转向助力	在驾驶过程中持续工作,确保车辆始终保持在车道中心,特别是在高速公路或长时间的驾驶中
驾驶人的参与	需要驾驶人时刻握住转向盘,只在必要时提供转向辅助	虽然允许驾驶人在短时间内释放转向盘,但仍然需要他们时刻关注道路并随时准备接管车辆
技术复杂性与成本	相对简单,使用较为基础的传感器和算法,因此,通常比自适应车道控制系统成本更低	由于自适应车道控制系统提供更持续和复杂的车道控制,通常需要更高级的传感器和算法,因此可能比车道保持辅助系统更加昂贵

1. 车道保持辅助系统

(1)电气部件与影像处理 介绍如下:

控制单元(带摄像头):对摄像头捕获的黑白影像进行处理,主要分析车道边界线,如图8-29所示。一旦两侧的车道边界线被识别,系统会计算车道的宽度、曲率、车辆在车道中的位置,以及车辆接近车道边界线的角度。

影像处理:软件还评估车道识别的准确度,根据计算值和已知车辆尺寸确定警报提醒时刻。不同的警报提醒设置在 MMI(人机界面)上会使用不同的计算方法。

摄像头:使用黑白影像模式捕获前方路面情况,分辨率为 640×480 像素,配备 6mm 焦距的镜头,最大视距为 60m。特定环境条件可能会降低视距。

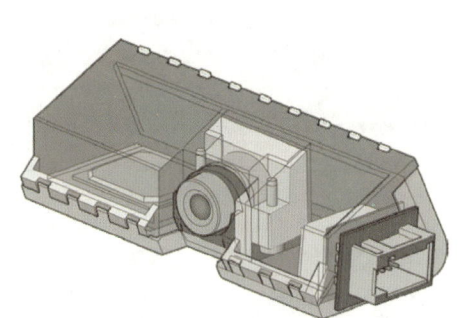
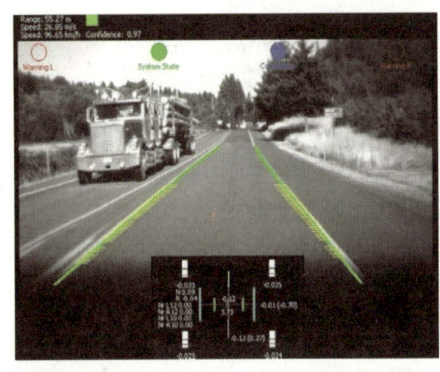

图 8-29 车道保持辅助控制单元

(2)控制单元安装位置 车道保持控制单元安装在一个支架上,该支架粘贴在前风窗玻璃上,如图 8-30 所示。摄像头的梯形视窗位于刮水器的工作区域内,以尽量减少降雨或降雪对视野的影响。

(3)加热式摄像头视窗 为去除摄像头视窗上的雾和冰,车辆配备了加热式摄像头视窗(图 8-31)。摄像头视窗加热器是一层直接粘贴在前风窗玻璃上的电阻膜。它通过加热玻璃,消除水雾和冰雪。当图像传感器捕获的图像对比度过低时,加热器会自动激活;当图像对比度过高时,加热器会自动关闭。

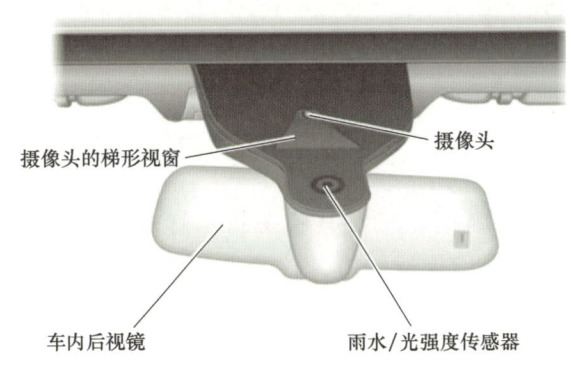
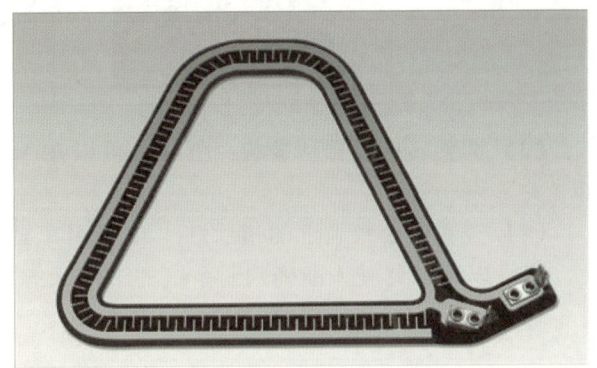

图 8-30 车道保持控制单元的安装位置　　图 8-31 加热式摄像头视窗

(4)转向盘振动功能 转向盘内装有振动电动机,可在车辆偏离车道时产生振动提醒。该电动机位于转向盘右下辐条内,通过旋转电动机上的不平衡配重来产生振动,如图 8-32 所示。如果振动电动

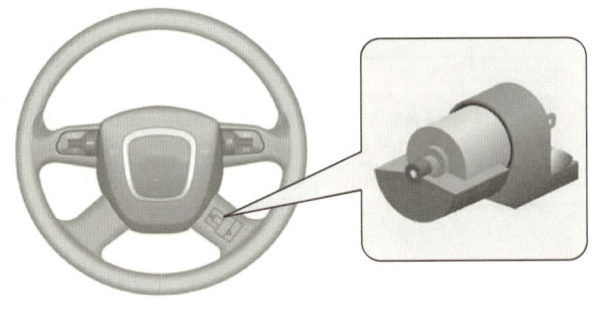

图 8-32 转向盘振动电动机

机出现故障，则需要更换整个转向盘。

> **小提示：**
> 车道保持辅助系统通过监测转向盘上的手部活动来强化驾驶安全。系统利用转矩传感器识别是否有脱手行驶现象，以确保驾驶人始终双手握住转向盘。如果发现脱手行为，系统指示灯会从绿色变为黄色，作为警示，提醒驾驶人纠正行为。这不仅提升了行车安全，还督促驾驶人保持良好的驾驶习惯，强调对公共安全的责任感。

2. 车道保持辅助系统的具体操作方法

（1）开启和关闭　通过转向拨杆上的按钮可操纵车道保持辅助系统，如图 8-33 所示。系统的开启或关闭状态会通过组合仪表上的指示灯显示。

（2）设置警报提醒时刻（根据需要个性化操作）　驾驶人可以在 MMI 中选择转向干预时刻点，提供了"早""晚"两种选项，见表 8-15。

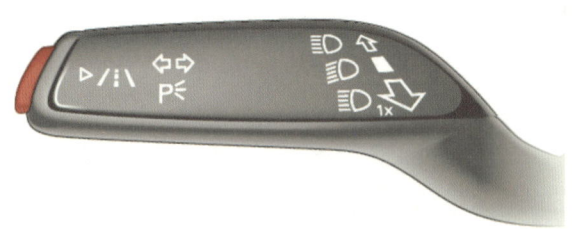

图 8-33　车道保持操作开关

表 8-15　车道保持"早"和"晚"的转向干预设置

转向干预	模式效果图	模式功能描述
"早"		该模式通过持续的转向介入（转向干涉），来帮助驾驶人将车辆保持在车道中心处。也可通过转向盘振动来对驾驶人发出警告，驾驶人可在 MMI 上设置该模式
"晚"		帮助驾驶人不致因疏忽而将车辆驶离车道，也可通过转向盘振动来对驾驶人发出警告

（3）调整转向盘振动警告　驾驶人可以在 MMI 上根据个人喜好设置转向盘的振动警告，有"开"和"关"两个选项。

（4）查看组合仪表上的指示灯　在使用车道保持辅助系统时，了解其状态指示灯的含义至关重要，这可以帮助驾驶人准确判断系统的工作状态，并做出相应的反应。组合仪表上的指示灯的含义见表 8-16。

表 8-16　车道保持辅助系统组合仪表上指示灯的含义

指示灯	指示灯含义
（绿色）	如果组合仪表上的指示灯绿色亮起，表示该系统已经接通且处于随时准备工作的状态
（黄色）	如果组合仪表上的指示灯黄色亮起，表示该系统已经接通，但因当前情况无法工作。在这种状态时，该系统不会提醒驾驶人
（灰色）	如果组合仪表上的指示灯不亮，表示该系统已经关闭了。要想激活该系统，必须操纵转向拨杆上的相应按钮

3. 车道保持辅助系统的限制条件

在车道保持辅助系统的实际应用中存在一些限制条件,可能影响系统的性能和可靠性。其限制条件及说明见表 8-17。

表 8-17 车道保持辅助系统的限制条件及说明

限制条件	说明
不良环境条件	在车道脏污、被雪覆盖、车道过窄、车道边界线不清晰或高速公路施工时,系统可能不工作
识别限制	如果只有一条车道边界线,或者无法识别车道边界线(如因雪、脏污、逆光等原因)或车道边界线过多(如施工时的白色和黄色线),系统可能无法正常工作
其他车道条件	当车道宽度小于 2.5m 或大于 5m,或转弯半径小于 250m 时,系统可能无法工作
摄像头问题	如果摄像头脏污、结冰或有雾气,可能会导致系统暂时不可用
系统故障	如系统显示"车道保持辅助系统不可用:系统故障",需要到服务站检查,可能涉及控制单元、振动电动机或系统按钮的问题

微课8-8 车道保持辅助系统的限制条件

五、集成到自动驾驶系统中的车道保持辅助系统

1)高级交通拥堵辅助系统(Traffic Jam Assist,TJA)。结合自适应巡航控制和车道保持功能,能够在交通拥堵情况下自动控制车辆的速度和方向,减轻驾驶人在低速行驶时的疲劳,如图 8-34 所示。

微课8-9 车道保持辅助系统的整体介绍

图 8-34 高级交通拥堵辅助系统

2)车道更换辅助(Lane Change Assist)。自动检测并确认邻近车道的安全性后,辅助或完全控制车辆进行车道变换,确保车道变更过程的平滑和安全。

3)紧急车道保持(Emergency Lane Keeping,ELK)。在检测到潜在碰撞风险时,系统会自动调整车道位置,避免事故,保护车辆及乘员安全。

4)高级驾驶人注意力监控系统。通常利用车辆的传感器来监测转向轮的角度变化,结合其他行为指标(如眨眼频率、头部位置等)综合评估驾驶人的疲劳程度,及时提醒驾驶人,甚至在必要时采取措施,如限制车速或引导车辆安全停靠,以防止因疲劳驾驶引发的事故。其工作情况如图 8-35 所示。

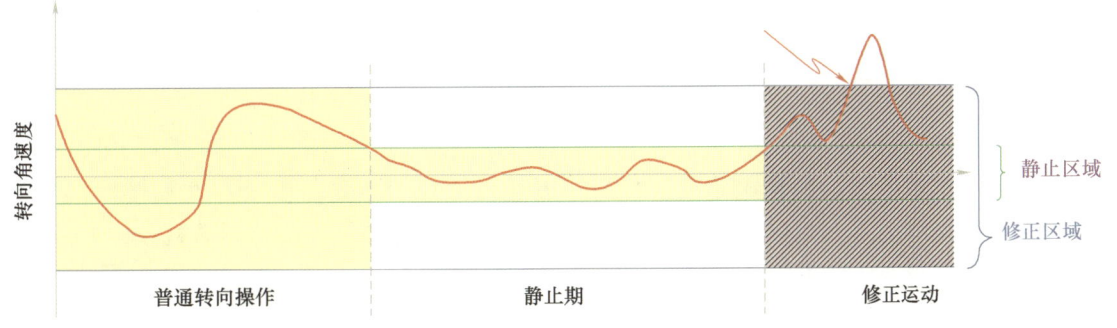

图 8-35 高级驾驶人注意力监控系统工作情况

通过这些高级技术,车道保持辅助系统不仅提升了道路安全,还增强了驾驶体验的舒适性和便捷性。随着技术的进一步发展,未来自动驾驶系统将能够在更加复杂多变的道路环境中提供更为可靠和高效的支持。

【在线测试】

请扫描二维码完成在线测试。

【任务实施】

任务工单

任务名称:车道保持技术解析				
姓名:		班级:		学号:
【任务描述】	请结合车辆,介绍该车型使用车道保持技术的优缺点和基本工作原理,并演示操作方法			
【实施准备】	配置车道保持技术的车辆、教学运行台架(或虚拟仿真系统)			
【实施过程】	1. 自主学习	学习相关知识,在车辆或教学运行台架上找到相关部件		
	2. 计划与决策	小组讨论,确定介绍内容与逻辑		
	3. 小组执行	小组工作,汇报小组成果,展示操作方法 规范做好5S		
【评价反思】	项目	评价点	自评	
	介绍车道保持技术	车道保持辅助系统的功能	□达成	□未达成
		车道保持辅助系统的优点	□达成	□未达成
		车道保持辅助系统的组成	□达成	□未达成
		车道保持辅助系统的工作原理	□达成	□未达成
		车道保持辅助系统与车道偏离警告系统的差异	□达成	□未达成
		车道保持辅助系统的使用限制	□达成	□未达成
	使用车道保持辅助系统	车道保持辅助系统的功能启用	□达成	□未达成
		车道保持辅助系统手动/自动切换	□达成	□未达成
		车道保持辅助系统反馈调整	□达成	□未达成
		车道保持辅助系统功能取消	□达成	□未达成
		车道保持辅助系统功能恢复	□达成	□未达成
	安全与规范	车辆防护	□达成	□未达成
		人员与安全	□达成	□未达成
		现场5S	□达成	□未达成

【拓展知识】

车道保持辅助系统校准

1. 校准的重要性

校准可以确保车载摄像头的精确定位,这对于驾驶安全至关重要。由于存在安装时的支架公差、风窗玻璃的制造差异等因素,摄像头的位置可能与预设的标准位置有所偏差。通过校准,系统可以补偿这些偏差,确保警报系统的准确性和可靠性。

2. 校准原理

摄像头的方向角通过使用校正板来确定。该板具有明显的几何特征,放置于车前的参考位置。摄像头捕获校正板的图像,软件根据图像坐标和已知的校正板位置计算出摄像头的实际方向角,并将结果存储于系统中。

3. 方向角定义

方向角定义如图 8-36 所示。

俯仰角(Pitch):围绕车辆横轴(Y 轴)的旋转角度,表明车辆的前后倾斜状态。

横摆角(Roll):围绕车辆纵轴(X 轴)的旋转角度,表明车辆的左右倾斜状态。

偏航角(Yaw):围绕车辆垂直轴(Z 轴)的旋转角度,表明车辆的水平转向状态。

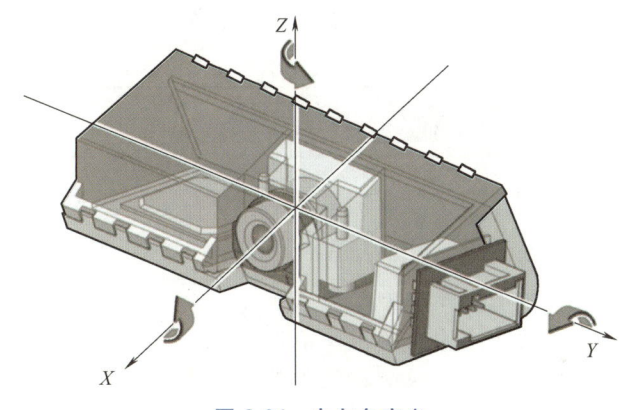

图 8-36 方向角定义

4. 校准工具

车道保持辅助系统校准装置包括车道保持辅助系统校准基础件、激光单元、反射镜和校准板,如图 8-37 所示。

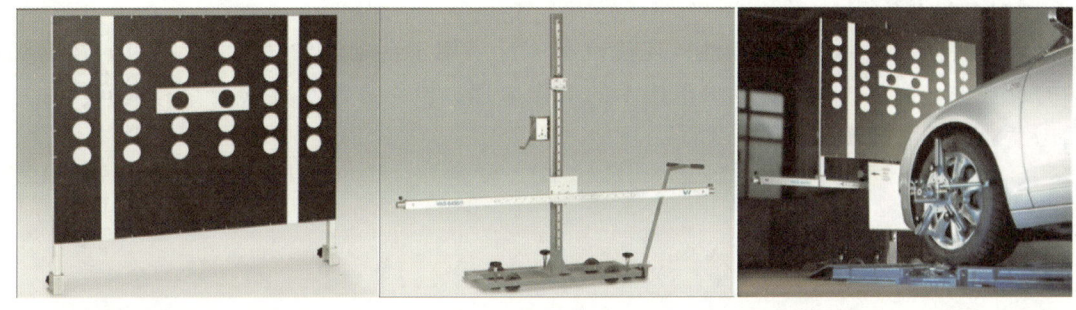

图 8-37 车道保持辅助系统的校准装置

5. 校准时机

车道保持辅助系统需在以下情况下进行校准,以保证其准确性和效果:

1) 存储器记录显示"基本设定/自适应未进行或错误"故障。
2) 更换了车道保持辅助系统的控制单元或前风窗玻璃。
3) 调整了后轮前束角或底盘。
4) 车身高度有所变化。
5) 装有减振调节或空气悬架的车型,进行了车辆水平传感器自学习校准。

6. 校准步骤

执行车道保持辅助系统校准的步骤如下:

1) 使用车轮定位仪计算机启动校准程序。
2) 安装快速夹头和测量装置,以固定和测量车辆。
3) 使用校准工具基础件对准车辆,确保精确校准的参考点。
4) 通过诊断仪启动校准程序,并输入各轮拱形板边缘的车身高度数据。
5) 校准程序将自动完成,无须额外手动干预。

7. 在线校准

在线校准是一些车辆的先进功能,用于在行驶过程中自动校验并补偿横摆角和俯仰角的变化。为执行在线校准,驾驶人需通过诊断工具激活校准模式。随后,应在空旷的高速公路或主干道上以 60~80km/h 的速度稳定行驶约 20min。这样做允许系统自动调整传感器的俯仰角和偏航角,确保自适应巡航系统能准确地检测到前方车辆的位置和速度。校准完成后,建议使用诊断工具再次检查补偿值,以验证系统的准确性。这一步骤确保了系统的高效运行和驾驶安全。

任务三　自动泊车技术解析

【学习内容】	【学习目标】
1. 自动泊车系统的作用与工作原理 2. 自动泊车系统的组成 3. 自动泊车系统的使用方法 4. 自动泊车系统的限制条件和安全预防措施 5. 自动泊车系统的校准设备与方法	1. 掌握自动泊车系统的基本功能和工作原理 2. 能够向客户准确介绍自动泊车技术的优势和操作方法 3. 掌握自动泊车系统的实际操作 4. 能够解答有关自动泊车技术的常见疑问 5. 能够执行自动泊车系统的校准工作

【任务描述】

为了提高驾驶便利性和停车精确性，现代汽车广泛采用了自动泊车技术（系统）。在购买和使用这类车辆的过程中，客户往往对自动泊车技术的工作原理、操作方法及其安全性有疑问。你能在客户咨询时提供专业的解答和操作演示吗？

【相关知识】

一、泊车系统的发展历程

自动泊车技术作为提高驾驶便利性和安全性的重要组成部分，已经经历了显著的发展。从最初的简单距离感知到如今的完全自动泊车系统，其演变不仅展示了汽车行业对安全和效率的不断追求，也反映了消费者对智能驾驶解决方案需求的增长。自动泊车系统的发展历程见表 8-18、图 8-38。

表 8-18　自动泊车系统的发展历程

阶段	技术特点	功能描述
初级阶段	超声波传感器辅助	配备超声波传感器，主要用于测距，辅助驾驶人判断停车位置距离
初级阶段	自动泊车指导系统	引入图形界面显示泊车路径，驾驶人按提示操作转向，而加速和制动仍需手动控制
发展阶段	半自动泊车系统	系统控制转向，驾驶人仍控制加速和制动，能更准确地完成倒车入位
发展阶段	垂直和紧凑型半自动泊车系统	技术进步，允许在更小的车位进行垂直和平行泊车，适应狭窄空间
智能阶段	全自动泊车系统	系统完全控制车辆的转向、加速和制动，实现完全自动泊车，如代客泊车
智能阶段	连接驾驶辅助系统和环境感知技术（例如高精地图）	利用摄像头、雷达和激光雷达、惯性测量单元（IMU）、高精地图等多传感器融合技术，提高泊车精确度和安全性
智能阶段	人工智能和机器学习的应用	系统能自动学习泊车技巧，自动适应各种复杂环境，向全自动驾驶过渡

二、泊车初级阶段

1. 部件功能概述

自动泊车技术初级阶段的 3 个核心技术见表 8-19。

2. 超声波传感器的工作原理

超声波传感器通过发射 43.5kHz 的超声波并接收其回声来测定障碍物的距离。这些传感器能有效探测距离在 20~250cm 之间的障碍物，适用于车辆前、后的短距离范围。通过计算超声波往返时间，传感器的内置电子系统评估出与障碍物的准确距离，并以数字信号的形式传回控制单元。该技术尤其适用于停车和低速行驶环境,但其探测范围有限,并且性能可能受环境因素(如温度和湿度)的影响。在维修或检查时,可以通过触摸或专用诊断工具读取距离数据,以评估系统的响应情况。超声波雷达的工作原理如图 8-39 所示。

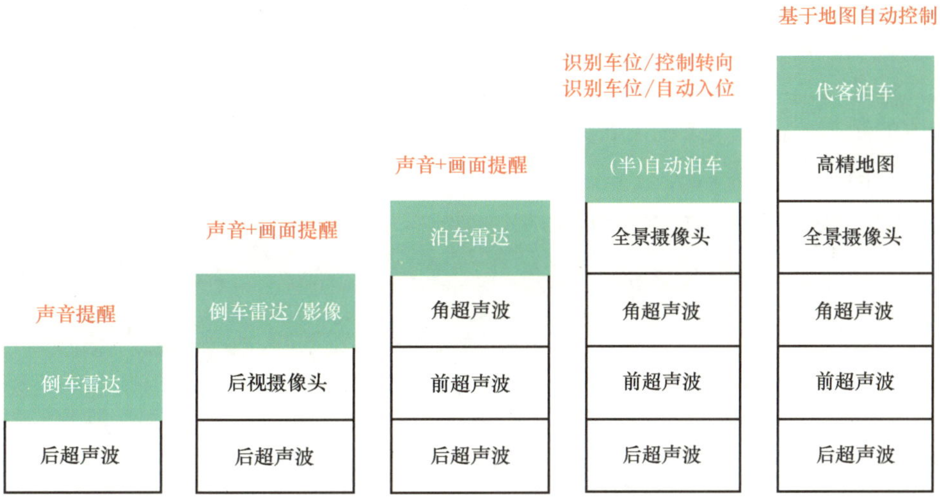

				基于地图自动控制
			识别车位/控制转向	代客泊车
			识别车位/自动入位	
		声音+画面提醒	(半)自动泊车	高精地图
	声音+画面提醒	泊车雷达	全景摄像头	全景摄像头
声音提醒	倒车雷达/影像	角超声波	角超声波	角超声波
倒车雷达	后视摄像头	前超声波	前超声波	前超声波
后超声波	后超声波	后超声波	后超声波	后超声波

图 8-38 自动泊车系统的发展

表 8-19 自动泊车技术初级阶段的 3 个核心技术

阶段	表现形式	功能描述	实现形式
倒车雷达		利用超声波传感器测量倒车时后方的障碍物距离。系统根据障碍物的接近程度通过声音警告驾驶人,帮助避免碰撞	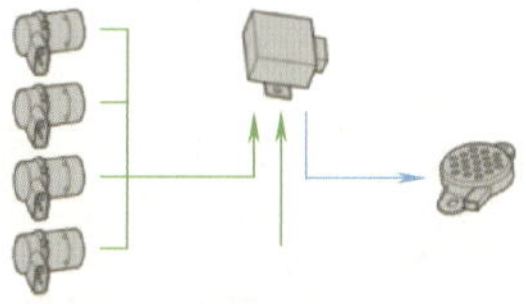
停车辅助		车辆配备前、后超声波传感器,能够在倒车和进车时均能通过声音提示来警告驾驶人前、后障碍物的距离,提高泊车安全性	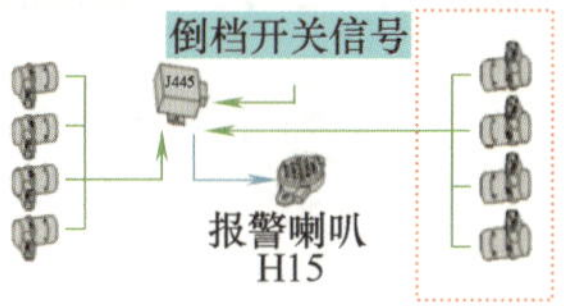
倒车影像		通过后视摄像头捕捉车辆后方的实时情况,显示在车辆内部的屏幕上,并辅以虚拟辅助线,指导驾驶人进行精确倒车和泊车操作	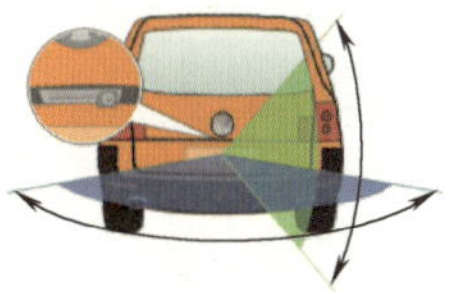

图 8-39 超声波雷达的工作原理图

3. 倒车影像

倒车影像技术是一种通过车辆后部安装的摄像头帮助驾驶人查看车后情况的辅助技术。当车辆挂入倒档时，这个摄像头自动激活，实时传输的图像会显示在车辆内部的屏幕上，通常是中控台上的显示屏。这些图像中包括了辅助线，这些线条在显示屏上直观地指示车辆的宽度和路径，帮助驾驶人安全地倒车和停车，尤其是在视线受限或空间狭窄的情况下。

这些辅助线通常包括动态和静态线条。静态线条可以提供车辆的固定宽度和方向标识，帮助估算车辆与周围物体的距离。动态线条随着转向盘的转动而变化，显示预计行进轨迹，帮助驾驶人预测车辆的移动方向，如图 8-40 所示。

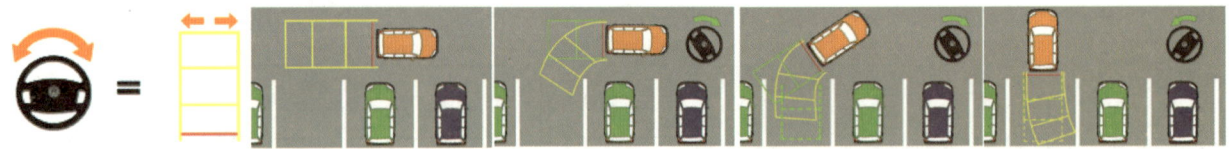

图 8-40　倒车影像的动态引导线

三、半自动泊车技术

半自动泊车技术从简单的泊车辅助演变为能够支持驶入和驶出泊车位的智能解决方案，其特点见表 8-20。

表 8-20　半自动泊车技术特点

发展阶段	技术特点	功能描述
自动转向控制	自动方向控制	系统可以接管转向盘和制动控制，驾驶人仅需操作加速踏板
多样化泊车	支持垂直和紧凑泊车	技术进步，允许在更小的车位进行垂直和平行泊车
高级车位识别	复杂环境车位识别	利用先进传感器和摄像头，系统能识别多种复杂情形下的车位
自动驶出	自动驶出泊车位	系统不仅支持自动驶入泊车位，也能自动驶出

1. 半自动泊车的工作原理

半自动泊车系统主要依靠车辆装配的超声波传感器和电控机械式转向助力系统，以及 ESP 制动系统来实现其功能，见表 8-21。

表 8-21　半自动泊车系统的工作原理

步骤	示例	车上的元件位置
传感器测量		
自动控制转向		

(1) 传感器测量　车辆配备多个超声波传感器,不仅包括传统的PDC(泊车距离控制)传感器,还在车辆前部的每一侧各增设了一个传感器。这些传感器用于在寻找泊车位时探测车辆侧面区域,以测量停车位的大小并检测周围的障碍物。

(2) 自动控制转向　系统通过分析传感器数据,计算出进入停车位的最佳路径。然后,依托于电控机械式转向助力系统,自动调节车辆的转向角度,辅助驾驶人进行精确的泊车操作。

这种技术使驾驶人在泊车时只需控制车辆的加速和制动,而转向操作由系统自动完成,大大减小了泊车时的操作难度和复杂性。

2. 半自动泊车系统的工作过程

半自动泊车系统的工作过程见表8-22。

表 8-22　半自动泊车系统的工作过程

步骤	功能描述	用户交互
空位检测	系统扫描合适的停车位,确认其大小适合车辆	系统通过显示屏或音频信号告知驾驶人找到的停车空位
路径规划	根据车辆尺寸、停车位及周围障碍物确定最佳停车路径	驾驶人在显示屏上看到预定路径并可进行确认或调整
执行泊车	控制车辆按预定路径自动驶入停车位,涉及转向、加速和制动控制	虽然主要是自动执行,但驾驶人可以进行微调或在需要时中止泊车过程
与驾驶人交互	提供关于泊车状态的实时反馈,包括视觉、声音及振动提示	驾驶人可以监督泊车过程,确认车辆停好后的位置,必要时进行手动调整

3. 半自动泊车系统的组成

半自动泊车系统的组成如图8-41所示。半自动泊车系统的连接关系如图8-42所示。

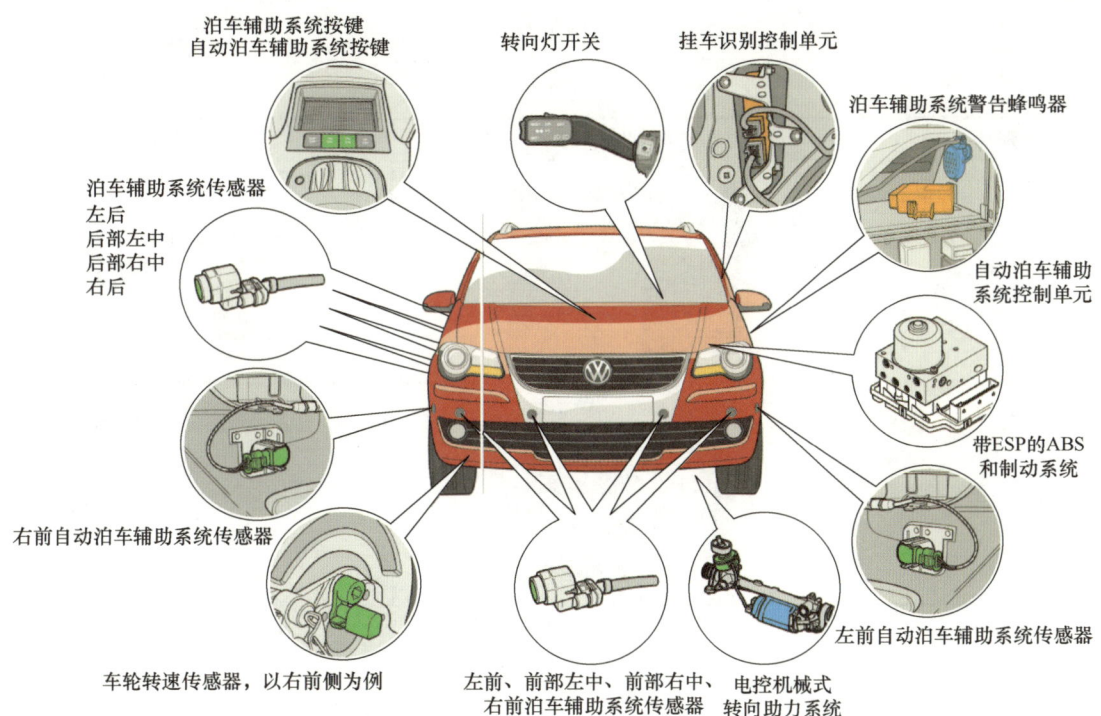

图 8-41　半自动泊车系统的组成

4. 半自动泊车系统的操作方法

(1) 激活半自动泊车系统　在适当的速度下(通常小于30km/h),通过车辆的中控界面或特定的按钮激活半自动泊车系统,根据需要激活相应侧的转向开关,见表8-23,根据需要选择平行或垂直泊车模式。系统也可能提供自动驶出泊车位的功能。

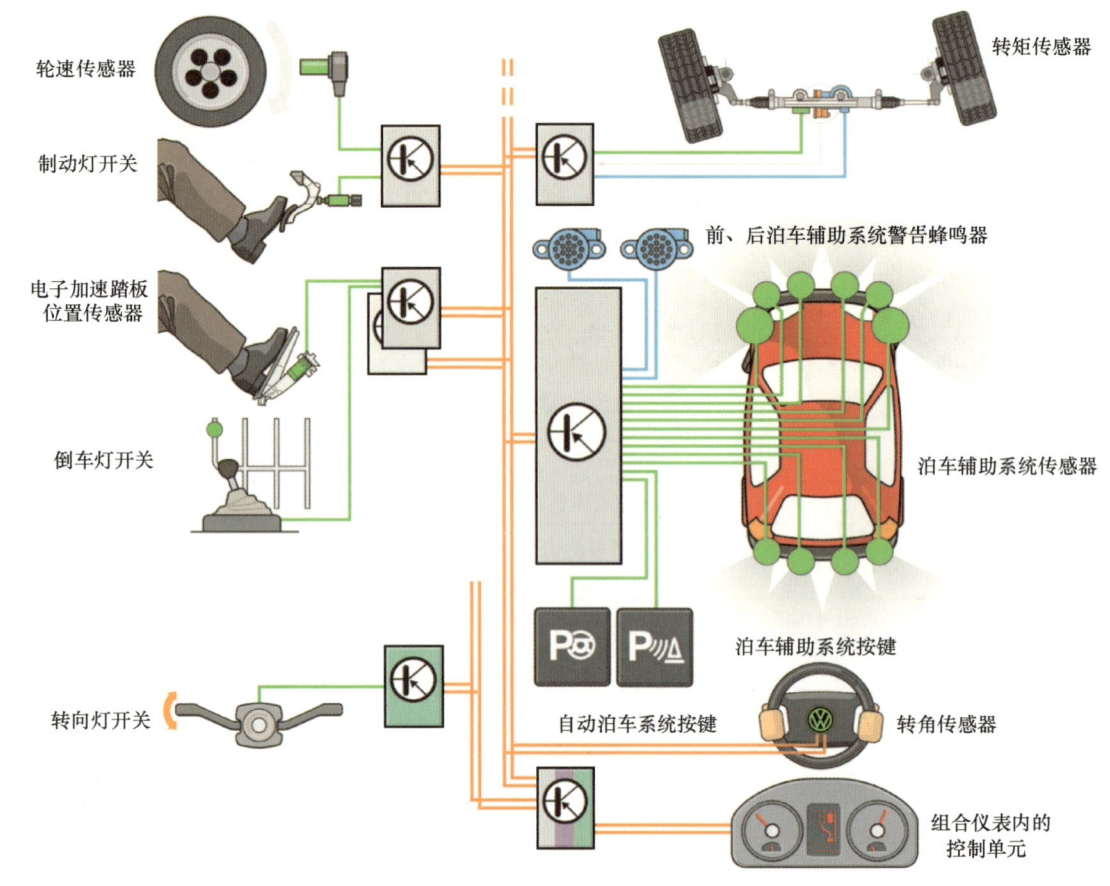

图 8-42 半自动泊车系统的连接关系

表 8-23 激活半自动泊车系统

步骤	操作 1	操作 2
激活半自动泊车系统		
选择平行或垂直泊车模式		

（2）扫描适当的停车位　按照系统的指示，车辆缓慢驾驶并接近预定的泊车区域，以便系统扫描合适的空车位，如图 8-43 所示。当系统检测到一个合适的泊车位时，它会通过声音或视觉提醒通知驾驶人，如图 8-44 和图 8-45 所示。

（3）准备泊车　在系统提示找到合适的停车位后，确认并准备开始泊车过程。根据车辆模型，可能需要挂入适当的档位（如倒档），如图 8-46 所示。

（4）自动控制方向　系统自动计算并执行进入停车位的最佳路径。驾驶人需控制加速踏板和制动踏板，按照系统的指示调整车速。轮速传感器监测车辆的速度，与 ESP 系统协作，确保泊车过程中的车速控制和车辆稳定性。

模块八 驾驶辅助技术

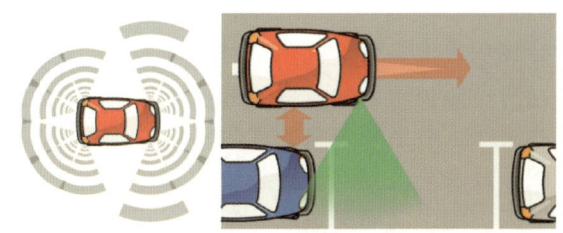

平行泊车位参数　　　　　　垂直泊车位参数

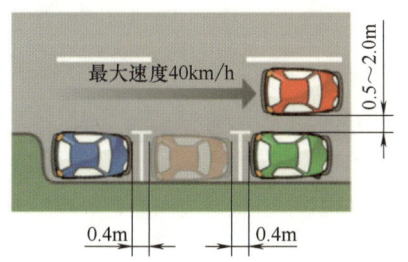
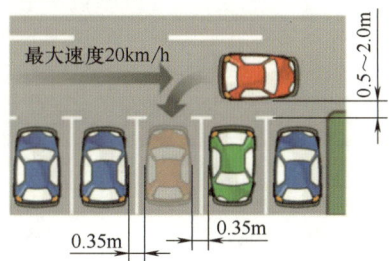

图 8-43　扫描空车位

图 8-44　仪表上的视觉提醒

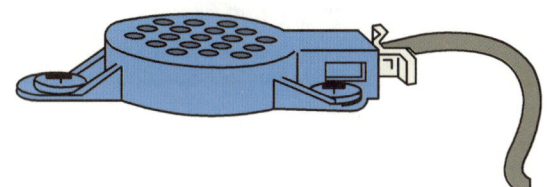

图 8-45　发出声音提醒的蜂鸣器

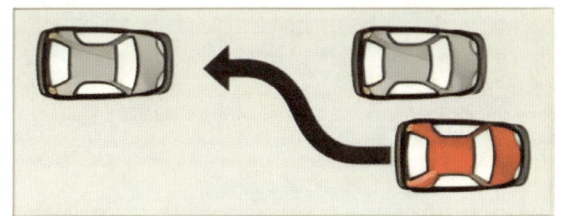

图 8-46　准备泊车，挂入倒档

（5）精确停车　根据系统的反馈，可能需要进行微调，以确保车辆安全准确地停入车位。

（6）完成泊车　一旦车辆停入车位，系统会通知驾驶人，泊车过程结束，驾驶人可以关闭自动泊车模式，转为手动控制车辆。

5. 系统受限条件

1）半自动泊车系统工作的前提条件见表 8-24。

表 8-24　半自动泊车系统工作的前提条件

功能	条件	限制
车速控制	车速高于 45km/h 时自动停用	必须在车速低于 10km/h 时启动泊车系统
车距监测	当车距过短时提醒	距离范围在 0.5~1.5m 内
转向限制	无法在转向角度大于 20°时使用	需要较小的转向角度进行操作
ESP 系统干预	ESP 系统激活时泊车助手无法使用	需关闭 ESP 系统，以使用泊车助手
泊车速度设置	支持在低速状态下启用，如停车或缓慢行驶	最高车速限制为 30km/h

2）常见系统工作受限条件。

环境干扰：如厚重的树叶或积雪可能会干扰传感器的信号。

误判停车位：大门口或路肩可能被误认为是合适的停车位。

柱状障碍物：可能在某些情况下被系统忽略或误判。

前方车辆停放歪斜：可能导致系统误判停车路径。

转弯半径限制：系统可能因空间限制而无法成功泊车。

四、垂直和紧凑型半自动泊车系统

表8-25给出了某车型半自动泊车的发展历程。

表8-25 某车型半自动泊车的发展历程

项目		1.0 第一代	1.5 第二代	2.0 第三代
传感器		前端6个传感器 后端4个传感器	前端6个传感器 后端4个传感器	前端6个传感器 后端6个传感器
测量停车位		始终测量，即使PLA（泊车辅助系统）关闭	始终测量，即使PLA关闭	始终测量，即使PLA关闭
泊车过程	平行泊车	平行泊车位	平行泊车位	平行泊车位
		路沿	路沿	全部或部分路沿
		泊车位长度 = 车身长度 + 1.4m	泊车位长度 = 车身长度 1.1m	泊车位长度 = 车身长度 + 0.8m 弯道、树或其他障碍物之间
		泊车过程：一次移车入位	泊车过程：一次移车入位或多次移车入位	泊车过程：一次移车入位或多次移车入位
		寻找车位时的最大限速：30km/h	寻找车位时的最大限速：30km/h	寻找车位时的最大限速：40km/h
	垂直泊车	无此功能	无此功能	垂直泊车位 泊车位宽度 = 车身宽度+0.7m 泊车过程：一次移车入位或多次移车入位 寻找车位时的最大限速：20km/h
驶出泊车位		无此功能	无此功能	从平行泊车位中驶出泊车位长度 = 车身长度+0.5m 驶出过程：一次移车出位或多次移车出位
制动辅助		无此功能	无此功能	在泊车时，速度过高或有碰撞隐患时启用ESP系统，以减少损伤

五、全自动泊车系统

1. 自动泊车系统

自动泊车系统通过超声波及全景影像摄像头测量道路两侧的车位长度，选定适合的车位后自动控制车辆进行泊车，并将车辆停靠在选定的车位中。

以红旗汽车的自动泊车为例，系统基于超声波传感器、摄像头识别合适的车位，自动控制车辆的档位、加速、减速、制动、转向，将车辆停靠在选定的车位中。泊车过程中，如遇车速超出设定值、操作转向盘、开车门、ABS或ACC激活等情况，自动退出泊车模式。红旗汽车全自动泊车系统操作指南、自动泊车模式、工作条件和退出条件见表8-26～表8-28。红旗汽车自动泊车系统工作原理如图8-47所示。

微课8-10 红旗自动泊车的工作原理

表 8-26　红旗汽车全自动泊车系统操作指南

			垂直泊车
	泊车选择	泊入	斜位泊车
			水平泊车
触按娱乐显示屏中自动泊车功能按键	模式选择	自动模式	选择自动模式后默认全车位类型,可搜索所有的车位类型。用户选择车位类型可以提高单一车位类型搜索成功率。红色:不可用车位;黄色:可用车位;绿色:优选车位
		手动模式	选择手动模式并选择车位类型后,屏幕会出现相应的目标车位框,用户可拖拽和旋转目标车位框,车位框内车为红色时,表示车辆无法泊入该区域
泊车控制	触按开始泊入按键,松开制动踏板,开始进行泊车		注意:泊车过程中,触按泊车"暂停"、松开钥匙或APP上的按键,泊车过程停止,再次按下泊车按键,继续泊车。3种泊车控制方法可交互使用
	确定目标泊车位后,将车辆停稳,持续按下遥控钥匙寻车按键,直至车辆泊车完成		
	确定目标泊车位后,将车辆停稳,持续按下手机APP泊车按键,直至车辆泊车完成		
泊车下电控制	遥控钥匙寻车按键		泊车成功后,车辆所有转向灯闪烁1次,电子驻车自动开启,此时按下遥控钥匙寻车按键,整车下电 注意:如果一段时间后未按下确认按键,整车自动下电
	手机APP		泊车成功后,车辆所有转向灯闪烁一次,电子驻车自动开启,此时按下手机界面确定按键,整车下电;注意如果一段时间后未按下确认按键,整车自动下电

表 8-27　自动泊车模式

自动泊出模式选择	音响显示屏选择	通过音响显示屏可选择垂直向后、垂直向前、平行向左、平行向右4种出车类型
	手机APP	远程起动车辆后,可通过手机选择垂直出车、水平向左、水平向右、遥控出车4种类型
泊出控制	音响系统泊出按键 遥控钥匙泊车按键 手机APP泊出按键	

表 8-28 红旗汽车全自动泊车系统的工作条件和退出条件

自动泊车工作条件	车速低于 20km/h（当车速高于 20km/h 时提示降速） 泊车过程中无人为操纵转向盘 ESC OFF 开关未激活，ESC/ABS/TCS 功能未工作，APA/ESC/ABS/TCS/EPS 等功能无故障
自动泊车的退出条件	车速超过 30km/h，驾驶人操控转向盘，打开车门，触按泊车取消按键 自动泊车开启后，4min 内未完成泊车；自动泊车开启后，超过最大移动次数仍未完成泊车 SACC 功能激活；ESC OFF 开关激活；ESC/ABS/TCS 功能干预

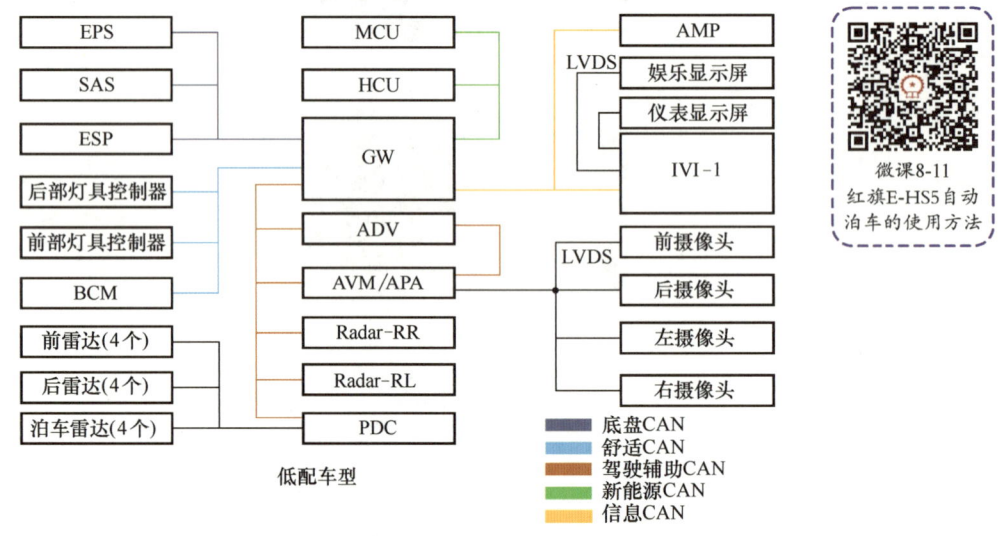

图 8-47 红旗汽车自动泊车系统工作原理

ADV—自动驾驶控制单元　AVM—全景影像控制模块　IVI-1—前娱乐主机　ESP—电子车身稳定系统
EPS—电控动力转向系统　HCU—整车控制器　MCU—电机控制器　BCM—车身控制单元

2. 代客泊车系统

代客泊车是一种 L4 级别的自动驾驶技术，允许汽车在具备高精地图的停车场内实现完全无人驾驶的泊车功能。这项技术可以显著减少驾驶人在停车场内的停留时间，提高停车效率，并实现自主泊入和泊出。以红旗品牌的代客泊车系统为例，该系统利用智能摄像头、毫米波雷达和高精地图，综合处理这些数据，以实现精确的车辆控制。系统不仅能够在预设的停车场自动寻找车位并完成泊车，还能记忆泊入和泊出的路线，为将来的操作提供便利。代客泊车开关如图 8-48 所示。代客泊车的架构图如图 8-49 所示。

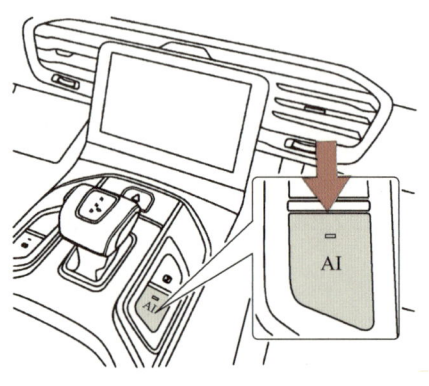

图 8-48 代客泊车开关

3. 智能后视摄像头标定

标定智能后视摄像头是一项精确且必要的过程，特别是在以下情况发生后：更换后视摄像头、更换后风窗玻璃、车辆发生重大碰撞、摄像头支架变形或系统精度降低。本任务将介绍后视摄像头标定的必要工具、场地与车辆要求、详细的标定流程，以及过程中的注意事项。

（1）标定工具　标定工具主要有诊断仪、标定板及支架和激光测距仪，如图 8-50 所示。

（2）场地和车辆要求　标定场地要求如图 8-51 所示。

1）场地长度至少为车长加 4m，宽度至少为车宽，平整度误差不超过 5mm。

2）光照条件需在 200~1000lx 范围内，应避免逆光。

3）驾驶座椅上应放置等同驾驶人质量的载重（推荐 60~80kg）。

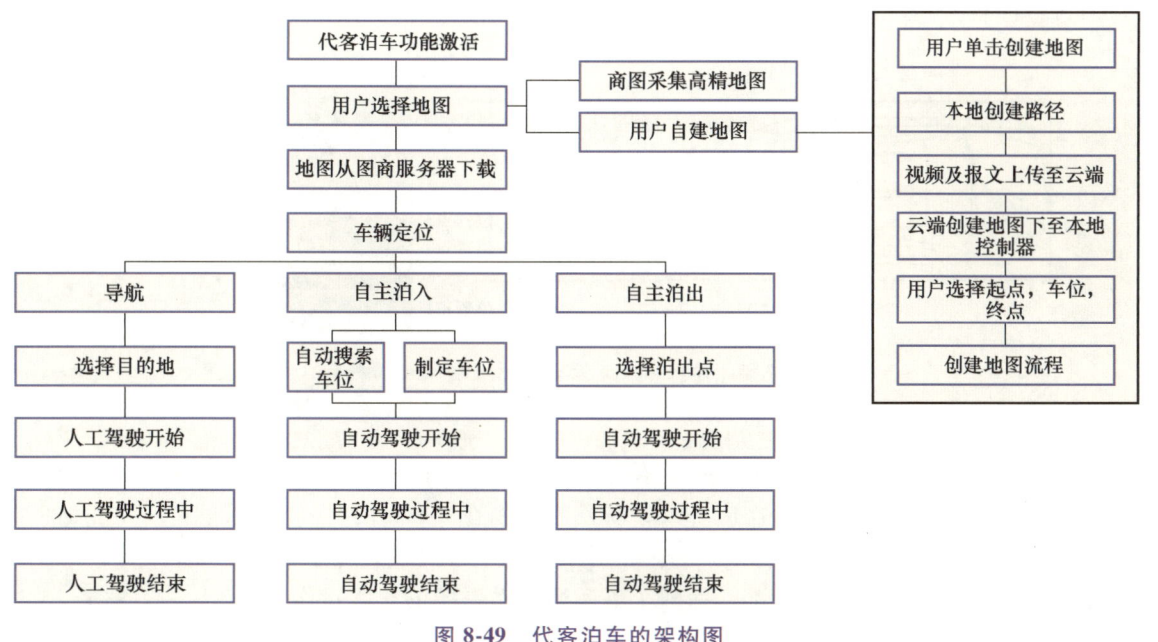

图 8-49 代客泊车的架构图

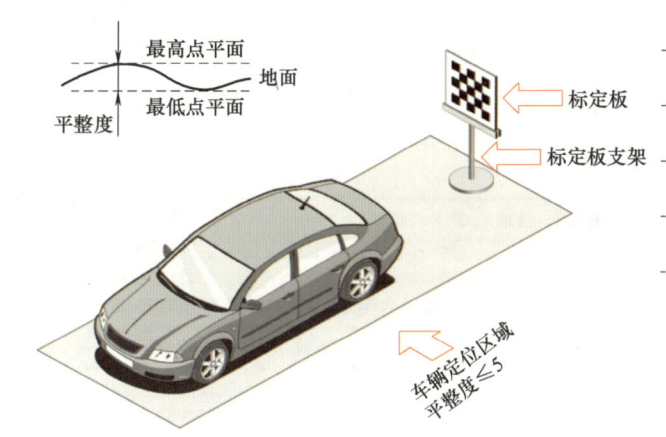

图 8-50 标定工具
a）激光测距仪 b）标定板及支架

图 8-51 标定场地要求

4）车辆需处于静止状态，上电，各系统（如刮水器、尾灯）应关闭。

（3）标定流程

1）标定车辆中心线并延长至车后 4000mm，如图 8-52 所示。

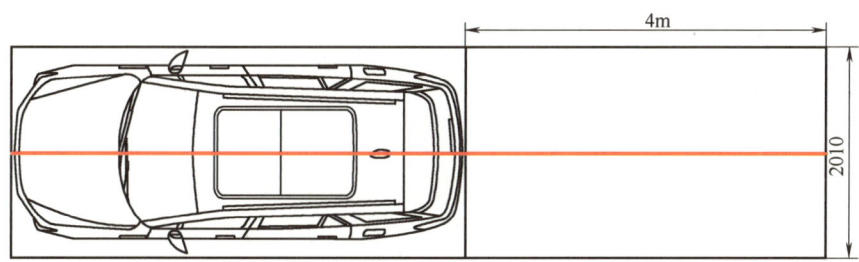

图 8-52 标定车辆中心线距离

2）将标定板及其支架放置于中心线后约 1500mm 处，板中心调至 1500mm 高。
3）使用激光测距仪确保激光照射在标定板中心，避免激光直射损害摄像头。
4）调整标定板至水平，并垂直对准车辆中心线。

5）通过诊断仪进行模块标定，依次在不同距离点检测图像并计算标定，如图8-53所示。

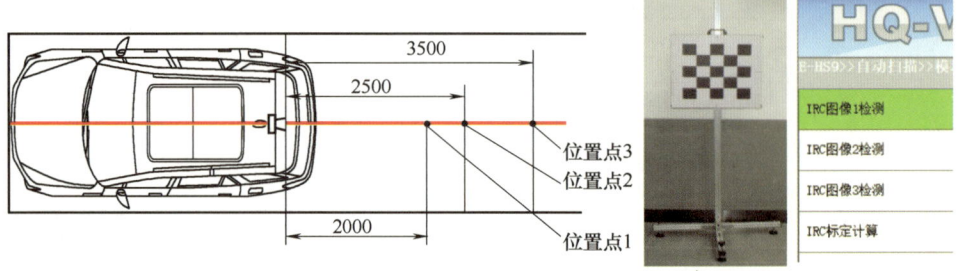

图8-53 标定板及支架总成标定点位置说明

（4）注意事项

1）确保摄像头和标定板中心高度一致，误差应在±50mm内。

2）标定板的摆放高度和位置每次应一致，误差应控制在±5mm内。

3）标定板前后摆放误差应小于±100mm，相对于车辆中心线误差应小于±100mm。

4）这一过程确保摄像头校准精准，保障车辆后视辅助系统的正常运作。

【在线测试】

请扫描二维码完成在线测试。

【任务实施】

任务工单

任务名称：自动泊车技术解析

姓名：		班级：		学号：	
【任务描述】	请结合车辆，介绍该车型使用自动泊车技术的优缺点和基本工作原理，并演示操作方法				
【实施准备】	配置自动泊车技术的车辆、教学运行台架（或虚拟仿真系统）				
【实施过程】	1. 自主学习	学习相关知识，在车辆或教学运行台架上找到相关部件			
	2. 计划与决策	小组讨论，确定介绍内容与逻辑			
	3. 小组执行	小组工作，汇报小组成果，展示操作方法 规范做好5S			
【评价反思】	项目	评价点		自评	
	介绍自动泊车技术	自动泊车系统的功能		□达成	□未达成
		自动泊车系统的优势		□达成	□未达成
		自动泊车系统与传统泊车方式的差异		□达成	□未达成
		自动泊车系统的使用限制		□达成	□未达成
	使用自动泊车系统	启动自动泊车系统		□达成	□未达成
		选择合适的泊车空间		□达成	□未达成
		设置泊车方式（如并列停车、垂直停车）		□达成	□未达成
		监控自动泊车过程		□达成	□未达成
		完成泊车后的系统退出		□达成	□未达成
	安全与规范	车辆防护		□达成	□未达成
		人员与安全		□达成	□未达成
		现场5S		□达成	□未达成

【拓展知识】

一、自动泊车技术的应用

主要汽车品牌应用的自动泊车技术见表 8-29。

表 8-29 主要汽车品牌应用的自动泊车技术

品牌	系统名称	特点
比亚迪	智能泊车助手	支持多种泊车模式,包括平行泊车和垂直泊车。使用多个超声波传感器和摄像头来帮助驾驶人准确地检测到空位并自动完成泊车
特斯拉	Autopark	不仅可以实现自动泊车,还能通过 Summon 功能在没有驾驶人的情况下自动进出车库
奔驰	Active Parking Assist	提供了完全自动的并排和垂直泊车功能,同时集成了车道变更和交通监测功能
宝马	Parking Assistant	提供了自动泊车的同时,还具备自动找车位的功能。该系统能自动控制转向、加速和制动
奥迪	Audi Parking System Plus	主要通过超声波传感器帮助驾驶人检测障碍物,并在中央显示屏上提供视觉反馈
奥迪	Audi Park Assist	能够控制转向并辅助驾驶人进行平行泊车和垂直泊车。系统通过摄像头和雷达自动检测合适的停车位,并在找到合适的停车位后提供泊车指导或自动控制转向完成泊车
大众	Park Assist	通过超声波传感器在车辆前、后检测障碍物,并在仪表盘上提供音频和视觉反馈
大众	Park Pilot	能够自动控制转向并辅助驾驶人进行平行泊车和垂直泊车。系统通过摄像头和雷达传感器自动识别适当的停车位,并可以在找到合适的停车位后自动完成泊车
蔚来	NIO Pilot	包括自动泊车功能。借助多个摄像头和传感器自动识别停车位并完成泊车
小鹏	XPilot	提供了自动泊车功能,并能进行空位检测、路径规划和自动泊车。它使用先进的雷达和摄像头技术进行环境感知
理想	理想 PILOT	是其更广泛的自动驾驶助手系统的一部分,能够识别合适的停车位,并自动完成泊车
长安	长安智行	系统利用超声波传感器和摄像头进行空位检测和泊车辅助。系统支持平行泊车和垂直泊车

二、技术进步与趋势

增强的传感器能力:未来的自动泊车系统预计会配备更先进的传感器,如高分辨率摄像头、更精确的毫米波雷达和更大范围的超声波传感器,这将提高系统的检测和判断能力。

数据融合与 AI 技术:通过融合来自多个传感器的数据并结合人工智能算法,系统可以更准确地识别环境中的障碍物和动态元素,如行人或其他车辆。

V2X 通信:车辆与万物互联(Vehicle-to-Everything,V2X)可以使车辆与其他车辆、基础设施,甚至与行人之间进行通信。这种通信可以进一步提高自动泊车系统的准确性和安全性。

完全自动化的泊车:随着技术的进步,将有更多的车辆能够在没有驾驶人干预的情况下完成整个泊车过程。

三、与无人驾驶的交叉发展

自动泊车与无人驾驶的融合:自动泊车是向完全无人驾驶过渡的关键步骤之一。随着无人驾驶技术的成熟,泊车将变得更加自动化和智能化。

智能停车场:未来的停车场可能会与自动驾驶车辆协同工作,提供更高效的泊车解决方案。例如,驾驶人只需在停车场入口下车,车辆则会自动寻找停车位并完成泊车。

遥控泊车:随着通信技术和移动应用的发展,驾驶人可能不需要在车辆内即可远程控制车辆完成泊车,这在狭窄或复杂的停车空间中尤其有用。

法规与标准化:随着自动泊车技术与无人驾驶技术的融合,可能需要新的法规和标准来指导和规范这些技术的实施和使用。

总的来说，自动泊车技术正在迅速发展，并预计在未来几年内将与其他先进驾驶辅助系统和无人驾驶技术更加紧密地结合。这不仅为驾驶人提供更加便捷和安全的泊车体验，还将为整个交通系统带来更高的效率和安全性。

【拓展阅读】

拥抱未来：辅助驾驶技术推动智慧交通

近年来，我国在智能驾驶领域取得了显著进展。华为、蔚来、小鹏、理想、小米和比亚迪等车企表现尤为突出，展示了强大的技术研发能力和市场竞争力。

华为在智能驾驶领域的表现尤其引人注目。相较于特斯拉的纯视觉方案，华为激光雷达与视觉方案融合的技术在识别和处理复杂路况方面更为精准，尤其在恶劣天气和光线不足的情况下表现更佳。华为与奥迪的合作进一步提升了其在高端智能驾驶技术领域的竞争力，通过这种强强联合，推动了自动驾驶技术的商业化应用。不同的是，特斯拉通过规模化生产和高度集成的供应链，实现了较低的成本，其自动驾驶技术应用范围更广，而华为在成本控制和技术普及率上与特斯拉仍有一定差距。无论是华为，还是特斯拉，仍需要长期开展大量实际道路数据的积累，不断优化其自动驾驶算法，以不断提升系统的可靠性和适应性。

目前，辅助驾驶技术正快速发展，不仅涉及技术层面的创新，还包括成本、安全、法规等多个方面的同步推进。可以预见，随着这些趋势的持续演进，未来的驾驶体验将更加安全、便捷和舒适。

参 考 文 献

[1] 李春明. 汽车车身电子技术［M］. 5版. 北京：北京理工大学出版社，2021.
[2] 李春明. 汽车底盘电控技术［M］. 4版. 北京：机械工业出版社，2019.
[3] 焦传君. 汽车行驶与操纵系统检修［M］. 3版. 北京：北京理工大学出版社，2021.
[4] 邝艳芬. 汽车行驶与操纵系统检修［M］. 北京：北京理工大学出版社，2021.
[5] 邝艳芬. 汽车传动系统检修［M］. 北京：北京理工大学出版社，2023.
[6] 中国汽车技术研究中心有限公司. 智能网联汽车技术［M］. 北京：社会科学文献出版社，2019.
[7] 高驰. 空气悬架市场渗透率攀升，国产供应商占主导［J］. 汽车与配件，2024（6）：44-45.
[8] 刘锦超，李军伟，陈斌，等. 乘用车电控空气悬架高度控制策略［J］. 液压与气动，2024，48（2）：108-115.
[9] 李刚，陈典锋，徐涵，等. 磁流变半主动空气悬架及复合控制研究进展［J］. 华东交通大学学报，2023，40（6）：86-95.
[10] 董洪达，栾东晓. 2020款奔驰V260L车出现空气悬挂故障报警提示［J］. 汽车维护与修理，2024（3）：35-36.
[11] 丛君. 迈腾0AM变速器故障［J］. 汽车维修技师，2014（11）：46-49.
[12] 郭宏伟. 奥迪车型故障排除2例［J］. 汽车与驾驶维修（维修版），2019（11）：62-63.
[13] 范祖庆. 汽车空气悬架的故障维修案例分析［J］. 内燃机与配件，2022（2）：170-172.
[14] 汪伟华，韩仲光. 浅谈DSG变速器维修与使用［J］. 山东工业技术，2015（14）：101.